Matthias Maring (Hrsg.)

Verantwortung in Technik und Ökonomie

ZTWE Zentrum für
Technik- und
Wirtschaftsethik

an der Universität Karlsruhe (TH)

Schriftenreihe des
Zentrums für Technik- und Wirtschaftsethik
an der Universität Karlsruhe (TH)
Band 1
Herausgegeben von Matthias Maring

Verantwortung in Technik und Ökonomie

Matthias Maring (Hrsg.)

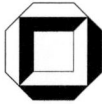

universitätsverlag karlsruhe

Impressum

Universitätsverlag Karlsruhe
c/o Universitätsbibliothek
Straße am Forum 2
D-76131 Karlsruhe
www.uvka.de

Universitätsverlag Karlsruhe 2009
Print on Demand

ISSN: 1867-5530
ISBN: 978-3-86644-296-2

Inhaltsverzeichnis

Vorwort

Der vorliegende erste Band der Schriftenreihe des Zentrums für Technik- und Wirtschaftsethik an der Universität Karlsruhe (TH) gibt die Beiträge der Ringvorlesung „Verantwortung für die Zukunft. Technik – Ökonomie – Ethik. Passt nicht zusammen?" aus dem Sommersemester 2008 wieder. Die Ringvorlesung entstand in Kooperation mit dem Institut für Philosophie der Universität Karlsruhe (TH), der Studierendengruppe sneep – „student network for ethics in economic education and practice" – Karlsruhe und der SRH Hochschule Heidelberg. Die im Titel der Ringvorlesung genannte Frage war Frage und Programm gleichzeitig.

Ein Schwerpunkt der Ringvorlesung waren allgemeine Fragen der Verantwortung in der Technik: *Hans Lenk* und *Günter Ropohl* befassen sich in ihren Beiträgen mit grundlegenden Problemen der „Verantwortung des Ingenieurs" bzw. mit der „Verantwortung in der Ingenieurarbeit". *Armin Grunwald* geht spezifischer in „Die ‚technische Verbesserung' des Menschen. Fragen der Verantwortung" nach. In einem zweiten Vorlesungsschwerpunkt wurden umweltökonomische und umweltethische sowie unternehmensethische Themen behandelt. *Rainer Walz* geht in seinem Aufsatz „Ethische[n] Herausforderungen für Umweltökonomen" nach, und *Ulrich Thielemann* stellt den „integrative[n] Ansatz der Unternehmensethik" in einer „knappe[n] Darstellung durch Abgrenzung vom ökonomistischen und vom separativen Konzept" vor.

Weitere Beiträge ergänzen diesen ersten Band. So befasst sich *Michael Decker* in „Zukünftige Technologien umfassend bewerten" mit der Technikfolgenabschätzung im Spiegel transdisziplinärer Forschungskonzepte". Für *Michael Nagenborg* ist „Ethik [...] Partner in der Technikgestaltung". *Heinz-Ulrich Nennen* analysiert die Beziehung von „Technik und Kommunikation". *Miriam Ommeln* untersucht die „Verschränkung von ethischen und ästhetischen Aspekten am technologischen Produkt des Ingenieurs: Design-techno-logik" nach. Das Spektrum der Beiträge erweitert *Mathias Gutmann,* in dem er nach den „Werte[n] der Biodiversität?" fragt. *Matthias Maring* erläutert in „Institutionalisierung von Ethik" „Ethik als Schlüsselqualifikation". *Peter Michl* und *Jonathan Denner*, Mitbegründer von sneep Karlsruhe, schildern die „Erwartungen und Wünsche von Studierenden an das Zentrum für Technik- und Wirtschaftsethik". *Matthias Maring* berichtet in „Institutionalisierung von Ethik" über „das Zentrum für Technik- und Wirtschaftsethik am Institut für Philosophie der Universität Karlsruhe (TH)".

Programmatisch soll diese Schriftenreihe den überfachlichen Dialog fördern und die Orientierung an den Problemen – statt an den Fächern – in den Vordergrund stellen. Wissenschaftler aus den unterschiedlichen Disziplinen sollten zusammenarbeiten und ihre Erkenntnisse in den Dienst einer lebenswerten Welt zu stellen. Hierzu können und sollen auch Philosophierende beitragen, indem sie ihre disziplinären Scheuklappen ablegen und offen für einen Dialog sind.

Bedanken möchte ich mich bei allen Kolleginnen und Kollegen, die zu diesem ersten Band beigetragen haben. Gleichzeitig möchte ich alle Interessierten – seien es Studierende oder Lehrende aller Fachrichtungen – einladen an einem interdisziplinären Diskurs über Fragen von Wissenschaft und Ethik mitzumachen. Dies ist auch als Einladung zum Mitgestalten weiterer Bände in der Schriftenreihe des Zentrums für Technik- und Wirtschaftsethik zu verstehen.

Karlsruhe, im Februar 2009   *Matthias Maring*

Zur Verantwortung des Ingenieurs

Hans Lenk

1. Sicherheitsprobleme bei wirtschaftlich-technischen Großprojekten und Operationalisierbarkeit von Verantwortung

Albert Schweitzer hat einmal gesagt: „Eine Technik, die nicht beherrscht werden kann, kann auch nicht verantwortet werden." Das ist eine Aussage, die gelegentlich, meistens in technikkritischer Absicht, zitiert wird – eine Aussage, die nur teilweise richtig sein kann. Sie ist nämlich einfach zu pauschal und zu grob. Natürlich kann es keine *absolute* Sicherung geben – das ist ganz klar. Eine absolute Sicherung ist auch bei technischen Systemen – wie überhaupt auch in unserem Leben – generell nicht möglich, sondern man müsste stattdessen in der Tat versuchen, jedenfalls hinreichend große, möglichst Perfektion anstrebende Beherrschung oder Beherrschbarkeit einfordern, einführen und gewährleisten. Und insofern hat Schweitzer zwar Recht, dass eine Technik, die *gar* nicht, *absolut* nicht beherrscht werden kann, nicht verantwortet werden kann, aber eine Technik, die relativ sicher und gut – wenn auch nicht absolut – beherrscht werden kann, die kann und muss u.U. auch verantwortet werden (können), denn wir sind ja von der Entwicklung unserer technischen Lebensform in einem unverzichtbaren Maße abhängig geworden: Wenn wir auf Technik verzichten müssten oder wollten (und das müssten wir geradezu, wenn wir dieses Schweitzersche Wort ernst oder gar radikal ernst nehmen würden), dann würde zweifelsohne eine absolute Katastrophe für die Menschheit die Folge sein – nicht nur in Bezug auf Ernährungssituation und Lebensqualität, sondern auch auf die Energiesituation usw. – das kennen wir ja alle. Unsere Technik ist in einen systemhaften Zusammenhang des Überlebenkönnens eingebettet, auch in einen *gesellschaftlichen* Kontext, der deutlich gesehen werden muss. Das ist ein Punkt, auf den ich im Folgenden besonders hinweisen will. Dieses systemhafte Zusammenwirken unserer Technik mit gesellschaftlichen, politischen, rechtlichen und anderen Maßnahmen, Sicherungsmöglichkeiten usw. ist eben in dem Maße viel deutlicher zum Problem geworden, in dem die Technik sich in unsere Lebenswelt nicht nur eingemischt hat und eingedrungen ist, sondern unsere Lebenswelt immer mehr prägt.

Ich habe schon vor gut 35 Jahren, als ich nach Karlsruhe kam, ein Buch veröffentlicht über „Philosophie im technologischen Zeitalter" (1971) und sprach bereits damals vom *„informations- und systemtechnologischen Zeitalter"*, das eben durch eine immer engere Verknüpfung von allen möglichen technischen Bereichen und in diesem Zusammenhang von „großen" und schnell größer werdenden Systemen geprägt ist. Auch von Abstraktionen, z.B. von Informationstechnik: Es war damals schon absehbar, dass so etwas wie eine Informationsrevolution entstehen würde. Ich erinnere mich an Seminare, die ich gemeinsam mit Simon Moser, meinem Vorgänger, und Karl Steinbuch über Informationstechnologie, Kybernetik und alle relevanten gesellschaftlichen Fragen, die sich darum formierten, hielten. Diese Idee von der informations- und systemtechnologischen Gesellschaft bzw. dem informations- und systemtechnologischen Zeitalter hat sich inzwischen in einer drastischen Form bewahrheitet, wie ich das damals noch nicht erahnen konnte. Dies wird allmählich auch von den Technikern selber erkannt und mehr und mehr in den Vordergrund gestellt.

Nun spezifisch zur Verantwortung im systemtechnologischen Zeitalter: Viele Politiker und Techniker neigen zwar dazu, *rein technische* Maßnahmen und Vorsorgen, etwa eine *rein technische* Mehrfachabsicherung als ein hinreichendes Verantwortungskonzept, geradezu als Patentrezept gegen Gefährdungen wie zum Beispiel gegen solche Terrorattacken wie jene vom 11. September 2001, wie auch allgemein gegenüber Katastrophen in entsprechenden Settings anzusehen.[1]

Das heißt, man achtet tendenziell nicht genügend auf die *soziale* Komponente der Organisation von Sicherheit und Sicherheitsverantwortung, nicht auf die *soziale Sicherheit. Man glaubt(e), im Wesentlichen alles durch Technik allein lösen zu können.* Natürlich ist die Technik (nach dem besten realisierbaren „Stand der Technik") zur Sicherheitsoptimierung *notwendig*, und ohne Technik ist gar nichts zu machen; das ist klar, aber das reicht offenbar nicht aus. Das gilt übrigens auch für die großen Katastrophen, die wir in der modernen Technikgeschichte kennen – man denke nur an diejenigen von Bhopal und Tschernobyl oder an die Challenger-Tragödie. Man hat generell festgestellt, dass 80 % aller solchen Katastrophen im Wesentlichen auf so genanntes „menschliches Versagen" zurückgehen. In Bhopal beim weltweit größten Chemieunfall zum Beispiel glaubten die die Anlage beaufsichtigenden Arbeiter, die offensichtlich überhaupt nicht genügend geschult waren, erst mal ihren Tee zu Ende trinken zu dürfen – in alter englisch-indischer Tradition, bevor sie Alarm schlugen, und sie waren auch gar nicht in der Lage, die Gefährdung realistisch abzuschätzen. Das entwichene MIC

---

1 So hat etwa die amerikanische Regierung Milliarden von Dollars für die Raketenabwehr ausgegeben – neuerdings wie schon unter Reagan – oder geplant, aber sie war offenbar nicht in der Lage, ihre Flughäfen genügend sicher zu machen. Es gab Versuche, vom US-Geheimdienst selbst durchgeführt, bei denen Waffen in Flugzeuge geschmuggelt wurden, und die waren zu 68 % erfolgreich! Übrigens ging auch durch die Presse, dass der Bundespolizei mit entsprechenden Waffenschmuggeltests am Frankfurter Flughafen nur wesentlich weniger erfolgreich war!

war hinsichtlich seiner Gefährlichkeit (Toxizität) noch nicht einmal genügend untersucht worden usw. (vgl. Lenk 1997).

Die *soziale* Komponente aber ist *unverzichtbar*, also die *sozio-technische* Einbettung, wesentlich *mit zu beachten*. Ohne Berücksichtigung dieser *sozio*-technischen Komponenten, also der sozialwissenschaftlichen Begleitforschung bzw. der entsprechenden Forschung auch über soziale Komponenten, gibt es natürlich auch keine Maßnahme, die sinnvoll zu treffen ist. Das heißt, in der Tat muss man eigentlich heutzutage (eher) von *sozio-technischen* Systemen (Ropohl) reden – und nicht *nur* von *technischen* Systemen und deren Behandlung, Sicherung, Verantwortbarkeit usw. Ich würde das sogar noch ergänzen und von *sozio-öko-technischen* oder *öko-sozio-technischen* Systemen sprechen. Immer mehr haben wir zudem die ökologische Problematik zu berücksichtigen, die genauso dramatisch ist wie etwa die sozialen Probleme und sich auch durch die Anwendung von Großtechnik oder durch massenhaft verwendete Techniken ergibt.

Die Verantwortlichkeit wird in der Öffentlichkeit und vor allem im Recht, in der Rechtsprechung immer noch zu sehr als *Verschuldens*verantwortung, sozusagen als (*„exklusives"*) Sündenbock-Finden im Nachhinein, definiert bzw. aufgefasst und auch be- und verfolgt. Aber es müsste eine viel stärkere Betonung auch der *prospektiven*, der auf *Zukunft* gerichteten Sicherung und Verantwortbarkeit erfolgen. Hierzu gibt es auch bereits einige Arbeiten von Philosophen wie Bodenheimer (1980) und Ladd (1990). Der Letztere meint völlig zu Recht, dass es notwendig sei, die (technologische) Verantwortung auch als *zukunftsgerichtete, nichtexklusive, beteiligungsoffene moralische* Verantwortung in Anwendung auf Technik (1992) aufzufassen.

Gerade auch die *moralische* Verantwortung in der Technik muss (nach Ladd) als eine in die Zukunft gerichtete *beteiligungsoffene* und oft *gemeinsam mitzutragende* (*„nicht exklusive"*) *Verantwortung* differenzierter gesehen werden. Verantwortung überhaupt sollte generell differenzierter untersucht werden. Sie muss zudem besser *operativ* gemacht werden; das heißt, es genügt nicht, wenn man sie nur „predigt", oder als Ethiker begriffliche Untersuchungen anstellt oder ideale Visionen entwickelt, sondern man muss sich eben sehr viel stärker auf die Praxis, auf die Praxisprobleme einlassen – auf (typische) Fälle und ähnliche Fragen der praktischen Konflikte usw. Das alles ist bisher z.B. in der philosophischen Forschung nicht genügend geschehen.

Die exponierte Stellung vieler Ingenieure macht das Verantwortungsproblem gegenüber der Öffentlichkeit und auch intern zu einem besonders dringlichen. Sicherheit und Leben vieler Menschen, das öffentliche Interesse und Gemeinwohl sind u.U. nachhaltig betroffen. Wenn bei vielen Ingenieuren keine besondere Verantwortungsbereitschaft vorhanden wäre, wäre die Lage mehr als kritisch.

Meine *Hauptthese* hier ist: Das Verantwortlichkeitsproblem lässt sich angesichts der Großprojekte der Großmacht Wissenschaft und Technik und ihrer Einwirkungsstärke zumeist nicht mehr bloß individualistisch (d.h. durch Zuschreibung zu einem Einzelnen, einem „Sündenbock" sozusagen), generell auch nicht mehr rein politisch-formalistisch und auch nicht lediglich legalistisch lösen. Es ist sicherlich wichtig, dass man hier alle Möglichkeiten ausschöpft. Es ist jedoch meines Erachtens besonders wichtig, dass man Verantwortlichkeit differenzierter und nicht mehr nur mit einem generellen pauschalen Reden von „der technologischen Verantwortung" (so der Technikwissenschaftler Günter Spur) zu erledigen oder zu behandeln sucht.

Die einzige Möglichkeit, die ich für die präzisere und bessere Diskussion sehe, ist die einer genaueren Untersuchung von Verantwortungskonzepten und Verantwortungstypen und auch der Verantwortungszumessungen: je nach Verschuldensbeurteilung bzw. verantwortlicher Handlungsverpflichtung „ex ante" (also im Vorhinein für das Zukünftige) – je nach Beteiligungsoffenheit, Mitverantwortlichkeit in entsprechenden Abstufungen und Kombinationen – eine Verantwortlichkeit, die aber auch *operational* gemacht, *kontrollierbar, institutionell geregelt* werden sollte – soweit wie möglich. Alles lässt sich nicht rigoros und generell – grundsätzlich vollständig regeln – ebenso wenig bloß kasuistisch oder im jeweiligen Einzelfall!

2. Begriffe und Typen der Verantwortlichkeiten

Der Verantwortungsbegriff ist ein Zuschreibungsbegriff. Ich schreibe jemandem Verantwortung zu oder mache jemanden verantwortlich. Er ist auch ein mehrstelliger Beziehungsbegriff: Jemand ist verantwortlich als Träger, als Subjekt der Verantwortung für etwas, für Handlungen, Handlungsfolgen, Zustände Aufgaben usw. gegenüber jemandem, einem Adressaten und vor einer Instanz, einer Beurteilungsinstanz, z.B. vor dem Gesetz oder dem Recht, in Bezug auf ein bestimmtes normatives oder sonst wie vorschreibungsgebundenes Kriterium der Verantwortlichkeit und meistens im Rahmen eines Verantwortungsbereichs oder Handlungsfeldes. Das klingt nun in der Tat etwas sehr abstrakt – und das ist es auch. Diese schematische Formel muss natürlich ausgefüllt werden. Man kann zudem noch weitere Bedingungen anfügen. Die erste besonders wichtige Unterscheidung ist, dass man den Begriff und das Wort ‚Verantwortung' *beschreibend* (deskriptiv) oder auch *wertend*, bewertend, *urteilend* vollziehend (also normativ benutzen kann). Das normative Zur-Verantwortung-Ziehen, Zur-Rechenschaft-Ziehen, Verantwortlich-Machen ist das Entscheidende und die Grundform. (Man kann hier noch weitere ebenfalls wichtige Unterscheidungen treffen – etwa nach dem Zeitpunkt: Verantwortung für das Getane gegenüber der Verantwortung für das Künftige usw.) Je nach Deutung der Verbindlichkeitsstärke kann man auch unterschiedliche Stringenzen feststellen: Muss-Normen, Soll-Normen und entsprechende Kann-Normen analytisch voneinander trennen.

Viel konkreter und wichtiger sind die entscheidenden *verschiedenen Formen der Verantwortlichkeit*, nämlich z.B. die *moralische* Verantwortlichkeit, die allgemein alle oder jede(n) in vergleichbarer Lage gleich betrifft, ebenfalls die *rechtliche* Verantwortlichkeit, die spezifischer ist und sich auf Recht und Gesetz bezieht. Besonders hervorzuheben ist die *Rollen- und Aufgabenverantwortlichkeit*, die jede(r) kennt, die (der) in Berufszusammenhängen arbeitet oder in bestimmten Rollen tätig ist, z.B. in der Elternrolle. Manche heben eigens die *pädagogische Verantwortung* hervor – und manche schließlich die *religiöse Verantwortlichkeit* vor Gott oder einer religiösen Moralinstanz.

Wichtig ist nun das Folgende: Es gibt auch so etwas wie eine aus mehreren dieser in der jeweiligen Situation kombinierte praktische Verantwortlichkeit, welche die konkrete Humanität in einer bestimmten Lebenslage oder Entscheidungssituation betrifft. (Das kann ich hier nicht näher ausführen – vgl. z.B. Lenk 1998).

Zunächst ist festzuhalten: *Dass* jemand verantwortlich ist für sein Handeln oder Folgen des Handelns, kann in vielerlei Hinsicht verstanden werden. Einmal, und das ist der Normalfall, gilt, dass man seine eigenen Handlungen verursacht und zustande bringt und somit (meist) dafür verantwortlich ist bzw. für die entsprechenden Folgen. Dies ist die *(positive) Handlungsverantwortung*. Es gibt aber auch Unterlassungen, entsprechend also eine *negative* Kausal-Handlungsverantwortung.

Und es gibt auch die *Kombination* von beidem, nämlich etwa in der aktiven *Verhinderungs-* oder *Präventionsverantwortung*, die z.B. der Prüfingenieur oder der Kontrollwissenschaftler in der Praxis der angewandten Wissenschaften und jeder Überwachende wahrzunehmen hat. Das ist natürlich eine für manche Ingenieurtätigkeiten ganz besonders charakteristische Verantwortlichkeit. Dann gibt es auch die Verantwortung für längerfristige Handlungen, Handlungsfolgen, Handlungsserien; Eltern sind z.B. für ihre Kinder verantwortlich usw.

Schließlich muss auch eine Verantwortung für institutionelles, für korporatives Handeln aufgeführt werden, eine Art, die auch für Unternehmen, Institutionen gilt oder durch repräsentative und Führungs-Verantwortung wahrgenommen wird: Wenn man als Repräsentant einer entsprechenden Gruppe, Gesellschaft oder z.B. auch staatlicher Institution fungiert, dann handelt man „repräsentierend" in einer spezifischen Führungsrolle, als Führungspersönlichkeit; und das ist eine Art Verantwortung, die analytisch zu trennen ist von der direkten persönlichen Verantwortung. Ferner gibt es manche Überschneidungen, Konflikte, Fragen der Mitverantwortung usw.

Die bekanntesten Formen der Verantwortlichkeiten finden sich als das, was wir *Berufs-* oder, allgemeiner, *Rollen- und Aufgabenverantwortung* nennen. Jeder, der in einer Rolle tätig ist, hat Rollenpflichten, hat diese verantwortlich auszufüllen. Das kann formell oder rechtlich oder legal vorgegeben oder vorgeschrieben sein. Diese Verantwortlichkeit kann aber auch informell, durch Gewohnheit, durch Verabredung usw. zustande gekommen sein. Die berufsspezifische Aufgabenverantwortung etwa, die sich auf eine ganz enge Stellenbeschreibung bezieht, ist so ein Fall. Aber es gibt unabhängig davon eine persönliche, eher nicht formelle Loyalitätsverantwortung, z.B. in der Politik gegenüber dem „elder statesman" und ähnlichen Persönlichkeiten bzw. Instanzen (z.B. dem Staat oder Volk). (Dies sind Verantwortlichkeiten, die nicht formell irgendwie konkretisiert sind, aber dennoch bestehen.) Keine Frage ist, dass es eine korporative Verantwortung auch vom Staat gegenüber den Mitgliedern oder den Bürgern gibt und dass auch Unternehmen eine korporative Verantwortlichkeit, z.B. gegenüber Kunden, haben – dies sicherlich im rechtlichen Zusammenhang, aber in der Aufgabenerfüllung usw. Das Problem ist nur, ob die Unternehmen z.B. auch eine diesbezügliche (korporative) *moralische* Verantwortung haben können.

Was hier speziell interessant ist, ist, dass man z.B. auch eine bloße *Haftungsverantwortlichkeit* haben kann, d.h.: eine Verantwortlichkeit für Handlungen und Dinge, die man u.a. selber gar nicht verursacht hat, wo man nur haften oder einstehen muss, z.B. Eltern für ihre unmündigen Kinder. Hervorzuheben ist noch die *Für- und Vorsorgeverantwortlichkeit*, die Hans Jonas in seinem Buch *Das Prinzip Verantwortung* (1979) in den Mittelpunkt stellte, in dem er eine *Erweiterung* der Verantwortlichkeit(sbegriffe) betont hat. So ist die Fürsorglichkeitsverantwortung nach Jonas in der Tat eine Erweiterung der Verantwortlichkeit. Übrigens hatte ich zeitgleich mit ihm auch schon betont, dass „erweiterte Aktionsmöglichkeiten" auch „erweiterte Verantwortlichkeiten" generieren (Lenk 1979, 73).

Die *moralische Verantwortlichkeit* nun oder, wie ich sie lieber nenne, die *universal*moralische[2] Verantwortlichkeit ist diejenige, die für *alle* in allen vergleichbaren Positionen und Lagen bzw. Situationen *gleich* gilt. Sie wird oft durch direkte Situationen, Handlungssituationen, Entscheidungssituationen aktiviert. Und die Für- und Vorsorgeverantwortlichkeit im Sinne von Jonas kommt gerade da wieder vor. Es gibt aber auch eine *indirekte* Verantwortlichkeit für die eventuellen Folgen von Handlungen oder Unterlassungen, die

---

2 Um dadurch das Ethisch-Allgemeingültige hervorzuheben und zu unterscheiden, z.B. von der Moral, die auch die Mafia hat.

z.B. als Fernfolgen – Umweltschädigungen – auftreten können. Diese Verantwortlichkeiten sind ganz ähnlich gelagert wie die entsprechende Rollen- und Aufgabenverantwortlichkeiten, nur sind sie bezogen auf das Moralische, auf dasjenige, was das Wohl und Wehe anderer Personen – oder sogar anderer Lebewesen, z.B. Haustiere – angeht und somit das spezifisch Ethisch-Moralische betrifft. Auch gibt es eine *höherstufige* individuelle Verantwortung zur Erfüllung bestimmter moralischer oder anderer vertraglicher, rechtlicher oder formeller Pflichten. Ich bin z.B. moralisch verpflichtet, Gesetze einzuhalten. So ist etwa die Einhaltung von Gesetzen eine *moralische* höherstufige Pflicht.

Die auch für die Technik wichtige Frage, ob es eine moralische Verantwortung von Institutionen, Unternehmen, Korporationen usw. gibt, wird derzeit noch offen diskutiert. Ich meine, dass es diese gibt, aber nicht, dass man diese Verantwortlichkeit in der Weise auffassen kann, wie manche (z.B. French 1984, vgl. hierzu auch Maring 2001) das meinen, indem sie die Korporation als eine „moralische Person" auffassen wie vergleichsweise eine juristische Person. Doch darüber kann und sollte man reden und diskutieren.

Politische, i.e.S. gesellschaftliche, rechtliche, pädagogische, religiöse Verantwortungsvarianten wie auch die philosophische Analyse der personalen Selbstverantwortung können hier nur als Problemfelder erwähnt, aber nicht näher behandelt werden.

Eine für die Techniker und Ingenieure besonders relevanter Punkt ist der folgende: Es gibt die Verantwortung zur Einhaltung der Ethikkodizes bzw. der entsprechenden Normenvorschriften, die das Ethos der entsprechenden Verbände ausmachen und solche welche die Verantwortung für die Allgemeinheit betreffen: Seit 1947 ist in allen Ethikkodizes enthalten die Verantwortung für die Wahrung bzw. Sicherung der „öffentlichen Sicherheit, Gesundheit und Wohlfahrt".

3. Verantwortungs- und Prioritätenkonflikte

Die Verantwortlichkeit bezieht sich meistens, auch bei Ingenieuren, auf bestimmte Rollen und häufig auf *Konflikte* zwischen solchen und verschiedene Verantwortlichkeiten und auf entsprechende Verteilungsfragen. Der Ingenieur oder die Ingenieurin als Person hat es ja mit verschiedenen Institutionen zu tun, z.B. mit Klienten, Kunden oder mit Arbeitgebern, der eigenen oder einer anderen Firma usw., und mit entsprechenden öffentlichen Institutionen oder der Profession selbst, also dem Berufsverband usw. – oder mit der Gesellschaft allgemein.

Entsprechend können sich zwischen unterschiedlichen Loyalitäten und Verantwortlichkeiten *Konflikte* entwickeln; das ist sogar recht typisch. Ein solcher *Verantwortungskonflikt* entsteht z.B., wenn erwartet wird, was vorgekommen ist – übrigens auch hier am Rhein – dass die Firma oder der Arbeitgeber nun vom angestellten Ingenieur verlangt, dass dieser Untergebene etwa des Nachts irgendwelche „Abfälle" in den Strom entsorgt oder in die Luft, was den Interessen der Öffentlichkeit und auch den Umweltgesetzen widerspricht. Das führt dann zu einem persönlichen Verantwortlichkeitskonflikt. Was soll der ‚arme' Ingenieur denn tun? Der Konflikt wird u.U. schwer zu tragen oder zu lösen sein – mitunter ernste Konsequenzen für den Mitarbeiter haben.

Es gibt für Konfliktregelungen gewisse Vorstellungen, die etwa z.T. aus der amerikanischen Wirtschaftsethik übernommen werden können (sind das die ersten vier Regeln, vgl. Werhane 1985 – vgl. den Anhang): Im Wesentlichen besagen diese ersten Regeln, dass es moralische Grundrechte, Menschenrechte gibt, die nicht angetastet werden dürfen; das sagt ja auch schon unser Grundgesetz. Darüber hinaus wird plausibel gefordert, dass man Nutzenüberlegungen gegenüber diesen Grundrechten zurückstellen muss. Wenn unlösbare Konflikte zwischen Grundrechten oder gleichwertigen Rechten bestehen, dass man faire Kompromisse suchen soll, dass man nach Abwägung der moralischen Rechte jeder Partei eine Art von Ausgleich findet, wobei eine Art von Proportionierung geschieht. Erst nach Anwendung dieser Regeln soll(te) man dann Nutzen gegen Schaden abwägen. Das ist also eine Überlegung, die in der Wirtschaftsethik aufkam und derart zusammengefasst werden kann, dass man nicht-aufgebbare moralische Rechte vor Schadensabwendung und -verhinderung und diese vor Nutzenerwägungen berücksichtigen sollte. Bei praktisch unlösbaren Konflikten soll man also versuchen, eine Gleichverteilung oder „faire" Proportionierung der entsprechenden Verteilung von Lasten und Nutzen zu erreichen. Die universalmoralische Verantwortung soll(te) überdies generell der Aufgaben- und Regelverantwortung oder Rollenverantwortung vorangehen. Und das öffentliche Wohl soll Priorität vor den Partikularinteressen haben.

Was den Techniker und Ingenieur besonders interessieren dürfte, sind operational handhabbare Normen und Regeln wie z.B.: „Sicherheit geht vor Wirtschaftlichkeit" in DIN 31000. Es gibt ja mittlerweile auch eine europäische Norm über Risiken und ähnliche technische Problemlagen. Im Zweifel haben also nach DIN und ähnlichen Regelungen die *sicherheitstechnischen Erfordernisse Vorrang* gegenüber wirtschaftlichen Überlegungen: *Sicherheit* geht also der Forderung nach – wenn auch leider nicht immer in der Praxis! – *vor Wirtschaftlichkeit.*

Bei Dringlichkeit steht in der Regel Ökoverträglichkeit vor ökonomischer Nutzanwendung, bei besonderer Dringlichkeit – also nicht immer! Schließlich: Konkrete Humanität (Lenk 1998) – im Sinne einer konkret-humanen

Kombinationsverantwortlichkeit – hat Vorrang vor abstrakten Forderungen und universalen Prinzipien.

4. Technik-Katastrophen im Lichte der Ethik

Zu Verdeutlichung seien zunächst einige ebenso drastische wie dramatische Beispiele geschildert:

4.1 Challenger-Katastrophe

73 Sekunden nach dem Start am Cape Canaveral am 28.1.1986 explodierte der Raumgleiter Challenger. Die gesamte Besatzung, sieben Astronauten, kam(en) ums Leben. Der Verlauf der Katastrophe lässt sich minutiös rekonstruieren. Die unmittelbare Unglücksursache war ein spröder Gummidichtungsring an einer der Antriebsraketen. Treibstoff trat an dieser Stelle aus, wurde entzündet und der Raumgleiter explodierte.

Die Dichtungsringe wurden schon seit längerem als eine der Schwachstellen von Ingenieuren der Herstellerfirma der Raketen, Morton Thiokol, angesehen. Kritisch für das fehlerfreie Funktionieren, die Elastizität der Dichtungen waren insbesondere Temperaturen unter 0°C; als ideale Starttemperatur galt 10°C. Noch am Vorabend des Starts hatten sich Ingenieure des Raketenherstellers – vor allem Allen McDonald, der Projektleiter, und Roger Boisjoly, der Experte für Raketendichtungen – gegen einen Start ausgesprochen. In einer Telefonkonferenz mit der NASA machten sie nochmals auf die Schwierigkeiten bei niedrigen Temperaturen aufmerksam – für den nächsten Tag, den Tag des Starts wurden diese erwartet. Die NASA und deren Projektmanager, Larry Mulloy, drängten aber auf einen Start. Der NASA-Projektmanager wies insbesondere daraufhin, dass es keine Starteinschränkungen wegen bestimmter Temperaturen gäbe. Die Telefonkonferenz wurde daraufhin unterbrochen. Die Bedenken der Ingenieure wurden auch Robert Lund, einem Ingenieur und stellvertretenden Direktor der Ingenieurabteilung beim Raketenhersteller Morton Thiokol, vorgetragen. Lund schloss sich den Bedenken an und berichtete hiervon seinem Vorgesetzten, dem Ingenieur Jerry Mason. In einer internen Besprechung beim Raketenhersteller Thiokol sagte Mason dann zu Lund den entscheidenden, die Diskussion beendenden Satz: „Take off your engineering hat and put on your management hat". („Nimm Deinen Ingenieur-Hut ab und setze Deinen Management-Hut auf!") Lund kapitulierte und stimmte der Startfreigabe zu. Er teilte dies dem Projektleiter der NASA mit. Dieser wiederum meldete seinen Vorgesetzten die Startfreigabe durch den Raketenhersteller Thiokol, ohne dessen Bedenken zu erwähnen. So nahm das Unglück seinen Lauf.

Die beiden sich hauptsächlich gegen einen Start aussprechenden Ingenieure McDonald und Boisjoly – sie sagten auch entsprechend vor der das
Unglück untersuchenden Kommission aus – wurden nun keineswegs belo-
bigt, sondern zunächst in eine andere Abteilung versetzt, was sie berechtig-
ter Weise als Quasi-Bestrafung ansahen.

4.2 Der Skandal des Ford-Pinto[3]

Der Pinto war ein amerikanischer Kleinwagen, der übereilt entwickelt wurde
(die Werkzeugmaschinen wurden vor den Auffahrtests der Prototypen gebaut!). Bei Auffahrunfällen von hinten wurde der Benzintank aufgerissen,
was wegen des dadurch auslaufenden Benzins mit an Sicherheit grenzender
Wahrscheinlichkeit zu einem Brand fuhren musste. Die Firma weigerte sich
aus Kostengründen, eine Plastikpufferung (Preis elf Dollar) bzw. eine Gum-
miinnenverkleidung (Preis fünf Dollar) einzubauen, weil ihre Kosten-Nutzen-
Analyse ergeben hatte, dass Schadensersatz und Prozesskosten bei Zu-
grundelegung von jährlich durchschnittlichen 180 Toten und einer (falsch
geschätzten) nur ebenso großen Anzahl von Brandverletzungen weit billiger
seien als der Aufwand von 11 Dollar pro Auto, das angesichts der scharfen
Konkurrenz von VW preisgünstig und knapp kalkuliert werden musste. Es
gelang der Firma übrigens auch, die entsprechende staatliche Versiche-
rungsverordnung zu den Auffahrunfällen durch alle möglichen Verzöge-
rungs- und Ablenkungsstrategien (besonders durch die ständige Forderung
nach weiteren externen Untersuchungen über andere Faktoren) um acht
Jahre zu verzögern. Das Wirken der Lobby führte dazu, dass bis 1977 fast
zwanzig Millionen der absolut gefährlichen Kleinwagen ausgeliefert wurden
und dass bei Auffahr-Brandunfällen häufig Todes- und Verbrennungsfolgen
eintraten (rund 9.000 Todesopfer in *vier* Jahren!). Ein leitender Ingenieur der
Firma, gefragt, warum niemand dem Firmendirektor dauernd mit dem Si-
cherheitsproblem in den Ohren gelegen habe, antwortete: „Diese Person
wäre sofort entlassen worden. Sicherheit war kein populäres Thema in [der
Firma] jener Tage, für [den Direktor] war es tabu" – „Safety doesn't sell",
sagte der frühere Automobilkonzernchef Lee Iacocca. Hatten die Ingenieure
in ihrer Verantwortung gegenüber der Öffentlichkeit versagt, indem sie einfach kuschten oder sich wegduckten?

4.3 Systemmängel automatischer Zugkontrolle

Die Firma Bay Area Rapid Transit (BART – entwickelt ab ca. 1960) war mit
dem automatischen Zugkontrollsystem für den Nahschnellverkehr an der
San Francisco Bay befasst. Die drei Ingenieure Hjortsvang, Blankenzee und

---

3 Hergestellt wurde der Pinto von 1971 an.

Bruder hatten bereits in der Planungsphase auf schwerwiegende Systemmängel und zu billige Ausführung des Systems aufmerksam gemacht, das öffentlich als das weltbeste und sicherste angekündigt worden war – von Managern, die keinerlei Kenntnisse über Systemanalyse besaßen. Das System, das die Herstellerfirma eingebaut hatte, war, wie verschiedene unabhängige Berichte später ergaben, keineswegs sicher. Die Ingenieure hatten zu Recht ihre Vorgesetzten gewarnt und waren dann an den Vorstand herangetreten. Ein Vorstandsmitglied (zugleich Bürgermeister), nicht die Ingenieure selbst, hatte die Lokalpresse informiert. Firmenintern waren die Versuche stets als unsinnig und übertrieben abgelehnt, die Ingenieure als „troublemakers" bezeichnet worden. Nach der Veröffentlichung wurden sie ohne Abfindung und Begründung entlassen. Sie wandten sich an die Landesingenieurvereinigungen die sich selbst und ihre regionale Vereinigung für die Ingenieure einsetzte – vergeblich. Der Fall erlangte für die Öffentlichkeit erst dann Bedeutung, als ein Zug aufgrund des Versagens des Sicherheitssystems verunglückte und es einige Verletzte gab. Aus einem ähnlichen Unfall während der Testphase und ohne Personen waren keinerlei Konsequenzen gezogen worden. Alle späteren unabhängigen Studien bestätigen die Berechnungen und Warnungen der Ingenieure. Nach den Ethikkodizes ihrer Ingenieurvereinigung gab es keine Anzeichen dafür, dass die Ingenieure in irgendeiner Weise unangemessen gehandelt hätten. Im Gegenteil: Sie hatten die Verantwortung des Ingenieurs gegenüber der Öffentlichkeit im Interesse des Gemeinwohls ernst genommen. Das Verfahren, obwohl gut dokumentiert und durch ein „briefing" des Institute of Electrical and Electronics Engineer unterstützt, wurde wegen eines für die Gesamtproblematik und das eigentlich Verhalten der Ingenieure belanglosen Formfehlers (sie hatten fälschlich dem Management gegenüber verschwiegen, dass sie die Intervention des Direktor-Bürgermeisters angeregt hatten) eingestellt. BART bot den Ingenieuren einen außergerichtlichen Vergleich an, der für sie keineswegs besonders vorteilhaft war, aber von ihnen aufgrund ihrer finanziellen Notlage und ungesicherter Stellung angenommen wurde. BART-Manager behinderten sogar die Arbeitssuche eines der Betroffenen, indem sie ihn als „troublemaker" verunglimpften. Ein unabhängiger Sachverständiger bezeichnete Hjortsvang später als einen „sehr ehrlichen Ingenieur, der rücksichtslos geopfert worden" sei. Sechs Jahre später erhielten die drei Ingenieure den ersten Preis der Vereinigung der Elektroingenieure für hervorragenden Dienst im öffentlichen Interesse in Gestalt je einer Urkunde und 750 Dollar!

4.4 Vergleich der Beispiele

Wie unterscheiden sich nun diese drei geschilderten Fälle hinsichtlich der involvierten Verantwortlichkeit der beteiligten Ingenieure? Es steht außer Frage, dass in allen Fällen das Firmenmanagement, das die im Interesse der Sicherheit gebotenen Verbesserungsvorschläge abblockte, seiner Verantwortlichkeit gegenüber der Öffentlichkeit keineswegs gerecht wurde, ja, wenigstens in zweien dieser Fälle über Fahrlässigkeit hinaus sogar aktiv das Gemeinwohl schädigte oder sogar Gesetze brach. Doch die Verantwortlichkeit der Manager ist hier nicht unser Thema, es geht um die Mitverantwortlichkeit der beteiligten Ingenieure.

Der erste Fall ist einer, der die Konflikte zwischen ökonomischen Interessen und Sicherheitsinteressen besonders in den Vordergrund stellt, weil dort jenes geradezu klassische Wort „Take off your engineering hat, put on your management hat" geäußert wurde. Aber sind die anderen Fälle vergleichbar. Insbesondere der zweite, bei dem jegliche Orientierung an Sicherheit geradezu zynisch völlig heruntergespielt wurde.[4] Im Pinto-Fall haben die Ingenieure – auch der befragte leitende Ingenieur die interne Aufgaben- und Rollenverantwortung innerhalb der Firma (Weisungsgebundenheit usw.) nicht verletzt. Doch sie haben in gewisser Weise „versagt" hinsichtlich der Wahrnehmung moralischer Verantwortung in dem Sinne, dass sie es unterlassen hatten, diese fahrlässige Konstruktion weiterhin zu kritisieren bzw. diese Mängel an die Öffentlichkeit zu bringen, nachdem die Firma intern die Kritik abgeblockt hatte. Die Verantwortung gegenüber dem Gemeinwohl, sowohl die allgemeine moralische als auch die spezifisch, jeweils durch Ethikkodizes behandelte oder geforderte Verantwortlichkeit für das Gemeinwohl ist in diesem Falle in keiner Weise gewahrt worden. Die meisten Ethikkodizes seit 1947 erwähnen an zentraler Stelle das Gemeinwohl, das sogar an vorderster Stelle stehen soll.

Soll ein Ingenieur das Gemeinwohl unter Gefährdung der eigenen Person, möglicherweise auch der eigenen Familie, über alles stellen und die umfassende moralische Verantwortung wahrnehmen, die ein beharrliches Verfolgen der Angelegenheit eigentlich erfordert hätte? Etwa durch die Einschaltung der Gremien, der Leitung der entsprechenden Ingenieurvereinigung, also durch Personen außerhalb der Firma und/oder notfalls durch die

---

4 Neuerdings hat sich – im Gefolge von Gerichtsurteilen durch Geschworenengerichte – in den USA ein Wandel ergeben, der es nicht mehr erlaubt, einfach die Sicherheitsfragen beiseite zu wischen: Ein kalifornisches Gericht hatte 1999 General Motors in einem dem Pintofall vergleichbaren Auffahrunfall mit sechs Schwerstverletzten zur Schadensersatzzahlung in Höhe von 4,9 Milliarden US-Dollar verurteilt (vgl. Frankfurter Rundschau 14.7.1999). (Die Revisionsverhandlung soll eine Reduktion der Summe auf 1,9 Milliarden ergeben haben – „peanuts"?)

Öffentlichkeit, z.B. über politische Gremien oder die Presse? Wenn Ingenieure kein besonders „heroisches Verhalten" (Unger) zeigen, kann man dann sagen, sie hätten deswegen moralisch „versagt"? Man kann darüber streiten und diskutieren.

Beim BART-Fall hingegen sind die drei Ingenieure in der Tat aktiver gewesen, weiter gegangen, sie haben sich dabei durchaus vollständig an den Dienstweg gehalten, indem sie sich an den Vorstand gewandt hatten. Sie ließen es also nicht mit der internen Berichterstattung bewenden, sondern führten die Hinweise auf die Gefahrenquelle trotz der firmeninternen Abwiegelung weiter, durchaus in geregelter Weise, wie gesagt: Sie brachten die Bedenken zum Vorstand und darüber automatisch, weil der Bürgermeister im Vorstand war, eben auch an den Bürgermeister. (Dieser, *nicht* die Ingenieure selber!, informierte – wie erwähnt – die Öffentlichkeit.) Die Ingenieure aber verloren ihre Stellung. Sie hatten das Gemeinwohl im Sinne des Ethikkodex ihrer Ingenieurvereinigung und ihre moralischen Verantwortung „über alles" gestellt, Vorrang gegeben vor der Weisungsgebundenheit. Sie hatten die Vorsorglichkeitsverantwortung konsequent und ohne Umgehung irgendwelcher rechtlicher Regelungen verfolgt. In diesem Falle ist also unter den geschilderten Fällen in der Tat die moralische Verantwortung gegenüber der Öffentlichkeit im Hinblick auf das Gemeinwohl wirklich konsequent wahrgenommen worden. Größere Unfälle mit Todesfällen wurden verhindert, aber die Ingenieure waren die Verlierer, indem sie ihre Stellung verloren. Sie waren sozusagen „Märtyrer" geworden. Muss Moral doch mit „Märtyrertum" erkauft werden? Dann könnte man kaum auf eine große Verbreitung moralischer Verantwortlichkeit in Berufsangelegenheiten hoffen, geschweige denn, sich darauf verlassen. Die Fälle unterscheiden sich also mit der Berücksichtigung der einseitigen ökonomischen Interessen gegenüber technischen Sicherheitsinteressen und hinsichtlich der Berücksichtigung der Verantwortung gegenüber der Öffentlichkeit jeweils in spezifischer Weise. Dass die BART-Ingenieure hier besonders herausragen, ist deutlich, aber in diesem Fall waren sie diejenigen, die das gesamte Risiko tragen mussten, indem sie ihre Stellung verloren.

5. Zur praktischen Durchsetzung der Kodizes und zur Ethik(aus)bildung

Die amerikanischen Elektroingenieure (Institute of Electrical and Electronic Engineers, IEEE) haben schon früh mit solchen Fragen beschäftigt. Und sie haben nicht nur die entsprechenden Regelungen viel früher als z.B. in Deutschland getroffen und entwickelt, sondern sie haben auch seit Jahrzehnten schon ein Schiedsgremium, ein „Ethic Board", eingesetzt. Dieses Board, das zurückgeht auf Steven Unger (1982), hat schon recht früh Preise vergeben für besonders moralisch hervorragend handelnde Ingenieure, die sich z.B. dadurch ausgezeichnet haben, dass sie mutig Unzuträglichkeiten, Unsicherheiten, oder gar „Pfuscharbeit" in einem System aufgedeckt haben.

Ferner haben die US-Elektroingenieure in ihrem Verband Negativlisten entwickelt – was schwierig und u.U. leicht zu missbrauchen ist. Sie haben also sog. „unethische Unternehmen" bzw. auch etwa Personen in solchen Unternehmen in solchen Listen aufgeführt, um auf die entsprechende Prangerwirkung zu vertrauen.

Viel interessanter: Sie haben – anonym – eine Reihe von Fallstudien, von ethischen Problemen, Konfliktfällen und entsprechenden Maßnahmen oder entsprechenden Missbräuchen zusammengestellt zum Fälle-Studium für Ingenieurstudierende. Generell ist es ja in amerikanischen Technikuniversitäten ja viel mehr als bei uns üblich, ja, weit verbreitet, eine Studienrichtung bzw. das Ergänzungsstudium „Science, Ethics and Values", anzubieten und i.d.R. sogar verpflichtend zu fordern.

Amerikanische Ingenieurvereinigungen hatten offenbar weitaus eher gemerkt als die deutschen, dass eine fein säuberliche Verantwortungsaufteilung zwischen den Fächern ebenso wenig möglich ist wie eine exakte Lösung des Problems etwa durch Experten, Moralexperten.[5] Moralische Entscheidungen und ethische Verantwortung kann man niemandem abnehmen; sie lassen sich nicht auf andere, auch nicht auf Experten abschieben. Verantwortung fordern und predigen ist leicht, sie wirklich und wirksam zu tragen ist etwas ganz Anderes – und oft auch persönlich *schwer*. Allerdings muss auch gesagt werden, dass die Philosophie und die Moralphilosophie gefordert sind und dass die Vertreter dieser Disziplin bisher zumal in Sachen angewandter Ethik auch nicht gerade praxisnahe Fallstudien geliefert haben – mit wenigen Ausnahmen. Man muss sich gerade auch als Geistes- und Sozialwissenschaftler hinsichtlich des Verantwortungsproblems an die eigene Brust fassen: Man sollte den Balken im eigenen Auge nicht über dem Splitter in fremden Augen übersehen. Es gibt einen Nachholbedarf in der sog. Angewandten Ethik. (Nur in der biomedizinischen Ethik wurde die Her-

---

5 Ein Professor unserer Technischen Universität – inzwischen ist er längst emeritiert – hat einmal gesagt: „Wir Techniker haben unsere Mondlandung hinter uns, jetzt sollen die Geistes- und Sozialwissenschaftler kommen und ihre Mondlandung vornehmen" und ihren interdisziplinären „Beitrag liefern, indem sie für uns das Wertproblem und das Verantwortungsproblem lösen". Er glaubte offenbar, man könnte dieses (lästige?) Problem auf die Moralexperten abschieben. Aber das ist eine völlig falsche Auffassung. Allenfalls kann der Ethiker solche Probleme studieren und den Praktiker bzw. Entscheider darauf aufmerksam machen oder die Bewusstseinsschwelle verändern, aber er kann dem Praktiker oder Techniker nicht die fachliche oder gar persönliche Verantwortung abnehmen.

ausforderung aufgenommen, immer noch nicht oder kaum in der Ethik der Technik.)

Allenfalls kann das Bewusstwerden dieser Probleme erleichtert werden, was jedoch häufig die Entscheidungen im Einzelnen u.U. sogar viel schwieriger macht. Es ist viel leichter, sich an das Recht zu halten und an genaue Vorschriften – insbesondere dann, wenn die nur intern erlassen worden sind – als sich nun persönlich zu exponieren.

Allgemein kann man sagen, dass es dem Ingenieur nicht möglich ist, bei jeder Ausführung seiner Berufspflicht stets die Berücksichtigung der Fragen der Sicherheit, Gesundheit, Wohlfahrt der Öffentlichkeit als überragenden obersten Wert im Auge zu behalten. Doch in kritischen Situationen und immer, wenn das öffentliche Interesse betroffen ist, dann sollte er jeder Zeit bereit sein, sein berufliches Verhalten und dessen Orientierung auch einer universalmoralischen oder ethischen Beurteilung zu unterziehen oder unterziehen zu lassen.

Moralische Sanktionen können nicht zwingen, ethische Maßnahmen nicht obligatorisch sein. Ethik kann das Recht nicht ersetzen. Doch ethische Beurteilungen sind idealerweise notwendig und relevant, besonders in solchen Praxisfeldern, die andere oder gar Menschen betreffen. Aber Ethik allein kann das jeweilige Problem nicht lösen.

Man glaubt immer und die amerikanischen meinten auch, Ethikkodizes könnten im Wesentlichen den Ingenieur „more ethical", also ethischer, machen. „The ethical engineer" würde sozusagen von selbst in der moralisch richtigen Weise handeln. Aber Richtlinien, insbesondere solche, die ohne Gesetzeskraft eigentlich nur als *Empfehlungen* existieren, sind nicht ausreichend. Sie müssen handhabbar gestaltet werden. Man braucht Anwendungsbestimmungen: diese sind dann eher rechtliche oder quasi-rechtliche Regelungen. Insbesondere bei Problemfeldern, Umweltproblemen, wo Sicherheit, Gesundheit, Wohlergehen der Öffentlichkeit, der Gemeinden oder der Regionen betroffen sind, ist das einschlägig, wie in den letzten Jahrzehnten ja bekannt geworden ist. Doch darf man auch diese Orientierung am Gemeinwohl nicht übertreiben.

In den USA haben u.a. Ingenieurvereinigungen zu einer so genannten „whistle-blowing ethic", also einer „Alarmpfeifenethik", aufgefordert. Der Ingenieur solle bereit sein, dann Alarm zu schlagen, öffentlich(keitswirksam) zu „pfeifen", wenn er auf systematische oder bedrohliche unethische Entscheidungen oder Maßnahmen stößt bzw. zu solchen veranlasst werden soll. Dieses „Blowing the whistle" ist derart geradezu ein Schlagwort geworden, insbesondere im Anschluss an den US-Verbraucheranwalt Ralph Nader.

Man kann und müsste über die Idee ausführlich diskutieren. In der Tat scheint es so zu sein, dass meistens nicht aus der jeweiligen Firma und auch nicht aus den Ingenieurverbänden selber auf bestimmte Missbräuche und Probleme der Technik hingewiesen wird. Der Ingenieur-Professor Collins meinte, dass bis heute es nicht ein einziges hervorragendes Beispiel einer Ingenieurvereinigung zu geben scheint, die *zuerst* selber das Problem eines größeren Missbrauchs der Technik innerhalb ihres speziellen Kompetenzbereiches aufgeworfen hätte. Meistens kamen das Bedenken und Be-Denken von außen, oder erst durch Schaden wurde man klug. Aber das stimmt nicht ganz: Es gab zum Beispiel schon 1908 den Maschinenbauingenieur Cook, der in der Amerikanischen Society of Mechanical Engineers auf die Umweltproblematik, Luftverschmutzung, die ethischen Missbräuche der technischen Industrieprozesse hingewiesen hatte. Er war zwar sogar zeitweilig Präsident dieser Vereinigung, aber er stand ziemlich isoliert da. Er hat damals bereits vergeblich versucht, einen „Ethikkodex" der Maschinenbauingenieure einzuführen, was aber erst sehr viel später gelang. Es gab also jedenfalls Einzelne, die sich relativ früh und auch einsichtig aufgeklärt oder nahezu „heroisch" eingesetzt haben.

Es zeigt sich gelegentlich, dass die Unterstützung durch den entsprechenden Ingenieurverband in Sachen Ethikkodex manchmal hilfreich ist – und zwar hilfreicher als bei den drei Ingenieuren des BART-Falls. Z.B. erfuhr ein Elektroingenieur, der in der medizinischen Forschung und bei der Entwicklung einer neuen Prothese tätig war, als er differenziert auf Gefährdungen aufmerksam machte, dass dieses alles „abgeblockt" wurde, wie üblich eben. Erst dann, als er an den Ingenieur-Fachverband heranging, hier wiederum an die IEEE, wurden seine Warnungen und Korrekturvorschläge schließlich doch berücksichtigt, eben weil die IEEE dann über sein ethisches Gremium entsprechend aktiv wurde und dann die entsprechende Änderung erreichen konnte.

Im Anschluss an diese Studien dieser Fälle habe ich z.B. schon 1981 auch vorgeschlagen, Ombudsmänner[6] und ethische Komitees einzurichten, insbesondere im Zusammenhang mit den Ingenieurverbänden. Inzwischen ist da auch bei uns wenigstens einiges geschehen. Beispielswiese gibt es jetzt eine „Ethikschutzinitiative" (*International Network of Engineers and Scientists to Protect and Promote Ethical Engagement*), als Untergruppe der Dachorganisation INES (*International Network of Engineers and Scientists*

---

6 Auf einer der ersten Tagungen zum Thema „Recht und Technik" (Bitburg, 1981, in Anwesenheit des damaligen Bundespräsidenten) forderte ich nicht nur ethische Vertrauens- und Gewährspersonen (in den USA heute existent als „ethical officers"!) für ethikrelevante Technikfirmen und -projekte, sondern auch einen Ombudsmann für die Vertretung und Berücksichtigung der Interessen der künftigen Generation(en).

for Global Responsibility). Es gab auch früher schon Vereinigungen der Wissenschaftler, eine *Society for Responsibility in Science,* die sich im Anschluss an die Atombombenabwürfe über Japan dann mit der Pugwash-Konferenz entwickelt hat. Diese Initiativen hatten schon 1965 auch in Deutschland die Gründung der *Vereinigung Deutscher Wissenschaftler* bewirkt, die sich im Wesentlichen mit Fallanalysen meist von politischer Brisanz auseinandersetzt(e). Sie versuchte auch in gewissem Sinne die Idee des „ethischen" Wissenschaftlers und Ingenieurs zu fördern. Die genannte Ethikschutzinitiative hat einige Schriften veröffentlicht, z.B. einen Ratgeber in Konfliktfällen: „Wenn das Gewissen nein sagt – ethisch handeln in der abhängigen Arbeit" (1995). In diesem sind insbesondere rechtliche Informationen enthalten, es wird aber auch auf einige Fälle aufmerksam gemacht – und es findet sich auch eine Absichtserklärung zur Hilfe für „Whistleblowers" in Sachen Ethik. Die Ethikschutzinitiative hat beispielsweise eine Präambel, in der einige Worte über das ethisch-motivierte uneigennützige Handeln und das Gewissen enthalten sind. Es heißt dort:

„Insbesondere müssen Personen (Whistleblowers) unterstützt werden, die unverantwortliche Missstände oder Planungen in ihren Unternehmen, Behörden oder sonstigen Organisationen an die Öffentlichkeit bringen bzw. Arbeit verweigern, die sie vor ihrem Gewissen nicht verantworten können. Die Ethikschutzinitiative setzt sich zur Aufgabe, Hilfe zu bieten für Whistleblower, also für verantwortlich handelnde Einzelpersonen, insbesondere abhängige Arbeitnehmer, die wegen ihres ethisch motivierten uneigennützigen Einsatzes Repressalien erleiden oder befürchten."

Es wird noch eine Reihe von weiteren Forderungen aufgestellt: z.B. die Notwendigkeit nationaler Planung, nicht nur zur Verbreitung von Informationen, der Veranstaltung von Tagungen, zur Förderung von Ethikkodizes in Berufsordnungen und Unternehmensleitlinien. Man schlägt entsprechende Räte und Ombudsmänner vor und fordert auch ein Gesetz zur Einführung von Ethikschutz-Vertrauenspersonen (Ombudsmänner) in Betrieben und Dienststellen, ebenso die Einführung verbindlicher Ethikkodizes in Arbeitsverträgen, die Pflicht zur Darlegung und Prüfung der Folgenabschätzung von Wissenschaft und Technik – und zwar nicht nur in technischer Hinsicht, sonder auch in sozialer, ökologischer, gesundheitlicher, kultureller und ethisch-humaner. Auch die Mitverantwortung für das Wohlergehen aller Menschen und für die Erhaltung der natürlichen Lebensgrundlagen auf der Erde soll als „Grundpflicht" aufgenommen werden. Das alles klingt recht allgemein und scheint im Einzelnen wenig praktikabel. Es werden auch Vorschläge für eine Kommission zur Förderung ethischen Handelns bzw. für Initiativen zur Einbringung einer solchen in verschiedenen internationalen Organisationen wie z.B. der UNO – entsprechend wäre auch die UNESCO zu denken – oder der EU gemacht.

Man kann all dies leicht kritisieren, indem man feststellt: Leider versagt die Praxis in vielen Fällen, insbesondere wenn man an missbräuchliche Emissionen von Giftstoffen in die Umwelt u.Ä. denkt oder an die (typische) Konfliktsituation, dass jemand als Angestellter oder als abhängiger Arbeitnehmer eben in einer Zwangssituation ist.

Hierzu lässt sich vielleicht allgemein festhalten: Es ist wichtig und zu beachten, dass man solche Ethikkodizes nicht „zu überbordend" entwickelt. Doch man braucht eine Grundorientierung, und man muss vor allen Dingen praktische Kontrollmöglichkeiten entwickeln: Man braucht *Verfahren*, so wie es der amerikanische Verband der Elektroingenieure vorgemacht hat.

Das IEEE hat insbesondere den geschilderten BART-Fall besonders ausführlich studiert, hat ebenso andere Fälle – insbesondere von unethischem Verhalten von Unternehmern oder auch von einzelnen Personen in solchen Unternehmen –, zusammengestellt, Fallanalysen anonym erstellt und analysiert, von einem „Ethics Board" beurteilen lassen und das alles für Seminarzwecke, für Case-studies, also Fallstudien, aufbereitet und zur Verfügung gestellt. Somit sollten auch die Studierenden in der Lage sein oder lernen, sich mit solchen Konfliktfällen auseinanderzusetzen. Das ist sicherlich eine sinnvolle Regelung. Die Elektroingenieure haben das Problem somit fruchtbar ins Didaktische gewendet. Sie haben außerdem so etwas Heikles in den Verband eingeführt wie eine Art (von firmen- und z.T. gar personennamentlicher) Veröffentlichungen von Fällen. Es gab also sogar „Anprangerlisten" über sog. „unethische Unternehmen". Das mag in gewisser Weise politisch und rechtlich fragwürdig sein, aber gewirkt hat es. Und das IEEE hat einen (leider außerordentlich gering dotierten) Preis für besonders ethisches Verhalten oder besonders ethische Ingenieure eingeführt, den die drei Ingenieure aus dem BART-Fall ja bekommen hatten. Das alles sind noch relativ wenige Initiativen, die eigentlich an sich nicht so sehr wirkmächtig sind. Wenn der gesellschaftliche ‚Hintergrund' – beispielsweise die Gesetze, die Gesetzgeber und die öffentlichen Moral – nicht genügend entwickelt ist bzw. sind, dann ist jedes Vorankommen in diesem Zusammenhang schwierig. Trotzdem sind einige Erfolge erzielt worden. Generell waren insbesondere die amerikanischen Elektrotechniker immer wieder die Vorreiter. Sie hatten zwar nicht den allerersten Ethikkodex zu Anfang des 20. Jahrhunderts entwickelt – das erreichten die englischen Maschinenbauingenieure und Bauingenieure –, aber sie haben sich in Sachen Ethik in der Technik hervorgetan und sehr viel zur Entwicklung dieser Ethikkodizes beigetragen und auch für die praktischen zugeordneten institutionellen Schlichtungsverfahren, Boards, Beurteilungen, Aufbereitungen von Materialien: Sie hatten dafür Veröffentlichungsmöglichkeiten bereitgestellt usw. Ein Elektroingenieur, der sich in den letzten Jahrzehnten besonders verdient gemacht hat, war Stephen Unger (1982, 1994).

Es gibt auch die Fallsammlungen von Baum und Flores (1978/1980), die einzelne Fälle beschreiben und aufbereiten sowie diskutieren, insbesondere vielfach aus der Nuklear-Industrie und auch aus der Forschung usw. Die Studenten werden bereits in der Grundausbildung mit den ethischen Fragen und Fällen praxisnah vertraut gemacht. Dies war und ist leider bisher in Deutschland keine Pflicht (gewesen). Keine Frage aber, dass dies hier wie in der USA nötig ist.

Es gab immerhin in Deutschland eine (Anonymität zusichernde) Umfrage zur Ermittlung von deutschen Ethikverletzungen in der Technik in den VDI-Nachrichten (Auflage 60.000), übrigens initiiert im Wesentlichen von einer Philosophengruppe, in der ich über zwei Jahrzehnte lang mitarbeitete, die in ‚Sachen' Technik und Ethik initiativ wurde – allerdings zunächst eher indirekt. Federführend bei der Umfrage war Günter Ropohl. Ihm wurden nur wenige – neun – einschlägige Fälle gemeldet, so wenige, dass man meinte, in Deutschland sei alles in Ordnung.

Ein Fall war recht brisant: Es ging um einen Kernkraftwerkselektroniker, der mit Reaktormessinstrumentierung befasst war – und zwar im Zusammenhang mit dem KKW Kalkar. Der Elektroniker hatte aufgrund konkreter Erfahrungen mit Isoliermaterial und Formveränderungen Zweifel an der Zuverlässigkeit der Sicherheitseinrichtung. Er äußerte seine Sicherheitsbedenken gegenüber der Firmenleitung. Diese gab ihm zu verstehen, dass man den Sicherheitsbedenken sofort nachgegangen sei, es bestehe aber kein Grund zur Beunruhigung, da die möglichen Messfehler durch andere Sicherheitssysteme aufgefangen würden. Außerdem wurden die Kosten einer Überprüfung aller Steckverbindungen und die Kosten der möglichen negativen Publicity angeführt. Es wurden ihm dann sogar gerichtliche Schritte für den Fall angedroht, wenn er sich mit seinen Bedenken an die Öffentlichkeit wenden würde. Das weitere Gespräch verlief hinsichtlich der Verbesserung der Isolierung erfolglos. Der Ingenieur wandte sich daraufhin in der Tat an die Öffentlichkeit und an den Technischen Überwachungsverein. Das Unternehmen reagierte sofort, er wurde fristlos entlassen. Darüber hinaus wurde ihm eine halbe Million DM ‚Strafe' angedroht, falls er weiterhin behaupten würde, die Sicherheit des Atomkraftwerkes sei gefährdet. Er ließ sich jedoch nicht einschüchtern. Daraufhin verklagte ihn das Unternehmen, jedoch ohne Erfolg. Das Gericht gestand ihm ausdrücklich zu, er könne erklären, dass der Reaktor gefährdet bzw. gefährlich sei. Das war's, passiert ist nichts, geändert wurde offenbar auch nichts. Allerdings ist der Reaktor nun aus anderen Gründen (wohl eher ökonomischen und rechtlichen) zur größten Bauruine dieses unseres Landes avanciert – und wurde inzwischen gar zu einem postmodernistischen Abenteuerspielplatz umfunktioniert: zu einem „Nuclear Disney World".

Das ist ein recht typischer Fall. Er zeigt, dass die Grundproblematik auch bei uns drängt – wenn sie auch oft noch „erfolgreich" verschwiegen oder unter den Tisch gekehrt wird. Deswegen sollte man versuchen, die an sich relativ ohnmächtige Ethikschutzinitiative zu unterstützen oder wenigstens im Sinne einer Bewusstmachung solcher Konfliktfragen gewisse Instrumente bereit-zustellen. Das habe ich versucht und zwar auf die Weise, die uns als ana-lytischen und Moralphilosophen gegeben ist: Wir können analysieren, das Bewusstsein schärfen und gelegentlich auch warnen. Die Verantwortung können wir den Beteiligten, den Praktikern und den Entscheidern, nicht ab-nehmen.

6. Schluss

Zurück zur Analyse und Beurteilung von Ethikkodizes in den wissenschaft-lich-technischen Vereinigungen: Die (im Anhang genannten) Vorrangregeln sind, speziell auch in Technik und Wissenschaft, in die Fragen der An-wendung moralischer Überlegungen und des Berufsethos wie der Uni-versalmoral einzubringen. Auch in der beruflichen und technisch-wissen-schaftlichen Praxis sollte die Berücksichtigung unterschiedlicher konkreter und auch sozialer („gesellschaftlicher") wie bürgerlicher und politischer und schließlich auch konkret-humaner Verantwortlichkeit nicht ausgegrenzt werden. Dies gilt umso mehr, als eine Neigung besteht, die Ethik in diesen Bereichen stark auf die Kodizes, gesetzesförmige Regelungen und generelle prinzipielle Erwartungen formell fixierter Art einzuschränken.

Allerdings sind ethische Überlegungen, Argumente und Verallgemeine-rungen in den genannten beruflichen Zusammenhängen – zumal auch in Technik, Industrie und Wissenschaft – auf Bedingungen der Realisierbarkeit und Konkretisierung angewiesen. Daraus folgt, dass verallgemeinerbare und auch sozial abgestützte, ja, institutionelle Konkretisierung und Realisierung nötig sind. Dies gilt auch für die Ethikkodizes der technisch-wissenschaft-lichen Vereinigungen.

Wesentlich, ja, vorrangig ist es auch in Bezug auf die Kodizes, darauf hin-zuwirken, dass man es nicht bei dem Kodex und dem Beschwören des Kodex allein bewenden lässt, sondern dass er in ein *institutionelles Ver-fahren* eingebettet wird. Sicherlich können solche Kodizes nicht die letzte moralische Autorität sein und von sich aus auch schon praktisch die auf-tauchenden Konflikte lösen – hierzu bedarf es beispielsweise Schiedsge-richtsverfahren. Man kann eigentlich nur verlangen, dass erst in bestimmten verfahrensmäßigen Zuordnungen zu solchen Kodizes – etwa von Verhand-lungs- oder Sanktionsmaßnahmen – dann eigentlich das geleistet oder ope-rational greifbar wird, was idealerweise in dem Kodex steht. Das ist durch die Arbeit von Komitees in manchen der Ingenieurvereinigungen auch schon geschehen.

Freilich wird ein Ethikkomitee nicht nur ethische Fragen diskutieren, sondern es hat sich in der Tat herausgestellt (z.B. bei der „National Society for Professional Engineers"), dass bei vielen der Fälle, die dem Ethikkomitee vorgelegt wurden, Fragen der Werbung und des unlauteren Wettbewerbs bzw. der Vorteilserschleichung den Streitgegenstand bildeten. Es wurden also wiederum eher Fragen des Standesethos beim einzelnen Ingenieur als die Probleme der moralischen Auswirkung von Ingenieurprojekten auf die Gesellschaft oder die Umwelt insgesamt behandelt.

Insgesamt ist immerhin festzustellen, dass sich doch einiges verändert hat, wenn man etwa an den Kodex der „American Association of Engineering Societies", der neuen amerikanischen Dachgesellschaft der Ingenieurvereinigungen, von 1984 denkt[7]. Er mag als einer der neueren Kodizes repräsentativ sein. Darin ist gegenüber dem Kodex der Bauingenieure von 1914 doch ein sehr erheblicher Fortschritt zu verzeichnen – gerade, was etwa die Berücksichtigung von Interessen der Öffentlichkeit und der gesellschaftlichen Verantwortlichkeit angeht – ebenso im VDI-Kodex (VDI 2001). So wird in beiden Kodizes ausgeführt, dass der Ingenieur seine Kompetenz, seine Dienstbereitschaft, seine Fairness und seine Urteilsfähigkeit bei der Ausübung seiner Ingenieurtätigkeit für Öffentlichkeit, Arbeitgeber, Kunden zu vervollkommnen und dabei vor allem das öffentliche Wohlergehen und die Sicherheit der Allgemeinheit im Auge zu behalten habe. Das klingt zwar einerseits alles sehr plausibel und ehrenhaft, geradezu edel, ist andererseits doch immer noch recht pauschal und vage formuliert. Durch einen solchen Kodex kann aber standesöffentlich deutlich und bewusst gemacht werden, dass Ingenieure in Übereinstimmung mit den geltenden Gesetzen und den Verhaltensregeln ihrer speziellen Ingenieurvereinigung zu handeln haben. Diese Normen werden dann in den Ausführungsbestimmungen spezifiziert. Die Formulierung „loyale Vertreter oder Sachwalter" der Arbeitgeber oder Kunden kommt auch in diesem Kodex wieder vor – wie schon in jenem ersten der Bauingenieure von 1914. Neu sind dagegen insbesondere die folgenden Formulierungen aus den Statuten für das Verhalten im Beruf: „Ingenieure übernehmen die Verantwortung für ihre Handlungen; sie suchen und anerkennen Kritik ihrer Arbeit; unterziehen die Arbeit anderer nur einer gerechten Kritik." Ingenieure dürfen oder sollen (?) nun also die Arbeit anderer Ingenieure kritisieren; bislang war das standesethisch durch die älteren Kodizes verboten. Sie „anerkennen in angemessener Weise die Beiträge anderer und akzeptieren keine Anerkennung für eine Arbeit, die nicht ihre eigene ist [...]. Ingenieure, die bei der Ausübung

---

7 Vgl. in Lenk/Ropohl 1987, 294ff.

ihrer beruflichen Pflichten eine Folgewirkung bemerken, die das Wohlergehen und die Sicherheit der Allgemeinheit in Gegenwart und Zukunft nachteilig beeinflusst, sollen ihre Arbeitgeber oder Kunden in aller Form darüber unterrichten und, wenn nötig, eine darüber hinausgehende Offenlegung in Betracht ziehen." „Whistle blowing" im öffentlichkeitsrelevanten Gefährdungsfalle ist nunmehr gestattet, ja, gefordert. Man sieht also, dass eine Entwicklung stattgefunden hat, die dem Ingenieur heutzutage eine Rückenstärkung auch durch seinen Verband oder Dachverband gewährt, wenn er unter besonderen Umständen an die Öffentlichkeit geht.

Wenn man sich freilich als Ingenieur – zumal in abhängiger Beschäftigung – exponiert, hat man u.U. auch weiterhin mit Nachteilen aller Art zu rechnen: mit Sanktionen, eventuell Karrieregefährdung und Diskriminierungen. Dagegen scheint sich die Mentalität der Duckmäuser fast überall auszuzahlen, oft zum Nachteil des Gemeinwohls. (Man kann natürlich fragen, ob diese Problematik auf das Ingenieurwesen allein beschränkt ist. Sicherlich nicht!) Wer sich nicht besonders engagiert, sich vor allem nicht exponiert, lebt bequemer. Wenn man das noch mit einer normalen Jobmentalität verbindet und sich im großen und ganzen an Minimalstandards der Rollen- oder Stellenerwartung oder -beschreibung hält, so gerät man nicht in Gefahr, etwaige persönlich nachteilige Rückwirkungen eines besonderen Verantwortungsengagements zu erleiden. Und wer will schon zum Helden werden, wenn er zugleich den Märtyrer spielen muss? Der Mangel an Bürgertugend, Zivilcourage, Verantwortungsbereitschaft, Bereitschaft, sich zu exponieren, sich über das Minimale hinaus zu engagieren, ist wohl auch bei uns in Deutschland nicht allen Berufen ganz fremd. Die besondere exponierte Stellung der Ingenieure macht das Verantwortungsproblem aber äußerst drängend. Das ließe sich leicht an extremen Beispielen zeigen; man denke etwa an Bhopal, Tschernobyl oder an das Challenger-Unglück.

Die Frage ist natürlich: Werden die Ingenieure überhaupt für solche Rollen geschult? Werden sie anhand von Fallstudien während ihrer Ausbildung darin unterwiesen oder wenigstens darauf hingewiesen? Gibt es überhaupt Kurse für Ingenieurethik oder Wissenschaftlerethik bzw. „Verantwortung in Wissenschaft und Technik"? In Deutschland gab zwar einige Kolloquien des VDE und des VDI zu „Technik und Verantwortung". Sie waren damals aber doch sehr allgemein gehalten und führten lange Zeit nicht zu bestimmten Konsequenzen. Vor Jahren hatte der Verband Deutscher Elektrotechniker noch den Vorschlag abgelehnt (!), den Ethikkodex des amerikanischen „Institute of Electrical and Electronics Engineers" in Übersetzung einfach anzunehmen. Erst mit den *Ethischen Grundsätzen des Ingenieurberufs* von 2001 (VDI 2001) begann sich die Lage zu ändern. Insbesondere kümmern sich auch heute noch die Ingenieurfakultäten an den Hochschulen – mit seltenen Ausnahmen – kaum um ethische Zusatzstudien.

Die Bauingenieurfakultät und die Fakultät für Elektrotechnik der Karlsruher Universität machen seit längerem wenigstens eine überfachliche Veranstaltung ihren Studenten zur Pflicht. Aber das sind immer noch die einzigen Naturwissenschafts- bzw. Ingenieurfakultäten an dieser Hochschule, die so etwas fordern. (Neuerdings empfehlen jedoch auch die Chemieingenieure solche Zusatzveranstaltungen.) Im Allgemeinen lehnt man es auch heute in den ingenieurwissenschaftlichen Fachbereichen noch eher ab, sich mit solchen eher als prekär geltenden moralischen Fragen zu befassen. Es besteht jetzt freilich die Hoffnung, dass die neuen „Ethischen Grundsätze" des VDI allmählich in die Fakultätsdiskussionen und Lehrpläne sowie –veranstaltungen der Ingenieurfakultäten einfließen.

Ethik- und Standeskodizes können die Diskussion gerade auch innerhalb der deutschen Ingenieurvereinigungen und in den Unternehmungen anregen und verbessern sowie die Sensibilität gegenüber Fragen der Verantwortung und Verantwortungsbeteiligung wesentlich erhöhen. Da Demokratie wesentlich von der Diskussion lebt und die kritische Debatte – besonders auch die öffentliche – in einer Demokratie eine wichtige Kontrollfunktion ausübt, sollten sich gerade auch die Ingenieure und Ingenieurverbände dieses Mittels – auch öffentlich – bedienen. Ethikkodizes sollten auch nicht isoliert bloß als rhetorische Aushängeschilder fungieren, sondern in institutionelle Gremienarbeit und Erörterungs-, Beurteilungs- sowie Entscheidungsverfahren eingebettet werden (vgl. VDI-Ethikgrundsätze 3.4).

Der Appell an Einzelne und deren guter Wille bedarf in der Tat der Unterstützung durch eine Institutionalisierung, damit Ethik auch in Handeln umgesetzt werden kann bzw. wird. Ingenieure und Ingenieurinnen sollten ihre – im Einzelfall sicherlich noch genauer zu bestimmende – Verantwortung für bestimmte Techniken und deren Folgen wirklich differenziert erkennen und wahrnehmen (können). Nur so könnte man auf eine größere Verbreitung und aktivere Wahrnehmung moralischer Verantwortlichkeit in Berufsangelegenheiten hoffen.

Eine zu optimistische Sicht ist allerdings nicht angebracht. Philosophische Schulung und Diskussion allein werden die genannten Probleme nicht lösen.[8] Deren Schwierigkeiten liegen i.d.R. in der Durchsetzung und Anwendung vernünftiger Ideen. Ideen allein genügen nicht, so nötig sie auch sind. Doch eine praxisorientierte Technikphilosophie und Ethik der Technik

---

8 Eine vernünftige Diskussion über Werte und Normen ist jedoch möglich. Wenn auch keine absoluten Aussagen über Grundwerte erreicht oder gar sicher letzt begründet werden können, so kann doch die Annahme von Normen, sogar von Grundnormen rational diskutiert werden, nämlich angesichts anderer, als höherrangig eingeschätzter (Grund-)Werte oder hinsichtlich der beurteilbaren Konsequenzen.

können zumindest das Problembewusstsein erhöhen und zur Klärung, Wertbeurteilung und Perspektivenvielfalt beitragen. Dies gilt insbesondere hinsichtlich praktischer Fragen – z.B. jenen der moralischen Beurteilung und Bewertung von technisch-wirtschaftlichen Projekten und denen der Verantwortung in der und für die Technik.

Literatur

Baum, R.J. – Flores, A. (1978/1980): Ethical Problems in Engineering. 2 Bde. Troy, NY 1978, 1980.

Bodenheimer, E. (1980): Philosophy of Responsibility. Littleton, CO 1980.

French, P.A. (1984): Collective and Corporate Responsibility. New York 1984.

Führ, M. – Maring, M. (2000): Ethikkodizes und rechtliche Regelungen. S. 43–60 in Hubig, C. (Hg.): Ethische Ingenieurverantwortung. Düsseldorf 2000.

Haefner, K. (1984): Mensch und Computer im Jahre 2000. Basel – Boston – Stuttgart 1984.

Hardin, G. (1968): The Tragedy of the Commons. S. 1243–1248 in Science 162 (1968).

Hennessey, J.W. – Gert, B. (1992): Moralische Regeln und Ideale: eine nützliche Unterscheidung in Unternehmens- und Berufspraxis. S. 101–118 in Lenk, H. – Maring, M. (Hrsg.): Wirtschaft und Ethik. Stuttgart 1992 (2002).

Hubig, C. (Hrsg.) (2000): Ethische Ingenieurverantwortung. Düsseldorf 2000.

Jonas, H. (1979): Das Prinzip Verantwortung. Frankfurt a.M. 1979.

Ladd, J. (1990): A Comprehensive Theory of Moral Responsibility. Ms. o.O. 1990.

Ladd, J. (1992): Bhopal: Moralische Verantwortung, normale Katastrophen und Bürgertugend. S. 285–300 in Lenk, H. – Maring, M. (Hrsg.): Wirtschaft und Ethik. Stuttgart 1992 (2002).

Lenk, H. (1971): Philosophie im technologischen Zeitalter. Stuttgart – Berlin – Köln – Mainz 1971 (1972).

Lenk, H. (1975): Pragmatische Philosophie. Hamburg 1975.

Lenk, H. (1979): Pragmatische Vernunft. Stuttgart 1979.

Lenk, H. (1982): Zur Sozialphilosophie der Technik. Frankfurt a.M. 1982.

Lenk, H. (1989): Können Informationssysteme moralisch verantwortlich sein? S. 248–255 in Informatik-Spektrum 12 (1989).

Lenk, H. (Hrsg.) (1991): Wissenschaft und Ethik. Stuttgart 1991.

Lenk, H. (1991): Ethikkodizes – zwischen schönem Schein und ,harter' Alltagsrealität. S. 327–353 in Lenk, H. – Maring, M. (Hrsg.): Technikverantwortung. Güterabwägung – Risikobewertung – Verhaltenskodizes. Frankfurt a.M. 1991.

Lenk, H. (1992): Zwischen Wissenschaft und Ethik. Frankfurt a.M. 1992.

Lenk, H. (1994): Von Deutungen zu Wertungen. Frankfurt a.M. 1994.

Lenk, H. (1994): Macht und Machbarkeit der Technik. Stuttgart 1994.

Lenk, H. (1996): Konkrete Humanität. Frankfurt a. M. 1996.

Lenk, H. (1997): Einführung in die angewandte Ethik. Stuttgart – Berlin – Köln 1997.

Lenk, H. (1998): Konkrete Humanität. Vorlesungen über Verantwortung und Menschlichkeit. Frankfurt a.M. 1998.

Lenk, H. (1999): Praxisnahes Philosophieren. Stuttgart 1999.

Lenk, H. – Maring, M. (1990): Verantwortung und soziale Fallen. S. 49–57 in Ethik und Sozialwissenschaften 1 (1990).

Lenk, H., Maring, M. (Hrsg.) (1991): Technikverantwortung. Güterabwägung – Risikobewertung – Verhaltenskodizes. Frankfurt a. M. 1991.

Lenk, H. – Maring, M. (Hrsg.) (1992): Wirtschaft und Ethik. Stuttgart 1992 (2002).

Lenk, H., Maring, M. (1995): Wer soll Verantwortung tragen? S. 241–286 in Bayertz, K. (Hrsg.): Verantwortung. Prinzip oder Problem? Darmstadt 1995.

Lenk, H. – Maring, M. (1998): Einleitung: Technikethik und Wirtschaftsethik. S. 7–20 in Lenk, H. – Maring, M. (Hrsg.): Technikethik und Wirtschaftsethik. Opladen 1998.

Lenk, H. – Maring, M. (2004): Verantwortung und die neu verabschiedeten „ethischen Grundsätze des Ingenieurberufs" (2001). S. 499–513 in Kornwachs, K. (Hrsg.): Technik – System – Verantwortung. Münster 2004.

Lenk, H. – Ropohl, G. (Hrsg.) (1987): Technik und Ethik. Stuttgart 1987 (1993).

Maring, M. (2001): Kollektive und korporative Verantwortung. Münster 2001.

Unger, S. (1982): Controlling Technology. New York 1982 (1994).

VDI (Hrsg.) (2001): Ethische Grundsätze des Ingenieurberufs. Düsseldorf 2001.

Werhane, P.H. (1985): Persons, Rights, and Corporations. Englewood Cliffs, NJ 1985.

Anhang

Vorrangregeln zur Behandlung von Verantwortungs- und Normenkonflikten

1. „Moralische Rechte jedes betroffenen Individuums abwägen"; diese gehen vor Nutzenüberlegungen (prädistributive (Grund-)Rechte)[9].

2. „Kompromiss suchen, der jeden gleich berücksichtigt" – im Falle eines unlösbaren Konflikts „zwischen gleichwertigen Grundrechten".

---

9 Moralische Rechte sind bei Werhane (1985, 16ff.): das Recht der gleichen Berücksichtigung, das Recht auf Sicherheit und auf Lebensunterhalt, das Recht auf Leben, das Recht nicht gequält zu werden, das Recht auf Freiheit (i.S.v. Handlungs- und Wahlfreiheit, Autonomie und Privatheit), das Recht auf Privateigentum.

3. „Erst nach Abwägung der moralischen Rechte jeder Partei darf und sollte man für die Lösung votieren, die den geringsten Schaden für alle Parteien mit sich bringt".

4. Erst nach ‚Anwendung' der Regeln 1, 2 und 3 Nutzen gegen Schaden abwägen.

Also: Nichtaufgebbare moralische Rechte gehen vor Schadensabwendung und -verhinderung und diese vor Nutzenerwägungen.

5. Bei praktisch unlösbaren Konflikten zwischen Parteien und Beteiligten sollte man hinsichtlich Schädigungen und Nutzen für die verschiedenen Parteien faire Kompromisse suchen. (Faire Kompromisse sind z.B. annähernd gleichverteilte oder gerechtfertigt proportionierte Lasten- bzw. Nutzenverteilung.)

6. Universalmoralische und direkte moralische Verantwortung geht vor nichtmoralischen und beschränkten Verpflichtungen.

7. Universalmoralische Verantwortung geht i.d.R. vor Aufgaben- bzw. Rollenverantwortung.

8. Direkte primäre moralische Verantwortung ist meistens vorrangig gegenüber indirekter Fern- oder Fernstenverantwortung (wegen der Dringlichkeit und der beschränkten Verpflichtung; aber: Abstufungen nach Folgenschwere und -nachhaltigkeit).

9. Universalmoralische und direkte moralische Verantwortung gehen vor sekundärer korporativer Verantwortung.

10. Das öffentliche Wohl, das Gemeinwohl soll allen anderen spezifischen und partikularen nichtmoralischen Interessen vorangehen.

Auch in technischen Regelwerken sind Prioritätsprinzipien formuliert. Mit DIN 31000 (und ISO-Guide 51/1999) können wir z.B. folgende Regel aufstellen:

11. „Bei der sicherheitsgerechten Gestaltung ist derjenigen Lösung der Vorzug zu geben, durch die das Schutzziel technisch sinnvoll und wirtschaftlich am besten erreicht wird. Dabei haben im Zweifel die sicherheitstechnischen Erfordernisse den Vorrang vor wirtschaftlichen Überlegungen." Sicherheit geht also vor Wirtschaftlichkeit.[10]

---

10 Als Regel 11 ist eine DIN-Norm angegeben, derzufolge es das Ziel bei technischen Lösungen sein soll, Funktionalität mit Wirtschaftlichkeit zu verbinden; jedoch „haben im Zweifel die sicherheitstechnischen Erfordernisse den Vorrang vor wirtschaftlichen Überlegungen" zu erhalten. Das könnte einfach als ein Korrollar, eine spezialisierende Folgerung, aus den früheren Sätzen, nämlich aus den Regeln 3 und 4 verstanden werden – dahingehend, dass man Nutzenmehrung, Wirtschaftlichkeit erst *nach* der Schadensminimierung vornehmen soll: *Safety first*! Sicherheit geht vor Wirtschaftlichkeit – das ist etwas, was gerade auch im Zusammenhang mit

12. Globale, kontinentale, regionale und lokale Umweltverträglichkeit sind zu unterscheiden und zu berücksichtigen. Systemrelevante bzw. –entscheidende Umweltverträglichkeit geht vor – und in diesen Extremtyp die je bereichswietere (umfassendere).

13. Bei „Dringlichkeit" gehen Ökoverträglichkeit vor ökonomischer Nutzanwendung.[11]

14. Menschen-, Humanverträglichkeit und Sozialverträglichkeit gehen im Konfliktfall vor Umwelt-, Arten- und Naturverträglichkeit, sind aber meist *zusammen* oder in sinnvollen Kompromissen anzustreben.

15. Konkrete Humanität geht vor abstrakten Forderungen und universalen Prinzipien (konkret human- und sozialverträgliche Güterabwägung).

16. Menschengerechtes (Human- und Sozialverträglichkeit) geht vor Sachgerechtem.[12]

Unglücken in der Verkehrstechnik oder auch Luftfahrt zu beachten ist und mehr noch zu betonen wäre und oft leider – man denke an die Fährunglücke in den letzten Jahren – bei weitem nicht genügend beachtet wurde. Wirtschaftlichkeit geht *faktisch* offenbar oft vor; Zeitdruck diktiert. Oft werden selbst hoch sicherheitsrelevante Produkte sehr schnell entwickelt, auf den Markt geworfen, um den Konkurrenten den Rang abzulaufen, und das führt dann u.U. zu Katastrophen mit dem Verlust von (vielen) Menschenleben.

11 Zu Regel 13: Es ist klar, dass solche „dringlichen" Umweltverträglichkeiten der ökonomischen Nutzenanwendung vorangehen müssen. Aber neben der Umweltverträglichkeit in diesem dramatischen, dringlichen Sinne, die nicht schon alles an wünschenswerten Umweltsverträglichkeitsmaßnahmen ausmacht (z.B. ist noch umstritten, wieweit die Artenvielfalt und Biodiversität in natürlichen Zonen besonderen genetischen Reichtums global systementscheidend, „dringlich", sind). Bio(diversitäts)- und Genressourcen(erhaltungs)-Verträglichkeit stellen weitere, zunehmend wichtiger werdende Prioritäten dar. Es gibt auch andere, enger oder direkter menschenorientierte Verträglichkeiten, die zu beachten sind, etwas, was man vielleicht als Regel 14 „Human- und Sozialverträglichkeit" nennen kann. Man hat beide zu beachten. In der Tat geht im Konfliktfalle aus unserer menschlichen Sicht normalerweise die Menschen- und Humanverträglichkeit der Natur-, Bio- und Artenverträglichkeit voran.

12 Regel 16 postuliert den Vorrang des Human- und Sozialverträglichen vor dem euphemistisch (bloß) „Sachgerechten" genannten ökonomischen Prinzip. Es ist nun generell einsichtig, dass diese Möglichkeiten der Prioritätenbildung für die Lösung von Verantwortungskonflikten wichtig sind und deren – vorläufige – Liste in gewisser Weise Hilfestellung bei Entscheidungen zwischen Konflikten und Konfliktlagen leisten kann. Das gilt besonders, wenn unterschiedliche Verantwortlichkeiten miteinander in Spannung stehen, wie es ja häufig der Fall ist: Insbesondere universalmoralische Verantwortung einerseits und Aufgaben- oder Rollenverantwortung andererseits geraten häufig in Konflikt. Hier braucht man derartige allgemeine Orientierungen; man muss wissen, wie man die jeweiligen Verantwortlichkeiten einordnet. Man braucht solche Prioritätsregeln, die es gestatten, eine personal zu verantwortende Entscheidung zu rechtfertigen.

17. Verträglichkeit mit den Erfordernissen des Überlebens und der Qualität des Lebens künftiger menschlicher Generationen und antizipierte Akzeptanz von Maßnahmen, die künftige Generationen betreffen, sollten sehr hohe Priorität haben.

18. Bei sozialen und politischen Planungen i.A. sollten alle Anstrengungen unternommen werden, um ein relatives Maximum an allgemeiner Freiheit und an freien Entscheidungen – Offenheit und Flexibilität der Planungen im großen Stil – und um weitgehend gleiche Möglichkeiten für künftige Entwicklungen („Multioptionsgesellschaft") zu erreichen.

19. In gleicher Weise sollte eine relative (potenzielle) Vielzahl von Optionen für heutige *und* für künftige Generationen hohe Priorität haben, d.h., keine wichtigen Möglichkeiten sollten für heutige *und* für künftige Generationen ausgeschlossen werden (Vermeidung totaler Ressourcenerschöpfung und Umweltverschmutzung durch einen Vorrang für „sustainable development"). (Es muss um eine proportionierte und moralisch verwertbare Kombination der Forderungen bzw. Prioritäten der Regeln 16 bis 18 gehen.)

20. Die situationsangemessene, persönliche Kombination der behandelten Teilverantwortlichkeitsaspekte sollten unter dem Gesichtspunkt konkret-inhaltlicher Menschlichkeit Vorrang vor abstrakten Forderungen und formalen allgemein(gültig)en Prinzipien haben.[13]

---

13 Die Regel 20 bezieht sich auf die oben erwähnte Kombinationsverantwortung, die jeweils die Person in einer Konfliktlage vornehmen muss, in dem die unterschiedlichen analytisch entworfenen und gegeneinander abgegrenzten Verantwortlichkeitstypen nun in einer konkreten situationsangemessenen Kombination und einer entsprechenden Verantwortungsentscheidung realisiert werden sollen. Dabei sollte die inhaltliche und konkrete nur am Leitfaden der jeweiligen Situationsbeurteilung gemessene konkrete Humanität oder Menschlichkeit sowie Mitmenschlichkeit im Vordergrund stehen. Konkrete Humanität, wie sie an anderer Stelle ausführlich behandelt wurde (Lenk 1998), lässt sich nicht in formale Regelforderungen pressen oder als abstrakte Formulierung einfach einkleiden: sie ist je nach Situation und Lage, je nach Epoche und natürlicher wie sozialer Umgebung konkret zu fassen und zu realisieren. Dies kann nur unter der Beteiligung der genannten persönlichen Kombinationsverantwortlichkeit i.S. einer Forderung nach dem besonderen Vorrang der Idee der Menschlichkeit und Mitmenschlichkeit geschehen. Die allgemeine Forderung nach konkreter Humanität sollte in der Tat nicht als eine bloß formal gültige Regel aufgefasst werden, sondern als Forderung nach persönlichem Engagement, allenfalls als Formulierung einer „Metaregel" des Inhalts, über allgemeinen Prinzipien und Regeln das Menschliche und Mitmenschliche in concreto nicht zu verdrängen, also dies nicht zu vernachlässigen.

Verantwortung in der Ingenieurarbeit

Günter Ropohl

1. Einleitung: Fallbeispiel und Überblick

Im Mai 1981 stürzte das Dach der Berliner Kongresshalle – von den Berlinern als „schwangere Auster" bespöttelt – 23 Jahre nach dem Bau teilweise ein. Da die Halle am Unglückstag nur von wenigen Menschen benutzt wurde, gab es bloß ein Todesopfer und vier Verletzte; sonst hätte die Zahl der Toten in die Hunderte gehen können. Fachleute erklärten den Schadensfall mit dem Zusammenwirken mehrerer Planungs- und Ausführungsmängel; äußere Anzeichen hätten durchaus erkannt werden können, wenn ein sachkundiger Beobachter bewusst danach gesucht hätte, hieß es. Tatsächlich aber hatte es diesen sachkundigen Beobachter bereits seit 1973 gegeben.

Es war kein geringerer als der frühere Spannbeton-Entwicklungschef eines großen Bauunternehmens, das die Kongresshalle zusammen mit anderen Firmen gebaut hatte, und er selbst war dabei maßgeblich beteiligt gewesen. Schon acht Jahre vor dem Unglück erkannte dieser verantwortliche Ingenieur, dass die Baukonstruktion nachgebessert werden müsste, wenn man einem Schadensfall zuvorkommen wollte. Diese Erkenntnis teilte er dem Vorstand seines Unternehmens mehrfach mündlich und schriftlich mit, doch er fand kein Gehör. Die Firma scheute sich, in dieser Angelegenheit von sich aus tätig zu werden, und forderte den Ingenieur zum Stillschweigen auf. In der Folgezeit verschlechterte sich das Arbeitsklima derart, dass der Ingenieur im Wege eines arbeitsgerichtlichen Vergleichs in den vorzeitigen Ruhestand entlassen wurde.

Dieser Ingenieur hatte die Verantwortung für seine Arbeit ernst genommen, und er hatte sich deswegen in seinem Unternehmen exponiert. Die Öffentlichkeit mochte er nicht alarmieren, aus Loyalität gegenüber dem Unternehmen und aus Verbundenheit mit seinem Fach, das nicht ins Gerede kommen sollte. Eine neutrale Schiedsstelle aber, die diskret hätte eingreifen können, gab es nicht; um eine Pointe vorwegzunehmen: So etwas gibt es bis heute nicht. So musste er seine berufliche Karriere vor der Zeit abbrechen, und nicht einmal das vorausgesehene Unglück hat er verhindern können!

Es ist dies beileibe kein Einzelfall. Zahlreiche ähnliche Vorkommnisse sind bekannt geworden, meist allerdings erst dann, wenn sich die Arbeitsgerichte damit befassen mussten (Ropohl 1997). Sonst scheuen betroffene

Ingenieure aus begreiflichen Gründen die Öffentlichkeit, und als der Perso-
nalabbau in der Industrie fortschritt, wuchs die Duckmäuserei aus Kündi-
gungsangst; die Dunkelziffer solcher verdeckten Konflikte dürfte ein erheb-
liches Ausmaß haben. Das steht natürlich in peinlichem Kontrast zu den
offiziellen Ansprachen angesehener Persönlichkeiten, die immer wieder die
Verantwortung der Ingenieure beschwören.

In diesem Beitrag will ich im nächsten Abschnitt zunächst den Begriff der
Verantwortung klären. Ich werde zeigen, dass Verantwortung sehr verschiedene Ausprägungen annehmen kann, und erläutern, inwieweit der einzelne
Ingenieur wirklich Verantwortung trägt. Im dritten Abschnitt werde ich dann
die tatsächlichen und die prinzipiellen Grenzen individueller Verantwortung
erörtern. Dabei wird sich herausstellen, dass die persönliche Verantwortungsfähigkeit im technischen Handeln zahlreichen Einschränkungen unterliegt, die keineswegs mit wohlgemeinten moralischen Appellen zu überwinden sind. schließlich werde ich im dritten Abschnitt auf einige Möglichkeiten zu sprechen kommen, mit denen die Verantwortungsbereitschaft und
Verantwortungsfähigkeit der Ingenieure zu fördern wären. Da man freilich
solche durchaus realistischen Ansätze schon seit Jahrzehnten diskutiert,
ohne sie bislang konsequent verwirklicht zu haben, werde ich diesen Aufsatz
mit einem skeptischen Unterton beenden müssen.

2. Begriff der Verantwortung

Wie alle allgemeinen Begriffe hat auch der Verantwortungsbegriff mehrere
Bedeutungen. So empfehle ich, den organisationstheoretischen Verantwortungsbegriff – im Sinn von Rollen- oder Aufgabenzuständigkeit – aus der
ethischen Reflexion der Ingenieurverantwortung auszuklammern; bekannt-
lich gelten auch in der Mafia wohldefinierte Rollen- und Aufgabenzustän-
digkeiten, denen man kaum einen moralischen Charakter zubilligen würde.
Dass jemand das tut, was andere von seiner Berufsrolle und -kompetenz erwarten, ist auf den ersten Blick moralisch irrelevant; beim zweiten Blick auf
die jeweiligen Umstände und Folgen kann sich solche Pflichterfüllung einmal
als verdienstlich, das andere Mal als verwerflich erweisen. Es kommt in
unserer Diskussion nicht darauf an, was Vorgesetzte vom Ingenieur erwarten; es kommt darauf an, was der Ingenieur nach reiflicher Klärung seiner
Aufgaben vor sich selbst verantworten kann, weil er verstanden hat, was die
Gesellschaft vom ihm erwartet.

Ich konzentriere mich daher auf den moralphilosophischen Verantwortungsbegriff, der wohl vor allem durch die Gegenüberstellung von Gesin-
nungsethik und Verantwortungsethik bei Max Weber (1919, 175) bekannt
geworden ist. Verantwortung bedeutet demnach, „dass man für die (voraussehbaren) Folgen seines Handelns aufzukommen hat". Wenn man dieses

Konzept genauer betrachtet, fächert es sich in mehrere Teilaspekte auf, die ich anhand des folgenden Schemas besprechen will.

	(1)	(2)	(3)
(A) **WER**	Individuum	Korporation	Gesellschaft
verantwortet			
(B) **WAS**	Handlung	Produkt	Unterlassung
(C) **WOFÜR**	Folgen voraussehbar	Folgen unvoraussehbar	Fern- und Spätfolgen
(D) **WESWEGEN**	moralische Regeln	gesellschaftliche Werte	staatliche Gesetze
(E) **WOVOR**	Gewissen	Urteil anderer	Gericht
(F) **WANN**	vorher: prospektiv	momentan	nachher: retrospektiv
(G) **WIE**	aktiv	virtuell	passiv

Schema 1: Morphologische Matrix der Verantwortungstypen

Verantwortung wird als mehrstelliger Relationsbegriff verstanden (ähnlich auch Lenk 1997, 90) und hier nach sieben verschiedenen Gesichtspunkten eingeteilt. Bei jedem dieser Kriterien gibt es mehrere Ausprägungen; der Übersichtlichkeit wegen werden jeweils nur drei verschiedene Möglichkeiten dargestellt. Die Form dieser „morphologischen Matrix" geht auf den Astronomen und Kreativitätsforscher Fritz Zwicky (1966) zurück und bildet eine mehrdimensionale Klassifikation. Statt nun die Einzelklassifikationen bloß nebeneinander zustellen, kann man aus dem Schema bestimmte Typen gewinnen, indem man aus jeder Zeile je ein Element auswählt und diese sieben Elemente mit einander kombiniert. Unter den theoretisch mehr als 2000 Kombinationsmöglichkeiten ergibt sich etwa der Typ der Haftung, wenn ein Einzelner (A1) für die voraussehbaren Folgen einer Handlung (B1, C1) aufgrund staatlicher Gesetze (D3) von einem Gericht (E3) im Nachhinein (F3) zur Verantwortung gezogen wird (G3) und einen eingetretenen Schaden gegebenenfalls wieder gutmachen muss. Um den Haftungsfall gar nicht erst eintreten zu lassen, werden vorsorgliche Menschen bereits im Voraus über die möglichen Folgen ihres Tuns nachdenken (F1, G1) und riskante Vorhaben im Zweifelsfall unterlassen.

So bildet die Kombination der Elemente aus der ersten Spalte (unter Umständen erweitert um B2) denjenigen Verantwortungstyp, den man bei der Ingenieurverantwortung meist im Auge hat. Der einzelne Ingenieur soll seine Arbeit und die Produkte, die daraus hervorgehen, bewusst auf den Nutzen für die Allgemeinheit ausrichten. Er soll alle denkbaren Folgen seiner Projekte in Erwägung ziehen und prüfen, ob alle diese Folgen mit den maßgeblichen Wertvorstellungen der Gesellschaft vereinbar sind. Identifiziert er mögliche Folgen, die allgemein als unannehmbar gelten, soll er das betreffende Vorhaben derart modifizieren, dass die negativen Folgen vermieden werden, oder er soll, falls Verbesserungen nicht denkbar oder nicht machbar sind, dieses heikle Projekt aufgeben. Über derartige Weiterungen seiner Arbeit soll er sich fortgesetzt selber Rechenschaft geben, und er soll auch bereit und in der Lage sein, für sein Problemverständnis und seine Handlungsweisen jederzeit gegenüber anderen einzustehen. In gewissen Grenzen können Ingenieure dieser so verstandenen Verantwortung tatsächlich nachkommen. Das will ich zunächst skizzieren, bevor ich im nächsten Abschnitt jene Grenzen abzustecken habe.

Offensichtlich ist es Sache des einzelnen Ingenieurs, seine fachlichen Fähigkeiten so gut und so gewissenhaft wie möglich für die Bearbeitung der ihm übertragenen Aufgaben einzusetzen. Gelegentlich wird behauptet, darin bestehe die wichtigste Verantwortung des Ingenieurs. Tatsächlich aber liegt Gewissenhaftigkeit eher auf der Ebene der formalen Aufgaben„verantwortung" und gewinnt, ebenso wie die anderen Sekundärtugenden des Fleißes, der Pünktlichkeit, der Ordentlichkeit usw., ihre moralische Qualität vorwiegend aus dem moralischen Wert der Aufgabe. Wenn Ingenieure die ihnen übertragenen Aufgaben moralisch verantworten können, dann allerdings tragen sie auch die moralische Verantwortung für fachlich gewissenhafte Ausführung. Dazu gehört, dass sie sich in ihrem Fachgebiet über den jeweils neuesten Stand der Technik auf dem laufenden halten und keine Anstrengung scheuen, die nach technischen Standards jeweils bestmöglichen Lösungen zu entwickeln.

Ein nicht unbeträchtlicher Teil des technischen Handelns wird längst durch Gesetze und Verordnungen sowie durch technische Normen und Richtlinien reguliert, die nicht selten aufgrund von Gesetzen ebenfalls verbindlich sind. So tragen Ingenieure ihrer Verantwortung auch dadurch Rechnung, dass sie sich erstens um genaue Kenntnis der einschlägigen rechtlichen Regelungen bemühen und zweitens darauf achten, dass diese Regelungen innerhalb ihres Einflussbereichs auch wirklich eingehalten werden. Staatliche Kontrolleure können nicht überall sein, und Ingenieure sind innerhalb ihrer Zuständigkeit dafür verantwortlich, dass geltendes technisches Recht auch tatsächlich greift.

Fachliche und selbst rechtliche Gewissenhaftigkeit im Detail reichen freilich nicht aus, solange Zweifel an der ethischen Begründbarkeit der gesamten Aufgabe bestehen. Ingenieure sind gehalten, über die Rechtfertigung der Aufgaben nachzudenken, die sie lösen sollen, und nur, wenn sie diese Aufgaben nach bestem Wissen und Gewissen rechtfertigen können, nur dann haben fachliche Gewissenhaftigkeit und korrekte Vorschriftenbeachtung auch moralische Qualität. Vor allem also nehmen Ingenieure ihre Verantwortung dadurch wahr, dass sie die Zwecke prüfen, denen ihre Arbeit dienen soll. Insoweit technische Konzepte und Projekte immer schon eine mehr oder minder bestimmte Nutzungsidee enthalten, geht es also darum, diese vorgestellte Nutzungsidee zu vergegenwärtigen und vorausschauend ein Bild von den Nutzungsbedingungen und ihren Folgen zu gewinnen. Dass der einzelne Ingenieur bei solchen Erwägungen an Grenzen stoßen kann, die für ihn persönlich nicht zu überwinden sind, werde ich später besprechen. Hier muss ich festhalten, dass Ingenieure in den meisten Fällen durchaus wissen, wofür sie arbeiten, und dass sie meist auch mit völlig durchschnittlicher Vorstellungskraft einen Teil der Folgen sich ausmalen können.

Das gilt beispielsweise für jede Art von Emissionen, vom Lärm bis zum elektromagnetischen Feld, die als Nebenwirkungen bestimmter technischer Prinzipien unvermeidlich auftreten. Wenn es wohl auch in der Vergangenheit nicht die Regel war, ist es dem Ingenieur doch ohne weiteres möglich, Listen solcher technisch bedingten Nebenwirkungen aufzustellen und ganz ausdrücklich die Frage zu stellen, ob solche Nebenwirkungen hingenommen werden können. In manchen Fällen wie bei der Lärmbelastung können Ingenieure mit dem Urteilsvermögen des Durchschnittsmenschen erkennen, was unzumutbar ist – etwa eine Eisenbahntrasse vor den Schlafzimmerfenstern eines Wohngebietes oder, umgekehrt, das Wohnhaus neben der vorhandenen Eisenbahnlinie, Ungeheuerlichkeiten, die unverständlicherweise oft genug geschehen sind! –, und verantwortlich handeln sie dann, wenn sie all ihren technischen Einfallsreichtum einsetzen, um gangbare menschengerechte Alternativen zu entwickeln.

In anderen Fällen mögen Ingenieure eine Nebenwirkung zwar erkennen, aber in der Beurteilung sich unsicher fühlen. So können sie wissen, dass elektromagnetisch-elektronische Geräte eine gewisse Strahlungsaktivität entfalten, aber sie vermögen persönlich kaum zu entscheiden, ob dies dem menschlichen Organismus schaden könnte. Verantwortlich handeln sie unter solchen Umständen, wenn sie auf jeden Fall einen vorsorglichen „Anfangsverdacht" aussprechen und darauf drängen, dass der Verdacht von geeigneten Fachleuten geprüft wird. Bei einem Gerätetyp, der in die genannte Fallgruppe gehört, lässt sich gut zeigen, dass Ingenieure in der Zielreflexion durchaus noch weitergehen könnten. Ich meine das inzwischen allgegenwärtige Mobiltelefon, das negative Nutzungserfahrungen zeitigt, die unschwer vorauszusehen waren. Hätten da nicht jene Ingenieure, die das neue Nutzungspotenzial als erste erkannten, auch ihre Fantasie mobil machen und das Szenario epidemischer Telefonitis ausmalen können, die nun tatsächlich ausgebrochen ist? Und hätten sie nicht von sich aus darauf kommen können, dass dadurch neuer Regelungsbedarf entsteht, wann, wo und unter welchen Bedingungen das Mobiltelefon benutzt werden darf, wenn es nicht zu einer unerträglichen Störquelle für andere Menschen werden soll?

Die einzelnen Ingenieure können also durchaus auf mögliche Gefahren für Umwelt und Gesellschaft aufmerksam werden, sie können sich dann im Rahmen ihrer Zuständigkeit aktiv um bessere Alternativen bemühen, und sie können in gewissem Umfang auch Schwierigkeiten voraussehen, zu deren Bewältigung neue gesellschaftliche und rechtliche Regelungen erforderlich sind. Immerhin sind sie die ersten, die Wissen über die neuen Entwicklungen erlangen, und dieser Wissensvorsprung verpflichtet. Über all das können sie sich mit ihren Kollegen und Vorgesetzten aussprechen, sie können die entsprechenden Diskussionen in der Fachöffentlichkeit verfolgen und sich unter Umständen auch daran beteiligen, vor allem, wenn sie in einem Ingenieurverein aktiv sind. Schließlich können sie Institutionen der politischen Technikfolgenabschätzung und Technikbewertung über bedenkliche Entwicklungen informieren. Das grenzt dann allerdings schon an ein Vorgehen, das als „Alarmierung der Öffentlichkeit" (englisch „whistleblowing") bekannt ist, und, ebenso wie die Arbeitsverweigerung, nur im äußersten Fall einzusetzen ist; ich komme später darauf zurück.

Man darf allerdings die Schwierigkeiten nicht unterschätzen, die verantwortungsbereitem Engagement entgegenstehen. So werde ich mich jetzt der Frage zuwenden, inwieweit die Ingenieure überhaupt in der Lage sind, die genannten Spielräume wirklich auszuschöpfen, und wo die Spielräume ihre unüberschreitbaren Grenzen haben. Schließlich wusste bereits das römische Recht, dass „ultra posse nemo obligatur", dass, frei übersetzt, niemand eine Pflicht hat, die seine Fähigkeiten übersteigt. Sollen setzt Können voraus, und das heißt hier konkret: Verantwortungsbereitschaft setzt Verantwortungsfähigkeit voraus. Die moralische Verantwortungsfähigkeit der Ingenieure aber wird von zahlreichen Restriktionen begrenzt, und diese Begrenzungen sind derart einschneidend, dass die Handlungsspielräume für das moralische Engagement der Individuen in Wirklichkeit äußerst schmal sind.

3. Grenzen individueller Verantwortung

3.1 Begrenzte Sach- und Wertkompetenz

Ich will hier gar nicht das triviale, aber praktisch höchst machtvolle Hindernis des Zeitmangels vertiefen, dem Ingenieure fast immer ausgesetzt sind; all jene Erwägungen des Verantwortungsbewusstseins, die ich angedeutet habe, brauchen natürlich ihre Zeit, und diese Zeit ist oft schwer zu erübrigen, wenn man mit der Projektarbeit unter großem Termindruck steht. Je weniger man mit einem bestimmten Bereich möglicher Folgen vertraut ist, desto mehr Aufwand muss man treiben, um wenigstens einen ersten Überblick zu gewinnen. Und es stellt sich natürlich auch die Frage, inwieweit die Ingenieure überhaupt die dafür erforderliche Qualifikation besitzen.

Moralische Verantwortung setzt Sachkompetenz und Wertkompetenz voraus, im technischen Handeln also Kompetenz für alle denkbaren Technikfolgen und alle davon berührten Werte. Nun ist es natürlich völlig unmöglich, dass der einzelne Ingenieur alle diese Kompetenzen in sich vereinen würde. Selbstverständlich kann er nicht alles mögliche nichttechnische Spezialwissen anhäufen, aber er könnte über mehr technikbezogenes Orientierungswissen verfügen. Solches Orientierungswissen würde die Spezialkenntnisse des Experten vom anderen Fach nicht ersetzen, aber schüfe doch allererst jene gemeinsame Basis, auf der sich Ingenieure mit Ökologen, Psychologen, Soziologen oder Juristen überhaupt verständigen können; und es würde die Urteilsfähigkeit in der Frage schärfen, wann man welchen anderen Experten zur Klärung möglicher Technikfolgen um Rat fragen muss.

Ingenieurverantwortung erfordert neben der Einsicht in die eigenen Kompetenzgrenzen ein entwickeltes Fingerspitzengefühl für das Ergänzungsbedürfnis nach fremder Kompetenz; dies aber dürfte kaum von allein entstehen, wenn nicht in der Ausbildung ein Mindestmaß von Orientierungs-, Kommunikations- und Urteilsfähigkeit zum ausdrücklichen Lernziel gemacht wird. Aber solche fachübergreifende Aufklärung und Sensibilisierung für Technikfolgen- und Wertprobleme werden dem Ingenieurnachwuchs bis heute von den ingenieurwissenschaftlichen Fakultäten notorisch vorenthalten. Was helfen da alle moralphilosophischen Appelle, wenn den angehenden Ingenieuren nicht einmal ein Minimum berufsethischer Sensibilisierung mitgegeben wird?

Solche fachübergreifende Sensibilisierung muss den angehenden Ingenieur einerseits mit der Wertgebundenheit technischen Handelns, andererseits aber auch mit den Grenzen seiner eigenen Wertkompetenz vertraut machen. Wollte nämlich der einzelne Ingenieur sein persönliches Wertsystem zum allgemeinen Maßstab machen, geriete er in die Gefahr technokratischer Anmaßung. Ingenieure sind ebenso wenig wie andere einzelne Bürger dazu legitimiert, allein zu bestimmen, was für alle gut ist. In übersichtlichen Situationen kann sich der Ingenieur selbstverständlich an die normativen Vorgaben halten, die in der Gesellschaft allgemein akzeptiert sind. In verwickelteren Fällen dagegen kann moralische Verantwortung für Technikfolgen nur im technopolitischen Diskurs mit allen Beteiligten und Betroffenen entwickelt und präzisiert werden; das gilt besonders auch für technische Risiken, die niemand gegen den Willen der davon Betroffenen eingehen darf. Allerdings sprengt diese Maxime wiederum das herkömmliche Modell individualistischer Verantwortungsethik.

3.2 Begrenzte Handlungsmacht

Der individuellen Verantwortungsfähigkeit der Ingenieure werden nicht nur durch Zeitmangel und Qualifikationsdefizite Grenzen gesetzt, sondern auch durch die organisatorischen Bedingungen, unter denen technisches Handeln sich vollzieht. Wenn die objektive Grundlage der Verantwortung in der Kausalverknüpfung zwischen dem Handelnden, seiner Handlung und den Handlungsfolgen besteht, dann folgt daraus, dass die Verantwortung von Personen und Institutionen nicht weiter reichen kann, als ihre Handlungsmacht reicht. Bevor man sich von der Ingenieurethik zu viel verspricht, muss man also untersuchen, wieweit die Handlungsmacht des einzelnen Ingenieurs wirklich reicht. Dazu muss man den Umstand in Betracht ziehen, dass sich technisches Handeln fast immer arbeitsteilig vollzieht.

So hat technisches Handeln durchweg intermediären Charakter. Mit der Herstellung von Produkten werden Handlungspotenziale geschaffen, die sich erst bei der Verwendung dieser Produkte realisieren. Durch die Arbeitsteilung zwischen Herstellung und Verwendung wird dann auch die Verantwortungsverteilung zwischen beiden Seiten zum Problem. Nur bei zweckspezialisierten Sachsystemen trifft den Hersteller die volle Verantwortung für die Nutzungsfolgen. Bei multifunktionalen universellen Sachsystemen dagegen kann der Hersteller weder voraussehen noch vorausbestimmen, welchen konkreten Gebrauch der Verwender davon machen wird. Da ihnen die entsprechende Handlungsmacht fehlt, können die planenden und herstellenden Ingenieure unmöglich die ungeplante oder gar missbräuchliche Verwendung ihrer Produkte verantworten; allenfalls können sie, soweit ein möglicher Missbrauch vorhersehbar ist, die Missbrauchsresistenz der Produkte erhöhen.

Hier muss die oben genannte Forderung eingeschränkt werden, Ingenieure sollten stets die Zwecke kritisch prüfen, denen ihre Arbeit dient. Offensichtlich ist diese Forderung bei mehr oder minder anonymen – oder auch absichtlich anonymisierten – Marktbeziehungen nicht einzulösen, wenn die Sachsysteme multifunktional sind oder wenn sie, als Komponenten auf relativ niedriger Stufe der Sachsystemhierarchie, auf eine Teilfunktion spezialisiert sind, die ihrerseits in den verschiedenartigsten komplexeren Systemen verwendet werden kann. Ein Dieselmotor etwa mag zwar speziell als Fahrzeugantrieb ausgelegt sein, aber die Ingenieure, die ihn gebaut haben, können nicht immer wissen, ob der Abnehmer den Motor für eine schwere Planierraupe oder ein Raketenabschuss-Fahrzeug einsetzt; und was mit multifunktionalen Mikroprozessoren und Speicherchips schließlich geschieht, können die herstellenden Ingenieure auch nicht immer voraussehen. In allen derart gelagerten Fällen stößt also die Zielreflexion der Ingenieure an eine prinzipielle Grenze, wenn die Ethik technischen Handelns auch das Gebrauchshandeln berücksichtigen soll.

Beim Gebrauchshandeln treten überdies häufig die unerwarteten Wirkungen kollektiven Handelns auf (Boudon 1979). Selbst wenn die Benutzer ein Massenprodukt bestimmungsgemäß verwenden, kann bei vielfachem, gleichzeitigem Einsatz die Quantität in eine unerwünschte Qualität umschlagen, die zwar prinzipiell mit hinreichender Vorstellungskraft zu antizipieren wäre, ohne dass jedoch der Einzelne voraussehen könnte, ob und wann dieser Umschlag tatsächlich geschieht; ein illustratives Beispiel für einen solchen paradoxen Effekt ist der Autobahn-Stau. Kein Einzelner ist in dem strikten Sinn dafür verantwortlich, dass es in seiner eigenen Kraft stände, den möglichen Missstand zu verhindern. Retrospektiv lassen sich natürlich Teilverantwortungen zuschreiben, aber prospektiv wird Verantwortungsbewusstsein nur schwer zu aktivieren sein, weil zunächst niemand mit der misslichen Häufung der Nutzungen rechnen wird. Individualethisch scheinen mir derartige Schwierigkeiten unlösbar, und wenn ich oben den Verantwortungsspielraum des Ingenieurs dadurch gekennzeichnet hatte, dass er auf neuen Regelungsbedarf aufmerksam machen kann, habe ich bereits den Übergang von der individuellen zur institutionellen Verantwortung angedeutet, einer Verantwortung, die sich nicht auf individuelle Einzelhandlungen, sondern auf die gesellschaftliche Gestaltung von Handlungsmustern bezieht.

Aber auch wenn Technikfolgen eindeutig der Herstellerseite zuzuschreiben sind, heißt das noch nicht, dass damit der einzelne Ingenieur belastet werden könnte. In Planung, Entwicklung, Konstruktion und Produktion arbeiten Dutzende oder gar Hunderte von Fachleuten gemeinsam an derselben Aufgabe. Arbeitsteilig steuert jeder Einzelne sein besonderes Wissen und Können bei, ohne doch damit alle Aspekte der Aufgabe noch überblicken zu können. So geht aus den Teilbeiträgen und ihren wechselseitigen Einflüssen etwas hervor, was in dieser Form keine der beteiligten Personen alleine hätte bewirken können. Da stellt einer die richtige Frage, ohne die Antwort zu wissen; dem zweiten fällt eine Lösungsmöglichkeit ein, auf die er nie gekommen wäre, wenn nicht der eine die richtige Frage gestellt hätte; und beide kämen dennoch nicht viel weiter, wenn nicht der dritte plötzlich sich erinnern würde, wie er in einem ähnlichen Fall eine derartige Lösung erfolgreich ausgeführt hat.

Auch wenn ich von der naheliegenden Annahme absehe, dass alle drei viel zu sehr mit der Problemlösung beschäftigt sind, als dass sie gleichzeitig auch noch über heikle Nebenfolgen nachdenken wollten und könnten, muss ich damit rechnen, dass die Beteiligten, selbst wenn sie sich die Frage stellen, bald kaum noch sagen können, wer denn nun welchen Anteil an der gefundenen Lösung hat und wem es anzulasten ist, dass eine unerfreuliche Nebenwirkung nicht rechtzeitig bedacht wurde. So reduziert die Arbeitsteilung innerhalb der technischen Entwicklung das technische Handeln des Individuums auf einen marginalen Teilbeitrag zum Gesamtprojekt, sodass auch die Technikfolgen dem individuellen Handeln gar nicht mehr eindeutig zuzurechnen sind. Solche Zurechnungsschwierigkeiten belasten, da sie noch retrospektiv kaum zu lösen sind, selbstverständlich auch die prospektive Verantwortungsbereitschaft der Einzelnen, und das alles gilt bereits für die herrschaftsfreie Arbeitsteiligkeit der gleichberechtigten Kooperation.

Tatsächlich aber handeln die Ingenieure nicht nur kooperativ in Arbeitsgruppen, sondern auch als Mitglieder einer sozio-ökonomisch-technischen Organisation, deren verschiedene Ausprägungen, vom Kleinbetrieb bis zum Großunternehmen, man unter dem Begriff der Korporation zusammenfassen kann (vgl. A2 in Schema 1). Individuelles Handelns wird dann zu einem Element korporativen Handelns und muss sich den fremdbestimmten Korporationszielen unterordnen; dadurch verliert es einen Teil jener Autonomie, die für moralische Verantwortung vorausgesetzt ist. Insofern der einzelne Ingenieur nicht mehr autonomes Subjekt des technischen Handelns ist, kann er dieses korporative Handeln, das sich seiner individuellen Handlungsmacht entzieht, auch nicht als Individuum verantworten.

Schließlich können auch im Herstellungszusammenhang die unerwarteten Effekte kollektiven Handelns auftreten, wenn in einer bestimmten technischen Entwicklungslinie zahlreiche Korporationen und womöglich auch noch politische Instanzen miteinander teils kooperieren und teils konkurrieren. Unter solchen Bedingungen können sich Ansätze individueller Verantwortung, selbst wenn sie möglich sind, in den Maschen gesellschaftlicher Arbeitsteilung verfangen; aber oft sind sie gar nicht einmal möglich, weil keiner der Handelnden voraussehen kann, welches Ergebnis aus dem kollektiven Handeln schließlich hervorgeht. Die technische Entwicklung hat sich von der personalen Ebene abgelöst und ist zu einer Funktion komplexer soziotechnischer Systeme geworden. Was aber systemar sich vollzieht, kann nicht mehr personal verantwortet werden. Unter korporativen und kollektiven Bedingungen reduziert sich Verantwortung auf Mitverantwortung, und diese Mitverantwortung des einzelnen Ingenieurs bleibt auf einen marginalen Anteil begrenzt, der überdies seiner Größe nach, wenn überhaupt, meist erst im Nachhinein zu bestimmen ist. Wie aber soll der Einzelne vorausschauende Verantwortungsbereitschaft entwickeln, wenn er gar nicht überblicken kann, wozu eine Praxis führt, zu der er lediglich einen winzigen Teilbeitrag leistet?

3.3 Arbeitsrechtliche Bindungen

Mehr als drei Viertel der Ingenieure sind Angestellte oder Beamte, also, wie es offiziell so schön heißt, abhängig Beschäftigte, und abhängig sind sie von der Korporation oder Behörde, in der sie arbeiten. Diese überwiegende Mehrheit der Ingenieure stellt gegen Entgelt ihre Arbeitskraft vertragsrechtlich einem Unternehmer oder Dienstherrn zur Verfügung und ist mithin dem Arbeitsrecht bzw. dem Beamtenrecht unterworfen. Dann aber begeben sich die Ingenieure ihrer moralischen Handlungsfreiheit, indem sie den Arbeitsvertrag unterschreiben und damit das Weisungsrecht und den Verschwiegenheitsanspruch des Arbeitgebers oder Dienstherrn anerkennen. Ich muss also auf die oben angedeuteten Rechtsfragen zurückkommen.

Wenn einen arbeitsrechtlich gebundenen Ingenieur bei seiner Arbeit erste Zweifel erfassen, ob er deren Folgen verantworten kann, erlebt er das zugleich als Zweifel an den Weisungen seiner Vorgesetzten und somit als potenziellen Loyalitätskonflikt. Nur von Menschen mit ausgeprägter Zivilcourage kann erwartet werden, dass sie sich dem möglichen Konflikt stellen und in offenen Gesprächen darauf hinwirken, dass den begründeten Bedenken Rechnung getragen wird. Kann der Ingenieur seine Vorgesetzten nicht überzeugen, muss er sich normalerweise damit abfinden, dass nun doch geschieht, was er eigentlich nicht glaubt vertreten zu können: Verantwortungsbewusstsein scheitert an korporativem Weisungsrecht.

Da der Einzelne, wenn er mit seinen Bedenken kein offenes Ohr findet, überdies Gefahr läuft, zum Störenfried abgestempelt zu werden – wie das auch dem Ingenieur im Kongresshallen-Fall geschehen ist –, kann man sich leicht vorstellen, dass viele Verantwortungskonflikte sogar schon im Vorfeld der subjektiven Selbstzensur unterdrückt werden. Den wenigen schließlich, die in entsprechend ernsten Fällen weder ihrer Selbstzensur noch dem Zwang des Arbeitgebers erliegen wollen, bleiben nur die äußersten Alternativen, die ich schon genannt hatte: die Arbeitsverweigerung und die Alarmierung der Öffentlichkeit. Mit der Arbeitsverweigerung aber missachtet der Ingenieur das Weisungsrecht des Unternehmers oder Dienstherrn, und wenn er die Öffentlichkeit alarmiert, verstößt er gegen die arbeitsvertraglich festgelegte Pflicht, Informationen, die er aus seiner Berufsarbeit gewinnt, vertraulich zu behandeln.

Die Arbeitsverweigerung aus Gewissensgründen hat im Arbeitsrecht einige Beachtung gefunden, zumal der so genannte „Ärztefall" den Instanzenweg bis zum Bundesarbeitsgericht gegangen ist (vgl. Wendeling-Schröder 1994). Zwar waren die Betroffenen keine Ingenieure, aber dieser Rechtsstreit ist auch für die Ethik technischen Handelns bedeutsam. Mediziner hatten bei einem Pharmaunternehmen ein Strahlenschutzpräparat untersuchen sollen und diesen Auftrag abgelehnt, weil das Präparat in einem möglichen Atomkrieg auch militärisch verwendet werden könnte. Sie waren daraufhin entlassen worden, hatten dagegen geklagt und letztendlich beim Bundesarbeitsgericht Erfolg, wo das Recht auf die subjektive Gewissensentscheidung ausdrücklich anerkannt und deren Überprüfung durch „außenstehende Dritte" als „verfassungswidrig" verworfen wurde. Arbeitsverweigerung aus Gewissensgründen ist also mittlerweile rechtlich zulässig. Allerdings folgt aus dieser Entscheidung nicht die Arbeitsplatzgarantie für den Verweigerer, der nur dann Kündigungsschutz genießt, wenn es dem Arbeitgeber möglich ist, ihn anderweitig zu beschäftigen – eine im Einzelfall oft nur schwer überprüfbare Frage, die angesichts des aufgebrochenen Konfliktes sicher nicht immer zugunsten des Arbeitnehmers entschieden wird.

Indem ein Arbeitskonflikt wie der „Ärztefall" öffentlich bekannt und allgemein diskutiert wird, mag er dazu beitragen, das ursprüngliche Projekt zu korrigieren und dessen problematische Folgen zu verhindern. Oft genug aber wird Arbeitsverweigerung gar keinen Beitrag zur Techniksteuerung leisten können, wenn der verantwortungsbewusste Verweigerer – ganz gleich, ob entlassen oder anderweitig beschäftigt – durch bedenkenlosere Kollegen ersetzt wird, die dann das heikle Projekt dennoch fortsetzen; ist es gar, wie im „Kongresshallenfall", eine Unterlassung, die der Ingenieur nicht glaubt verantworten zu können, gibt es gar nichts, was verweigert werden könnte. Sonst kann sich mit einer Arbeitsverweigerung der Einzelne zwar seine moralische Unbeflecktheit bewahren, doch nur in seltenen Fällen gefährliche Technikfolgen von Umwelt und Gesellschaft abwenden.

Wesentlich wirksamer scheint die Anrufung externer Instanzen oder gar die unmittelbare Alarmierung der Öffentlichkeit. Einen derart aus Gewissensgründen begangenen Verstoß gegen arbeitsrechtliche Geheimhaltungspflichten aber entschuldigte die herrschende Rechtsprechung in Deutschland, anders als die Arbeitsverweigerung, bis in die jüngste Vergangenheit nicht. Erst 2008 sind Gesetzesinitiativen ergriffen worden, die für die Alarmierer (die „whistleblower") einen gewissen Rechtsschutz gewähren sollen. Doch selbst wenn ein solcher Rechtsschutz endlich vorliegen sollte, wird er den verantwortungsbewussten Ingenieur nicht vor den Unannehmlichkeiten bewahren, die jedem drohen, der gegen Konformitätszwänge aufbegehrt.

So steht der verantwortungsbewusste Ingenieur im Konfliktfall regelmäßig vor einem moralischen Dilemma. Entweder bekämpft er mit Entschiedenheit den erkannten Missstand und gerät in die Gefahr, zum Märtyrer zu werden, da er seine berufliche Karriere aufs Spiel setzen und nicht nur persönliche Opfer bringen muss, sondern auch den Lebensbedingungen seiner Familie unter Umständen erhebliche Belastungen aufbürdet. Oder er muss sein Gewissen vergewaltigen und im Interesse der Existenzsicherung – für sich selbst und für seine Familie – den bedenklichen Dingen ihren Lauf lassen. Nach aller Lebenserfahrung werden sich die meisten nicht für „moralisches Heldentum" (Alpern 1993) entscheiden, sondern den zweiten Weg wählen und allfällige Gewissensbisse zu unterdrücken suchen.

Ingenieure sind also in ihrem technischen Handeln individualethisch überhaupt nicht souverän, sondern im Gegenteil arbeitsrechtlich amputiert. Ihre Verantwortungsfähigkeit wird durch vertragliche Weisungsgebundenheit und Geheimhaltungspflicht gegenüber dem Arbeitgeber oder Dienstherrn radikal beschnitten. Wegen dieser arbeitsrechtlichen Bindungen hat individuelle Moralität nur geringe Chancen, einen effektiven Beitrag zur Techniksteuerung zu leisten.

3.4 Wirtschaftspolitische Rahmenbedingungen

Die arbeitsrechtlichen Bindungen, die der Einzelne erfährt, wenn er als sittliches Individuum in die Entwicklungs- und Produktionspolitik seines Arbeitgebers eingreifen will, existieren nun allerdings nicht von ungefähr. Technisches Handeln ist durchweg auch wirtschaftliches Handeln und insoweit den Prinzipien der herrschenden Wirtschaftsordnung unterworfen. So spiegelt auch das Arbeitsrecht die Grundsätze der liberalistischen Wirtschaftsauffassung wider, zu denen vor allem die bürgerliche Vertragsfreiheit und das Recht der unternehmerischen Betätigungsfreiheit gehören. Zwar sind diese Grundsätze inzwischen aus sozialstaatlichen Erwägungen heraus eingeschränkt worden, und in der Rechtsprechung zur Gewissensfreiheit in der Berufsarbeit bahnen sich nun weitere Korrekturen an. Wenn auch solche Einschränkungen die Grundsätze fallweise modifizieren, setzen sie diese doch nicht prinzipiell außer Kraft.

In einer Marktwirtschaft ist es das Recht der unternehmerischen Betätigungsfreiheit, die Art des Güterangebotes in Hinblick auf die Marktnachfrage zu bestimmen. Der einzelne Ingenieur dagegen genießt die Vertragsfreiheit, ob er seine Qualifikation einem bestimmten Unternehmen verkaufen will oder nicht. Schließt er den Arbeitsvertrag ab, unterwirft er sich dem Wiesungsrecht des Unternehmers, das aus der marktwirtschaftlichen Produzentenfreiheit abgeleitet ist. Die Autonomie der Produzentenfreiheit findet ihre Grenzen in den Ergebnissen des Marktgeschehens, die aus dem freien Spiel der Angebots- und Nachfragekräfte hervorgehen.

Nach dieser Wirtschaftsauffassung sind es also die formalen Mechanismen des Marktes – und nicht einmal die materialen Präferenzen einzelner Unternehmer! –, die über die Qualität der technischen Entwicklung entscheiden. Analysiert man die bekannt gewordenen Verantwortungskonflikte von Ingenieuren genau, stellt sich meist heraus, dass die Sorge verantwortungsbewusster Ingenieure um Qualität, Sicherheit, Gesundheit usw. von den Unternehmensleitungen nicht grundlos vernachlässigt wird, sondern aus der konkurrierenden Sorge um die wirtschaftliche Position auf dem Markt. Technisches Handeln ist also vor allem den formalen Entscheidungskriterien der Marktteilnehmer unterworfen. Tatsächlich klammern denn auch liberalistische Philosophen Technik und Wirtschaft aus dem Geltungsbereich der Moral aus.

Der einzelne Ingenieur kann dann unmöglich eine technische Entwicklungsdynamik verantworten, die doch von der liberalistischen Sozial- und Wirtschaftsphilosophie, in der klassischen Formulierung von Adam Smith (1776, 371), der „unsichtbaren Hand" des Marktgeschehens überantwortet worden ist. Wohl wissen wir inzwischen, dass mit Umwelt- und Gesellschaftsqualität die „unsichtbare Hand" ihre lieben Nöte hat, doch scheuen sich herrschende Kräfte noch immer, jene Sektoralisierungsstrategie der Moderne in Frage zu stellen, die der Industriewirtschaft ihre Autonomie und die Verselbstständigung ökonomischer Werte verstattet hat. Bei allen Komplikationen, die internationale Konkurrenz der Eigendynamik wirtschaftlichen Handelns zusätzlich aufbürdet, wird man von einer Ethik technischen Handelns kaum erwarten können, was ordnungspolitische Ideologie bislang hartnäckig verweigert: die ausdrückliche, planmäßige und zielstrebige Anbindung industriewirtschaftlicher Aktivitäten an demokratisch legitimierte Werte des guten Lebens. Es liefe auf die Quadratur des Kreises hinaus, solche ordnungspolitische Wertabstinenz durch eine individualistische Ingenieurethik zu kompensieren. Jede Techniksteuerung, ob ethisch oder politisch, wäre dann ein Sakrileg wider den Geist der „unsichtbaren Hand"! Die Sozialphilosophie, die unsere gegenwärtige Wirtschaftsform beherrscht, entzieht jeder Ingenieurethik die Grundlage.

3.5 Überwindung der Restriktionen?

Mit der letzten Bemerkung habe ich bereits zum Ausdruck gebracht, dass die Einschränkungen, die einer wirksamen Ingenieurethik entgegenstehen, zum Teil sehr grundsätzlicher Natur sind und keineswegs durch moralphilosophische Wochenendseminare überwunden werden können – von blauäugiger Festredner-Rhetorik ganz zu schweigen. Dennoch will ich diesen skeptischen Beitrag nicht schließen, ohne die Chancen zu prüfen, die einer künftigen Entwicklung der Berufsmoral technischen Handelns vielleicht doch offenstehen. Denn ich habe den Eindruck, dass jedenfalls ein Teil der genannten Restriktionen zu überwinden wäre, während ein anderer Teil auf der Ebene individualistischer Moralphilosophie prinzipiell unlösbar erscheint.

Sach- und Wertkompetenz der Ingenieure könnten durchaus verbessert werden, wenn sich die technologischen Ausbildungsstätten endlich zu einer

Reform der Ingenieurausbildung durchringen würden. Die gegenwärtige Umstellung auf eine zweistufige Ausbildung mit „bachelor"- und „master"-Abschlüssen scheint auch nur alten Wein in neue Schläuche zu gießen und die fachbornierte Spezialisierung der ingenieurwissenschaftlichen Studiengänge zu konservieren. Würde man dagegen einen Teil der Ausbildungskapazität – sagen wir: zwischen einem Drittel und einem Fünftel – für soziotechnologisches Orientierungswissen sowie für ethisches und technopolitisches Urteilsvermögen umwidmen, könnten künftige Ingenieure für die Verantwortungsprobleme technischen Handelns wirksam sensibilisiert und darauf vorbereitet werden, diese Verantwortungsprobleme, soweit sie überschaubar sind, in der fachübergreifenden Zusammenarbeit mit anderen Experten und in freimütigen Diskussionen mit der Öffentlichkeit zu klären. Übrigens könnten solche Qualifikationen auch den Ingenieuren, die schon im Beruf stehen, durch Weiterbildung vermittelt werden; aber die Industrie, die sonst allerhand modischen Trainings-Schnickschnack bereitwillig finanziert, hat in dieser Hinsicht die Zeichen der Zeit nicht erkannt – oder nicht erkennen wollen.

Die Ausbildung kann die Wertproblematik technischen Handelns vor allem auch darum nicht länger aussparen, weil inzwischen ein Kanon berufsmoralischer Regeln für alle Ingenieure standespolitisch verbindlich gemacht worden ist (VDI 2002; Hubig/Reidel 2003). Bei allen Detailproblemen, die bei der Anwendung solcher Grundsätze entstehen, haben sie mit ihrer recht eindeutigen Sprache immerhin den Vorzug, den Ingenieuren nachdrücklich klar zu machen, wie groß ihre berufsspezifische Verantwortung ist und in welch hohem Masse das Gemeinwohl davon abhängt, dass sie sich dessen, jedenfalls im Rahmen ihrer Möglichkeiten, bewusst sind.

Wie freilich Erfahrungen aus der Vergangenheit lehren, bleiben berufsmoralische Regeln praktisch folgenlos, wenn man nicht zusätzliche Maßnahmen und Einrichtungen vorsieht, die ihnen konkrete Beachtung sichern. Die genannten „Ethischen Grundsätze des Ingenieurberufs" bestimmen darum in ihrer Präambel ausdrücklich, dass der Verein Deutscher Ingenieure „Maßnahmen zur Aufklärung, Beratung, Vermittlung, Förderung und zum Schutz der Beteiligten in allen Fragen der Technikverantwortung" ergreift. Dabei wäre auch an Auszeichnungen für besonders verantwortungsbewusstes Handeln und an Unterstützungsfonds für Ingenieure zu denken, die durch ihr Engagement in materielle Schwierigkeiten geraten sind. Vor allem müsste eine neutrale Einrichtung, eine „Kommission für Ingenieurethik" oder ein „Ombudsman", geschaffen werden, bei denen die Ingenieure im Konfliktfall Hilfe finden können, bevor sie notfalls in die offene Auseinandersetzung mit ihrem Arbeitgeber eintreten müssen; das wünschte sich im Nachhinein auch der Betroffene im „Kongresshallenfall". Bis 2008 hat der Verein allerdings nichts unternommen, um die Selbstverpflichtung der Präambel einzulösen. Die aktuelle Parole des VDI heißt nicht „Technik verantworten", sondern „Sachen machen" – Innovationen, so scheint es, um jeden Preis.

Sind alle informellen Möglichkeiten schiedlich-friedlicher Konfliktbewältigung ausgeschöpft – für die wie gesagt noch viel zu tun wäre –, und Arbeitsverweigerung oder Alarmierung der Öffentlichkeit drängen sich als Ultima ratio auf, dann ist das Arbeitsrecht gefordert, solches moralisches Engagement zu schützen, statt es zu bestrafen. Arbeitsverweigerung und Alarmierung der Öffentlichkeit aus Gewissensgründen müssen unbedingten Kündigungsschutz genießen! Wer hingegen den verantwortungsbewussten Ingenieur dem Spießrutenlaufen zwischen Arbeitsgericht und Arbeitsamt überlässt, kann sich alle Appelle an die Ingenieurethik sparen. Soweit allerdings das Arbeitsrecht die herrschende Wirtschaftsauffassung widerspiegelt, ist eine durchgreifende Reform erst dann zu erwarten, wenn sich in der öffentlichen Meinung mehr Distanz gegenüber unbeschränkter Produzentenfreiheit bemerkbar macht. Dies wiederum setzt ein höheres sozialphilosophisches Problembewusstsein voraus, das, auch wenn vereinzelt schon vom „ökologisch-sozialen Umbau der Marktwirtschaft" zu hören ist, wohl doch noch sehr entwicklungsbedürftig ist. So führen schon solche Restriktionen der Ingenieurethik, die grundsätzlich zu überwinden wären, in den sozialphilosophischen Diskurs.

Dies gilt a fortiori für die soziotechnisch-organisatorischen Restriktionen, welche die Handlungsmacht des Einzelnen aufgrund der Arbeitsteiligkeit des technischen Handelns begrenzen. Während die Kompetenzdefizite und die arbeitsrechtlich-wirtschaftspolitischen Einschränkungen mittelfristig mit den angedeuteten Reformen erheblich gemildert oder gar beseitigt werden können, bilden die soziotechnisch-organisatorischen Restriktionen eine Barriere für die Ingenieurverantwortung, die in individualistischer Perspektive wohl grundsätzlich nicht zu überwinden ist. Wie im so genannten Subsidiaritätsprinzip vorgesehen (vgl. Ratti 1931; Nell-Breuning 1962), müssen die einzelnen Menschen, wenn sie von Gemeinwohlaufgaben überfordert werden, entsprechende Unterstützung von übergeordneten Ebenen der Gesellschaftsstruktur erhalten, also von den Korporationen, von den Verbänden und von der Politik. Ich muss an das Schema der Verantwortungstypen erinnern, in dem ausdrücklich nicht nur die Individuen, sondern auch die Korporationen und die Gesellschaft als Verantwortungsträger genannt werden (vgl. a. Maring 2001). Gegenwärtig sind mit der Technikverantwortung die Individuen tatsächlich überfordert, doch die Korporationen, besonders die Industrieunternehmen, sind unwillig, und Recht und Politik sind unschlüssig.

4. Schlussbemerkung

Die Verantwortung in der Ingenieurarbeit ist ein komplexes Problem, das ich in diesem Beitrag lediglich analysieren konnte. Wenn ich auch einzelne Lösungsansätze vorschlagen konnte, die das Problem ein wenig entschärfen würden, sind doch Tendenzen, solche Ansätze zu verwirklichen, gegenwärtig nur schwer erkennbar. Wer die Ambivalenzen der technischen Entwicklung reduzieren will, tut gut daran, sich nicht allein auf die individuelle Moralität der Ingenieure zu verlassen. Aber man tut auch gut daran, sich nicht allein auf die Technikbewertung der Politiker und Politikberater zu verlassen. Worauf es ankäme, wäre eine Synthese von Ingenieurethik und Technikbewertung, die man freilich bislang nur theoretisch konzipieren kann (Ropohl 1996; Skorupinski/Ott 2000). Ob diese Konzeption eines Tages die soziotechnische Praxis wird anleiten können, steht dahin.

Literatur

Alpern, K.D. (1993): Ingenieure als moralische Helden. S. 177–193 in Lenk, H. – Ropohl, G. (Hrsg.): Technik und Ethik. 2. Aufl. Stuttgart 1993.

Boudon, R. (1979): Widersprüche sozialen Handelns. Darmstadt – Neuwied 1979.

Goujon, P. – Hériard Dubreuil, B. (Hrsg.) (2001): Technology and Ethics. A European Quest for Responsible Engineering. Leuven (Belgien) 2001.

Hubig, Ch. (2007): Die Kunst des Möglichen II. Ethik der Technik als provisorische Moral. Bielefeld 2007.

Hubig, Ch. – Reidel, J. (Hrsg.) (2003): Ethische Ingenieurverantwortung. Berlin 2003.

Lenk, H. (1997): Einführung in die angewandte Ethik. Stuttgart – Berlin – Köln 1997.

Lenk, H. – Maring, M. (Hrsg.) (1998): Technikethik und Wirtschaftsethik. Opladen 1998.

Lenk, H. – Maring, M. (2003): Natur – Umwelt – Ethik. Münster 2003.

Lenk, H. – Ropohl, G. (Hrsg.) (1993): Technik und Ethik. 2. Aufl. Stuttgart 1993.

Li, W. – Poser, H. (Hrsg.) (2008): The Ethics of Today's Science and Technology. A German-Chinese Approach. Berlin 2008.

Maring, M. (2001): Kollektive und korporative Verantwortung. Münster 2001.

Nell-Breuning, O. von (1962): Subsidiarität. S. 826–834 in Staatslexikon. Bd. 7. Freiburg 1962.

Ratti, A. (gen. Pius XI.) (1931): Quadragesimo anno. Rom 1931.

Ropohl, G. (1996): Ethik und Technikbewertung. Frankfurt a. M. 1996.

Ropohl, G. (1997): Verantwortungskonflikte im technischen Handeln. S. 55–80 in Hoffmann, J. (Hrsg.): Irrationale Technikadaptation als Herausforderung an Ethik, Recht und Kultur. Frankfurt a. M. 1997.

Skorupinski, B. – Ott, K. (2000): Technikfolgenabschätzung und Ethik. Zürich 2000.

Smith, A. (1776): Der Wohlstand der Nationen (1776). Übers. u. hrsg. v. H.C. Recktenwald. 5. Aufl. München 1990.

Verein Deutscher Ingenieure (VDI) (Hrsg.) (2002): Ethische Grundsätze des Ingenieurberufs. Düsseldorf 2002. Nachdruck S. 79–82 in Hubig, Ch. – Reidel, J. (Hrsg.): Ethische Ingenieurverantwortung. Berlin 2003. Auch im Internet: http://www.vdi.de/fileadmin/media/content/hg/16.pdf [Abruf 12.11.2008].

Weber, M. (1919): Politik als Beruf (1919). S. 167–185 in ders.: Soziologie, Universalgeschichtliche Analysen, Politik. Hrsg. v. J. Winckelmann. Stuttgart 1973.

Wendeling-Schröder, U. (1994): Autonomie im Arbeitsrecht. Frankfurt a. M. 1994.

Zwicky, F. (1966): Entdecken, Erfinden, Forschen im Morphologischen Weltbild (1966). München – Zürich 1971.

Einige Passagen dieses Beitrages habe ich meinem Buch von 1996 entnommen, dessen Analysen und Folgerungen mir nach wie vor aktuell scheinen. Dort finden sich auch zahlreiche weitere Belege und Quellen.

Die ‚technische Verbesserung' des Menschen. Fragen der Verantwortung

Armin Grunwald

1. Einleitung und Überblick

Die Verbesserung des Menschen ist kein neues Thema. Vielfach ist historisch die Unzufriedenheit des Menschen mit sich selbst überliefert. Unzufriedenheit mit seiner physischen Ausstattung, seiner körperlichen und geistigen Leistungsfähigkeit, mit der Abhängigkeit von äußeren Ereignissen wie Krankheiten, mit der Unausweichlichkeit des Alterns und letztlich des Todes, Unzufriedenheit mit seinen moralischen Fähigkeiten oder – und dies dürfte besonders häufig sein – mit seinem körperlichen Aussehen. Überlegungen zur Verbesserung des Menschen in der europäischen Aufklärung setzten vor allem auf Erziehung und Kultur, während totalitäre Ansätze im 20. Jahrhundert z.B. rassebiologische Züchtungsfantasien hegten.

Erwartungen an den technischen Fortschritt auf Basis der Nanotechnologie beinhalteten von Beginn an auch Versprechungen im Hinblick auf neue Formen der ‚Weiterentwicklung' des Menschen durch ‚technische Verbesserungen'. Mit der Idee eines Zusammenwachsens von Biotechnologie, Nanotechnologie, Hirnforschung und den Informationstechnologien in den so genannten ‚Converging Technologies' wurde die explizite Zielbestimmung ‚Improving Human Performance' verbunden (Roco/Bainbridge 2002). Zentrale Themen sind die Verlangsamung oder Abschaffung des Alterns sowie die Ermöglichung neuer Funktionen des menschlichen Körpers und Geistes durch technische ‚Aufrüstung', wobei Neuro-Implantate und neuro-elektrische Schnittstellen zwischen Gehirn und technischen Systemen wie Computern im Mittelpunkt des Interesses stehen. Derartige Entwicklungen werfen, auch wenn sie zumeist spekulativen Charakter haben, weit reichende ethische Fragen nach dem Sollen oder Dürfen derartiger Maßnahmen, nach möglichen Grenzen des Verbesserns, nach individuellen wie gesellschaftlichen Folgen einer möglichen ‚Leistungssteigerungsgesellschaft' (Coenen 2008a) sowie anthropologische Fragen nach dem Verhältnis von Mensch und Technik bzw. nach der Zukunft der Natur des Menschen (Habermas 2001) auf.

In diesem Beitrag[1] werden zunächst die Visionen einer ‚technischen Verbesserung' des Menschen deskriptiv erläutert (Kap. 2), woran sich eine Dis-

---

[1] Die hier vorgestellten Überlegungen wurden zum Teil bereits an anderer Stelle publiziert (Grunwald 2006, Grunwald 2007, Grunwald 2008). Einige Textpassagen

kussion der ethischen Fragen anschließt (Kap. 3). Schließlich werden die Überlegungen auf *heutige* Verantwortungsprobleme fokussiert (Kap. 4).

2. Die ‚technische Verbesserung' des Menschen

In den letzten Jahren hat, in der Folge einer auf Basis eines Workshops der National Science Foundation entstandenen Publikation (Roco/Bainbridge 2002), eine kontroverse internationale Debatte zum ‚Human Enhancement' eingesetzt.[2] Aufbauend auf Diskussionen über eine gentechnische Perfektionierung des Menschen und ihrer philosophischen Kritik (z.B. Habermas 2001) hat dies die Debatte um die Zukunft des Menschen um weitere Aspekte bereichert und im Kontext des Transhumanismus (dazu Coenen 2006) auch weltanschauliche Züge angenommen. Verbesserung des Menschen wird in dieser Debatte als *technische* Verbesserung verstanden, zunächst vor allem auf der Ebene individueller Fähigkeiten: „Jetzt ist anstelle einer erzwungenen staatlichen eine individuell gewünschte Verbesserung menschlicher Eigenschaften und Funktionen denkbar, die so genannte ‚liberale Eugenik'" (Siep 2006, 309). Erst vermittelt darüber geht es sodann auch um Überlegungen zu einer gesellschaftlichen Verbesserung:

> Rapid advances in convergent technologies have the potential to enhance both human performance and the nation's productivity. Examples of payoff will include improving work efficiency and learning, enhancing individual sensory and cognitive capacities, revolutionary changes in healthcare, improving both, individual and group efficiency, highly effective communication techniques including brain to brain interaction, perfecting human-machine interfaces including neuro-morphic engineering for industrial and personal use, enhancing human capabilities for defence purposes, reaching sustainable development using NBIC tools, and ameliorating the physical and cognitive decline that is common to the aging mind (Roco/Bainbridge 2002, 1).

Hinter diesen Vorstellungen steht die Idee der so genannten ‚NBIC-Konvergenz', nach der Nanotechnologie, Bio- und Gentechnologie, Informations- und Kommunikationstechnologie sowie Kognitionswissenschaften und Hirnforschung ‚konvergieren' und in der Folge ihrer Konvergenz radikal neue

---

sind diesen Publikationen entnommen und wurden lediglich an die Zwecke dieses Beitrags angepasst.

2 Die Geschwindigkeit, mit der das Thema der technischen Verbesserung des Menschen global auf die Tagesordnung geriet und öffentliche wie wissenschaftliche Debatten auslöste, ist bereits für sich genommen interessant. Bereits auf dem Deutschen Kongress für Philosophie 2005 dominierte dieses Thema das Ethik-Kolloquium (vgl. Siep 2006). Vgl. auch Banse et al. 2008; Schöne-Seifert et al. 2008.

Möglichkeiten eröffnen. Nanotechnologie als die Wissenschaft vom technischen Umgang mit Atomen und Molekülen würde die für die Konvergenz erforderliche Schlüsselkompetenz bereitstellen. Da die nanotechnologischen Analyse- und Manipulationsverfahren ‚im Prinzip' überall anwendbar sind, könnte eine gezielte Manipulation auf atomarer und molekularer Ebene die Verbindungen zwischen den Technikbereichen herstellen, aber auch zwischen lebenden und technischen Systemen. Letztlich, so die Vorstellung, sei es für den nanotechnologischen Zugriff unerheblich, ob ein Bestandteil eines Steins oder einer Zelle nanotechnologisch untersucht oder manipuliert wird. Insofern kommt der Nanotechnologie in der Konvergenzhypothese eine herausgehobene Bedeutung zu.

Die konvergierenden Technologien sollen nach Roco/Bainbridge (2002) weit reichende Perspektiven bieten, den menschlichen Körper und Geist als gestaltbar anzusehen und ihn gezielt durch technische Maßnahmen zu ‚verbessern'. Als Gegenstände des Verbesserns werden einerseits sensorische, motorische und kognitive Fähigkeiten des Menschen (‚Neuro-Enhancement') sowie andererseits die Verlängerung seiner Lebenszeit gesehen.

Neuro-Enhancement

Das mittlerweile auch in der deutschen Sprache häufig verwendete Wort ‚Neuro-Enhancement' bezeichnet Verbesserungen durch Implantate oder Medikamente, die an das Nervensystem oder an das Gehirn angeschlossen werden oder darauf einwirken (Stieglitz 2006). Wenn der Mensch technomorph als informationsverarbeitendes Wesen modelliert wird, können technische Verbesserungen der Datenaufnahme aus der Umwelt (Sensorik), technische Verbesserungen der Datenverarbeitungs- und Speicherfähigkeit des Gehirns und technische Verbesserungen in Bezug auf die Steuerung externer motorischer Systeme unterschieden werden.

Ausgangspunkt für sensorische Implantate ist in der Regel zunächst die Motivation, den *Ausfall* von sensorischen Funktionen (z.B. des Auges oder des Ohres) technisch zu kompensieren, vor allem durch Cochlea- und Retina-Implantate (vgl. als Überblick Fiedeler 2008)). Durch Fortschritte bei der Nanoinformatik, z.B. in Bezug auf Miniaturisierung oder die Erhöhung der Datenaufnahme- und -verarbeitungskapazität der Implantate, könnten sie den räumlichen Dimensionen und der Leistungsfähigkeit der natürlichen Systeme angenähert werden. Nun sind Detektion, Erkennung und Interpretation externer, z.B. akustischer oder optischer Signale nicht an die physiologischen Beschränkungen des Menschen gebunden. Ein Sehimplantat kann technisch prinzipiell so erweitert werden, dass es auch in Bereichen diesseits und jenseits des sichtbaren Spektrums elektromagnetischer Wellen Da-

ten empfangen kann. Auf diese Weise ist es z.B. vorstellbar, dass Menschen
mit Sehimplantaten versehen werden könnten, die ihnen auch im Dunkeln
das Sehen wie mit einem Nachtsichtgerät ermöglichen würden. Mit künstlichen Akkommodationssystemen könnte auch ein optisches Zoom in das
Implantat integriert werden. Für viele Berufe (z.B. Soldaten, Piloten, Lokführer, Chirurgen) wäre die Fähigkeit, Ausschnitte des wahrgenommenen
Bildes nach Belieben zu vergrößern, wahrscheinlich durchaus attraktiv. Diese Gedanken des technischen Verbesserns menschlicher Sinnesorgane
orientieren sich an technischen Möglichkeiten, wie sie bislang außerhalb des
menschlichen Körpers eingesetzt werden, so z.B. in Fotoapparaten, Mikro-
skopen oder Fernrohren und haben daher technische Vorbilder (Siep 2006,
308).

Das ‚Cognitive Enhancement' (Sarewitz/Karas 2006) erstreckt sich zum
einen auf die kognitiven Funktionen des Gehirns. Wenn das Gehirn informa-
tionstechnisch als eine Daten speichernde und -verarbeitende Maschine
modelliert wird, zählen hierzu zum einen die Erweiterung der *Speicher-
funktion* des menschlichen Gehirns und die Ermöglichung von ‚Sicherheits-
kopien' der im Gehirn gespeicherten Informationen durch einen ‚Brain-Chip'.
Durch einen Chip, der direkt am Sehnerv angeschlossen werden müsste,
könnten möglicherweise alle visuellen Eindrücke in Echtzeit aufgezeichnet
und extern abgespeichert werden. Auf diese Weise könnten alle visuellen
Eindrücke, die im Laufe eines Menschenlebens anfallen, jederzeit wieder
abgerufen werden. Über Funkverbindung könnten diese auch mit externen
Wissensbeständen gekoppelt oder auch extern abgelegt werden. Welche
weit reichenden Folgen eine derartige Aufzeichnungsmöglichkeit für die
Qualität von Augenzeugenberichten oder die individuelle wie gesellschaftliche ‚Erinnerungskultur' haben würde, ist leicht auszumalen, abgesehen
auch von den nicht erwünschten Möglichkeiten eines externen Ausspähens
der individuell gespeicherten Eindrücke.

Zum anderen ist an die *Verarbeitung* der Daten im Gehirn zu denken. Ein
Chip im Kopf mit einer externen Vernetzung könnte auch als neue Schnittstelle in das Gehirn ausgebaut werden, mit dem z.B. der Inhalt von Büchern
direkt in das Gehirn ‚geladen' werden könnte. Oder es könnte eine Vor-
richtung geschaffen werden, dass je nach Bedarf unterschiedliche Sprach-
module in diesen Chip geladen und aktiviert werden könnten – das lästige
Lernen von Fremdsprachen würde, so manche Hoffnungen, verzichtbar. Gedanken dieser Art sind, das kann gar nicht deutlich genug gesagt werden,
zurzeit und sicher auch noch weit in die Zukunft hinein, rein spekulativ. Sie
deuten aber eine Richtung des Denkens an, die z.B. für eine Veränderung
von Menschenbildern oder des Verhältnisses von Mensch und Technik sicher nicht ohne Relevanz ist.

Wenn es gelänge, künstliche Gliedmaßen (z.B. Hand- oder Beinprothesen) an das Nervensystem anzuschließen, könnte ein Verlust motorischer Fähigkeiten, z.B. durch Amputationen oder Unfälle, in einer heute noch unvorstellbaren Weise kompensiert werden, indem nämlich die Kontrolle über diese künstlichen Gliedmaßen vom Gehirn in der gleichen Weise vorgenommen werden könnte wie über die natürlichen Gliedmaßen. Ein solcher technischer Nachbau von Steuerungsfunktionen oder ganzen Gliedmaßen wäre dann auch der Ausgangspunkt möglicher Verbesserungen (zu den denkbaren Folgen für den Sport vgl. Wolbring 2008a).

Über geeignete neuroelektrische Schnittstellen könnten zusätzlich zu Armen und Beinen weitere, neu zu erfindende motorische Endgeräte an das Nervensystem angeschlossen und direkt vom Gehirn gesteuert werden. Für Ausbildungszwecke und bestimmte Berufsgruppen könnte dies eine attraktive Zusatzkompetenz mit sich bringen: „Cognitive enhancements are envisioned by many as a future component of education […] and by some as a future component of jobs" (Wolbring 2008b, 28). Unklar ist allerdings, wie das menschliche Gehirn die Informationen über neuartige Organe verarbeitet und wie sich diese Sinneserweiterung mental auswirken würde, wenn z.B. zusätzlich zu unseren Gliedmaßen ein dritter Arm in Form eines Roboters durch neuronale Signale aus dem Gehirn zu steuern wäre. Besonders das Militär zeigt großes Interesse an diesen spekulativen Möglichkeiten. Einschlägige Projekte der US-amerikanischen Organisation DARPA sollen z.B. bereits relativ kurzfristig beitragen zur (nach Coenen 2008b)

- Revolutionierung der Prothetik durch Nutzung von Gehirnaktivität für die Kontrolle assistiver Technologien und bis 2010 die Entwicklung sensorisch und motorisch voll funktionsfähiger Gliedmaßen;
- Entwicklung von Systemen, mit denen Computer die Leistungsfähigkeit von Soldaten erheblich verbessern, vor allem bei Stress und der notwendigen Kontrolle einer Vielzahl von Geräten;
- Verbesserung der Leistungsfähigkeit von Soldaten bei Schlafentzug.

Weitergehende Möglichkeiten wie die Steuerung von Kampfjets allein durch Gehirnaktivität (dies wird für 2045 prognostiziert), die Entwicklung von Exoskeletten, durch die normale Bewegung bei schwerer Beladung möglich sein soll, oder eine ‚bionische' Ausrüstung, mit der Soldaten ähnlich wie ein Gecko Wände ohne die übliche Kletterausrüstung hinaufklettern können sollen, gehören zu mittel- und längerfristigen Erwartungen an die ‚technische Verbesserung' des Menschen.

Verlangsamung oder Abschaffung des Alterns

Vorstellungen und Erwartungen, das Altern erheblich zu verlangsamen oder
abzuschaffen, spielen in der Diskussion über eine Verbesserung des Menschen eine zentrale Rolle. Genährt werden Hoffnungen dieser Art durch einige nanomedizinische Entwicklungen zur permanenten Überwachung des
menschlichen Gesundheitszustands, ergänzt allerdings um eher spekulative
Annahmen. Zu den relevanten Entwicklungen gehören zum einen neue
Diagnoseverfahren, die eine ständige Überwachung des Gesundheitszus-
tandes in hoher Detaillierung erlauben sollen (Freitas 1999). Zum anderen
werden nanotechnologisch basierte Verfahren entwickelt, mit denen eine
zielgenaue Ansteuerung von betroffenen Körpergegenden mit Medikamen-
ten ermöglicht wird ('drug delivery'). Bereits mit diesen Verfahren wäre in
vielen Fällen eine erheblich frühere und effizientere Behandlung von De-
gradationsprozessen möglich, und zwar, so die Hoffnung, mit erheblich weniger Nebenwirkungen als bei klassischen Therapien, die, verglichen mit den
nantotechnologischen, ausgesprochen grob erscheinen. Wenn das Altern
auf zellularer Ebene ein Degradationsprozess ist – was durchaus medizi-
nisch umstritten ist – könnte damit das Altern verlangsamt werden, indem
auftretende Degradationsprozesse umgehend entdeckt und repariert werden
könnten.

In diesem Kontext sind weitergehende Vorstellungen dahingehend im
Umlauf, dass mit nanotechnologischen Mitteln ein zweites, und zwar ein
technisches Immunsystem installiert werden könnte. Technisch basieren
derartige Vorstellungen letztlich auf dem ,molekularen Assembler' (Drexler
1986) und der darauf aufbauenden Idee, Nanoroboter bauen zu können.
Solche intelligenten Nano-Maschinen könnten sich in der Blutbahn bewegen
und im menschlichen Körper als ein technisches Immunsystem darüber wa-
chen, dass ständig ein optimaler Gesundheitszustand aufrechterhalten wird.
Jede Degradation, jedes Anzeichen von körperlichem Verfall soll diesen Visionen zufolge auf der atomaren Ebene sofort erkannt und gestoppt bzw. repariert werden. Auf diese Weise könnte es z.B. gelingen, Verletzungen innerhalb kurzer Zeit perfekt ausheilen zu lassen und schließlich das Altern
anzuhalten. In einer populärwissenschaftlichen Darstellung liest sich das folgendermaßen:

> In einigen Jahrzehnten könnten Therapien zur Lebensverlängerung
> und Erhaltung der Gesundheit bereits zu Routine-Eingriffen gehören.
> Durch jährliche Korrekturen und erforderliche Korrekturen kann das
> biologische Alter des Patienten dauerhaft auf dem gewünschten
> Stand gehalten werden. Viele werden sich zweifellos optimistisch für
> ein jugendliches Alter entscheiden [...]. Selbstverständlich ist es

dann immer noch möglich, durch einen Unfall zu sterben, aber die grundsätzliche Lebenserwartung wird das Zehnfache des gegenwärtigen biologischen Höchstalters betragen (Beyerlein 2007, 8).

Sicher ist die Realisierung derartiger Visionen, ihre prinzipielle Möglichkeit und der Zeitraum, in dem sichtbare Fortschritte erwartet werden können, hochgradig ungewiss. Konkret halten allerdings einige Wissenschaftler eine Erhöhung der menschlichen Lebensspanne, die gegenwärtig nach medizinischer Fachmeinung bei etwas 120 Jahren gesehen wird, auf 250 Jahre bereits in den nächsten Jahrzehnten für möglich. Außerdem ist bei aller Spekulativität die Wirkung derartiger Erwartungen auf die öffentliche Meinung angesichts des Anti-Ageing-Booms zu beachten. Auch wenn sich hinter den Spekulationen keinerlei Realisationsmöglichkeiten verbergen würden (was zurzeit nicht abschätzbar ist), können sie reale Folgen für Erwartungen, Menschenbild und auch die wissenschaftliche Agenda haben.

Eine weitere spekulative Vision in diesem Kontext ist, dass es in Zukunft möglich sein könnte, durch neuroelektrische Schnittstellen den Bewusstseinsinhalt des Gehirns auf einem Computer zu speichern und damit das menschliche Bewusstsein auf eine Maschine zu übertragen. Da diese Maschine im Fall von Fehlfunktionen oder technischen Alterungsprozessen immer wieder repariert werden kann, wäre hier in gewisser Weise ein Zustand der Unsterblichkeit erreicht:

> Der Fluchtpunkt aller Entwicklungen zur Steigerung menschlicher Leistungsfähigkeit und Schaffung intelligenter Maschinen ist in diesen Visionen oft eine religiös anmutende Vorstellung: dass nämlich menschliche Intelligenz (durchaus auch im Sinn individuellen menschlichen Bewusstseins) dereinst unabhängig vom menschlichen biologischen Körper werde existieren können, in Form quasi unsterblicher – weil auf alle möglichen neuen Körper kopier- und transferierbarer – Informationsmuster (Coenen 2008b unter Bezug auf Bainbridge 2004).

3. Ethische Fragen

Bei ‚technischen Verbesserungen' des Menschen wird der normative Rahmen der Medizinethik, für den das Heilen entscheidend ist, verlassen. Es eröffnet sich ein Handlungsfeld, wofür normative Üblichkeiten nicht etabliert sind – so gesehen ein klassischer Fall für ethische Reflexion (vgl. Grunwald 2008, Kap. 3.3). Normative Unsicherheiten jedenfalls lassen sich leicht finden, und divergierende ethische Argumentationsmuster ebenfalls.

3.1 Normative Unsicherheiten

Mit dem ‚technischen Verbessern' des Menschen (zu den semantischen Problemen, Heilen, Doping, Verbessern und Veränderung zu unterscheiden vgl. Grunwald 2008, Kap. 9.3) wird ein auch in normativer Hinsicht neuer Raum betreten. Die Vorstellung eines gesunden Menschen mit üblicher Leistungsfähigkeit, welche man auch statistisch festmachen könnte, oder für die es in ärztlichen Gemeinschaften explizite oder implizite Vorstellungen gibt, würde aufgelöst. Damit würde das Wort ‚Heilen' einen Teil seines Sinns verlieren: es bezieht sich begrifflich notwendigerweise auf etwas ‚Gesundes' als einen zu erreichenden Zustand. Wenn der Rahmen des Heilens verlassen wird, ist der medizinethische normative Rahmen zunächst nicht zuständig. Da für das Verbessern bislang kein normativer Rahmen besteht, liegt hier eine klare Herausforderung der Ethik vor (Ach/Pollmann 2006; Schöne-Seifert et al. 2008).

Um diese Herausforderungen genauer zu fassen, soll es zunächst darum gehen, die entstehenden normativen Unsicherheiten zu lokalisieren. Abstrakt gesprochen, ist dies einfach: denn wenn Körper und Geist technisch gestaltbar würden, stünde die Frage im Raum, wie weit Menschen bei der (Um-)Gestaltung des menschlichen Körpers und Geistes zum Zweck seiner Verbesserung gehen *dürfen, sollen oder wollen*. Kontroversen in der Beantwortung dieser abstrakten Frage werden bereits ausgetragen. Während transhumanistische Positionen nicht nur eine moralische Erlaubnis, sondern eine Pflicht zur möglichst raschen Verbesserung vertreten, warnen andere Autoren und führen ethische Gründe ins Feld (z.B. Siep 2006).

In Bezug auf die Zukunft des Menschen stehen jedenfalls neue Entscheidungsmöglichkeiten im Raum, zu denen sich die Gesellschaft durch die normativen Unsicherheiten hindurch eine Meinung bilden *muss*, wenn auch nicht sofort. Vor dem Hintergrund der technikethischen Grundfragen, insbesondere nach der Autonomie des Menschen, nach Verteilungsgerechtigkeit und dem Umgang mit der Unsicherheit des Wissens lässt sich die oben genannte abstrakte Frage, was wir in diesem Feld sollen, wollen oder dürfen, in folgenden konkreteren Fragen ausfalten, die mittlerweile so etwas wie einen Kanon der ethischen Fragen an die technische Verbesserung des Menschen darstellen (nach Grunwald 2008; vgl. auch Jömann/Ach 2006; Siep 2006; Jotterand 2008):

- nach welchen *Kriterien* wird verbessert bzw. soll verbessert werden? Sind alle Kriterien ethisch gerechtfertigt? Wie wird über die Kriterien entschieden und wer entscheidet? Lässt sich eine ethisch begründete Prioritätenreihenfolge der Kriterien angeben?

- sind Verbesserungen in einer Hinsicht mit Verschlechterungen in anderer Hinsicht verbunden? Wie wäre in solchen Fällen abzuwägen? Wie kann das ‚Maß' von Verbesserungen bestimmt werden?

- werden Rechte von Betroffenen berührt, ohne dass diese um Einwilligung nachgefragt worden wären oder nachgefragt werden könnten?

- stößt das technische Verbessern des Menschen einen unendlichen Raum immer weiterer Verbesserungen auf, wie es der technologische Imperativ nahe legt, oder bestehen *Grenzen* des Verbesserns? Wie können Grenzen begründet werden und wie belastbar sind sie in argumentativer Hinsicht? Wovon hängt ihre Rechtfertigung ab und unter welchen Prämissen stehen sie?

- welche *Risiken* für die betroffenen Individuen sind zu beachten und wie kann ein Missbrauch von Verbesserungstechnologien vorbeugend verhindert werden? Reicht der ‚informed consent', oder sind Situationen vorstellbar, in denen Verbesserungswillige vor sich selbst geschützt werden müssen?

- welche Folgen hat eine technische Verbesserung des Menschen unter Aspekten der *Verteilungsgerechtigkeit*, z.B. für eine vertiefte Spaltung der Gesellschaft in technisch verbesserte ‚Übermenschen' und nicht verbesserte Menschen, die dadurch in eine Position der Unterlegenheit kommen würden?

- werden durch akzeptierte Optionen des Verbesserns bislang akzeptierte und praktizierte Lebensformen wie z.B. das Leben als behinderte Personen abgewertet oder unmöglich gemacht?

- wie stehen wir zu den Leistungssteigerungen individueller Menschen, die längst Teil unserer Gesellschaft sind: Schönheitschirurgie, Doping im Sport oder Leistung stimulierende Pharmazeutika?

- kann eine Spirale in Gang gesetzt, die zu einem Zwang immer weiterer Verbesserungen führt, um z.B. auf dem Arbeitsmarkt konkurrenzfähig zu bleiben?

- sollen öffentliche Forschungsgelder bereitgestellt werden, um Angebote des Verbesserns wissenschaftlich zu entwickeln und in die Praxis zu überführen? Welche Rolle dürfen hierbei ökonomische Argumente spielen?

Diese Fragen markieren bestimmte Punkte in einer unübersichtlichen und sich noch formierenden Debatte.

3.2 Ethische Argumentationsmuster

Das Thema der technischen Verbesserung des Menschen durch konvergierende Technologien wurde in der philosophischen Ethik rasch aufgenommen (z.B. Kushf 2004; Siep 2006; Jotterand 2008, Schöne-Seifert et al. 2008). Vorbereitet war dies durch die Debatte über eine gentechnische Verbesserung des Menschen (Robertson-von Trotha 2003; Habermas 2001). Es werden unterschiedliche Argumentationsmuster eingesetzt, nicht nur aus der Ethik, sondern auch in Bezug auf anthropologische und technikphilosophische Fragen. Die Debatte ist gekennzeichnet durch die hohen involvierten Unsicherheiten in Bezug auf technische Möglichkeit, Zeiträume einer Realisierung und Ausmaß und Ausprägung gesellschaftlicher Folgen genauso wie durch große normative Unsicherheiten. Unterschiedliche Argumentationsmuster prägen die ethische Debatte, die bei den normativen Unsicherheiten ansetzt. Im Folgenden werden die am häufigsten verwendeten Argumentationsmuster – Überlegungen zu gesellschaftlichen Folgen einer ‚technischen Verbesserung' und Reflexionen zur argumentativen Rolle der Natürlichkeit des Menschen – vorgestellt.

Folgenethische Überlegungen

Angenommen, eine technische Verbesserung des Menschen sei in der Zukunft möglich, ist nach den erwartbaren *Folgen* und den (nicht beabsichtigten) *Nebenfolgen* zu fragen. An erster Stelle ist hier die *Verteilungsgerechtigkeit* zu nennen. Eine Verbesserung individueller menschlicher Fähigkeiten wäre wahrscheinlich mit hohem Aufwand an Ressourcen, Wissen und Kapital verbunden, was den Kreis der Nutznießer stark einschränken würde. Daher erscheint die Forderung nach einer gleichen Verteilung der Zugangschancen naiv: „It is likely that neurocognitive enhancement, like most other things, will not be fairly distributed" (Farah et al. 2004, 423). Es stellt sich die Frage, wer es sich leisten könne, sich verbessern zu lassen, und welche Folgen eine entsprechende Ungleichverteilung der Möglichkeiten des Verbesserns für diejenigen hätte, die sich nicht verbessern lassen können. Die immer schon vorhandene Spannbreite in der Verteilung individueller Fähigkeiten über die Gesellschaft würde weiter gespreizt, der Abstand von den ‚Leistungsträgern' zu den ‚einfachen Leuten' größer. Technisch verbesserte Menschen könnten auf die Idee kommen, ihren Vorsprung zu sichern oder zu vergrößern, indem sie die Möglichkeiten zur technischen Verbesserung anderer einschränken. Es könnte zu einer gesellschaftlichen Verwerfung zwischen den ‚Übermenschen' und den ‚normalen' Menschen kommen. Argumente dieses Typs wurden von Siep (2006) als stärkstes ethisches Argument gegen eine geplante technische Verbesserung des Menschen ins Feld geführt: „Sich einen derartigen evolutionären Vorteil über ehemalige Artgenossen zu verschaffen, stellt sicher eine Schädigung dar" (Siep 2006, 318). Der ethische Grund sei, dass durch diese Entwicklung die Rechte der nicht

Verbesserten (also derjenigen ohne Zugang zu Verbesserungstechnologien) verletzt würden.

Das gegenwärtige Gesundheitssystem würde in seinen Grundfesten erschüttert. Denn zurzeit wird die Festlegung der Erstattung von medizinischen Leistungen im Rahmen der Krankenversicherung zwar nicht konsequent, aber zu dem weitaus größten Teil am ‚Heilen' orientiert. Es werden z.B. augenärztliche Leistungen von der Versicherung übernommen, solange die Sehfähigkeit des Auges hinreichend weit unter dem statistisch Erwartbaren liegt. Im normativen Rahmen ist das, was als gesundheitlicher Normalzustand gilt, weitgehend operational festgeschrieben. Wenn durch technisches Verbessern die ‚Idee' eines gesundheitlichen Normalzustands aufgelöst wird, besteht hier ein erheblicher Handlungsbedarf, das Gesundheitssystem an anderen normativen Ideen auszurichten: „Vor allem löste sich das Maß von Gesundheit und Normalität auf, an dem bisher die Ansprüche auf Hilfe und Kompensation gemessen wurden" (Siep 2006, 320).

Ein weiterer Punkt folgenethischer Reflexion betrifft die *Autonomie des Menschen*. Die technische Verbesserung des Menschen nach den vorgetragenen Modellen würde an erwachsenen einwilligungsfähigen Personen im Rahmen eines ‚informed consent' vorgenommen. Im Zuge einer Verbreitung von Verbesserungstechnologien könnte jedoch aus der vermeintlichen Autonomie der Betroffenen ein Zwang entstehen. „If neurocognitive enhancement becomes widespread, there will inevitably be situations in which people are pressured to enhance their cognitive capabilities" (Farah et al. 2004, 423). Der Grund läge darin, dass die Verweigerung einer technischen Verbesserung mit Nachteilen hinsichtlich der Partizipation an den gesellschaftlichen Prozessen, z.B. am Arbeitsleben, verbunden sein könnte. Technische Verbesserungen könnten in bestimmten Berufsgruppen zum Standard werden so wie heute in vielen Berufen ein Führerschein als selbstverständlich vorausgesetzt wird. Jemand, der sich diesem Standard entzieht, muss mit Nachteilen rechnen.

> With the advent of widespread neuro-cognitive enhancement, employers and educators will also face new challenges in the management and evaluation of people who might be unenhanced or enhanced (for example, decisions to recommend enhancement, to prefer natural over enhanced performance or vice versa, and to request disclosure of enhancement) (Farah et al. 2004, 422).

Hier würde zwar ‚prinzipiell' die Autonomie der Betroffenen aufrechterhalten. Faktisch jedoch würde diese konterkariert durch einen Anpassungszwang, dem gegenüber eine Verweigerung schwerwiegende Folgen hätte.

Die Eröffnung neuer Formen menschlichen Lebens könnte etablierte Formen abwerten oder unmöglich machen. So könnte die Lebensform behinderten Lebens gesellschaftliche Akzeptanz verlieren, wenn die Möglichkeit zur technischen Kompensation der Behinderung bestünde (Wolbring 2006), eine Befürchtung, die bereits im Kontext der Pränataldiagnostik in Verbindung mit der Erlaubnis von Spätabtreibungen, möglichen gentechnischen Eingriffen zur Vermeidung von Behinderungen und der Eugenik-Diskussion diskutiert wird. Sie würde sich angesichts technischer Verbesserungen von Menschen in verschärfter Form stellen.

Auch auf der individuellen Ebene muss über nicht intendierte Folgen und ihre Akzeptierbarkeit nachgedacht werden. So muss die Verbesserung von Menschen nicht gelingen, sondern könnte scheitern und im konkreten Fall zu einer Verschlechterung, zu gesundheitlichen Problemen oder zum Tod führen. Hier stellen sich Verantwortungs- und Haftungsfragen in der aus dem medizinischen Bereich bekannte Weise. Aber auch im Erfolgsfall könnten nicht erwünschte Effekte auftreten wie z.B. eine Abhängigkeit von der Verbesserungstechnologie, welche zu einer Hilflosigkeit im Versagensfall führen kann, oder psychische Veränderungen. Für Letztere allerdings gilt, dass *spezifische* Sorgen aufgrund technischer Verbesserungen schwierig zu identifizieren sind: „And if we are not the same person on Ritalin as off, neither are we the same person after a glass of wine as before, or on vacation as before an exam" (Farah et al. 2004, 424). Überlegungen zu möglichen unerwünschten individuellen Folgen technischer Verbesserungen münden einerseits in Postulate nach einer möglichst umfassenden Aufklärung der Betroffenen vor der Implementation der Maßnahme, andererseits in die Forderung, den Einbau der technischen Verbesserung möglichst reversibel zu gestalten.

Schließlich ist auch an gesellschaftliche Folgen einer dramatisch höheren Lebenserwartung der Menschen zu denken (Moor/Weckert 2004, Sethe 2007). Üblicherweise genante Aspekte sind Sorgen vor einem Verlust an Kreativität, zunehmendes Sicherheitsdenken, da der Schrecken eines Todes immer größer wird, je seltener er auftritt, der Blick auf eine über alle Maßen zunehmende Weltbevölkerung oder auch die Frage, wie sich das Reproduktionsverhalten ändern werde oder ändern müsse.

Es ist evident, dass sich im Falle einer tief gehenden Diffusion von Verbesserungstechnologien in die Gesellschaft weit reichende Folgen ergeben. Welche dies jedoch sein werden, ist ungewiss. Prospektives Folgenwissen ist erkenntnistheoretisch fragil (vgl. Grunwald 2008, Kap. 10) und gerät gelegentlich in die Nähe bloßer Spekulation (Nordmann 2007). Ein Indikator ist die Häufigkeit des Wörtchens ‚könnte' in den entsprechenden Texten. In

diesem Sinne handelt es sich bei den genannten folgenethischen Überlegungen nicht bereits um handlungspraktisch relevante Orientierungssuche
(wie z.B. zu den Nanopartikeln, vgl. Grunwald 2008, Kap. 7), sondern um
eine tastende Vorbereitung eines neuen Feldes ethischer Reflexion.

Die Natürlichkeit des Menschen

Häufig wird angesichts der neuen Möglichkeiten der technischen Verbesserung des Menschen auf die Natürlichkeit des Menschen als jegliche technische Verbesserung begrenzenden oder gar verhindernden Faktor hingewiesen. Dürfe der Mensch sich, wie er sich vorfindet, geschaffen z.B. von einem Schöpfergott oder als Ergebnis der Evolution, aus diesem Zusammenhang befreien und seine Natürlichkeit zugunsten einer von ihm selbst ge-
schaffenen ‚künstlichen' Zukunft aufgeben? In öffentlichen Debatten er-
wächst viel Unbehagen gerade an dieser Stelle.

Die Situation stellt sich jedoch in anthropologischer und auch in ethischer
Hinsicht als komplex dar. Der Mensch ist nicht einfach ‚natürlich', sondern
zumindest auch ‚kultürlich'. Plessner (1928) spricht z.B. von der ‚natürlichen
Künstlichkeit' des Menschen und bezeichnet den Menschen als Natur- und
Kulturwesen zugleich. Damit lässt sich aus der Natürlichkeit des Menschen
kein eindeutiges Argument hinsichtlich seiner technischen Verbesserung gewinnen: eine technische Verbesserung ist einerseits unnatürlich, weil sie den
gegenwärtigen natürlichen Zustand übersteigt; andererseits aber ist es für
Menschen auch natürlich, nicht auf einem erreichten Stand stehen zu bleiben, sondern den nächsten Schritt ins Auge zu fassen:

> While some authors [...] declare human ‚nature' to be sacrosanct,
> others are of the opinion that human striving for perfection and self-
> transcendence are part of being human and are therefore to a certain
> extent actually ‚natural' (Jömann/Ach 2006, 35).

Der Rekurs auf die Natürlichkeit des Menschen kann also in beliebiger
Weise, simultan für und gegen technische Verbesserung eingesetzt werden
und daher auf diesem Wege nichts beitragen. Kurz und knapp: „Die ‚Natur
des Menschen' ist also kontingent" (Clausen 2008).

Eine andere Zurückweisung der Berechtigung, die Natürlichkeit des
Menschen als Argument anzuführen, operiert mit dem ‚naturalistischen
Fehlschluss' (Engels 2008). Die Natürlichkeit des Menschen in dem Sinne,
dass wir die evolutionär erworbenen Fähigkeiten des Sehens, des Hörens,
des Denkens etc. allein deswegen nicht technisch verbessern dürfen, weil
sie eben natürlich entstanden und evolutionär gewachsen sind, als Argument zu verwenden, wäre ein naiver naturalistischer Fehlschluss. Aus der
Tatsache, dass wir uns als Menschen vorfinden, z.B. mit Augen, die nur in

einem bestimmten Teil des elektromagnetischen Spektrums arbeiten, folgt normativ unmittelbar nichts: „Aus evolutionären Fakten folgen nicht unmittelbar Verhaltensnormen" (Siep 2006, 312). Die Beschränkung der menschlichen Fähigkeiten auf die natürlich mitgegebenen organischen Eigenschaften wäre eine willkürliche ,Musealisierung' des Menschen und würde die kulturellen Seiten des Menschseins ausblenden, zu denen auch gehört, sich selbst zu transzendieren, d.h. über das Bestehende hinaus zu denken und zu entwickeln (vgl. Clausen 2008).

In einer Hinsicht kann die Natürlichkeit des Menschen als allerdings nicht sehr spezifisches Argument verwendet werden. Die Spezies ,Mensch' ist im Laufe von Millionen Jahren evolutionär entstanden. In diese langsam gewachsene ,Natur' mit technischen Mitteln sehr weitgehend und auf einer im Vergleich zu den evolutionären Zeiträumen sehr kurzen Zeitskala einzugreifen, erscheint als *per se* risikoverdächtig. Ein Szenario, das sicher Unbehagen erzeugen würde, wäre dann gegeben, wenn die technische Veränderung so stark und so schnell verliefe, dass die Selbstverständlichkeit verloren ginge, dass wir uns gegenseitig *als Menschen* erkennen. Aus diesen Überlegungen resultieren jedoch nur allgemeine Verpflichtungen zur Vorsicht, zur Bevorzugung kleiner und reversibler Schritte etc. statt gleich Körper und Geist des Menschen radikal ,umzugestalten' (was allerdings auch weit außerhalb der wissenschaftlich-technischen Möglichkeiten liegt).

Die Rede, dass durch eine technische Verbesserung des Menschen seine ,Natürlichkeit' in Gefahr gerate oder gar verloren gehe, stellt daher insgesamt kein starkes Argument im Kontext der technischen Verbesserung des Menschen dar. Die Natur des Menschen „fungiert als Reflexionsinstanz für anthropologische Selbstklärungsprozesse" (Clausen 2008, 15), d.h. es ist lohnenswert darüber zu diskutieren und zu streiten, aber es können von dieser Warte aus keine klaren Antworten auf die Fragen aus Kap. 3.1 erwartet werden.

3.3 Stand der ethischen Debatte

Es sind bislang keine *starken* Argumente gegen technische Verbesserung benannt worden, wobei unter ,starken Argumenten' solche verstanden werden sollen, die mit als *notwendig eintretend* angenommenen Folgen einer Einführung von Verbesserungstechnologien arbeiten und die daher nicht von *unsicheren* Zukunftsentwicklungen abhängig sind. Ein derartiges dem Anspruch nach starkes Argument ist das Habermassche Argument gegen gentechnische Eingriffe in der Keimbahn (Habermas 2001). Es operiert mit der Figur, dass durch derartige Eingriffe die betroffenen Personen im Embryonalstadium instrumentalisiert würden, sich weder dagegen zur Wehr setzen noch im späteren Leben von dieser Instrumentalisierung befreien könnten und daher nicht mehr in vollem Sinne Autoren ihrer eigenen Biografie sein könnten, wodurch die *Bedingungen der Moralität* in Mitleidenschaft gezogen würden. Insofern im Fall der technischen Verbesserung des Menschen diese Verbesserungen nicht an Embryonen oder an nicht einwilligungsfähigen Personen vorgenommen würden, könnte und müsste hier ein ‚informed consent‘ hergestellt werden. Wenn nur einwilligungsfähige Personen nach erfolgter Information über Risiken und einem entsprechenden Einverständnis einer technischen Verbesserung unterzogen würden, bestünde, anders als im Falle gentechnischer Beeinflussung zukünftiger Menschen in der embryonalen Phase oder in der Keimbahn, keine Gefahr, dass diese ‚technisch verbesserten‘ Menschen nicht mehr in vollem Sinne Autoren ihrer Biografie wären. Im Gegenteil würden sie möglicherweise, jedenfalls nach Meinung der Promotoren der ‚Converging Technologies‘, Autonomie gewinnen, indem sie sich nach ihren Intentionen von naturalen Vorgegebenheiten lösen könnten. Der ‚informed consent‘ nimmt hier eine zentrale Stellung in der ethischen Argumentation ein.

Stattdessen kreist die ethische Debatte um nicht intendierte ‚Nebenfolgen‘ (s.o.; Gloede 2007). Argumente dieses Typs sind unter Geltungsaspekten eher ‚schwach‘, weil eine Reihe von mehr oder weniger unsicheren Annahmen über Zukünftiges getroffen werden müssen. Hinzu kommt, dass Argumente, die auf dem möglichen Auftreten nicht intendierter Nebenfolgen beruhen, nicht als Argumente gegen die neue Technologie *per se* gelesen werden müssen, sondern als Argumente verstanden werden können, dass politisch und gesellschaftlich, vielleicht auch technisch, etwas getan werden müsse, um das Auftreten dieser nicht intendierten Folgen zu begrenzen, zu verhindern oder sie in geeigneter Weise zu kompensieren. Daher dienen diese teils spekulativen Folgenreflexionen weniger dazu zu entscheiden, ob Verbesserungstechnologien gesellschaftlich wünschenswert oder wenigstens akzeptabel sind. Vielmehr geht es darum, sich bereits frühzeitig Gedanken über mögliche Probleme zu machen, damit ebenso frühzeitig über Problemvermeidungen oder Problemlösungen nachgedacht werden kann und die Gesellschaft nicht von den Folgen unvorbereitet überrascht wird.

So gesehen, in der Abwesenheit ‚starker‘ ethischer Gegenargumente, erscheint die Einführung von Verbesserungstechnologien nach einem Marktmodell nicht unplausibel. Eine Nachfrage nach Verbesserungstechnologien ist nicht nur vorstellbar, sondern wahrscheinlich und wird mit verschiedenen Entwicklungen begründet.

> [...] several market pressures leading to rapid development of HE
> [Human Enhancement] technologies: 1) global competitiveness; 2)
> brain drain/depopulation economics; 3) national security concerns;

and 4) quality of life/consumer life-style demands (Williams/Frankel 2006, 3).

Auch das Doping in den verschiedenen Bereichen (Sport, Schönheit, Sexualität etc.) zeigt dies deutlich an: Gerade eine Gesellschaft, die als zentralen Motor den Wettbewerbsgedanken auf nahezu allen Ebenen von der Wirtschaft über das Militär bis hin zum Lebensstil eingesetzt hat, wird mit dem Bemühen um ständige ‚Verbesserung' konfrontiert sein. Anders formuliert: Wettbewerbsgedanke und Verbesserung gehören untrennbar zusammen. Da Doping und Verbesserung sich technisch gesehen nur graduell unterscheiden und weil der ‚technologische Imperativ' direkt vom Ersteren zum Zweiten führt (vgl. Grunwald 2008, Kap. 9.3.3), wird der Wettbewerbsdruck zu einer Überschreitung des Doping in Richtung auf ein Verbessern führen. Eine Regulierung wäre in einem marktliberalen Modell auf die Kompensation von Nebenfolgen im Sinne eines Marktversagens beschränkt (z.B. durch die Klärung von Haftungsfragen – was passiert beim Fehlschlagen einer Verbesserung? – und zur Sicherstellung von Verteilungsgerechtigkeit und Zugang).

Dieses Szenario mag für viele in kultureller, anthropologischer oder ethischer Hinsicht wenig attraktiv oder gar skandalös erscheinen, gerade angesichts der Situation, dass möglichen technischen Verbesserungen des Menschen vielfach mit erheblichem Unbehagen begegnet wird. Das Unbehagen spielt sicher eine Rolle als ernst zu nehmendes *Faktum*. Ethisch wird dieses Faktum im Konsequentialismus dadurch berücksichtigt, dass moralisches Unbehagen als Kosten, als Negativbilanz einer Technik mit in die Gesamtbewertung einbezogen wird (Birnbacher 1991). Deontologisch oder diskursethisch folgt jedoch aus dem Faktum des Unbehagens normativ noch nichts. Es ist z.B. prima facie nicht geklärt, ob nicht bloß mangelnde Vertrautheit mit dem oder Gewöhnung an den Gedanken der technischen Verbesserung des Menschen die Ursache des Unbehagens ist – in diesem Falle wäre evident, dass das Unbehagen eine ethische Relevanz, d.h. eine argumentative Rolle in Rechtfertigungsdebatten nicht erhalten könnte. Allerdings stellt das empirisch feststellbare Unbehagen eine Herausforderung an Ethik dar, nach möglicherweise in diesem Unbehagen enthaltenen verborgenen Argumentationsmustern zu suchen und diese ggf. zu explizieren (vgl. zu einem neueren Ansatz Sandel 2008).

In der Frage der technischen Verbesserung des Menschen stehen zurzeit keine Entscheidungen an, für die ethische Reflexion erforderlich wäre. Stattdessen geht es darum, zunächst das Feld vorzubereiten, in dem in Zukunft entsprechende ethische Rechtfertigungsdiskurse (Gethmann/Sander 1999) erst geführt werden müssten. Die Debatte bewegt sich daher noch im Vorfeld ethischer Urteilsbildung, indem z.B. anthropologische oder technikphilosophische Fragen sowie die Frage nach der ‚Natürlichkeit des Menschen' thematisiert werden.

4. Verantwortung

Ethische Fragen und Herausforderungen führen auf Herausforderungen an Verantwortungsübernahme. Im Unterschied zu ethischen Fragen, die abstrakt, d.h. losgelöst von konkreten Akteuren geführt werden können, geht es bei der Verantwortungszuschreibung und -übernahme immer konkret darum, welche Akteure welche Verantwortung in welchen Situationen übernehmen (sollen) (Lenk/Maring 1991, Lenk 1992, Grunwald 1999). Anlass für die Rede über Verantwortung ist, dass die Beantwortung von Verantwortungsfragen (zu Verteilung, Zuschreibung, Schuld oder Verdienst etc.) in einem bestimmten Handlungsfeld kontrovers oder unklar ist. Zweck des Redens über Verantwortung ist, ein Einverständnis über die Verantwortungsstruktur in dem betreffenden Feld zu erzielen, um dadurch reflektiertes und ‚verantwortliches' Handeln zu ermöglichen. Der Zweck von Verantwortungsdiskursen ist eine Klärung der spezifischen Verantwortlichkeiten für die Zwecke der Praxis.

Verantwortung ist kein ‚Naturgegenstand' in dem Sinne, dass man Verantwortung hat oder nicht, sondern Resultat einer *Zuschreibungshandlung*. Die Rede *Wer trägt welche Verantwortung?* ist verkürzt und blendet den zentralen Vorgang der Zuschreibung aus. Die Zuschreibung von Verantwortung stellt eine Handlung dar, welche unter Zwecken und relativ zu *Zuschreibungsregeln* erfolgt (vgl. dazu auch Jonas 1979, 173). Zuschreibungsregeln sind selbst rechtfertigungspflichtig, indem sie z.B. den Kreis der verantwortungsfähigen Individuen abgrenzen und Kriterien angeben, welche Voraussetzungen Individuen erfüllen müssen, um zur Verantwortung gezogen werden zu können. Verantwortungszuschreibung ist ein präskriptiver Akt.

Voraussetzung für die Zuschreibung von Verantwortung ist, dass die Handlung bzw. die Handlungsresultate der Handlung einem oder mehreren Individuen *zugeschrieben werden können*, d.h. das Subjekt der Verantwortung muss als das die Handlungsresultate ursächlich hervorgebrachte Instanz gedeutet werden: „Die Zuschreibung von Verantwortung ist abhängig von der Handlungszuschreibung und insofern sekundär" (Lenk 1992, 79).

Der Verantwortungsbegriff muss mindestens als ein dreistelliger Begriff rekonstruiert werden: *jemand* (ein Verantwortungssubjekt) verantwortet *etwas* (Handlungsresultate als Objekt der Verantwortung) vor einer *Instanz* (einer Person, einer Institution, einem Regelwerk, einer Moral etc.). Die dreistellige Rekonstruktion führt auf die *Kausalhandlungsverantwortung* (Lenk 1992, 27f., 82). Die moralische Dimension erschließt sich erst in der vierstelligen Rekonstruktion, wenn nämlich gefragt wird, *relativ zu welchen Regelsystemen* Verantwortung übernommen werden *soll*. Unter *moralischer Verantwortung* wird daher die Verantwortungszuschreibung relativ zu Regelsystemen verstanden (Grunwald 1999).

Vor diesem begrifflichen Hintergrund und aufgrund der in Kap. 3 genannten ethischen Herausforderungen des ‚Human Enhancement‘ können folgende Thesen zur Verantwortung in diesem Feld aufgestellt werden, welche einer weiteren Reflexion und Konkretisierung bedürften, strukturiert nach verschiedenen involvierten Akteursgruppen:

- *Wissenschaften im Umkreis der NBIC Technologien*: Die Verantwortung der beteiligten Wissenschaftler (z.B. der Nanotechnologie) umfasst die üblichen Aspekte wissenschaftlicher Verantwortung (Lenk 1992) in Bezug auf die Zielsetzungen, die Forschungspraxis und die frühzeitige Reflexion über mögliche Folgen. Neben der frühzeitigen Bereitstellung von Information gehört die Beteiligung am öffentlichen Dialog zur Verantwortung.

- *Ethik*: Ethische Reflexion ist in diesem Feld sowohl als akademische Profession als auch und vor allem zur Orientierung der fachlichen und öffentlichen Meinungsbildung gefragt. Die Arbeit der philosophischen Ethik muss in die öffentliche Debatte hineingetragen werden.

- *Medizin*: Die Medizin ist seit Jahrtausenden vom Ethos des Heilens geprägt. Durch Bereiche wie Schönheitschirurgie und Doping ist dieses Ethos bereits gegenwärtig als alleinige Orientierung des ärztlichen Handelns in Frage gestellt. Durch ‚technische Verbesserungen‘ käme es zu weitergehenden Veränderungen im ärztlichen Selbstverständnis: der Arzt als Körperdesigner? Hier ist die Reflexion der Profession gefragt, um diesen Prozess verantwortlich mitgestalten zu können.

- *Wissenschaftliche Politikberatung*: Das die Ermöglichung ‚technischer Verbesserungen‘ weitgehende gesellschaftliche Veränderungen mit sich bringen würde, ist Politikberatung in der Verantwortung, nicht bloß politische Auftraggeber zu beraten, sondern ihre Ergebnisse in größerem Rahmen zu verbreiten, um zum gesellschaftlichen Dialog beizutragen.

- *Forschungsförderung*: Die Forschungsförderung beeinflusst den Gang der Wissenschaften. Bei der Festlegung der Themen für Förderprogramme ist darauf zu achten, dass, soweit die ‚technische Verbesserung‘ adressiert wird, eine in adäquater Weise ethisch reflektierte Debatte über diese Festlegungen stattfindet.

- *Sozialwissenschaften und Gesellschaftstheorie*: Die ‚technische Verbesserung‘ muss über den individuellen Kontext hinaus in Bezug auf ihre politischen und sozialen Seiten untersucht werden, z.B. im Hinblick auf eine ‚Leistungssteigerungsgesellschaft‘ (Coenen 2008a) oder in Bezug auf den der kapitalistischen Wirtschaftsform inhärenten Gedanken des allgegenwärtigen Wettbewerbs (Grunwald 2008, Kap. 9).

• *Medien*: Von den Medien können differenzierte Darstellungen erwartet werden, sowohl in Bezug auf die ethischen Fragen als auch zum Forschungsstand (dies ist häufig nicht der Fall, sondern es wird in Bezug auf die technischen Möglichkeiten stark übertrieben, vgl. Fiedeler 2008 zu den Neuro-Implantaten).

• *Gesellschaft*: Schließlich ist die gesamte Gesellschaft mit neuen Fragen konfrontiert bzw. mit Anfragen an bisherige Lebensstile. So könnte die Debatte um die ‚technische Verbesserung' Anlass sein, den bisherigen Umgang mit dem und Perspektiven auf den eigenen Körper zu reflektieren.

Die Überlegungen um eine technische Verbesserung des Menschen erweitern die Denk- und Handlungsmöglichkeiten des Menschen. Sie stellen bislang Selbstverständliches in Frage wie z.B. die Angewiesenheit auf die üblichen Körperfunktionen des Menschen. Die Verwandlung von etwas als gegeben Hinzunehmendem in etwas Manipulierbares ist das Kennzeichen des technischen Fortschritts. In dem Maße, wie die menschliche Verfügungsmacht erhöht wird, eröffnen sich neue Räume für Visionen und Gestaltung, aber gleichzeitig, sozusagen als Nebenfolge, auch die Herausforderungen, den Verlust von Traditionen durch neue Formen der Orientierung zu kompensieren. Angesichts der visionären Natur der Aussichten auf eine ‚technische Verbesserung' des Menschen und der längeren bis langen Zeiträume, in denen mit der Realisierung bestimmter Teilschritte zu rechnen ist, besteht aller Voraussicht nach genügend Zeit, sich mit den aufgeworfenen Fragen auseinanderzusetzen. Generell gilt dabei, dass diese reflexive Auseinandersetzung bereits in frühen Phasen der Entwicklung erfolgen sollte, denn dann bestehen die größten Möglichkeiten, Einfluss auf den Prozess der wissenschaftlichen Entwicklung zu nehmen. Die Gelegenheit ist günstig, dass im Fall der Verbesserung des Menschen die ethische Reflexion und die gesellschaftliche Auseinandersetzung nicht zu spät kommen, sondern die wissenschaftlich-technische Entwicklung kritisch begleiten können.

Literatur

Ach, J., Pollmann, A. (Hrsg.) (2006): No body is perfect. Baumaßnahmen am menschlichen Körper. Bioethische und ästhetische Aufrisse. Bielefeld 2006.

Bainbridge, W.S. (2004): Progress toward Cyberimmortality. S. 107–122 in Immortality Institute (Hrsg.): The Scientific Conquest of Death. Buenos Aires (www.imminst.org/book1/) 2004.

Banse, G. – Grunwald, A. – Hronszky, I. – Nelson, G. (Hrsg.) (2008): Assessing Societal Implications of Converging Technological Development. Berlin 2008.

Beck, U. (1986): Risikogesellschaft. Auf dem Weg in eine andere Moderne. Frankfurt a. M. 1986.

Beyerlein, F. (2007): Nano-Medizin und Gesundheitsvorsorge im 21. Jahrhundert. Tausend Jahre leben. Magazin 200 plus, Medizin 2 (2007).

Birnbacher, D. (1991): Ethische Dimensionen bei der Bewertung technischer Risiken. S. 136–147 in Lenk, H. – Maring, M. (Hrsg.): Technikverantwortung. Frankfurt a. M. – New York 1991.

Clausen, J. (2008): Ethische Fragen aktueller Neurowissenschaften: Welche Orientierung gibt die „Natur des Menschen"? In Hildt, E. – Engels, E.-M. (Hrsg.): Der implantierte Mensch. Freiburg (im Druck) 2008.

Coenen, C. (2006): Der posthumanistische Technikfuturismus in den Debatten über Nanotechnologie und Converging Technologies. S. 195–222 in Nordmann, A. – Schummer, J. – Schwarz, A. (Hrsg.): Nanotechnologien im Kontext. Berlin 2006.

Coenen, C. (2008a): Von der Leistungs- zur Leistungssteigerungsgesellschaft? TAB-Brief, Büro für Technikfolgen-Abschätzung (im Druck) Berlin 2008.

Coenen, C. (2008b): Konvergierende Technologien und Wissenschaften. Büro für Technikfolgen-Abschätzug beim Deutschen Bundestag (TAB). Diskussionspapier Nr. 16. Berlin 2008.

Drexler, K.E. (1986): Engines of Creation – The Coming Era of Nanotechnology. Oxford 1986.

Dupuy, J.-P. (2005): The Philosophical Foundations of Nanoethics. Arguments for a Method. Lecture at the Nanoethics Conference. University of South Carolina, March 2–5, 2005.

Dupuy, J.-P. – Grinbaum, A. (2004): Living with Uncertainty: Toward the Ongoing Normative Assessment of Nanotechnology. S. 4–25 in Techné 8 (2004).

Engels, E.-M. (2008): Was und wo ist ein ‚naturalistischer Fehlschluss'? Zur Definition und Identifikation eines Schreckgespenstes der Ethik. S. 125–141 in Brand, C. – Engels, E.-M. – Ferrari, A. – Kovács, L. (Hrsg.): Wie funktioniert Bioethik? Paderborn 2008.

Farah, M.J. – Illes, J. – Cook-Deegan, R. – Gardner, H. – Kandel, E. – King, P. – Parens, E. – Sahakian, B. – Wolpe P.R. (2004): Neurocognitive Enhancement: what can we do and what should we do? S. 421–425 in Nature Reviews: Neuroscience 5 (2004).

Fiedeler, U. (2008): Stand der Technik neuronaler Implantate. Wissenschaftliche Berichte des Forschungszentrums Karlsruhe Nr. 7387. Karlsruhe 2008.

Freitas, R. A. Jr. (1999): Nanomedicine. Volume I: Basic capabilities. Georgetown 1999.

Gethmann, C.F. – Sander, T. (1999): Rechtfertigungsdiskurse. S. 117–151 in Grunwald, A. – Saupe, S. (Hrsg.): Ethik in der Technikgestaltung. Praktische Relevanz und Legitimation. Berlin et al. 1999.

Grunwald, A. (1999): Verantwortungsbegriff und Verantwortungsethik. S. 172–195 in Grunwald, A. (Hrsg.): Rationale Technikfolgenbeurteilung. Berlin et al. 1999.

Grunwald, A. (2006): Nanotechnologie als Chiffre der Zukunft. S. 49–80 in Nordmann, A. – Schummer, J. – Schwarz, A. (Hrsg.): Nanotechnologien im Kontext. Berlin 2006.

Grunwald, A. (2007): Orientierungsbedarf, Zukunftswissen und Naturalismus. Das Beispiel der „technischen Verbesserung" des Menschen. S. 949–965 in Deutsche Zeitschrift für Philosophie 55 (2007).

Grunwald, A. (2008): Auf dem Weg in eine nanotechnologische Zukunft. Philosophisch-ethische Fragen. Freiburg 2008.

Habermas, J. (2001): Die Zukunft der menschlichen Natur. Frankfurt a. M. 2001.

Harremoes, P. – Gee, D. – MacGarvin, M. – Stirling, A. – Keys, J. – Wynne, B. – Guedes Vaz, S. (Hrsg.) (2002): The Precautionary Principle in the 20th Century. Late Lessons from Early Warnings. London 2002.

Jömann, N. – Ach, J.S. (2006): Ethical implications of Nanobiotechnology – State-of-the-art Survey of Ethical Issues related to Nanobiotechnology. S. 13–62 in Ach, J. – Siep, L. (Hrsg.): Nano-Bio-Ethics. Ethical and Social Dimensions of Nanobiotechnology. Berlin 2006.

Jonas, H. (1979): Das Prinzip Verantwortung. Versuch einer Ethik für die technologische Zivilisation. Frankfurt a. M. 1979.

Jotterand, F. (2008): Beyond Therapy and Enhancement: The Alteration of Human Nature. S. 15–23 in Nanoethics 2 (2008).

Joy, B. (2000): Why the future doesn't need us. S. 238–263 in Wired Magazine April 2000.

Khushf, G. (2004): Systems Theory and the Ethics of Human Enhancement: a Frameword for NBIC Convergence. S. 124–149 in Annals of the New York Academy of Sciences 1013 (2004).

Lenk, H. (1992): Zwischen Wissenschaft und Ethik. Frankfurt a. M. 1992.

Lenk, H. – Maring, M. (Hrsg.) (1991): Technikverantwortung. Frankfurt a. M. – New York 1991.

Moor, J. – Weckert, J. (2004): Nanoethics: Assessing the Nanoscale from an Ethical Point of View. S. 301–310 in Baird, D. – Nordmann, A. – Schummer, J. (Hrsg.): Discovering the Nanoscale. Amsterdam 2004.

Nordmann, A. (2007): If and Then: A Critique of Speculative NanoEthics. S. 31–46 in Nanoethics 1 (2007).

Plessner, H. (1928): Die Stufen des Organischen und der Mensch. Einleitung in die philosophische Anthropologie. 3. Auflage, Berlin 1928.

Robertson-von Trotha, C. (Hrsg.) (2003): Der Perfekte Mensch. Genforschung zwischen Wahn und Wirklichkeit. Baden-Baden 2003.

Roco, M.C. – Bainbridge, W.S. (Hrsg.) (2002): Converging Technologies for Improving Human Performance. Arlington 2002.

Sandel, M. (2008): Plädoyer gegen die Perfektion. Berlin 2008.

Sarewitz, D. – Karas, T.H. (2006): Workshop Report: Policy Implications of Technologies for Cognitive Enhancement. Arizona State University 2006.

Schmid, G. – Brune, H. – Ernst, H. – Grünwald, W. – Grunwald, A. – Hofmann, H. Krug, H. – Janich, P. – Mayor, M. – Rathgeber, W. – Simon, U. – Vogel, V. Wyrwa, D. (Hrsg.) (2006): Nanotechnology. Assessment and Perspectives. Berlin – Heidelberg 2006.

Schmidt, J. (2003): Zwischen Fakten und Fiktionen: NanoTechnoScience als Anfrage an prospektive Wissenschaftsbewertung und Technikfolgenabschätzung. S. 207–220 in Bender, W. – Schmidt., J. (Hrsg.): Zukunftsorientierte Wissenschaft. Münster 2003.

Schöne-Seifert, B. – Ach, J.S. – Talbot, D. – Opolka U. (Hrsg.) (2008): Neuro Enhancement. Ethik vor neuen Herausforderungen. Paderborn (im Druck) 2008.

Sethe, S. (2007): Nanotechnology and Life Extension. S. 353–365 in Allhoff, F. – Lin, P. – Moor, J. – Weckert, J. (Hrsg.): Nanoethics – The Ethical and Social Implications of Nanotechnology. New Jersey 2007.

Siep, L. (2006): Die biotechnische Neuerfindung des Menschen. S. 306–323 in Abel, G. (Hrsg.): Kreativität. Akten des XX. Deutschen Kongresses für Philosophie. Hamburg 2006.

Stieglitz, T. (2006): Neuro-technical interfaces to the central nervous system. S. 95–110 Poiesis & Praxis 4 (2006).

Williams, E. – Frankel, M.S. (2006): Good, Better, Best: The Human Quest for Enhancement. Summary Report of an Invitational Workshop. Convened by the Scientific Freedom, Responsibility and Law Program. American Association for the Advancement of Science, June 1–2, 2006.

Wolbring, G. (2006): The Triangle of Enhancement Medicine, Disabled People, and the Concept of Health: A new challenge for HTA, Health Research, and Health Policy. Edmonton 2006.

Wolbring, G. (2008a): Oscar Pistorius and the future nature of Olympic, Paralympic and other sports. S. 139–160 in Scripted 5.1 (2008).

Wolbring, G. (2008b): Why NBIC? Why human performance enhancement? S. 25–40 in The European Journal of Social Science Research 21 (2008).

Zukünftige Technologien umfassend bewerten. Technikfolgenabschätzung im Spiegel transdisziplinärer Forschungskonzepte

Michael Decker

Einleitung

Technikfolgenabschätzung befasst sich – da ist der Name Programm – mit der Generierung von Wissen über Folgen von wissenschaftlich-technischen Entwicklungen. Dieses Wissen soll in den politischen Entscheidungsprozess eingespeist werden, um die Folgendimension im Entscheidungskalkül berücksichtigen zu können. Damit generiert Technikfolgenabschätzung grundsätzlich prospektives Wissen[1], weil frühzeitig, wie schon im Gründungsgesetz des Office for Technology Assessment (OTA[2]) gefordert, Hinweise auf positive und negative Auswirkungen von Technikanwendungen erforscht werden sollen. Die wissenschaftlichen Informationen sollten dabei auf den Politikprozess ausgerichtet sein[3].

Auch die multidisziplinäre wissenschaftliche Ausrichtung ist seit den Anfängen des Technology Assessment (Technikfolgenabschätzung, TA) ein zentraler methodischer Bestandteil desselben. Im Gründungsgesetz des OTA heißt es daher explizit[4]:

> „It is necessary for the Congress to equip itself with new and effective means for securing competent, unbiased information concerning the physical, biological, economic, social, and political effects of such (technological) applications."

Bis heute wird immer wieder darauf hingewiesen, dass die wissenschaftliche Analyse und damit Expertenwissen ein notwendiger Bestandteil einer guten TA sind[5], obwohl gleichzeitig bezüglich der Produktion des Expertenwissens auch die größte Kritik geäußert wird. Zum einen wird das Expertendilemma[6] beschrieben, nach dem – vereinfacht ausgedrückt – zu jedem Gutachten auch ein Gegengutachten angefertigt werden kann. Damit entsteht das Problem, welches der divergierenden Gutachten man als Grundlage für den gesellschaftlichen und/oder politischen Entscheidungsprozess heranziehen

---

1 Grunwald 2007, 54.
2 Mit der Gründung des OTA wurde die erste Einrichtung für TA institutionalisiert.
3 Gibbons/Gwin 1986, 246.
4 United States Senate 1972.
5 Bütschi et al. 2004, 14; Klüver et al. 2000, 11.
6 Nennen/Garbe 1996.

soll. Zum anderen wird darauf hingewiesen, dass TA-Forschung besonders durch ihre unsichere Wissensbasis gekennzeichnet sei. Damit ist nicht nur gemeint, dass alles wissenschaftlich produzierte Wissen nur in der Form hypothetischen Wissens gewonnen werden kann und damit prinzipiell revidierbar ist. Wenn von unsicherem oder ungewissem Wissen die Rede ist, bezieht sich das auf die Tatsache, dass mit Wissen gleichzeitig auch Nichtwissen miterzeugt wird, so dass wissenschaftliches Wissen immer selektiv und perspektivisch bleiben muss und im Prinzip keinen Abschluss finden kann[7]. Durch den Zukunftsbezug wird das noch verstärkt, denn es „entfällt die Möglichkeit empirischer Überprüfung und es wird schwieriger, die Differenz zwischen Wissen und bloßem Meinen aufrechtzuerhalten"[8]. Die Unsicherheit einer Wissensbasis umfasst darüber hinaus auch die Unsicherheit in Bezug auf Theorien und Methoden, Modelle, Daten und Problemstellungen. Vor diesem Hintergrund überrascht es fast, dass dann letztendlich doch der Schluss gezogen wird[9]:

> „Gleichwohl nimmt die Bedeutung der wissenschaftlichen Expertise zu, weil sie trotz aller Unsicherheit der Wissensproduktion der einzige legitime Weg ist, empirisch gestütztes Wissen zu erzeugen, das allgemein anerkannt ist und umgesetzt werden kann."

Vor dem Hintergrund dieses Spannungsverhältnisses zwischen nicht hintergehbarer Unsicherheit des Expertenwissens bei gleichzeitiger Nichtersetzbarkeit desselben, wurden in den 1990er Jahren neue Formen der Wissensproduktion vorgeschlagen, die schon in den Namen ihrer Konzeptionen darauf hinwiesen, dass Wissenschaft „über sich hinaus" wachsen muss, wenn sie einen Beitrag zur Lösung von außerwissenschaftlichen Problemlagen erbringen möchte. Sie muss dann nicht nur multi- oder interdisziplinär, sondern transdisziplinär forschen, wobei Jantsch folgende Unterscheidungen angibt:[10]

- „Multidisciplinarity: A variety of disciplines, offered simultaneously, but without making explicit possible relations between them.
- Pluridisciplinarity: The juxtaposition of various disciplines, usually at the same hierarchical level, grouped in such a way as to enhance the relationship between them.
- Crossdisciplinarity: The axiomatics of one discipline is imposed upon other disciplines at the same hierarchical level, thereby creating a rigid polarization across disciplines towards a specific disciplinary axiomatics.

---

7 Böschen et al. 2004; Japp 2002.
8 Grunwald 2007, 54.
9 Bechmann et al. 2007.
10 Jantsch 1972, 106.

- Interdisciplinarity: A common axiomatics for a group of related disciplines is defined at the next higher hierarchical level or sub-level, thereby introducing a sense of purpose; *teleological* interdisciplinarity acts between the empirical and the pragmatic level, *normative* interdisciplinarity acts between the pragmatic and the normative level, *purposive* interdisciplinarity between the normative and the purposive level.

- Transdisciplinarity: The co-ordination of all disciplines and interdisciplines in the education/innovation system on the basis of a generalized axiomatics (introduced from the purposive level) and an emerging epistemological (‚synepistemic‘) pattern."

In diesen Konzepten der neuen Wissensproduktion wird argumentiert, dass die rein innerwissenschaftliche, interdisziplinäre Herangehensweise nicht ausreicht, um umfassende Beratungsleistung in außerwissenschaftlichen, nämlich gesellschaftlichen oder politischen, Bereichen erbringen zu können. In diesem Beitrag[11] soll der Frage nachgegangen werden, wie in diesen neuen Formen der Wissensproduktion, die gemeinhin in der TA behandelte Problemstellungen als einen ihrer Anwendungsbereiche identifizieren[12], interdisziplinäre Forschung verortet wird und wie sich das Verhältnis von interdisziplinärer (innerwissenschaftlicher) Forschung zu transdisziplinärer (mit außerwissenschaftlichem Problembezug) Forschung darstellt. Aus dem Ergebnis dieser Analyse werden Schlussfolgerungen für eine methodische Ausgestaltung der TA abgeleitet.

Neue Formen der Wissensproduktion

Wenn von neuen Formen der Wissensproduktion[13], einem Wandel der Wissensproduktion[14] oder moderner Wissensproduktion[15] die Rede ist, wird jeweils auf „Post-normal Science"[16] und auf „knowledge production in MODE 2"[17] Bezug genommen. Beide Konzepte werden im Folgenden genauer beschrieben. Die Aufzählung wird wahlweise komplettiert durch folgende Rahmenkonzepte:

- „Triple Helix of Innovation"[18]. Hier wird versucht, durch die Berücksichtigung der Beziehungen zwischen „university-industry-government" in

---

11 Dieser Beitrag beruht auf Decker 2007.

12 Z.B. Gibbons et al. 1994, 147.

13 Weingart 1997, 1.

14 Frederichs 1999, 16; Bender et al. 2000, 3.

15 Kuhlmann et al. 2003, 4.

16 Funtowicz/Ravetz 1993; Ravetz/Funtowicz 1999.

17 Gibbons et al. 1994; Nowotny et al. 2001.

18 Leydesdorff/Etzkowitz 1998; Etzkowitz/Leydesdorff 2000.

der Innovationsforschung auch die Dynamik dieser Beziehungen in die analytische Betrachtung einzubeziehen.

- „Post-academic Science"[19], die die Komplexität der Fragestellungen der Forschung verbunden mit den steigenden Kosten für wissenschaftliche Ausrüstungen als Grund für die wachsende Kollektivierung ansieht. Die Grenzen zwischen den Disziplinen verwischen, Forschung findet in Teams aus Experten unterschiedlicher Fachrichtungen statt.[20]
- „Post-modern Research System"[21], das nach einem Vergleich von sieben nationalen Forschungssystemen empfohlen wurde, weil die Wissenschaftspolitik sonst nicht in der Lage wäre, der wachsenden Heterogenität der Wissensproduktion sowohl bezogen auf inhaltliche als auch auf organisatorische Aspekte gewachsen zu sein.
- ...[22]

Sicherlich hätte jedes dieser Rahmenkonzepte eine ausführlichere Darstellung verdient. An dieser Stelle geht es aber hauptsächlich darum, die Gründe herauszuarbeiten, warum eine Erweiterung bzw. eine Veränderung der Wissensproduktion für nötig gehalten wird. Hier sind sich die verschiedenen Rahmenkonzepte im Wesentlichen einig[23] und auch die Kritiker der neuen Formen der Wissensproduktion machen „konvergierende Beobachtungen"[24]:

- Kontextbezug: Wissen wird in konkreten Handlungskontexten produziert, das heißt es gibt einen Akteur, der aus dem Wissen einen Nutzen ziehen möchte.
- Transdisziplinarität: Die wissenschaftlichen Disziplinen sind nicht mehr der entscheidende Orientierungsrahmen für die Forschung noch für die Definition von Gegenstandsbereichen.
- Neue Qualitätsanforderungen: Aus dem Kontextbezug und der Transdisziplinarität ergeben sich zusätzliche soziale, politische und ökonomische Qualitätskriterien. Es wird schwieriger zu bestimmen, was „gute" Forschung ist.

---

19 Ziman 1996.

20 Laki/Pallo 2002.

21 Rip/van der Meulen 1996.

22 Diese Liste ließe sich noch weiter fortsetzen, beispielsweise nach einer Liste von Grunwald und Schmidt (2005, 10) um „Finalisierung" und „post-paradigmatische Wissenschaft" (Böhme et al. 1974), „technoscience" (Haraway 1995, Latour 1987), „Interdisziplinwissenschaft" (Ropohl 2002), „integrative Forschung" (Grunwald 2000), „sozial-ökologische Forschung" (Becker 2003), „Technikforschung" (Schmidt/Gehrlein 2002), „prospektive Wissenschafts- und Technikbewertung" (Bender/Schmidt 2003).

23 Bender et al. 2000; Kuhlmann et al. 2003, 4.

24 Weingart (1997, 2f.), dort sind die „konvergierenden Beobachtungen" auch durch Bezüge zu „Mode 2" (Gibbons et al. 1994) und „Post-normal Science" (Funtowicz/Ravetz 1993a) gerechtfertigt.

- Reflexivität: Die Wissensproduktion wird gesellschaftlich rechtfertigungs- pflichtig und reflexiv. Die Legitimationszwänge der Forschung haben sich verändert und orientieren sich verstärkt an sozialen Werten und politi- schen Zielen.

Im Folgenden wird nun anhand der beiden grundlegenden Rahmenkonzepte „Post-normal Science" und „Mode 2" dargelegt, welche Rolle inter- und transdisziplinäre Forschung bei der Wissensproduktion spielen. Zu diesem Zwecke werden die Rahmenkonzepte kurz vorgestellt und dann analysiert, welche Hinweise zur Operationalisierbarkeit der Wissensproduktion gege- ben werden.

Post-normal Science

Das grundlegende Diagramm zur Post-normal Science wurde bereits 1985 in Zusammenhang mit der Risikobewertung veröffentlicht[25]. Es zeigt unter- schiedliche Problemlösungsstrategien, die unterschiedlichen wissenschaft- lichen „Wissensproduktionen" entsprechen. Die Achsen des Diagramms sind mit den „Systemunsicherheiten" und der „Relevanz der Entscheidung"[26] be- schriftet.

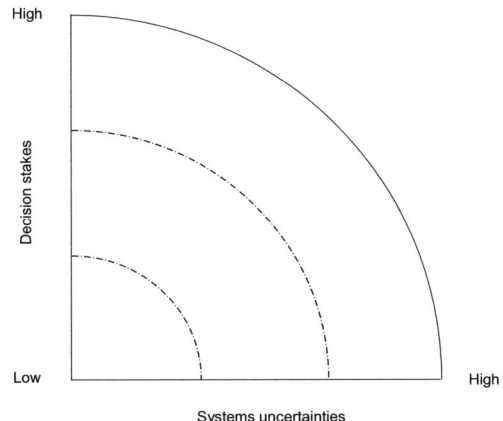

Abbildung 1: Grafische Darstellung der „Post-normal Science"

---

25 Funtowicz/Ravetz 1999, 641.

26 „Systems uncertainties" und „Decision stake". „The term ‚systems uncertainties' conveys the principle that the problem is concerned not with the discovery of a par- ticular fact, but with the comprehension or management of an inherently complex reality. By ‚decision stakes' we understand all the various costs, benefits and value commitments that are involved in the issue through various stakeholders" (Funto- wicz/Ravetz 1993, 744).

Angewandte Wissenschaft wird dem Bereich zugeordnet, in dem sowohl die Relevanz der Entscheidung als auch die Unsicherheit des Systems niedrig sind. Post-normal Science muss für die Entwicklung von Problemlösungs-strategien eingesetzt werden, bei denen die Relevanz der Entscheidung und die Unsicherheit des Systems hoch sind. In dem Bereich dazwischen ist die „professionelle Beratung" angesiedelt.

Die Grenze zwischen den angewandten Wissenschaften und der profes-sionellen Beratung ist auf der Entscheidungsrelevanzachse durch „einfache Zwecke" definiert und auf der Unsicherheitsachse durch „methodische Sys-temunsicherheiten". Der Übergang von der professionellen Beratung zum Bereich der Post-normal Science wird durch konfligierende Zwecke und epistemologisch/ethische Systemunsicherheiten gekennzeichnet. Wichtig ist, dass der jeweils umfassende Bereich die inneren Bereiche mit einschließt. In der Post-normal Science gibt es Problemaspekte, die durch angewandte Wissenschaft und/oder professionelle Beratung bearbeitet werden. Dabei kann es nötig sein, dass diese Ergebnisse für die Gesamtstrategie zur Pro-blemlösung neu interpretiert werden müssen, weil sie nach den Kriterien einer weit gefassten Community bewertet werden. Das heißt es handelt sich wirklich um Post-normal *Science* und nicht etwa um Politik oder Partizipation der Öffentlichkeit[27].

Qualitätssicherung ist der theoretische Kern der Post-normal Science[28]. Dabei ist, analog zur Einführung der Post-normal Science als eine Erweite-rung der angewandten Wissenschaft und der professionellen Beratung, eine Erweiterung der Qualitätssicherung nötig. Post-normal Science benötigt so genannte „extended peer communities", weil die Probleme, zu deren Lösung sie beitragen möchte, in einem gesellschaftlichen und politischen Kontext stehen. Die Qualität der Ergebnisse hängt dann von dem offenen Dialog mit allen Betroffenen ab. Damit sind nicht nur die Interessenvertreter gemeint, sondern allgemein jeder, der eine Beteiligung wünscht. Das Urteil einer sol-chen „extended peer community" entwickelt eine moralische Kraft und damit politischen Einfluss[29]. Darüber hinaus hilft die „extended peer community" die Wissensbasis zu verbreitern. So genannte erweiterte Fakten, zum Bei-spiel aus Schülerumfragen oder investigativem Journalismus, tragen zwar nicht unbedingt unmittelbar zur besseren Qualität der Forschung bei, aber sie können gerade bei der Suche nach konkreten Problemlösungen wichtige Beiträge zur Debatte darstellen. Ähnliches gilt für „lokales Wissen" wie es

---

27 Funtowicz/Ravetz 1993, 750.
28 Ravetz 1999, 647.
29 Funtowicz/Ravetz 2001, 22.

beispielsweise Anwohner einbringen können und wollen, wenn es um Ihren „backyard" geht[30].

Konkrete Hinweise zur Rolle der interdisziplinären Forschung im Konzept der Post-normal Science werden wenige gegeben. Das liegt sicherlich auch daran, dass sich das Konzept selbst als eine „theoretische Basis" für konkrete Initiativen versteht[31]. Aber es gibt verschiedene Aussagen, die man auf ihre mögliche Operationalisierung hin hinterfragen kann. Denn eines bleibt in den verschiedenen Ausführungen zur Post-normal Science eindeutig: Es handelt sich um Wissenschaft. Die entscheidende prozedurale Forderung ist die nach einer „extended peer community", die die Qualitätskontrolle des wissenschaftlichen Prozesses um außerwissenschaftliche Perspektiven erweitert[32]. In Zusammenhang mit dieser Qualitätskontrolle wird darauf hingewiesen, dass es sich bei transdisziplinärer Forschung um eine spezifische Form der interdisziplinären Forschung handelt, bei der Grenzen zwischen und unter den Disziplinen überwunden werden[33].

Ein weiteres Indiz ist sicherlich die Darstellung der Post-normal Science, die explizit als Erweiterung der Grundlagenforschung und der angewandten Wissenschaft eingeführt wird und in der diese auch noch ihren Platz haben sollen. Grundlagenforschung und angewandte Forschung müssen sich allerdings auf die „nicht-normalen" Umstände der Wissensgenerierung einstellen, in der Art, dass Wissen unsicher, ein Wertekonflikt existent, die Relevanz der Entscheidung hoch und diese Entscheidung dringend ist[34]. Dabei muss die Unsicherheit des Wissens nicht eliminiert, sondern „gemanaged" und die konfligierende Wertevielfalt explizit gemacht werden. Das Modell für das benötigte wissenschaftliche Argument ist nicht die formalisierte Deduktion, sondern der interaktive Dialog[35].

Für Post-normal Science gilt es verschiedene Perspektiven auf „das System", jeweils geprägt durch die Aufgabe und die Ausbildung desjenigen, der eine Perspektive vertritt, zu integrieren[36]. Das wird auch deutlich in der Beschreibung eines Projekts, das als „Manual" für Post-normal Science genannt wird[37]. Hier kann die Multidisziplinarität zum einen aus der Beschreibung entnommen werden[38]. Zum anderen sind in der Kommission dieses

---

30 Funtowicz/Ravetz 1993, 753.
31 Ravetz 1999, 647.
32 Ravetz 1999, 651.
33 Guimaraes Pereira/Funtowicz 2005, 74.
34 Ravetz 1999, 649.
35 Funtowicz/Ravetz 1993, 740.
36 Funtowicz/Ravetz 2001, 18.
37 Funtowicz und Ravetz 2001, 23.
38 Royal Commission 1998, 18ff.

Projekts selbst Experten aus verschiedenen wissenschaftlichen Disziplinen zu finden[39]. Schließlich kann auch der Querbezug auf die „Mode 2-Wissensproduktion"[40], welche transdisziplinäre Forschung als konstitutiv ansieht (s.u.), so interpretiert werden, dass inter-/transdisziplinäre Forschung auch den prozeduralen Kern der Post-normal Science darstellt.

Mode 2-Wissensproduktion

Die beiden ‚reflexiven Essays'[41] „The new production of Knowledge"[42] und „Re-Thinking Science"[43] sind die Hauptwerke der Mode 2-Wissensproduktion, die in einem zeitlichen Abstand von sieben Jahren erschienen. Damit war es möglich, in dem zweiten Band auf Kritik am Konzept der Mode 2-Wissensproduktion seitens der Fach-Community einzugehen.

Die argumentative Grundlage für die Notwendigkeit der Mode 2-Wissensproduktion setzt sich aus vier miteinander verwobenen Prozessen zusammen[44]: Der Ko-Evolution von Gesellschaft und Wissenschaft, der Kontextualisierung der Wissenschaft, der Produktion von sozial robustem Wissen und der Entstehung von sozial verteilter Expertise.

Die Ko-Evolution von Wissenschaft und Gesellschaft drückt sich dadurch aus, dass die Mode 2-Wissensproduktion in einer Mode 2-Gesellschaft entstanden ist[45]. Mit steigender Komplexität und damit verbunden mit größeren Unsicherheiten in Bezug auf die Entwicklung und Steuerbarkeit gesellschaftlicher Prozesse, mit der wachsenden Bedeutung einer ökonomischen Rationalität, mit der veränderten Wahrnehmung von Raum und Zeit durch schnelle Transportmöglichkeiten und IuK-Technik und schließlich mit dem Anwachsen der Möglichkeiten zur Selbstorganisation in Wissenschaft und Gesellschaft wurden stabile Kategorien wie Staat, Markt, Kultur und damit eben auch Wissenschaft unscharf[46]. Die Grenzen verwischen auch, weil die Gesellschaft aktiv in die Kommunikation eintritt: „Society is able to speak back to science"[47].

Die Kontextualisierung der Wissenschaft ist letztendlich eine Erfolgsgeschichte der wissenschaftlichen Wissensproduktion, denn sie hat in ver-

---

39 Royal Commission 1998a, 203ff.
40 Ravetz 1999, 648.
41 Nowotny et al 2003, 186.
42 Gibbons et al. 1994.
43 Nowotny et al. 2001.
44 Nowotny et al. 2001, 245ff.
45 Nowotny et al. 2001, 4.
46 Nowotny et al 2003, 190f.
47 Nowotny et al. 2001, 245, ausführlicher 54.

schiedenen gesellschaftlichen Kontexten bewiesen, dass sie zur Problemlösung beitragen kann. Infolge dessen wurde der Druck von der Nachfrageseite höher, auch in anderen, komplexeren Kontexten effektive Problemlösungen zu liefern.[48] In der Mode 2-Wissensproduktion werden drei Grade der Kontextualisierung unterschieden[49]:

- Schwache Kontextualisierung wird am Beispiel der Teilchenphysik erklärt. Diese würde im Wesentlichen „um ihrer selbst Willen" durchgeführt[50].

- Mittlere Kontextualisierung wird anhand der Beispiele des „Human Genome Mapping"-Projekts und der Entwicklungsarbeiten zu hypersonischem Fliegen erklärt[51]. In diesem Kontext-Bereich ist die Chance am größten, dass sich aus zufälligen Konstellationen Synergien entwickeln. Daher wird dieser mittlere Kontextualitätsgrad als derjenige angesehen, in dem der Großteil der Mode 2-Wissensproduktion stattfindet[52].

- Starke Kontextualisierung ist der Bereich, in dem vielschichtige und hochspezifische Verbindungen zwischen Wissenschaft und Gesellschaft bestehen, in denen Machtkonstellationen eine große Rolle spielen. Beispiele sind hier: ein großes Straßen- und Tunnelbauprojekt in Boston sowie die Kooperation zwischen medizinischer Forschung und Patienten-Selbsthilfegruppen[53].

Die Produktion von sozial robustem Wissen kann als direkte Folge der Kontextualisierung angesehen werden. Das klassische Kriterium der Zuverlässigkeit des Wissens (Mode 1) ist gekennzeichnet durch einen Konsens im disziplinären Kontext. Auch wenn die Disziplin sich weiterentwickelt, lassen sich die relevante Forscher-Community und die etablierten Peers leicht identifizieren. Diese Zuverlässigkeit wird in der Mode 2-Wissensproduktion erweitert um die Problemlösungs-Relevanz in einem bestimmten Kontext, die Problemlösung muss robust sein[54]. „Verlässliches" Wissen wird zu „robustem" Wissen dadurch, dass es von einer deutlich erweiterten community im Konsens anerkannt wird[55] und der Wissensproduktionsprozess transparent und partizipativ war[56].

---

48 Nowotny et al. 2001, 105f.
49 Nowotny et al 2003, 191; ausführlich in Nowotny et al. 2001, 121ff.
50 Nowotny et al. 2001, 122ff.
51 Nowotny et al. 2001, 148ff.
52 Nowotny et al 2003, 191.
53 Nowotny et al. 2001, 134ff.
54 Nowotny et al. 2001, 176f.
55 Nowotny et al. 2003, 191f.
56 Nowotny et al. 2001, 248.

Der Problemlösungsbezug des robusten Wissens bleibt nicht ohne Folgen für das Verständnis von „Experten". Die Expertise ist pragmatisch auf die Problemlösung ausgerichtet und an spezifische Kontexte gebunden. Dabei wird der einzelne Experte mit Fragen konfrontiert (bei der Generierung von verlässlichem, disziplinärem Wissen formuliert er die Fragen selbst), für deren Beantwortung er seine Expertenkompetenz überschreiten muss[57]. Umgekehrt wird damit umfassende Expertise bezüglich eines konkreten Problems erst im Kollektiv möglich. Allgemein ist Expertise gleichzeitig umstritten, problematisch, zentral und unverzichtbar, weil sie nach wie vor den mächtigsten Mediator zwischen Wissenschaft und den anderen gesellschaftlichen Akteuren darstellt[58].

Mode 2-Wissensproduktion zeichnet sich durch die Kombination folgender Merkmale aus:

- Anwendungsorientierung: Mode 2-Wissensproduktion generiert Wissen zur Lösung von Problemen in konkreten Anwendungsfeldern. Damit muss das Wissen nützlich für gesellschaftliche Akteure sein und es muss die verschiedenen Perspektiven der beteiligten Akteure integrieren[59].

- Transdisziplinarität: Die Erarbeitung der Problemlösungen findet dabei im Anwendungskontext statt. Um diesem Anspruch genügen zu können, muss Transdisziplinarität ihre eigenen theoretischen Strukturen, Forschungsmethoden und -praktiken entwickeln, die nicht mehr disziplinären Mustern folgen. Daran gekoppelt werden die Forschungsergebnisse nicht über (disziplinär organisierte) Fachzeitschriften verbreitet, sondern über das während des Forschungsprozesses entstehende Netzwerk. Schließlich zeichnet sich transdisziplinäres Wissen durch Dynamik aus, da es Veränderungen des Problem- bzw. des Anwendungskontexts berücksichtigen können muss[60]. Dabei ist die methodische Kreativität, diese verschiedenen Perspektiven und methodischen Herangehensweisen zu integrieren, ebenso hoch zu bewerten wie die Kreativität, neue inhaltliche Konzepte zu entwickeln[61].

- Organisatorische Heterogenität: Neben den Universitäten haben sich verschiedene Institutionen und Akteure entwickelt, die mit spezifischen Kompetenzen und Erfahrungen zur Wissensgenerierung beitragen, z. B. Think Tanks, Forschungsinstitute, Regierungsbehörden, Beratungsbüros etc. Diese werden in der Mode 2-Wissensproduktion – flexibel und zeitlich befristet – zu Teams organisiert, um konkrete Beiträge zur Problemlösung zu erarbeiten.

---

57 Nowotny et al. 2001, 223ff.
58 Nowotny et al. 2001, 215.
59 Gibbons et al. 1994, 3f; Nowotny et al. 2003, 186.
60 Gibbons et al. 1994, 4f.
61 Nowotny et al. 2003, 186.

- Reflexivität: Mode 2-Wissensproduktion erfordert von allen Teilnehmern ein höheres Maß an Reflexivität, da auch der individuelle Standpunkt – beim Erarbeiten eines gemeinsamen Standpunkts aller Involvierten – hinterfragt werden muss. Dadurch wird eine gesellschaftliche Verantwortlichkeit erreicht, weil die Ergebnisse der Mode 2-Wissensproduktion durch den Bezug auf den gesellschaftlichen Kontext und durch das Einbeziehen aller „Betroffenen" von der Problemformulierung bis hin zur Vorbereitung des Entscheidungsprozesses getragen sind[62].

- Qualitätskontrolle: Transdisziplinäre Forschung benötigt, über die disziplinär organisierten „Peer Review"-Verfahren hinaus, eine Kontrolle sozialer, ökonomischer oder politischer Qualitätskriterien. „Gute" Mode 2-Forschung ist damit schwerer zu identifizieren[63]. Schließlich muss man lernen, mit mehreren Definitionen von Qualität umzugehen, was Entscheidungsprozesse und Prioritätensetzung in der Mode 2-Wissensproduktion komplizierter und sogar kritikanfälliger macht[64].

Konkrete Hinweise auf die Operationalisierung der Expertise und das Verhältnis von interdisziplinärer zu transdisziplinärer Forschung sind auch hier wenige zu finden. Natürlich ist die Mode 2-Wissensproduktion nicht allein innerhalb disziplinärer Grenzen möglich. Sie entsteht auch zwischen den etablierten Disziplinen durch eine gegenseitige Befruchtung. In den Beispielen findet man dann sowohl „Biotechnologie" als Zusammenschluss von Bio-Chemikern, Mikrobiologen und Chemie-Ingenieuren, also auch Technikfolgenabschätzung oder Risikoabschätzung, die der Kooperation von Experten aus verschiedenen Disziplinen bedürfen, um ihre Problemlösungsvorschläge für komplexe sozio-politische Prozesse erarbeiten zu können[65]. Beides wird transdisziplinär genannt, wobei Ersteres wohl eher interdisziplinär zu nennen wäre. Es wird allerdings deutlich, dass in Mode 2 auch partizipative Anteile fest verankert sind.

Im Zusammenhang mit der Rolle von Expertise wird darauf hingewiesen, dass die Synthese des vorhandenen, relevanten Wissens, sowohl disziplinär als auch interdisziplinär, zur Aufgabe der Experten gehört. Weil dabei auch Fragen von jeweils außerhalb der eigenen Domäne gestellt werden, muss eine Re-Konfiguration und Re-Kontextualisierung des Wissens stattfinden, bei dem verschiedene disziplinäre Perspektiven zu einem inter- oder transdisziplinären Ganzen zusammengefügt werden müssen[66].

---

62 Gibbons et al. 1994, 7.

63 Gibbons et al. 1994, 8.

64 Nowotny et al. 2003, 187f.

65 Gibbons et al. 1994, 147.

66 Nowotny et al. 2001, 223.

Interdisziplinarität und Transdisziplinarität

Beide bisher diskutierten Rahmenkonzepte nehmen Bezug auf transdisziplinäre Forschung. Hinweise zur Rolle der Interdisziplinarität findet man
nur wenige, auch wenn kein Zweifel besteht, dass interdisziplinäre Forschung sowohl in der Post-normal Science als auch in der Mode 2-Wissens-
produktion ihren Platz hat. Das ist möglicherweise der Tatsache geschuldet,
dass in der Beschreibung eines Rahmenkonzepts der Verweis auf problemorientierte Transdisziplinarität ausreicht, zumal sich zur transdisziplinären
Forschung eine eigene wissenschaftliche Debatte entwickelt hat, und somit
dieser Verweis nicht „ins Leere" läuft. Im Folgenden wird daher genauer untersucht, welche Rolle die interdisziplinäre Forschung in den verschiedenen
Konzepten der Transdisziplinarität spielt.

Transdisziplinäre Forschung

Allein Pohl und Hirsch Hadorn[67] haben 20 verschiedene Definitionen zur
transdisziplinären Forschung gefunden. Unter diesen Definitionen ist die von
Jantsch[68] die älteste. Neben seiner Klassifizierung von multi- über pluri-,
cross- und inter- bis transdisziplinärer Forschung (siehe Einleitung) legt
Jantsch beim Übergang von der Interdisziplinarität zur Transdisziplinarität
besonderen Wert auf die Ganzheitlichkeit der Letzteren. Transdisziplinarität
nach Jantsch richtet Forschung, Entwicklung und Lehre auf einen bestimmten gesellschaftlichen Zweck hin aus, was eine neue Orientierung und Bewertung des Wissens nach sich zieht[69]. Auch Mittelstraß argumentiert ähnlich:[70]

> „Transdisziplinäre Forschung lässt in diesem Sinne die fachlichen
> und disziplinären Dinge nicht, wie sie (historisch) geworden sind, und
> lässt sogar in bestimmten Problemlösungszusammenhängen die ur-
> sprüngliche Idee einer *Einheit der Wissenschaft,* verstanden als die
> Einheit der wissenschaftlichen Rationalität, nun mehr nicht im theore-
> tischen, sondern im forschungspraktischen, d.h. operationellen, Sin-
> ne wieder konkret werden."

Sowohl für Jantsch als auch für Mittelstraß ist dabei die Orientierung an
lebensweltlichen Problemen zentral. Mittelstraß formuliert[71]:

> „Transdisziplinarität stellt sich zum einen als eine Forschungs- und
> Arbeitsform der Wissenschaft dar, wo es darum geht, außerwissen-

---

67 Pohl/Hirsch Hadorn 2006.
68 Jantsch 1972.
69 Jantsch 1972, S. 105ff.
70 Mittelstraß 1996, 329.
71 Mittelstraß 2001, 93.

schaftliche Probleme [...] zu lösen. [...] Transdisziplinarität [ist] ein Forschungs- und Wissenschaftsprinzip, das dort wirksam wird, wo eine allein fachliche oder disziplinäre Definition von Problemlagen und Problemlösungen nicht möglich ist bzw. über derartige Definitionen hinausgeführt wird."

Auch Horlick-Jones und Sime machen den außerwissenschaftlichen Problembezug zum zentralen Element[72]: „Transdisciplinarity [...] is concerned with addressing anticipated problem areas in a complex, globalised and plural world, including environmental sustainability, health, energy and transport".

Neben den bisher zitierten Definitionen der Transdisziplinarität, die den lebensweltlichen, außerwissenschaftlichen Problembezug in den Mittelpunkt stellen und vereinfacht ausgedrückt sagen, dass sich die Wissenschaft für die Erarbeitung von Problemlösungsstrategien verändern, das heißt transdisziplinär werden muss, hat Ende der 1990er Jahre die Partizipation Einzug in die transdisziplinäre Forschung gehalten[73]:

„Interdisziplinarität wird hier verstanden als ein integrationsorientiertes Zusammenwirken von Personen aus mindestens zwei Disziplinen im Hinblick auf gemeinsame Ziele, in welchem die disziplinären Sichtweisen zu einer Gesamtsicht zusammengeführt werden. Einbezogen werden jeweils diejenigen Disziplinen, die zur Bearbeitung des Themas etwas beitragen können."

„Transdisziplinarität wiederum wird hier verstanden als eine interdisziplinäre Kooperation, in der darüber hinaus auch die außerwissenschaftliche Praxis (z.B. Anwenderinnen und Anwender) an den Forschungsarbeiten beteiligt werden."

Interessanterweise ist in dieser Definition der lebensweltliche Problembezug nicht explizit erwähnt. Transdisziplinarität entsteht hier ausschließlich durch die Erweiterung interdisziplinärer Forschung um partizipative Elemente. Die meisten Definitionen verbinden aber den lebensweltlichen Problembezug mit der Partizipation[74]:

„We characterize ‚transdisciplinary science' as (1) cognitive and social co-operation across disciplinary boundaries, (2) an intention towards the direct application of scientific knowledge in both political decision making and societal problem-solving, and (3) the participation of non-scientific stakeholders within research processes."

---

72 Horlick-Jones/Sime 2004, 442.
73 Defila/Di Giulio 1999, 6 und 13.
74 Burger/Kamber 2003, 44.

Oder noch prägnanter[75]: „The core idea of transdisciplinarity is different academic disciplines working jointly with practitioners to solve a real-world problem. It can be applied in a great variety of fields."

Für die in diesem Beitrag verfolgten Zwecke reicht die Unterscheidung dieser zwei „Arten" von Transdisziplinarität aus, weil diese Unterscheidung methodische Konsequenzen nach sich zieht[76]. Im Gegensatz zu den beiden vorab beschrieben Rahmenkonzepten zu neuen Formen der Wissensgenerierung, zu denen man – gemessen an dem Stellenwert dieser Konzepte im wissenschaftlichen Diskurs – vergleichsweise wenige Hinweise zur Operationalisierung findet, werden zur transdisziplinären Forschung konkrete Hinweise zur Methodik ausgeführt. Es wurden Gestaltungsprinzipien für transdisziplinäre Forschung entwickelt[77] und auch Handbücher für transdisziplinäres Kooperationsmanagement[78], deren Literaturverzeichnisse Hinweise auf die rege Diskussion zum Thema geben. Als ein Meilenstein in dieser Debatte kann sicherlich die große „Trandisciplinarity"-Konferenz angesehen werden, die Ende Februar 2000 in Zürich stattfand[79]. Um die Methodik transdisziplinären Forschens hat sich insbesondere das td-net[80] verdient gemacht. Zwei Aspekte sind bei der Praxis transdisziplinärer Forschung von zentraler Bedeutung: Die Problemdefinition (samt der „Kontextualisierung") und die Qualitätskontrolle.

Problemdefinition in der transdisziplinären Forschung

Die Tatsache, dass der Bezugspunkt für transdisziplinäre Forschung außerwissenschaftliche Probleme sind, führt zu besonderen Anforderungen an die Problemdefinition. Jaeger und Scheringer haben den unterschiedlichen Forschungsprinzipen „multi-", „inter-" und „transdisziplinär" verschiedene Problemkategorien zugeordnet und kommen zu dem Schluss[81]:

> „Die wissenschaftliche Bearbeitung von Problemen außerwissenschaftlicher Herkunft erfordert, so unsere These, transdisziplinäres Arbeiten. Damit ist ein Prozess der Problemformulierung und Pro-

---

75 Klein et al. 2001, 4.
76 Pohl und Hirsch Hadorn (2006, 69ff.) führen noch die Unterscheidungen „Überschreiten und Integrieren disziplinärer Paradigmen" und „Universelle Einheit des Wissens" ein. Erstere trifft aber für alle vier der beschriebenen Gruppen zu und entfaltet somit keine Unterscheidungskraft, letztere ist für diesen Kontext wenig relevant.
77 Pohl/Hirsch Hadorn 2006.
78 Schophaus et al. 2004.
79 Scholz et al. 2000; Häberli et al 2000.
80 Pohl/Hirsch Hadorn 2006; Hirsch Hadorn et al. 2008.
81 Jaeger/Scheringer 1998, 14.

blemlösung gemeint, der sich – noch stärker als bei interdisziplinä-rem Arbeiten – von disziplinären Erkenntnisinteressen und Metho-denzwängen löst. Dies ist zu Beginn des Forschungsprozesses am wichtigsten, denn die Übersetzung lebensweltlicher Probleme in wis-senschaftliche Probleme setzt einen außerwissenschaftlichen Stand-punkt voraus, von dem aus die Probleme erkannt und in ihrer Rele-vanz beurteilt werden können."

Pohl und Hirsch Hadorn äußern sich ähnlich[82]:

„In der transdisziplinären Forschung ist die Frage, wie Probleme in einem Problemfeld identifiziert und strukturiert werden, das eigentli-che Kernstück der Forschung, weil damit die grundlegenden Vorent-scheidungen getroffen werden, ob und inwiefern praxis- und umfeld-relevante Aspekte erfasst werden. Diese sind dafür entscheidend, ob und wie die Projektergebnisse Wirksamkeit entfalten können."

Formuliert man die mit der Problemdefinition verbundene Fragestellung et-was schematisch, so gilt es, das außerwissenschaftliche Problem samt sei-nes lebensweltlichen Umfeldes (Kontextualaisierung) adäquat so zu beschrei-ben, dass es der wissenschaftlichen Bearbeitung zugänglich wird. Dabei sind verschiedene Relevanzentscheidungen derart zu treffen, dass bei-spielsweise „die relevante Komplexität für praktische Lösungsvorschläge"[83] bei dem Transformationsprozess mitvermittelt wird. Bei der Problemanalyse und der damit verbundenen Re-Formulierung zum Zwecke der Erarbeitung von Problemlösungen durch transdisziplinäre Forschung besteht somit die besondere Schwierigkeit darin, die relevanten Kontextbezüge zu berücksich-tigen und weniger relevante auszuklammern. „Transdisziplinwissenschaften definieren ihre Probleme in Anbetracht lebensweltlicher Relevanz"[84]. Dabei sind offensichtlich Bewertungen zu treffen, die in den jeweiligen Einzelbe-trachtungen auch anders ausfallen könnten, die aber gleichzeitig auch den Fortgang der transdisziplinären Forschung entscheidend beeinflussen.

Ähnliches gilt für die Anschlussfähigkeit zur „wissenschaftlichen Seite" hin. Die Re-Formulierung des Problems muss auch so erfolgen, dass eine wissenschaftliche Bearbeitung möglich wird. Es müssen Ansatzpunkte für eine arbeitsteilige, auf verschiedenen wissenschaftlichen Methoden basie-rende Forschung erkennbar werden. Auch hier sind Relevanzentscheidun-gen und die damit verbundenen Bewertungen zentral: Welche wissenschaft-lichen Disziplinen arbeiten mit welchen Methoden an welchem Aspekt des Problems und wie lassen sich daraus generierte Forschungsergebnisse wieder integrieren?

---

82 Pohl/Hirsch Hadorn 2006, 40.
83 Pohl/Hirsch Hadorn 2006, 40.
84 Ropohl 2005, 29.

Wenn es auf diese Weise gelungen ist, dass die transdisziplinäre Forschung über die Problemdefinition „sowohl in der Lebenswelt als auch in der Wissenschaft eingebettet und verankert ist"[85], dann muss darüber hinaus während des Forschungsprozesses darauf geachtet werden, dass dieser Bezug erhalten bleibt. Änderungen im gesellschaftlichen oder politischen Umfeld können dazu führen, dass sich der Kontext des Problems verändert. Veränderungen dieser Art müssen in der transdisziplinären Forschung nachgehalten werden, weil sonst die Gefahr droht, dass mit einem aufwändigen Forschungsprozess Lösungsvorschläge für Probleme entwickelt werden, die in dieser Form im außerwissenschaftlichen Bereich nicht mehr relevant sind.

Sowohl diese Sensibilität gegenüber möglichen Veränderungen im Vergleich zu der ursprünglichen Problemdefinition während des Prozesses als auch schon das kritische Hinterfragen dieser ursprünglichen Definition während deren Festlegung kann als reflexive Aufgabe der transdisziplinären Forschung verstanden werden. Das schließt die Berücksichtigung unterschiedlicher Sprachgebräuche – mit bestimmten Begriffen werden unterschiedliche Erwartungshaltungen oder Befürchtungen konnotiert – ebenso ein wie gänzlich alternative Problemformulierungen[86].

Qualitätskontrolle in der transdisziplinären Forschung

Die Erarbeitung von Lösungsvorschlägen für den außerwissenschaftlichen Bereich, d.h. für gesellschaftliche und politische Entscheidungsprozesse, ist konstitutiv für transdisziplinäre Forschung. Diese praktische Bedeutung in der Lebenswelt ist gleichzeitig die Begründung dafür, dass transdisziplinäre Forschung einer besonderen Qualitätskontrolle bedarf[87]:

> „Wissenschaft begibt sich aus der geschützten Nische der vermeintlichen Wertfreiheit heraus, übernimmt eine politische Rolle in der Definition von gesellschaftlichen Problemen und wird in ihren Gelingenskriterien und Qualitätsmaßstäben abhängig vom außerwissenschaftlichen Umfeld."

Damit wird offensichtlich, dass durch den außerwissenschaftlichen Bezug neue Herausforderungen an die Qualitätskontrolle gestellt werden. Zunächst sollte aber festgehalten werden, dass interdisziplinäre und transdisziplinäre Forschung auf disziplinärer Forschung aufbaut[88]. Insofern muss auch eine disziplinäre Qualitätskontrolle Bezug nehmend auf die disziplinären Qualitätsstandards gewährleistet sein.

---

85 Pohl/Hirsch Hadorn 2006, 42.
86 Grunwald 2000, 222; Schmidt/Grunwald 2005, 10.
87 Grunwald 1999, 33.
88 Mittelstraß 2005, 22f.

> „Die klassischen wissenschaftlichen Qualitätskriterien, wie beispielsweise intersubjektive Nachvollziehbarkeit der Ergebnisse, Verwendung von Methoden, die der Fragestellung angemessen sind und Offenlegung normativer Annahmen, verlieren auch in der transdisziplinären Forschung nicht an Geltung. Sie bedürfen aber einer Ergänzung, welche die Charakteristika dieser besonderen Forschungsform aufgreift."[89]

Wie diese Ergänzung aussehen soll, ist schwer zu sagen. Die im vorherigen Abschnitt beschriebenen „Relevanzüberlegungen für Systemkonstitution und Modellierung"[90], also: welche Aspekte der Problemstellung und deren gesellschaftlichen und politischen Kontext „transformiert" man in die transdisziplinäre Fragestellung, bedürfen der besonderen Qualitätskontrolle. „Falsche Weichenstellungen auf dieser Relevanzebene können durch noch so gute Arbeit kaum mehr ausgeglichen werden"[91]. Für die Zusammenarbeit zwischen den Disziplinen im transdisziplinären Prozess gilt es eine „pragmatische Kompatibilität"[92] zu erreichen. D.h. die Wahl der verwendeten disziplinären Methoden muss kompatibel sein in der Art, dass ihr Zusammenspiel die Erarbeitung außerwissenschaftlicher Problemlösungen zulässt. Damit ist die Auswahl der einzelnen Methode nicht allein aus disziplinärer Perspektive zu rechtfertigen. Eine Voraussetzung für die Möglichkeit der Qualitätskontrolle ist dabei, dass diese Relevanzentscheidungen und die Kombination disziplinärer Arbeitsweisen in „pragmatischer Kompatibilität" in transparenter Form und damit kritisierbar entschieden werden[93].

Bezugspunkt für die Qualitätskontrolle in der transdisziplinären Forschung, die über die disziplinäre Qualitätskontrolle hinausgeht, ist die ursprüngliche Problemdefinition: „Qualität" wird gerechtfertigt durch „Problemlösungspotential". Da diese Problemdefinition aber aus der Lebenswelt und somit aus dem außerwissenschaftlichen Bereich stammt, ist auch die Rechtfertigung nur in Bezug auf außerwissenschaftliche, d.h. gesellschaftliche, politische Argumente möglich. Grunwald sieht daher gerade an dieser Stelle der „vor-empirischen Festlegungen"[94] eine Pflicht für partizipative Methoden und damit für die Beteiligung von wissenschaftsexternen Interessenvertretern, Betroffenen, Bürgern und/oder Laien. Auch im Rahmenkonzept der Post-normal Science wird diese Auffassung vertreten, denn die „extended Peer Group", die für die Qualitätskontrolle „zuständig" ist, soll methodische

---

89 Büttner et al. 2004, 155f.
90 Grunwald 1999, 37.
91 Grunwald 1999, 37; Decker/Grunwald 2001, 46.
92 Grunwald 1999, 38; Decker/Grunwald 2001, 46f.
93 Decker 2000, 162.
94 Grunwald 2000, 230.

Ähnlichkeiten zur Bürger-Jury, Fokus-Gruppen und Consensus-Konferenzen haben[95]. Ähnlich argumentiert die Mode 2-Wissensproduktion und mahnt eine Erweiterung der „Scientific Peers" an[96].

Schlussfolgerungen für die Methodik der Technikfolgenabschätzung

In jüngeren Definitionen der Technikfolgenabschätzung wird bereits auf die Anforderungen der neuen Wissensproduktion reagiert. Eine Gruppe von TA-Praktikern aus führenden europäischen TA-Einrichtungen hat für das EU-Projekt ‚Technology Assessment in Europe: Between Method and Impact (TAMI)' folgende Definition in gemeinsamer Autorenschaft erarbeitet:

> „Technology Assessment is a scientific, interactive and communica-
> tive process which aims to contribute to the formation of public and
> political opinion on societal aspects of science and technology."[97, 98]

In dieser Definition wird zum einen darauf hingewiesen, dass TA zur öffentlichen und politischen Meinungsbildung beiträgt, aber die damit verbundenen Entscheidungen nicht selbst trifft. TA generiert Wissen, das einen Beitrag zur Lösung gesellschaftlicher und politischer Probleme in Zusammenhang mit Technik leistet, sie ist aber weder in der Lage noch legitimiert, diese Probleme selbst zu lösen. Zum anderen wird die Interaktion mit außerwissenschaftlichen Akteuren, wie Interessenvertretern, Bürgern, Laien etc., und auch die adressatengerechte Kommunikation während und nach dem TA-Prozess auf die selbe methodische Ebene wie die Wissenschaftlichkeit gehoben.

Andererseits bestätigt diese Definition, dass TA eben ein wissenschaftlicher Prozess ist, dass an die im TA-Prozess erforschten Wissensbestände eben wissenschaftliche Geltungsmaßstäbe angelegt werden sollen. Damit ist TA als problemorientierte Forschung[99] anzusehen, welche im Allgemeinen einer interdisziplinären wissenschaftlichen Anstrengung bedarf, um umfassende Lösungsvorschläge unterbreiten zu können, weil sich technikbezogene gesellschaftliche Probleme nicht nach wissenschaftlichen bzw. universitären Disziplinen ordnen.

Im Kontext der TA, der wissenschaftlichen Politikberatung zu technikbezogenen gesellschaftlichen Problemen, geht es um „die Stimme der Wissen-

---

95 Guimaraes Pereira/Funtowicz 2005, 75.
96 Nowotny et al. 2003, 187.
97 Bütschi et al. 2004, 14.
98 Diese Definition wurde inzwischen auch von den parlamentarischen TA-Einrichtungen, die sich im EPTA-Netzwerk organisieren, übernommen. http://www.epta-network.org/EPTA/what.php ; zuletzt aufgerufen am 23.11.2008.
99 Bechmann/Frederichs 1996.

schaft" in der gesellschaftlichen und politischen Diskussion. Gerade in gesellschaftlich umstrittenen Themenbereichen sollte diese Stimme der Wissenschaft erst nach einem innerwissenschaftlichen Einigungsprozess laut werden[100]. Erst nach einem solchen innerwissenschaftlichen – und nach obiger Unterscheidung interdisziplinären – Einigungsprozess hat die Wissenschaft die aus sich heraus höchstmögliche Legitimation erreicht, „Empfehlungen für Handlungsoptionen für Entscheidungträger in Politik, Wissenschaft sowie der interessierten Öffentlichkeit"[101] auszusprechen.

Ganz ähnlich wie bei der transdisziplinären Forschung steht bei der methodischen Weiterentwicklung der TA auch fast ausschließlich die Erweiterung der Akteure bei der Wissensproduktion über die Experten hinaus im Fokus. In so genannten partizipativen Ansätzen werden Interessenvertreter, Betroffene, Bürger und/oder Laien in den TA-Prozess eingebunden, auch deswegen, weil man damit demokratischere Wissensproduktionsprozesse gestalten zu können glaubt[102].

Die Expertenmeinung aus unterschiedlichen wissenschaftlichen Disziplinen wird dabei in den verschiedenen partizipativen TA-Konzepten durchaus einbezogen, allerdings mit dem klaren Ziel, die gemeinsame Wissensproduktion mit den anderen Akteuren im partizipativen Verfahren anzustreben bzw. auch „nur" Wissensressource für die Erstellung einer Laienmeinung zu sein[103]. Die methodische Weiterentwicklung der interdisziplinären und damit innerwissenschaftlichen Wissensproduktion zum Zwecke der gesellschaftlichen und politischen Beratung wurde kaum vorangetrieben. Obwohl man wohl nicht ernsthaft davon ausgehen kann, dass erfolgreiche interdisziplinäre Forschung ein Selbstläufer ist, weil sich der methodische Erfolg von allein einstellt, wenn man nur Wissenschaftlerinnen und Wissenschaftler relevanter Disziplinen zusammenbringt[104], so wird der Aspekt der innerwissenschaftlichen Wissensgenerierung in den Leitfäden zur transdisziplinären Forschung doch kaum behandelt. Gleichzeitig aber, wenn nicht explizit so doch zwischen den Zeilen, eine wissenschaftlich fundierte Argumentation als notwendige Bedingung transdisziplinärer Forschung konstatiert.

Hier soll zum Abschluss dafür plädiert werden, den interdisziplinären, wissenschaftlichen Anteil transdisziplinärer Forschung nicht zu vernachlässigen, sondern zu stärken. Zum einen, weil „gute" Interdisziplinarität – wie Mittelstraß formuliert – eben schon transdisziplinäre Problemlösungsvorschläge entwickeln kann, und zum anderen weil wissenschaftliche Wissens-

---

100 Pohl 2005, 13.
101 Gethmann/Lingner 2002, V.
102 Klüver et al. 2000, 1; Abels/Bora 2004, 15.
103 Slocum 2003, 121.
104 Zumindest wird anderes berichtet Decker 2001; TATuP 2005.

generierung eine zentrale Rolle auch in einer um außerwissenschaftliche Anteile erweiterten Wissensgenerierung für sich beanspruchen kann. Die entscheidenden Qualitätskriterien – die Problemdefinition und die Qualitätskontrolle – sind unmittelbar übertragbar. Bereits bei der interdisziplinären Forschung muss die Relevanz der einzelnen wissenschaftlichen Disziplinen durch ihren möglichen Beitrag zu einer Problemlösung nachgewiesen werden und auch die Qualitätskontrolle geht über ein disziplinäres Peer Review hinaus, da sowohl die disziplinären Aussagen als auch die über die Disziplingrenzen hinweg reichenden wissenschaftlichen Fragestellungen einer Evaluierung unterzogen werden müssen[105]. Gelingt dieses interdisziplinäre Unterfangen, das heißt es werden gemeinsame Argumentationsketten entwickelt, die sich aus Gliedern disziplinärer Argumente zusammensetzen (Decker 2007), dann trägt dieser Erfolg in dreierlei Hinsicht Früchte. Erstens lassen sich diese disziplinären Glieder der Argumentationskette so an die jeweiligen disziplinären Diskussionen zurück binden, dass sie nach den Qualitätskriterien der jeweiligen Disziplin publizierbar sind. Zweitens können die interdisziplinären Argumentationsketten als Beratungsleistung in die politische und gesellschaftliche Debatte eingebracht werden, als oben bereits erwähnte „Stimme der Wissenschaft". Und drittens ist eine interdisziplinär erarbeitete Wissensbasis eine ausgezeichnete Grundlage für einen wie auch immer methodisch umgesetzten breiter angelegten partizipativen Diskussionsprozess, da die Argumente bereits aus verschiedenen wissenschaftlichen Perspektiven analysiert und strukturiert werden mussten, um schließlich zu gemeinsamen Argumentationsketten gelangen zu können.

Literatur

Abels, G. – Bora, A. (2004): Demokratische Technikbewertung. Bielefeld 2004.

Bechmann, G. – Decker, M. – Fiedler, U. – Krings, B.J. (2006): Technology assessment in a complex world. S. 6–27 in International Journal of Foresight and Innovation Policy 3 (2007).

Bechmann, G. – Frederichs, G. (1996): Problemorientierte Forschung: Zwischen Politik und Wissenschaft. S. 11–37 in Bechmann, G. (Hrsg.): Praxisfelder der Technikfolgenforschung. Konzepte, Methoden, Optionen. Frankfurt a. M. 1996.

Becker, E. (2003): Soziale Ökologie: Konturen und Konzepte einer neuen Wissenschaft. S. 165–195 in Matschonat, G. – Gerber, A. (Hrsg.) Wissenschaftstheoretische Perspektiven für die Umweltwissenschaften. Weikersheim 2003.

Bender, G. – Steg, H. – Jonas, M. – Hirsch-Kreinsen, H. (2000): Technologiepolitische Konsequenzen „transdisziplinärer" Innovationsprozesse. Arbeitspapier Nr. 8 des Lehrstuhls Technik und Gesellschaft. Universität Dortmund 2000.

---

105 Decker/Grunwald 2001.

Bender, W. – Schmidt, J.C. (Hrsg.) (2003): Zukunftsorientierte Wissenschaft. Prospektive Wissenschafts- und Technikbewertung. Münster 2003.

Böhme, G. – Daele, W. van den – Krohn, W. (1974): Die Finalisierung der Wissenschaft. S. 296–311 in Diederich, W. (Hrsg.): Theorien der Wissenschaftsgeschichte. Frankfurt a. M. 1974.

Böschen, S. – Wehling, P. (2004): Wissenschaft zwischen Folgenverantwortung und Nichtwissen. Wiesbaden 2004.

Bütschi, D. – Carius, R. – Decker, M. – Gram, S. – Grunwald, A. – Machleidt, P. – Steyaert, S. – Est, R. van (2004): The Practice of TA; Science, Interaction, and Communication. S. 13–55 in Decker, M. – Ladikas, M. (Hrsg.): Bridges between Science, Society and Policy. Technology Assessment – Methods and Impact. Berlin 2004.

Büttner, T. – Leeb, A. – Schön, S. (2004): Qualität. S. 155–163 in Schophaus, M. – Schön, S. – Dienel, H.-L. (Hrsg.): Trandisziplinäres Kooperationsmanagement. München 2004.

Decker, M. (2000): Replacing Human Beings by Robots. How to Tackle that Perspective by Technology Assessment? S. 149–166 in Grin, J. – Grunwald, A. (Hrsg.): Vision Assessment: Shaping technology in 21st Century society. Towards a repertoire for technology assessment. Heidelberg et al. 2000.

Decker, M. (Hrsg.) (2001): Interdisciplinarity in Technology Assessment: Implementation and Its Chances and Limits. Heidelberg – Berlin 2001.

Decker, M. (2007): Angewandte interdisziplinäre Forschung in der Technikfolgenabschätzung. Graue Reihe Nr. 41. Bad Neuenahr-Ahrweiler 2007.

Decker, M. – Grunwald A. (2001) Rational Technology Assessment as Interdisciplinary Research. S. 33–60 in Decker, M. (Hrsg.): Interdisciplinarity in Technology Assessment. Implementation and its Chances and Limits. Berlin 2001.

Defila, R. – Di Giulio, A. (1999): Transdisziplinarität evaluieren – aber wie? Panorama. Sondernummer. 1999.

Etzkowitz, H. – Leydesdorff, L. (2000): The dynamics of innovation: from National Systems and „Mode 2" to a Triple Helix of university-industry-government relations. S. 109–123 in Research Policy 29 (2000).

Frederichs, G. (1999): Der Wandel der Wissenschaft. S. 16–25 in TA-Datenbanknachrichten 8 (1999).

Funtowicz, S. – Ravetz, J.R. (1993) Science for the post-normal age. S. 739–755 in Futures 25 (1993).

Funtowicz, S. – Ravetz, J.R. (1993a): The Emergence of Post-Normal Science. S. 85–123 in Schomberg, R. von (Hrsg.): Science, Politics, and Morality. Scientific Uncertainty and Decision Making. Dordrecht – Boston – London 1993.

Funtowicz, S. – Ravetz, J.R. (1999): Post-Normal Science – an insight now maturing. S. 641–646 in Futures 31 (1999).

Funtowicz, S. – Ravetz, J.R. (2001): Post-Normal Science. Science and Governance und Conditions of Complexity. S. 15–24 in Decker, M. (Hrsg.): Interdisciplinarity in Technology Assessment: Implementation and Its Chances and Limits. Heidelberg – Berlin 2001.

Gethmann, C.F. – Lingner, S. (Hrsg.) (2002): Integrative Modellierung zum Globalen Wandel. Wissenschaftsethik und Technikfolgenbeurteilung. Berlin 2002.

Gibbons, J.H. – Gwin, L. (1986): Technik und parlamentarische Kontrolle – Zur Entstehung und Arbeit des Office of Technology Assessment. S. 239–275 in Dierkes, M. – Petermann, T. – Thienen, V. von (Hrsg.): Technik und Parlament. Technikfolgenabschätzung: Konzepte, Erfahrungen, Chancen. Berlin 1986.

Gibbons, M. – Limoges, C. – Nowotny, H. – Schwartzman, S. – Scott, P. – Trow, M. (1994): The new production of knowledge: Dynamics of Science and Research in Contemporary Societies. London et al. 1994.

Grunwald, A. (1999): Transdisziplinäre Umweltforschung: Methodische Probleme der Qualitätssicherung. S. 32–39 in TA-Datenbank-Nachrichten 8 (1999).

Grunwald, A. (2000): Technik für die Gesellschaft von morgen. Möglichkeiten und Grenzen gesellschaftlicher Technikgestaltung. Frankfurt a. M. 2000.

Grunwald, A. (2007): Umstrittene Zukünfte und rationale Abwägung. Prospektives Folgenwissen in der Technikfolgenabschätzung. S. 54–63 in Technikfolgenabschätzung – Theorie und Praxis 16 (2007).

Guimaraes Pereira, A. – Funtowicz, S. (2005): Quality Assurance by Extended Peer Review: Tools to inform Debates, Dialogues & Deliberations. S. 74–79 in Technikfolgenabschätzung – Theorie und Praxis 14 (2005).

Häberli, R. – Scholz, R. – Bill, A. – Welti, M. (Hrsg.) (2000): Transdisciplinarity: Joint-Problem-Solving among Science, Technology and Society. Workbook I: Dialogue Sessions and Idea Market. Zürich 2000.

Haraway, D. (1995): Die Neuerfindung der Natur: Primaten, Cyborgs und Frauen. Frankfurt a. M. 1995.

Hirsch Hadorn, G. – Hoffmann-Riem, H. – Biber-Klemm, S. – Grossenbacher-Mansuy, W. – Joye, D. – Pohl, C. – Wiesmann, U. – Zemp, E. (Hrsg.) (2008): Handbook of Transdisciplinary Research. Berlin 2008.

Horlick-Jones, T. – Sime, J. (2004): Living on the border: knowledge, risk and transdisciplinarity. S. 441–456 in Futures 36 (2004).

Jaeger, J. – Scheringer, M. (1998): Transdisziplinarität. Problemorientierung ohne Methodenzwang. S. 10–25 in GAIA 7 (1998).

Japp, K.P. (2002): Struktureffekte öffentlicher Risikokommunikation auf Regulierungsregime. Zur Funktion von Nichtwissen im BSE-Konflikt. S. 35–74 in Engel, C. – Schulte, M. (Hrsg.): Wissen – Nichtwissen – Unsicheres Wissen. Baden-Baden 2002 .

Jantsch, E. (1972): Towards Interdisciplinarity and Transdisciplinarity in Education and Innovation. S. 97–121 in Centre for Educational Research and Innovation (CERI) (Hrsg.): Interdisciplinarity. Problems of Teaching and Research in Universities. Paris 1972.

Klein, J.T. – Grossenbacher-Mansuy, W. – Häberli, R. – Bill, A. – Scholz, R.W. – Welti, M. (Hrsg.) (2001): Transdisciplinarity: Joint Problem Solving among Science, Technology, and Society. Basel 2001.

Klüver, L. – Nentwich, M. – Peissl, W. – Torgersen, H. – Gloede, F. – Hennen, L. – Eindhoven, J. van – Est, R. van – Joss, S. – Bellucci, S. – Bütschi, D. (2000):

European Particiaptory Technology Assessment (EUROpTA). Danish Board of Technology. Kopenhagen 2000.

Kuhlmann, S. – Schmoch, U. – Heinze, T. (2003): Governance der Kooperation heterogener Partner im deutschen Forschungs- und Innovationssystem. Diskussionspapiere „Innovationssysteme und Policy-Analyse". Fraunhofer ISI Karlsruhe 2003.

Laki, J. – Palló, G. (2002): Neue Kommunikation und wissenschaftlicher Wandel. S. 189–217 in Nyíri, K. (Hrsg.): Allzeit zuhanden: Gemeinschaft und Erkenntnis im Mobilzeitalter. Wien 2002.

Latour, B. (1987): Science in Action. Cambridge, MA 1987.

Leydesdorff, L. – Etzkowitz, H. (1998): Triple Helix of Innovation: introduction. S. 358–364 in Science and Public Policy 25 (1998).

Mittelstraß, J. (1996): Enzyklopädie Philosophie und Wissenschaftstheorie. Stuttgart 1996.

Mittelstraß, J. (2001): Wissen und Grenzen. Frankfurt a. M. 2001.

Mittelstraß, J. (2005): Methodische Transdisziplinarität. S. 18–23 in Technikfolgenabschätzung – Theorie und Praxis 14 (2005).

Nennen, H.-U. – Garbe, D. (1996): Das Expertendilemma: Zur Rolle wissenschaftlicher Gutachter in der öffentlichen Meinungsbildung. Berlin et al. 1996.

Nowotny, H. – Scott, P. – Gibbons, M. (2001): Re-Thinking Science. Knowledge and the Public in an Age of Uncertainty. Cambridge et al. 2001.

Nowotny, H. – Scott, P. – Gibbons, M. (2003): ‚Mode 2‘ Revisited: The new Production of Knowledge. S. 179–194 in Minerva 41 (2003).

Pohl, C. (2005): Formen und Funktion der „Stimme der Wissenschaft". Berlin 2005.

Pohl, C. – Hirsch Hadorn, G. (2006): Gestaltungsprinzipien für transdisziplinäre Forschung. München 2006.

Ravetz, J.R. (1999): What is Post-Normal Science. S. 647–653 in Futures 31 (1999).

Ravetz, J.R. – Funtowicz, S. (1999): Post-normal science – an insight now maturing. S. 641–646 in Futures 31 (1999).

Rip, A. – Meulen, B.J.R. van der (1996): The post-modern research system. S. 343–352 in Science and Public Policy 23 (1996).

Ropohl, G. (2002): Rationalität und Allgemeine Systemtheorie. Ein Weg synthetischer Rationalität. S. 113–137 in Karafyllis, N. – Schmidt, J.C. (Hrsg.): Zugänge zur Rationalität der Zukunft. Stuttgart 2002.

Ropohl, G. (2005): Allgemeine Systemtheorie als transdisziplinäre Integrationsmethode. S. 24–31 in Technikfolgenabschätzung – Theorie und Praxis 14 (2005).

Royal Commission on Environmental Pollution (1998): Environmental Standards and Public Values. A Summary of the Twenty-first Report. London 1998.

Royal Commission on Environmental Pollution (1998a): Setting Environmental Standards. 21. Report. London 1998.

Schmidt, J.C. – Gehrlein, U. (2002): Perspektivenwechsel Interdisziplinärer Technikforschung. Eine einleitende Skizze zu Herkunft und Wandel der Technikforschung. S. 15–40 in Krebs, H. et al. (Hrsg.): Perspektiven Interdisziplinärer Technikforschung. Konzepte, Analysen, Erfahrungen. Münster 2002.

Schmidt, J.C. – Grunwald, A. (2005): Einführung in den Schwerpunkt: Methodische Fragen der Inter- und Transdisziplinarität. S. 4–11 in Technikfolgenabschätzung – Theorie und Praxis 14 (2005).

Scholz, R. – Häberli, R. – Bill, A. – Welti, M. (Hrsg.) (2000): Transdisciplinarity: Joint-Problem-Solving among Science, Technology and Society. Workbook II: Mutual Learning Sessions. Zürich 2000.

Schophaus, M. – Schön, S. – Dienel, H.-L. (Hrsg.) (2004): Trandisziplinäres Kooperationsmanagement. München 2004.

Slocum, N. (2003): Participatory Methods Toolkit. A practitioner's manual. (viWTA) Brüssel 2003.

TATuP (2005): Method(olog)ische Fragen der Inter- und Transdisziplinarität – Wege zu einer praxisstützenden Interdisziplinaritätsforschung. Schwerpunktthema. Technikfolgenabschätzung – Theorie und Praxis 14 (2005).

United States Senate (1972): The Technology Assessment Act; Public Law 92–484; 92d Congress. Washington 1972.

Weingart, P. (1997): Neue Formen der Wissensproduktion: Fakt, Fiktion und Mode. Institut für Wissenschafts- und Technikforschung. IWT-Paper 15. Bielefeld 1997.

Ziman, J. (1996): „Postacademic Science": Constructing Knowledge with Networks and Norms. S. 67–80 in Science Studies 9 (1996).

Ethik als Partner in der Technikgestaltung

Michael Nagenborg

Einleitung

Wie Kurt Bayertz in seinem Aufsatz „Zur Selbstaufklärung der Angewandten Ethik" (2004) festgestellt hat, konnte sich die Angewandte Ethik nicht nur in überraschend kurzer Zeit in Lehre und Forschung etablieren: „Gleichzeitig ist zu beobachten, dass die angewandte Ethik (a) immer stärker in die Ausbildungsgänge verschiedener Professionen integriert und (b) auf verschiedenen Ebenen praktischer Entscheidungsfindung – sei es in Ethikkommissionen oder in Gremien der Politikberatung – zunehmend in Anspruch genommen wird. […] Dieser Erfolg ist von den angewandten Ethikern mit Befriedigung registriert, aber nicht als ein Anlass zur Selbstreflexion wahrgenommen worden" (Bayertz 2004, 51). Der Aufforderung zur Selbstreflexion möchte ich mit diesem Beitrag nachkommen. Insbesondere soll es dabei um die Rolle der Ethik in konkreter Beratungsposition innerhalb von anwendungsorientierten Forschungsprojekten gehen. Dabei soll auch der Frage nach Relevanz der Partizipation von Vertreter(innen) der (Angewandten) Ethik für die Philosophie als akademische Disziplin nachgegangen werden.

Der Beitrag greift dabei insbesondere auf die Erfahrungen des Verfassers im Rahmen des vom Bundesministeriums für Bildung und Forschung (BMBF) geförderten Projektes „Terahertz-Detektionssysteme: Ethische Begleitung, Evaluation und Normenfindung" (THEBEN 2008–2010) zurück. Das am Interfakultären Zentrum für Ethik in den Wissenschaften (IZEW) der Universität Tübingen beheimatete Projekt ist Teil des Forschungsprogramms für die zivile Sicherheit der Bundesregierung. Durch die Thematik der zivilen Sicherheit ergeben sich spezielle Herausforderungen, die hier jedoch nicht im Mittelpunkt stehen sollen. Vielmehr soll ein Vorschlag unterbreitet werden, wie sich die Rolle der Ethik in einer derartigen interdisziplinären Zusammenarbeit sinnvoll bestimmen lässt. Der Text ist auch dadurch motiviert, dass sich über diese spezielle Form der institutionalisierten Ethik kaum Berichte oder Arbeiten ausfindig machen lassen. Insofern steht zu hoffen, dass dieser Beitrag zumindest für Kolleg(innen)en hilfreich ist, die in ähnlichen Projekten arbeiten und sich fragen, wie sie ihre Rolle sinnvoll definieren können.

Der Beitrag ist in vier Abschnitte gegliedert: In dem ersten Abschnitt wird zunächst der konstruktive Charakter des Prozesses der Technikgestaltung als Ansatzpunkt für die Ethik beschrieben. Im zweiten Abschnitt wird „Ethik

als Partner in der Technikgestaltung" näher bestimmt und von vergleichbaren Ansätzen abgegrenzt werden. Im dritten Abschnitt wird die Rolle von
Ethik in heterogenen Kooperationen näher beschrieben. Im letzten Abschnitt
wird das Erkenntnisinteresse der Ethik zu betonen sein. Insgesamt wird für
eine dialogische Auffassung von Angewandter und normativer Ethik plädiert.
Am Ende werden dann noch einmal die Eckpunkte des hier vorgestellten
Selbstverständnisses zusammengefasst.

Eine kurze Anmerkung noch zur Redeweise von der „(Angewandten)
Ethik": In interdisziplinären Projekten arbeiten nicht Disziplinen, sondern Ver-
treter(innen) von verschiedenen Disziplinen zusammen. Wenn ich im Folgenden von der „(Angewandten) Ethik" rede und somit eigentlich eine (Sub-)
Disziplin benenne, so deshalb, weil ich die teilweise zu recht kritisierte Bezeichnung „Ethiker(in)" vermeiden möchte. Da im Bereich der „(Angewandten) Ethik" neben Philosoph(inn)en auch Vertreter(innen) anderer Disziplinen
arbeiten, scheint es mir keine angemessene Lösung statt von „Ethiker(in)"
von „Philosoph(in)" zu sprechen. Wenn ich im letzten Abschnitt der Arbeit
dann doch primär von dem Erkenntnisinteresse der Philosophie spreche, so
ist dies dem Umstand geschuldet, dass ich selbst aus diesem Fach komme.

1. Technikgestaltung als gesellschaftliche Herausforderung

Nachdem sich die Annahme, die Technik sei einer schicksalhaften Eigengesetzlichkeit unterworfen, als zweifelhaft erwiesen hat, rückte die Frage
nach der Gestaltbarkeit wieder in den Mittelpunkt der wissenschaftlichen und
gesellschaftlichen Diskussion über Technik und Technikfolgen. Einige Autoren standen oder stehen der sog. „normativen Wendung der Technologie"
(Ropohl 2001, 14) skeptisch gegenüber, weil sie z.B. wie Armin Grunwald
und Stephan Saupe (1999, 2) eine Verschärfung bestehender Konflikte
durch eine Moralisierung befürchten. Derartige Sorgen halte ich für unbe-
rechtigt, wenn man den Prozess der Konstruktion als wesentliches Merkmal
von Technikgestaltung betrachtet.

Wie Bayertz in dem eingangs zitierten Aufsatz ausführt, bedeutet „Konstruktion" im Kontext der Technik u.a. dass etwas konstruiert wird, wobei die
Konstruktionen zwar nicht beliebig sind, sondern harten naturgesetzlichen
Rahmenbedingungen unterliegen, gleichwohl aber innerhalb dieser Rahmenbedingungen Spielräume für alternative Lösungen existieren. Die Auswahl zwischen diesen Alternativen lässt sich jedoch nicht durch technische
Kriterien begründen (Bayertz 2004, 60). Zu ergänzen wäre m.E. noch, dass
es neben den „harten naturgesetzlichen Rahmenbedingungen'" auch weitere Rahmenbedingungen in der Konstruktion zu beachten gilt, z.B. ökonomische oder rechtliche. Diese mögen aus der Außenperspektive als ‚weicher'

erscheinen, weil sie von Menschen gemacht sind – jedoch liegt die Gestaltung dieser Rahmenbedingungen oftmals nicht in der unmittelbaren Verantwortung der Konstrukteure. Diese zusätzlichen Rahmenbedingungen sind deswegen hier zu nennen, weil sie auf die verschiedenen Ebenen der Technikgestaltung hinweisen, auf denen Ethik in beratender Position in Erscheinung treten kann, nämlich: die Ebene der (Forschungs-)Politikberatung und die Ebene der konkreten Technikgestaltung.

Wichtig ist es jedoch zunächst den Gestaltungsspielraum im Prozess der Konstruktion zu betonen. Eine verantwortliche Technikgestaltung setzt voraus, dass die Entscheidung für eine mögliche Lösung eines spezifischen Problems nicht dem Zufall überlassen bleibt, sondern von den Verantwortlichen begründet werden kann. Sofern es zwischen verschiedenen moralisch relevanten Alternativen zu wählen gilt, ist die Begründung dieser Entscheidung ein geeigneter Gegenstand für die Ethik. Insofern ist auch der Vorwurf der ‚Moralisierung‘ durch die Einbeziehung von Ethik prinzipiell nicht zutreffend, da moralische Entscheidungen im Prozess der Technikgestaltung ohnehin zu treffen sind. Hier besteht also eine offensichtliche Nähe zum Programm des Interfakultären Zentrums für Ethik in den Wissenschaften der Universität Tübingen, das Eve-Marie Engels in Hinblick auf Medizin und Biowissenschaften wie folgt erläutert: „Das Konzept einer Ethik *in* den Wissenschaften allgemein und einer Ethik in den Biowissenschaften und einer Ethik in der Medizin beinhaltet, dass ethische Fragestellungen, die aus der biowissenschaftlichen und medizinischen Arbeit und Tätigkeit erwachsen, in einer interdisziplinären Kooperation von BiowissenschaftlerInnen und MedizinerInnen mit ihren KollegInnen aus der Ethik und anderen Wissenschaftsbereichen *gemeinsam* benannt, analysiert, diskutiert und bewertet werden“ (Engels 2004, 21). Ebenso wie das Programm der „Ethik *in* den Wissenschaften“ ist das Selbstverständnis von „Ethik als Partner in der Technikgestaltung“ für unterschiedliche normative Ansätze der Ethik offen.

Bei der Gestaltung von Terahertz-Detektionssystemen, die zur Erstellung von Ganzkörperaufnahmen zur Sicherheitskontrolle entwickelt werden, sind beispielsweise zwei Alternativen gegeben, die von Jeffrey Rosen (2004, 1ff.) als „Nackt-Maschinen“ (naked machines) und „Blob-Maschinen“ (blob machines) bezeichnet werden. Ziel dieser Sicherheitstechnik ist es, unter der Kleidung von Personen verborgene Gegenstände zu erkennen. Diese werden sichtbar gemacht, indem die Kleidung unsichtbar gemacht wird. Dazu werden Bereiche des elektromagnetischen Spektrums genutzt, die Kleidung durchdringen und vom menschlichen Körper entweder ausgestrahlt oder reflektiert werden. Dazu werden seit den 1990er Jahren Geräte auf Röntgenbasis entwickelt und verwendet (Murphy/Wilds 2001), aber auch Millimeter- oder Terahertzwellen.

In seinem Buch beschreibt Rosen zunächst eine Variante eines solchen Ganzkörper-Scanners, bei dem ein dreidimensionales Bild des Körpers der zu kontrollierenden Person erstellt wird und die er deshalb als „Nackt-Maschine" bezeichnet. Dann beschreibt er eine Weiterentwicklung dieser Maschine, bei der die gleichen Daten erhoben, aber auf ein einheitliches Puppenmodell projiziert werden. In Anspielung auf ein in den USA bekanntes B-Film-Monster bezeichnet er das daraus resultierende Datenmodell als „Blob", als eine mehr oder minder amorphe Masse, in der keine Details zu erkennen sind. Dennoch sind alle sicherheitsrelevanten Details in dieser Abbildung vorhanden. Rosen argumentiert sodann dafür, dass Technik so gestaltet werden soll, dass sie zugleich der Herstellung und Gewährleistung von Sicherheit und dem Schutz der Privatsphäre dienen kann (vgl. dazu Nagenborg 2005, 188–193; Nagenborg 2009, 499). Offensichtlich ist auch aus der Perspektive der Ethik der „Blob-Maschine" der Vorzug zu geben, auch wenn diese mit einem höheren Entwicklungsaufwand verbunden ist.

„Ethik als Partner in der Technikgestaltung" zielt somit auf die Einbindung von ethischer Reflexion in den Prozess der Konstruktion. Zwar mag man auch dort von „Ethik als Partner der Technikgestaltung" sprechen, wo Ethik als Beratungsinstanz für die Begründung von (forschungs-)politischen Entscheidungen genutzt wird. Im Folgenden ist hier jedoch der Entwurf und die Realisierung von Techniken und nicht die Gestaltung *der* Technik als Ganzes gemeint, wenn von Technikgestaltung die Rede ist.

Freilich besteht zwischen dem Prozess der Technikgestaltung im engeren Sinne und der Technikgestaltung auf der Ebene der Politik ein wichtiger Zusammenhang. Denn nur dort kann zwischen verschiedenen Gestaltungsalternativen gewählt werden, wo die Rahmenbedingungen der Konstruktion den notwendigen Spielraum gewähren. Sollte dies nicht der Fall sein oder sollten die politischen und wirtschaftlichen Rahmenbedingungen gar dazu führen, dass die im moralischen Urteil schlechteren Alternativen eher gewählt werden, so ist der notwendige Spielraum bei der Politik durch die Ethik einzufordern. Beispielsweise ist der Mehraufwand, der die Entwicklung von „Blob-Maschinen" erfordert, ein solcher Punkt, wo „Ethik als Partner in der Technikgestaltung" auf der Ebene der Forschungspolitikberatung eine entsprechende Empfehlung aussprechen kann.

2. Verortung der Ethik als Partner in der Technikgestaltung

Die Ausbildung der Technikethik als eine Teildisziplin der Angewandten Ethik lässt sich als Ausdruck der bereits benannten normativen Wende der Technikdiskussion deuten. Folgt man den Ausführungen von Yannik Julliard in „Ethische Technikgestaltung" (2003, 133ff.) so lassen sich in der deutschsprachigen Diskussion tendenziell zwei Traditionslinien unterscheiden: die Technikethik aus der Teilnehmerperspektive, wie sie vor allem in den USA geprägt wurde, sowie die deutschen Ansätze (vor allem in Anschluss an Hans Jonas), welche der Beobachterperspektive den Vorzug geben.

Paradigmatisch für eine Technikethik aus Teilnehmerperspektive ist die Ingenieurethik. Gerade die Fokussierung auf die Ingenieurinnen und Ingenieure erscheint angesichts der aktuellen Entwicklung, insbesondere des Verschwimmens der Grenze zwischen Technik und Wissenschaft jedoch als problematisch – und auch die bloße Ergänzung durch die Perspektive der Wissenschaftsethik (ebenfalls verstanden als Standesethik) ist kaum geeignet. Das Neue scheint vielmehr zu sein, dass die Trennung der ‚reinen Wissenschaft' auf der einen Seite und der Entwicklung von Techniken (als ‚bloße Anwendung der Ergebnisse der Wissenschaft') auf der anderen Seite durch die gezielte Förderung von Wissenschaft in Hinblick auf die Anwendbarkeit ihrer Ergebnisse (sei es hinsichtlich ihrer ökonomischen Verwertbarkeit, sei es hinsichtlich der Eröffnung neuer Handlungsoptionen) aufgehoben wird (Stichwort: Technoscience). Eine Möglichkeit, dieser Situation gerecht zu werden, ist die Einbeziehung der Ethik in den unmittelbaren Prozess der Technikgestaltung, um im Austausch mit den beteiligten Akteuren diese neuen Herausforderungen zu beschreiben und zu bewerten. Damit soll nun nicht behauptet werden, dass das Verhältnis von Wissenschaft und Technik bislang kein Thema in der praktischen Philosophie war. Die eigene Erfahrung lehrte mich allerdings, dass die Arbeitsteilung zwischen Technik- und Wissenschaftsethik eine Anwendung der Ergebnisse in Projekten erschwert, die sich einer eindeutigen Klassifikation entziehen.

Im Rahmen des eingangs bereits genannten Projektes zu Terahertz-Detektionssystemen ist die Trennlinie zwischen ‚reiner' Wissenschaft und der Technik als ‚Anwendung der wissenschaftlichen Forschung' beispielsweise nur schwerlich zu ziehen: Terahertz-Wellen sind der Bereich des elektromagnetischen Spektrums, der zwischen hochfrequenten Mikrowellen und niedrigfrequenten Infrarot-Wellen angesiedelt ist. Obwohl die Erforschung dieses Bereichs unter der Bezeichnung „fernes Infrarot" bereits vor ca. 100 Jahren begonnen hat, ist in der Literatur immer noch von einer ‚Terahertz-Lücke' die Rede, zu deren Schließung noch weitere Forschung notwendig sei (Kimmitt 2003). Nicht zuletzt durch mögliche Anwendung im Bereich Sicherheit wurde diese Forschung intensiviert, wobei „whole body imaging"-Systeme (von der deutschen Presse als „Nacktscanner" bezeichnet) nur eine mögliche Form der späteren Anwendung darstellen. Gegenstand des Projektes sind u.a. die Beurteilung der verschiedenen, möglichen Anwendungen in konkreter Zusammenarbeit mit Forschung und Industrie. Offensichtlich greift in einem solchen Fall die saubere Trennung zwischen den

Bereichen Forschung, Entwicklung und Wirtschaft nicht mehr. Dies mag nicht in allen Fällen so augenfällig sein, aber wie ich später zeigen werde, finden sich ähnliche Überlegungen auch bei anderen Autor(inn)en und zu anderen Themen. Insofern ist davon auszugehen, dass die geschilderte Problematik nicht singulär ist.

Mit der Bezeichnung „Ethik als Partner in der Technikgestaltung" soll vor allem eine Perspektive benannt werden, die sich zwischen genannten Ansätzen einer Ethik aus der Teilnehmerperspektive und Ethik aus der Beobachterperspektive einordnen lässt. Die Einführung einer neuen Bezeichnung in ein ohnehin schon heterogenes Feld soll im Folgenden begründet werden.

Sicherlich ist es unter systematischen Gesichtspunkten durchaus zu rechtfertigen, die Arbeit in einem derartigen institutionellen Umfeld z.B. unter dem Begriff der Angewandten Ethik zu subsumieren, sie beispielsweise im Umfeld der Technikethik zu verorten oder auch als (praxisnahe) Technikethik auszuweisen.

Gegen die Bezeichnung „Angewandte Ethik" ist bereits des Öfteren eingewandt worden, dass diese missverständlich sei. So mag der Eindruck entstehen, dass es hier ‚nur' darum ginge, aus allgemeinen moralischen Normen oder Prinzipien Schlussfolgerungen für spezielle Fälle oder Fallgruppen abzuleiten (z.B. Bayertz 2004, 65; Friesen/Berr 2004, 16f.; Düwell 2001). Dies entspricht weder dem Selbstverständnis, noch der Praxis der Forschung auf dem Gebiet, worauf im Grunde Bayertz bereits in seinem Beitrag „Praktische Philosophie als angewandte Ethik" (1991) aufmerksam gemacht hatte, in dem er ein dialogisches Verhältnis von anwendungsorientierter und normativer Ethik eingefordert hatte. Die Möglichkeit „Angewandte Ethik" in dem genannten Sinne misszuverstehen, mag zwar einem zu schlichten Verständnis von „Anwendung" geschuldet sein (Düwell 2001, 170), gerade in der Zusammenarbeit mit Vertreter(inne)n anderer Disziplinen sollte dieses Missverständnis vermieden werden. Um es noch einmal zu betonen: Ethik als Partner in der Technikgestaltung moralisiert nicht, indem sie „Moral" als externe Größe in den Prozess einbringt. Dieser Eindruck mag aber entstehen, wo „Angewandte Ethik" als ‚bloße' Anwendung im technischen Sinne missverstanden wird, die normative Prinzipien auf bestimmte Fälle anwendet.

Ähnliches gilt für den Begriff der „Technikethik", welcher das Gebiet als eine spezifische Bereichsethik ausweist. Hinsichtlich der Abgrenzung zu anderen gesellschaftlichen Bereichen wie „Wirtschaft" oder „Wissenschaft" kann dies ebenfalls zu Missverständnissen oder zu einer unangemessenen Gewichtung in der Beurteilung führen, etwa wenn die wirtschaftlichen Rahmenbedingungen für die Technikgestaltung nicht hinreichend berücksichtigt werden. Dies scheint mir hinsichtlich der schon skizzierten Ausgangslage (insbesondere dem Verschwimmen der Grenze zwischen Wissenschaft und Technik) als unzureichend. Missverständlich kann die Bezeichnung auch dann werden, wenn „Technik" zu eng gefasst wird und unter dem Begriff nur die technischen Artefakte verstanden werden, die dann als isolierte Phänomene betrachtet werden. Ohnehin empfiehlt sich die Orientierung an einem mittleren Technikbegriff, wie er von Günter Ropohl vorgeschlagen wurde und der nicht nur die „Menge der nutzenorientierten, künstlichen, gegenständlichen Gebilde", sondern auch das technische Handeln (Herstellungs- und Gebrauchshandeln) umfasst (Ropohl 1996, 84). Die Einbeziehung des Gebrauchshandelns ist im Rahmen des hier skizzierten Ansatzes insofern von Bedeutung, da die spätere Nutzung der Technik bei der Abwägung zwischen Gestaltungsalternativen zu berücksichtigen ist.

Aus den genannten Gründen wird in der Bezeichnung „Ethik als Partner in der Technikgestaltung" sowohl auf den Zusatz „Angewandt" als auch auf die Einschränkung auf einen Bereich nach dem Vorbild einer Bindestrich-Ethik verzichtet, zumal durch die Einbindung in den Prozess der Gestaltung einer spezifischen Technik sowohl die Anwendungsbezogenheit als auch der thematische Rahmen hinreichend eingegrenzt ist.

Die Bezeichnung „Partner in der Technikgestaltung" wurde vor allem deshalb gewählt, um die Beziehung zwischen der Ethik und den weiteren Akteuren in einem Projekt zu bestimmen. Sie ist insofern mit einem hohen Anspruch verbunden, als eine solche Bestimmung nur in Projekten sinnvoll ist, in denen zum einen hinreichender Spielraum für die Auswahl zwischen Gestaltungsalternativen besteht und zum anderen die Partner gewillt sind, die Empfehlungen der Ethik in der Gestaltung zu berücksichtigen. Die Bezeichnung verweist zugleich darauf, dass „Ethik als Partner in der Technikgestaltung" den notwendigen Spielraum einfordern wird, der eine verantwortungsvolle Technikgestaltung überhaupt erst ermöglicht.

Mögliche Alternativen zu der gewählten Bezeichnung wären die „ethische Technikgestaltung" sowie „Ethik in der Technikgestaltung" gewesen. Gegen die Bezeichnung der „ethischen Technikgestaltung" spricht, dass diese Bezeichnung bereits von Julliard (2003) im Sinne einer „Ethik des Technikgestalters" verwendet wurde, wobei mit „Technikgestalter" hier vor allem der Ingenieur gemeint ist. „Ethik in der Technikgestaltung" betont hingegen weniger die Rolle der „Ethik" als eigenständiges Gebiet der praktischen Philosophie, welche durch die Beschreibung als „Partner" hervorgehoben wird. Sie hat zudem den Vorteil, dass sich „Ethik" als einer von vielen Partnern in der interdisziplinären, projektbezogenen Zusammenarbeit bestimmen lässt.

3. Ethik als Partner in heterogenen Kooperation

Interdisziplinäre Projekte lassen sich als „heterogene Kooperationen" (Gläser et al. 2004) beschreiben, bei denen Akteure mit unterschiedlichem Wissensstand, Präferenzen, Interessen, Arbeitsstilen etc. zusammenarbeiten, um ein gemeinsames Ziel zu verfolgen. Heterogenität findet sich freilich auch innerhalb der Disziplinen, so dass man gut daran tut, die sich hieraus ergebenen Differenzen zwischen den Akteuren nicht *per se* als unüberwindbares Hindernis darzustellen (vgl. Leigh Star 2004).

Da unsere Gesellschaft durch einen faktischen Pluralismus von moralischen Überzeugungen geprägt ist, kann es nicht überraschen, dass auch im Rahmen einer heterogenen Kooperation Differenzen zwischen den moralischen Überzeugungen der beteiligten Akteure in Erscheinung treten. Und selbst, wo in der praktischen Zusammenarbeit keine moralischen Konflikte auftreten, so können moralische Fragestellungen von Seiten der Öffentlichkeit an die Technik herangetragen werden. Dies bedeutet nicht, dass sich Ethik als Vertreter der Öffentlichkeit missverstehen sollte. Die Einbindung von Ethik-Experten sollte vor allem nicht als Alternative zu Verfahren der demokratischen oder partizipatorischen Technikgestaltung betrachtet werden. Dies wird z.B. auch von Mary Flanagan, Daniel C. Howe und Helen Nissenbaum (2008) betont, die ihrerseits an die Theorie des „participatory design" anknüpfen. In ihrem Aufsatz „Embodying Values in Technology" nennen sie deshalb neben der philosophischen Analyse auch die empirische Untersuchung als einen wichtigen Bestandteil einer Technikgestaltung (Flanagan, Howe und Nissenbaum 2008, 328). Diesbezüglich würde ich beispielsweise Marcus Düwell (2001, 182) zustimmen, der fordert: „Die Ethik muss [...] ihren Anspruch als normative Wissenschaft ernst nehmen [...]. [Das bedeutet], dass der Ethiker genötigt ist, in den moralischen Urteilen, die er im öffentlichen Raum abgibt, eine besondere Rigidität an den Tag zu legen, ein besonderes Maß an Selbstkritik. Nur moralische Urteile, die mit den Mitteln der theoretischen Reflexion auch eingeholt werden können, sind vom Ethiker im öffentlichen Raum überhaupt vertretbar." Anders ausgedrückt: Ethik legitimiert sich im Beratungskontext durch ihre Rückbindung an die Wissenschaft, nicht dadurch, dass sie eine wie immer geartete Öffentlichkeit repräsentiert.

Was kann nun Ethik tun? – In Falle eines offenen Konfliktes zwischen Akteuren aufgrund von einander abweichenden moralischen Einstellungen kann und sollte Ethik dazu beitragen, zum einen die Ursachen des Konfliktes herauszuarbeiten und entweder – wo möglich – einer Lösung zuführen oder zumindest einen begründeten Dissens zu ermöglichen. Die Möglichkeit des begründeten Dissens sollte aufgrund der Kritik an dem Versprechen der Angewandten Ethik, gegebene Probleme lösen zu können, nicht außer Acht gelassen werden. Petra Gehring (2006, 110ff.) hatte dieses Versprechen insbesondere in Hinblick auf die Bioethik vehement kritisiert, aber auch Bayertz erblickt „in dem Anspruch, […] Probleme nicht nur theoretisch zu reflektieren, sondern praktisch zu lösen oder zumindest zu ihrer Lösung beizutragen" (Bayertz 2004, 53) ein Spezifikum der Angewandten Ethik, durch das sie sich von älteren Beiträgen der Philosophie zum Thema „Technik" unterscheidet. Insofern besteht eine Aufgabe der Ethik als Partner in der Technikgestaltung in ihrer potenziellen Moderationsfunktion, welche sie durch ihre Kompetenz z.B. im Bereich der Begriffsanalyse und -geschichte übernehmen kann.

Eine weitere Aufgabe der Ethik kann jedoch auch gerade darin bestehen, den beteiligten Akteuren ihre eigene Wert- und Normenorientierung bewusst werden zu lassen. Eine geeignete Methode hierfür ist beispielsweise die Entwicklung von dichten Szenarien, in denen die Frage aufgeworfen wird, wie eine bestimmte Technik das Leben ihrer Benutzer(innen) sowie sonstiger betroffener Personen beeinflussen könnte. Deshalb wurde auch die Bedeutung des Gebrauchshandels als Teil des technischen Handels hervorgehoben. In dichten Szenarien kann vor allem die Frage nach der Gesellschaft, in der wir leben wollen, aufgeworfen werden und der Blick über die zum Teil doch sehr einseitigen Anwendungsszenarien hinaus erweitert werden (vgl. Nagenborg 2008).

Die Erstellung „dichter Szenarien" macht es erforderlich, dass die Ethik sich nicht nur das Wissen der unmittelbar am Projekt beteiligten Projektpartner zu nutzen macht, sondern darüber hinaus auch auf Ergebnisse von anderen sozial- und kulturwissenschaftlichen Disziplinen zurückgreift (sofern diese nicht ohnehin an dem Projekt beteiligt sind).

Hier bilden die Technikwissenschaften einen nahe liegenden Partner, auf deren Beschreibungen und Befunde nicht verzichtet werden kann. Durch die Einbindung weiterer Geistes-, Sozial- und Kulturwissenschaften soll auch der in Teilen durchaus berechtigten Kritik Rechnung getragen werden, dass interdisziplinäre Ethik, die als Angewandte Ethik allein auf die Aussagen des „Anwendungsgebietes" zurückgreift, zu einer unkritischen Übernahme der Darstellung der zu beurteilenden Sachverhalte tendiert.

In dem Projekt THEBEN wurden deshalb z.B. Abhandlungen aus der Technik- und Wissenschaftsgeschichte über die Entstehung und Entwicklung der Röntgentechnik sowie weiterer bildgebender Verfahren herangezogen (z.B. Burri 2001 und Kevles 1997). Hier finden sich u.a. Hinweise auf die Bedeutung der sozialen Praxis, in welche die Produktion und Nutzung von technischen Bildern eingebettet ist, für die Wahrheitsfähigkeit von Bildern sowie eine Betonung der Ambivalenz der Unsichtbarkeit bzw. der Fähigkeit, verborgene Dinge sehen zu können, in der westlichen Kultur.

Gleichwohl ist zu betonen, dass die Einbindung weiterer Disziplinen vor allem als methodologische Vorsichtsmaßnahme zu verstehen ist und nicht als Misstrauenserklärung gegenüber den Projektpartnern. Dies ist insbesondere dann zu betonen und den Partnern auch zu kommunizieren, wenn heterogene Kooperationen nicht freiwillig eingegangen werden, was im Rahmen der Institutionalisierung von Ethik in der (europäischen) Forschungsförderung wohl vorkommen mag. Zudem ist zu betonen, dass Ethik sofern sie sich mit konkreten Fragestellungen befasst stets auch deskriptiv ist, da sie den zu beurteilenden Sachverhalt beschreiben muss. Liegen bereits Beschreibungen eines Sachverhaltes aus anderen Disziplinen vor, so erscheint es als ein Gebot der Klugheit, diese für die Zusammenarbeit zu nutzen.

4. Das Erkenntnisinteresse der Ethik am Prozess der Technikgestaltung

Wäre die Rolle der Ethik als Partner in der Technikgestaltung allein auf ihre beratende und moderierende Funktion beschränkt, so wäre dies ein für die Ethik langweiliges Geschäft und mit dem Selbstverständnis der Ethik als normative Wissenschaft nur schwer zu vereinbaren. Gewiss kann Ethik in vielen Fällen auf bereits bestehende Lösungsansätze verweisen, dennoch gilt es sich in Erinnerung zu rufen, dass im Rahmen des hier skizzierten Ansatzes Neuland betreten wird – und deswegen soll abschließend vom spezifischen Erkenntnisinteresse der Ethik die Rede sein.

Ihrem Wesen nach strebt die Ethik als philosophische Teildisziplin nach Allgemeinheit. Deshalb ist z.B. im Rahmen der Technikethik die Versuchung groß, mit einem möglichst umfassenden Technikbegriff zu arbeiten. In den sozial- und kulturwissenschaftlich orientierten Technikwissenschaften hat sich jedoch gezeigt, dass ein solcher allgemeiner Technikbegriff oftmals das Verständnis für die Entstehung einer spezifischen Technik erschwert. Wo Ethik in der hier skizzierten Form unmittelbar mit einer spezifischen Technik beschäftigt ist, scheint es deswegen ebenfalls geboten, die Orientierung an einem abstrakten Begriff von *der* Technik aufzugeben. Jedoch kann sie gerade deshalb u.U. einen Beitrag zur interdisziplinären Technikforschung leisten, weil sie die speziellen Befunde sowohl in die fachinterne als auch die interdisziplinäre Technik-Diskussion einbringen kann. Das Ziel der heterogenen Kooperation wäre somit eine (inter-)disziplinäre Integration der Befunde, welche z.B. die Rolle von normativen Urteilen in den begleiteten Entscheidungsprozessen betreffen könnte.

Allgemein sei hier auch an die dialogische Auffassung von Angewandter Ethik in Anschluss an Bayertz (1991) erinnert, wonach die Anwendung von Befunden der Angewandten Ethik als Erkenntnismöglichkeit für die normative Ethik ernst zu nehmen ist. Denn gerade im Falle der Nichtanwendbarkeit bestehender Konzeptionen ist die Frage nach der Angemessenheit des allgemeinen Lösungsansatzes zu stellen. In seinem späteren, hier bereits des Öfteren zitierten Aufsatz betont Bayertz deshalb auch den konstruktiven Charakter der Angewandten Ethik. Dabei betont er, dass die konstruktive Lösung eines neuen Problems sich nicht nur mit einer Rekonstruktion begnügen kann (ansonsten wäre das Problem nicht neu), die Ethik sollte dennoch in Analogie zur technischen Konstruktion konservativ vorgehen. Die Lösungsvorschläge der Angewandten Ethik „sind niemals ‚revolutionär' in dem Sinne, dass sie die Gesamtheit der ‚alten' moralischen Überzeugungen außer Kraft setzen. Auch sie entstehen unter Verwendung von allgemein akzeptierten Normen oder Werten; orientieren sich an allgemein akzeptierten moralischen Orientierungen; und lassen die Mehrheit der moralischen Überzeugungen unberührt" (Bayertz 2004, 61). Meines Erachtens lässt sich diese ‚konservative' Tendenz der Angewandten Ethik und der Verzicht auf eine ‚neue' Ethik auch so auffassen, dass durch die Anwendung der Ergebnisse aus der normativen Ethik ein konstruktiver Beitrag zur normativen Ethik geleistet werden kann. Sei es, dass sich ein bestimmter Ansatz als anwendbar erweist, sei es, dass ein Ansatz in der Anwendung an Grenzen stößt – oder sei es, dass sich auf spezifische Fragen, die sich innerhalb der Projektzusammenarbeit ergeben, keine Antworten in der Ethik finden lassen. Die Anwendung stellt die Ergebnisse der normativen Ethik stets in Frage und hat somit eine Rückkopplungsfunktion.

Um ein letztes Beispiel aus dem THEBEN-Projekt zu geben: Ich hatte bereits in einer früheren Publikation darauf hingewiesen, dass der Flughafen ein besonderer Ort ist. Das bedeutet, dass der legitime Einsatz einer Technik an diesem besonderen Ort noch keine Aussage über ihren Einsatz an anderen Orten, geschweige denn im öffentlich zugänglichen Raum zulässt (Nagenborg 2005, 190ff.). Es gibt in der Ethik jedoch überraschend wenig Ansätze, die versuchen, die unterschiedlichen Normen, die an unterschiedlichen Orten gelten, zu berücksichtigen. Ein solcher Ansatz wäre jedoch notwendig, um den Einsatz von Terahertz-Detektionssystemen in anderen Szenarien beurteilen zu können. Die Benennung dieser Leerstelle ist somit ein Beispiel für konstruktive Kritik, in diesem Fall an der Raumvergessenheit der Ethik.

Leider ist eine Rückkopplung zwischen Angewandter und normativer Ethik nur selten zu beobachten. Und bereits der Erfahrungsaustausch zwischen den verschiedenen Subsubdisziplinen (den sog. „Bindestrich-Ethiken") ist in der Praxis eher selten. Ein Blick in die einschlägigen Handbücher und Einführungstexte der Angewandten Ethik lehrt uns zwar, dass es an Subsubdisziplinen und Beiträge zu den Subsubdisziplinen nicht mangelt. Jedoch werden Ergebnisse aus einer bestimmten Subsubdisziplin nur selten in eine andere transferiert. Es fehlt also ein Ort, an dem die Ergebnisse wieder zusammengeführt werden können und welcher auch dem Erfahrungsaustausch zwischen den Vertreter(inn)en der Ethik dienen könnte, die unter ähnlichen Rahmenbedingungen in den unterschiedlichen Ausprägungen einer institutionalisierten Ethik – seien es Ethikkommissionen, seien es ethische Begleitprojekte – arbeiten. Es ist zu befürchten, dass hier auch in Zukunft ein Erfahrungsschatz ungeborgen bleibt, und mancherorts das Rad neu erfunden werden muss.

Eine weitere spannende Herausforderung besteht schließlich in der Entwicklung einer Methodologie für die interdisziplinäre Zusammenarbeit der Ethik in konkreten Projekten – eine Herausforderung, die in dieser Form bislang nur selten aufgetreten ist und meist auf wenige Bereiche beschränkt war. Lassen sich beispielsweise die Erfahrungen, die im Rahmen der Bioethik bei der Zusammenarbeit von Ethik und Biowissenschaften gemacht wurden, auch auf die Zusammenarbeit mit anderen Disziplinen übertragen? Die Beantwortung derartiger Fragen dient gewiss auch dazu, zur Selbstreflexion der Angewandten Ethik (Bayertz 2004) beizutragen, so dass auch hier ein Erkenntnisgewinn zu erwarten ist, dessen Relevanz nicht nur auf das konkrete Projekt begrenzt ist.

Zusammenfassung und abschließende Bemerkungen

Das hier vorgestellte Selbstverständnis von „Ethik als Partner in der Technikgestaltung" ist nicht dahin gehend misszuverstehen, dass praxisnahe Ethik nur in dieser Weise möglich ist. Es ist vielmehr der Versuch, die Erfahrungen mit einer bestimmten Form der institutionalisierten Ethik zu reflektieren. In sofern handelt es sich auch weniger um einen abschließenden Beitrag als um einen solchen, der eine Diskussion eröffnen soll.

Als Eckpunkte dieses Selbstverständnisses wären zu nennen:

1. „Ethik als Partner in der Technikgestaltung" benennt die Verortung von Ethik in einer heterogenen Kooperation zum Zwecke der Entwicklung von Technik. Ihr Beitrag besteht im Wesentlichen darin, bei der Wahl zwischen moralisch unterschiedlich zu bewertenden Alternativen im Prozess der Konstruktion zu beraten, auf Alternativen hinzuweisen und – auf der Ebene der Forschungspolitikberatung – die Möglichkeit für eine bewusste Auswahl zwischen Alternativen einzufordern.

2. „Ethik als Partner in der Technikgestaltung" moralisiert nicht in dem Sinne, dass sie Moral als externe Größe in den Prozess der Technikgestaltung einbringt, sondern geht davon aus, dass es im Prozess der technischen Konstruktion stets zwischen Alternativen zu wählen gilt, dass diese Wahl bewusst und verantwortungsvoll getroffen werden soll und dass diese Wahl zum Teil zwischen moralisch unterschiedlich zu bewertenden Alternativen zu treffen ist.

3. „Ethik als Partner in der Technikgestaltung" ist sich des deskriptiven Anteils der Angewandten Ethik bewusst und wird deshalb auf vorhandene Beschreibungen der Technik auf Befunde anderer Disziplinen zurückgreifen. Oftmals wird sie deshalb auch in diesem Sinne interdisziplinär arbeiten müssen.

4. „Ethik als Partner in der Technikgestaltung" kommt im Namen ohne den Zusatz „Angewandte" oder eine Spezifizierung im Sinne einer Bindestrich-Ethik aus, weil ihr Forschungsgegenstand durch das jeweilige Projekt hinreichend bestimmt ist. Den Verzicht auf die eindeutige Klassifikation als Technik-, Wissenschafts- oder Wirtschaftsethik gilt es jedoch auch integrativ zu nutzen. Dies gilt insbesondere dann, wenn sich das Projekt nicht eindeutig klassifizieren lässt.

5. Schließlich ist die Anbindung der Ethik an die akademische Forschung zu betonen: Einerseits sollte sich Ethik durch die Anbindung an die akademische Forschung legitimieren und sich beispielsweise nicht als Vertreter der Öffentlichkeit präsentieren. Insbesondere ist darauf zu achten, dass Ethik nicht als Alternative zu Formen der demokratischen Technikgestaltung missverstanden wird. Andererseits sollte das eigene Erkenntnisinteresse der Ethik nicht vernachlässigt werden. Insofern sollte eine dialogische Auffassung von normativer und Angewandter Ethik zugrunde gelegt werden.

Gewiss stellen sich in der Praxis noch zahlreiche Herausforderungen, welche z.B. die methodologischen Fragen von heterogenen Kooperationen betreffen, aber auch die Wissenschaftsorganisation, wie z.B. die Verbesserung der Kommunikation zwischen normativer und anwendungsorientierter Ethik, aber auch der Wissenstransfer zwischen verschiedenen Subsubdisziplinen der praktischen Philosophie. Das zunehmende Maß, in dem Ethik institutionalisiert wird, macht eine angemessene Selbstreflexion jedoch unumgänglich. Ich hoffe, dass ich hierzu einen Beitrag leisten konnte.

Literatur

Bayertz, K. (1991): Praktische Philosophie als angewandte Ethik. S. 7–47 in Bayertz, K. (Hrsg.): Praktische Philosophie. Reinbek 1991.

Bayertz, K. (2004): Zur Selbstaufklärung der angewandten Ethik. S. 51–73 in Friesen, H. – Berr, K. (Hrsg.): Angewandte Ethik im Spannungsfeld von Begründung und Anwendung. Frankfurt a. M. u.a. 2004.

Burri, R. (2001). Doing images. Zur soziotechnischen Fabrikation visueller Erkenntnis in der Medizin. S. 277–303 in Heintz, B. – Huber, J. (Hrsg.): Mit dem Auge denken. Strategien der Sichtbarmachung in wissenschaftlichen und virtuellen Welten. Zürich – Wien – New York 2001.

Düwell, M. (2001): Angewandte Ethik. Skizze eines wissenschaftlichen Profils. S. 165–184 in Holderegger, A. – Wils, J.-P. (Hrsg.): Interdisziplinäre Ethik – Grundlagen, Methoden, Bereiche. Festgabe für Dietmar Mieth zum sechzigsten Geburtstag. Freiburg, Schweiz – Freiburg, Breisgau – Wien 2001.

Engels, E.-M. (2004): Ethik in den Wissenschaften. Das Programm des Interfakultären Zentrums für Ethik in den Wissenschaften der Universität Tübingen. S. 11–40 in Bund Freiheit der Wissenschaft (Hrsg.): Freiheit und Verantwortung in Forschung, Lehre und Studium. Die ethische Dimension der Wissenschaft. Berlin 2004.

Flanagan, M. – Howe, D.C. – Nissenbaum, H. (2008): Embodying Values in Technology. Theory and Practice. S. 322–353 in Hoven, J. van den – Weckert, J. (Hrsg.): Information Technology and Moral Philosophy. Cambridge 2008.

Friesen, H. – Berr, K. (2004): Einleitung. Über Kontroversen in Philosophie und Ethik und die Problematik von Begründung und Anwendung. S. 13–31 in Friesen, H. – Berr, K. (Hrsg.): Angewandte Ethik im Spannungsfeld von Begründung und Anwendung. Frankfurt a. M. u.a. 2004.

Gehring, P. (2006): Was ist Biomacht? Vom zweifelhaften Mehrwert des Lebens. Frankfurt a. M. 2006.

Gläser, J – Meister, M. – Schulz-Schaeffer, I. – Strüber, J. (2004): Einleitung. Heterogene Kooperation. S. 7–26 in Gläser, J – Meister, M. – Schulz-Schaeffer, I. – Strüber, J. (Hrsg.): Kooperation im Niemandsland. Neue Perspektiven auf Zusammenarbeit in Wissenschaft und Technik. Opladen 2004.

Grunwald, A. – Saupe, S. (1999): Technikgestaltung und Ethik. Eine Einführung. S. 1–7 in Grunwald, A. – Saupe, S. (Hrsg.): Ethik in der Technikgestaltung. Praktische Relevanz und Legitimation. Berlin – Heidelberg – New York u.a. 1999.

Julliard, Y. (2003): Ethische Technikgestaltung. Technikethik aus Sicht eines Ingenieurs. Frankfurt a. M. u.a. 2003.

Kevles, B. (1997). Naked to the bone. Medical imaging in the twentieth century. 2. Auflage. New Brunswick, NJ 1997.

Kimmitt, M. F. (2003): Restrahlen to T-Rays – 100 Years of Terahertz Radiation. S. 77–85 in Journal of Biological Physics 29 (2003).

Leigh Star, S. (2004): Kooperation ohne Konsens in der Forschung: Die Dynamik der Schließung in offenen Systemen. S. 58–76 in Gläser, J. – Meister, M. – Schulz-Schaeffer, I. – Strüber, J. (Hrsg.): Kooperation im Niemandsland. Neue Perspektiven auf Zusammenarbeit in Wissenschaft und Technik. Opladen 2004.

Lenk, H. (1994): Macht und Machbarkeit der Technik. Stuttgart 1994.

Murphy, M.C. – Wilds, M.R. (2001): X-Rated X-Ray Invades Privacy Rights. S. 333–343 in Criminal Justice Policy Review 12 (221).

Nagenborg, M. (2005): Das Private unter den Rahmenbedingungen der IuK-Technologie. Wiesbaden 2005.

Nagenborg, M. (2008): Wenn Roboter alles wissen und Kühlschränke nicht lügen. S. 37–50 in Grimm, P. – Capurro, R. (Hrsg.): Informations- und Kommunikationsutopien. Stuttgart 2008.

Nagenborg, M. (2009): Privacy im Social Semantic Web. S. 485–506 in Blumauer, A. – Pellegrini, T. (Hrsg.): Social Semantic Web. Web 2.0 – Was nun? Berlin – Heidelberg 2009.

Ropohl, G. (1996): Ethik und Technikbewertung. Frankfurt a.M. 1996.

Ropohl, G. (2001): Das neue Technikverständnis. S. 12–30 in Ropohl, G. (Hrsg.): Erträge der Interdisziplinären Technikforschung. Eine Bilanz nach 20 Jahren. Berlin 2001.

Rosen, J. (2004): The naked crowd. Reclaiming security and freedom in an anxious age. 2. Auflage. New York 2004.

Technik und Kommunikation

Heinz-Ulrich Nennen

Man kann nicht nicht kommunizieren.

Drei Meldungen im Sommer 2007 – Vattenfall, Airbus, Transrapid und eine Gemeinsamkeit: Verständigungsprobleme. Ein Reaktorfahrer, der wortlos die Anweisungen des Schichtleiters falsch umsetzt. Ein gravierender Planungsfehler bei der Verkabelung des A380, weil Software nicht kompatibel ist, was aber in einem einzig auf Erfolg getrimmten Betriebsklima kein Thema ist. Dann die Kollision des Transrapid mit einem Werkstattwagen, der mitsamt seiner Besatzung schlichtweg auf der Strecke ‚vergessen‘ worden war. Und bei alledem eine Gemeinsamkeit: Schwierigkeiten mit der Verständigung, Probleme auf der Beziehungsebene.

Wenn die teurere Variante der Planungssoftware zwar in Toulouse dreidimensional, in Hamburg dagegen nur zweidimensional die Verkabelung und den Arbeitsaufwand berechnen lässt, wie kann es möglich sein, dass man es trotzdem so lange versucht, bis es wirklich zu spät ist? Wenn sich die Besatzung im Werkstattwagen vorschriftsgemäß per Funk in der Leitstelle meldet, mit der Bitte um Erlaubnis, die Strecke wieder verlassen zu dürfen, wenn sie dort aber – nicht zum ersten Mal – ‚vergessen‘ wurde, warum meldet man sich nicht innerhalb einiger Minuten nochmals und fragt nach? Kaum anders der Reaktorfahrer, der umgehend Maßnahmen ergreift, aber solche, bei denen eine Rückfrage beim Schichtleiter angebracht gewesen wäre.

Selbstverständlich müsste man nun in die Details gehen, denn die genauen Abläufe sind stets komplexer und nicht selten stellt sich darauf auch noch ganz anderes heraus. Wir werden daher gar nicht erst den Versuch unternehmen, mit wenigen Zeilen noch tiefer zu dringen. – Eines jedoch haben alle drei Beispiele gemeinsam: Schwierigkeiten mit der Verständigung, Probleme mit der Begegnung. Da werden die unterschiedlichen Funksysteme auf der Versuchsstrecke von Lathen zum Menetekel, warum konnte die Besatzung im Werkstattwagen nicht mithören, als der Fahrzeugführer des Transrapid von der Leitstelle den Befehl erhielt: *„Fahr los!"*?

Technik dient nicht nur der Kommunikation, sie ist in ihrer Funktion nicht selten davon abhängig, dass wiederum kommuniziert wird und insofern ist sie weit mehr als etwas, dass sich ‚rein technisch‘ bewältigen lässt. Daher ist es auch von Interesse, wie sich Techniker untereinander, wie sie sich als Experten mit fachfremden Kollegen verständigen, wie sie sich Laien gegen-

über und nicht zuletzt, wie sie sich und ihre Sache einer kritischen Öffentlichkeit gegenüber darstellen. Etwas zu beherrschen, sich auf etwas zu
verstehen, ist das eine, etwas ganz anderes ist es, die Sache selbst so
durchdrungen zu haben, so dass man sie auch anderen nahe bringen kann,
daher hat erst, wer etwas erklären kann, wer dieselbe Sache in allem Dafür-
und Dagegenhalten darstellen und erörtern kann, ein Problem wirklich
durchdrungen. – Experten sind Fachleute, die nicht nur etwas von ihrer Sache verstehen sollten, vielmehr sollten sie auch darüber reden können und
das nicht nur für ‚Eingeweihte‘. Neben der sachlichen, der fachlichen und
der methodologischen Kompetenz gibt es noch etwas ganz Entscheidendes:
Erst zusätzliche kommunikative Kompetenzen machen den Experten aus.

Die erwähnten Beispiele geben nun Anlass zu vermuten, dass einiges auf
das Konto dieser offenbar vakanten kommunikativen Kompetenzen gehen
dürfte. Wenn es nicht zugleich dem professionellen Selbstverständnis zuwi-
derlaufen würde, ‚Worte zu machen‘, wäre der Befund nicht ganz so alar-
mierend, wortkarg zu sein, entspricht aber ganz offenbar auch noch einem
spezifischen Ideal. Die nicht ganz geheure These lautet daher: Techniker mit
Kommunikationsproblemen sind selbst ein Sicherheitsrisiko. Aber: Die Ausbildung von Technikern, wie sie gemeinhin üblich ist, bereitet auch ganz und
gar nicht darauf vor, ggf. auch reden zu können, wenn es darauf ankommt.

Der notorische Einsatz moderner Medien, das allseits gefeierte Auflegen
oder Abspulen von Folien-Präsentationen kann ganz und gar nicht genügen,
damit werden die Kommunikationsdefizite auch noch verstetigt. Man macht
sich und anderen systematisch etwas vor, wenn der Eindruck erzeugt wird,
es ginge angeblich nur um die reinen Fakten, alles Subjektive und Persönliche, kurzum alles Irrelevante ließe sich ganz einfach ausblenden. Diese
Art, offene Kommunikation zu vermeiden, ist selbst eine Quelle größerer
Risiken, weil nicht selten ausgeblendet wird, worüber besser rechtzeitig ver-
handelt worden wäre. Aber sogar Fehleranalysen sind auf diesem Auge
blind, man sucht den verlorenen Schlüssel unter einer Laterne, weil dort
Licht ist, zieht ganz bewusst andere Konsequenzen und kommt gar nicht auf
die Idee, dass Kommunikation selbst dann gestört sein kann, wenn sie
scheinbar reibungslos funktioniert.

Bereits der geniale Erfindergott Hephaistos zeigt die Züge dieser typischen Déformation professionnelle, wenn er einfach nicht gern redet, schon
gar nicht mit Fachfremden, wenn er den Göttern zwar die Wohnungen baut
und auch sonst manche Dienste für sie erbringt, wenn er etwa dem Zeus die
Blitze schmiedet, sich aber für die Macht, über die zwangsläufig verfügt, wer
solche Künste beherrscht, rein gar nicht interessiert. Und sollte er seine
Technik doch einmal für eigene Zwecke einspannen, dann baut er Fallen,
zumeist aus höchst subjektiven Gründen, etwa um sich für erlittene Krän-

kungen zu rächen, aber geredet wird nach den spektakulären Coups trotzdem nicht, es scheint, als würde es ihm genügen, sein Mütchen zu kühlen.

Aus den Fallen, wie sie der Hephaistos konzipiert, finden nicht einmal Götter wieder heraus, wie etwa beim Schnappmechanismus am Thron seiner Mutter Hera oder auch wie beim unsichtbaren Netz, worin sich Mars und die untreue Gattin Venus verfangen, um in flagranti ertappt und vorgeführt zu werden. Beide verfangen sich im Liebesakt und müssen es darauf erdulden, in situ, im Akt höchster Intimität zur allseitigen Belustigung den Blicken der Götter im Olymp preisgegeben zu werden. Es ist ein Skandal erster Güte, woraufhin die Götter jedoch das ewige homerische Gelächter anstimmen.

Das alles sind ultimative Künste, wie sie nur der Gott der Technik beherrscht, er ist der Erfindergott, der Gott der Erfinder. Das Psychogramm ist wieder einmal perfekt, auch dieser Mythos treibt seine Schlüsselfigur auf die Spitze. Hephaistos ist sich seiner Macht nicht nur nicht bewusst, es interessiert ihn auch nicht, was es damit auf sich haben könnte, und so arbeitet er zumeist nicht aus eigenem Antrieb, sondern im Auftrag. Das kann so weit gehen, dass er auf Geheiß seines Vaters, des Zeus, einen seiner nächsten Kollegen, Prometheus, den Gott des Fortschritts für den Raub des Schmiede-Feuers an den kaukasischen Felsen schmiedet, aber nicht weil er selbst es so will – immerhin ist es doch sein Feuer, das da gestohlen wurde, sondern weil sein Vater so entschieden hat.

Während Hermes die Angelegenheit nicht sonderlich tangiert, jammert Hephaistos unentwegt bei dieser Arbeit, man spürt, wie sehr ihm dieser Auftrag missfällt, aber er widersetzt sich nicht, er kommt nicht einmal auf die Idee, sondern führt aus, was und wie ihm geheißen. Vorwürfe überträgt er auf Prometheus, dieser habe sich selbst zuzuschreiben, was nun geschehe, aber das hilft ihm selbst keineswegs, sich davon freizusprechen; denn er ist es doch, Hephaistos, der hier auf Geheiß seines Vaters einen sehr wohl geschätzten Götterkollegen, der für den Fortschritt in der Geschichte der Menschheit zuständig ist, in dieser entlegenen Gegend an einen Felsen schmiedet, auf dass ihn so bald kein menschliches Wesen mehr zu Gesicht bekommen soll. Das kann Hephaistos nicht wirklich gewollt haben, was er da gleichwohl zuverlässig wie immer ausgeführt hat.

Hephaistos meidet nicht von ungefähr die Teppich-Etagen auf dem Olymp, nirgends hält er sich lieber auf als in seiner Werkstatt, in Gesellschaft seiner seltsamen, gleichfalls nicht tageslichttauglichen Gehilfen. Der Mythos lässt vor unseren Augen das Laboratorium eines frühen Metallurgen erscheinen, mit einem Werkstattleiter, der den ganzen Umständen zufolge zweifelsohne imposant, äußerst beeindruckend gewesen sein dürfte, wenn man die Lohe, den Lärm und den Gestank sich vorstellt, wenn man sich vor Augen führt, dass mit dem Metall das Geld, die Zivilisation und schlussendlich der organisierte Krieg in die Welt kommt.

Zudem schildert der Mythos diese Figur noch bis hin zu eindeutigen und vollständigen Symptomen einer Vergiftung durch Schwermetalle. Der hinkende Gott ist selbst das erste Opfer seiner neuen Technik der Metallurgie, da mag er mit der schönsten unter den Göttinnen, mit Venus verheiratet sein, allein, sie betrügt ihn und er wird sich mit lahmen Gliedern, Haarausfall, Hautausschlag und aufkommender Blindheit kaum an ihrer Seite sehen lassen wollen. So entsteht vor unseren Augen der Prototyp eines Technikers, und der Mythos trifft den entscheidenden Kern im Ausdruck eines prototypischen professionellen Selbstverständnisses, bedeutend zu sein, aber nichts darauf zu geben, sondern lieber im Verborgenen zu tüfteln und vor allem, nur nicht so viele Worte zu machen.

Überhaupt bleibt man lieber eng bei den Daten, hält sich ansonsten zurück und wundert sich nicht selten auch amüsiert, worüber andere so alles streiten können – und man irrt sich gewaltig, sowohl in der Selbsteinschätzung als auch in der Herabwürdigung dessen, was da gerade vor sich geht, wenn wieder einmal ‚nur' Worte gemacht werden. Am Ende hängt schließlich nicht selten alles davon ab, auch, wie ‚gut' eine Technik überhaupt werden kann, wie viel Zeit und Mittel zur Verfügung stehen und im Übrigen entscheiden in solchen Fragen zumeist gerade die, die sich nun wiederum für Technik nicht sonderlich begeistern. Ist es nicht so, dass manche Unfälle, Managementfehler und technische Fehlentwicklungen erst in die Welt kommen, Kosten verursachen, Skandale hervorrufen und schlussendlich Arbeitsplätze nicht nur im Management kosten, weil Kommunikation und Interaktion weit hinter dem zurück bleiben, was notwendig, was möglich wäre?

Der Habitus des Professionellen setzt dagegen ganz andere Maßstäbe: Man diskutiert nicht sondern rechnet, vor allem wird nicht debattiert, sondern entschieden und wenn dann entschieden wurde, wird nur noch besprochen, wie umgesetzt werden kann, was bereits entschieden ist. Die Kultur und das Selbstverständnis von Technikern ist jedoch nicht nur betont minimalistisch, das wäre noch vertretbar, würde nicht systematisch ausgeblendet, mitunter bewusst vermieden, was sie doch auch etwas angehen müsste, was daraus wird, was andere mit dem anstellen, was sie da herausbringen. Aber bereits im Studium der Technik wird nicht mit ausgebildet, nicht mit eingeübt, ganz und gar nicht gelebt, worauf es auch ankommen würde, die entscheidenden Fähigkeiten in der Kommunikation einsetzen zu können.

Gewiss, Zahlen sind mitunter weit besser als Gerede. Wer möchte schon mit einer Technik beglückt werden, die durch Diskutieren zum Funktionieren nur überredet worden ist. – Und dennoch bringt der fachspezifische Habitus auch seine ureigenen Probleme mit sich, weil im Technik-Studium ganz und gar nicht darauf vorbereitet wird, was auch erforderlich ist im Beruf, die Belange der Technik gerade vor fachfremden Entscheidungsträgern plausibel und mitunter auch zwingend darstellen zu können. Es geht nicht um Zahl oder Wort, sondern um Zahlen und Worte.

Wo es um technische Kontexte geht, dort erzeugt der Rückzug auf nur das, was technische Daten sagen und ökonomischen Vorgaben zufolge realisierbar erscheint, eine Lücke in der Kommunikation, einen eklatanten Defekt im kreativen Prozess und vor allem eines, Defizite in Fragen der Verantwortbarkeit. Warum müssen eigentlich Techniker immerzu in Diskursen über Technik und Verantwortung sich auf eine Seite schlagen, zumeist pro? Warum sagen Sie uns nicht einfach, was wir tun müssten, wenn wir eine andere, eine bessere Technik wollten? Es geht nicht darum, Technik oder auch Techniker als solche abzulehnen, es geht stets um konkrete Fragen und Diskurse, in denen Techniker allerdings zumeist keine glückliche Hand haben.

Aber gerade dann, wenn es darauf ankommt, halten sich Techniker zumeist ganz betont zurück, sie überlassen dann das ‚Gerede' über Technik den anderen. Zugleich ist das Verweisen auf Zahlen, die Weigerung, nicht mehr aussagen zu wollen, als diese angeblich nur hergeben, kaum mehr als eine Masche, es wird ultimative Berechenbarkeit und vor allem umfassende Informiertheit nur simuliert. In Wahrheit liegen stets nur Informationen über Teilbereiche vor, mit unterschiedlicher Aussage- und Beweiskraft, was bedeutet, dass vorliegende Zahlen zumeist ohnehin nichts über das Ganze aussagen lassen. – Gerade in solchen Situationen habe ich allzu oft beobachtet, wie im Falle des Falles urplötzlich ganz andere Zahlen oder zur Not auch völlig veränderte Interpretamente aufgetischt wurden, um sodann passender und gewünschter schlussfolgern zu können. Man merkt die Absicht, und man ist verstimmt.

Wenn oft so abfällig und ohne jedes Verständnis über Technik geredet wird, wenn viele Studenten das Ingenieur-Studium ganz bewusst meiden, wenn vor allem Frauen darin kaum Möglichkeiten für sich sehen, dann ist es auch eine Frage von Selbstdarstellung und Selbstverständnis, woran der gesamte technische Sektor krankt. Wer jung ist, möchte ‚gestalten', etwas ‚zu sagen haben' –, aber kann man das denn als Techniker wirklich? Hinzu kommt ein fatales Missverständnis in der Einschätzung dessen, worum es in der Kommunikation geht: Wer glaubt, es ginge dabei lediglich um die ‚Übertragung von Informationen', der irrt sich gewaltig, denn es geht um sehr viel mehr, was auch mitgeteilt wird.

So ist etwa ein Automobil weit mehr als nur ein technisches Artefakt, denn gerade der Individualverkehr hat die moderne Gesellschaft tief greifend geprägt, hat sie gleichsam nach ihrem Bilde verändert, man denke nur an den

Slogan von der ‚autogerechten Stadt'. Erst auf diesem Niveau erhält die Rede von der ‚Schlüsselindustrie' ihre wirkliche Brisanz, weil im Automobilismus ein Schlüssel zu allen erdenklichen gesellschaftlichen Entwicklungen liegt. Von Anfang an war das Auto weit mehr als nur ein Mittel zur Fortbewegung oder zum Transport, es fungiert seither unter anderem auch als Statussymbol, so, wie es alle erdenklichen ‚Bedürfnisse' befriedigt, die zuvor nicht einmal vorstellbar waren.

Gerade das aktuelle Design der sogenannten ‚Sport Utility Vehicle' (abgekürzt SUV), von denen der begehrteste der ‚Hummer' sein dürfte, lässt tief blicken. Wo vormals noch Landrover im urbanen Stadtverkehr einen Kontrast setzten durch demonstrative Geländetauglichkeit, Schmutz, große Räder und hohen Einstieg, um den Insassen einen Blick aus der höheren Warte zu offerieren, dort zeigen sich nunmehr die Nachfolger dieser Separation. Man gönnt sich nicht mehr nur den erhobenen Blickwinkel, sondern inzwischen auch die höherwertige Ausstattung, aber der Kontrapunkt ist ein anderer geworden: War es vorher noch eine fast rousseauistische Protestnote, eine Reminiszenz ans Ländliche inmitten des Urbanen, so wird nunmehr ein anderer Kontrast gesetzt.

Die Fenster der vormaligen Landrover, aus deren Form sie weiter entwickelt wurden, sind kleiner und kleiner geworden, inzwischen wirken sie wie Schießscharten. SUVs wirken nicht nur wie fahrbare Festungen, wie Militärfahrzeuge, sie sind es. Es scheint, als wollten die Cardesigner schon einen Vorausblick liefern auf das, was ihrem Verständnis zufolge alsbald kommen müsste. Es wären Panzerwagen, die durch Bürgerkriegsgebiete fahren, die den Insassen auch dort noch Bewegungsfreiheit erlauben, wo kein Mensch mehr ohne größere Gefahr seinen Fuß auf die Erde setzen dürfte.

Techniker verschließen gern die Augen vor solchen Entwicklungen, deren Teil sie selbst sind, an denen sie ganz und gar nicht unbeteiligt sind. Stets wird betont, man habe weder im Großen noch im Kleinen mit den Entwicklungen überhaupt etwas zu tun, die Entscheidungen seien von anderen ganz woanders getroffen worden. Dann kommt das alte Technikermärchen: Technik sei eben neutral, könne zu diesem und jenem verwandt werden. – Das hätte man gern, dass Technik wirklich so ist, wie Techniker sie nur zu gern in Szene setzen, um nur nicht identifiziert zu werden mit dem, was sie tun. Aber Technik ist ebenso wenig neutral, wie es die Zwecke sind, die damit jeweils verfolgt werden.

Der Stand der Technik oder aber ihre fehlende Entwicklung ist immer auch ein Zeichen dafür, dass sich wieder viel zu viele von denen, die es wissen müssten, einfach nur weggeduckt haben. Gleichwohl glaubt man noch immer, es besser zu wissen, welche Technik, welche Autos die Gesellschaft sich wünscht, welche sie verdient hat, welche den Weg in die Zukunft weisen. Warum ansonsten geben sich Techniker parteiisch, stellen sich auf die Seite bestimmter Techniken, obwohl ihnen doch die eine ebenso wichtig erscheinen müsste wie eine jede andere, Hauptsache der technische Fortschritt wird nicht wieder in Ketten gelegt. Aber so verhalten sie sich nicht, sie ergreifen Partei für bestehende Technologien, lassen sich einspannen von Lobbys und bauen dann an schlechter Technik immer weiter mit, um es am Ende dann aber gar nicht gewesen zu sein.

Einige Details im aktuellen Design der SUVs lassen tief blicken, denn sie offenbaren unwillkürlich, wie man seitens der Schlüsselindustrie die Herausforderungen der Zukunft zu meistern gedenkt, durch pure Ignoranz, aktuellen Entwicklungen wie den Kraftstoffpreisen und der Klimadiskussion gegenüber. Es scheint, als habe die Autoindustrie sich in den SUVs, in der Militarisierung der Geländewagen, in der Überaggression der Autoscheinwerfer, die nunmehr zorngewulstete Augenbrauen tragen, selbst gespiegelt. Die betont aggressive Note im Straßenverkehr ist ihre Antwort auf die Frage, in welcher Gesellschaft wir in Zukunft leben werden, ob wir wollen oder nicht.

Das Abtauchen der Techniker in den Diskursen der Gesellschaft ist zum Fanal geworden, reagiert wird wie üblich, wenn so getan wird, alles sei von höheren Schicksalsmächten vorherbestimmt, gestalten könne man da gar nichts, nur tun, was verlangt werde, ansonsten würden es andere machen. Es ist nicht nur eine geläufige Ausrede, sondern auch ein Widerspruch in sich, einerseits die anstehenden Diskurse über die Zukunft von Technik und Gesellschaft systematisch zu verweigern, andererseits aber ständig entscheidende Beiträge zur konkreten Entwicklung zu liefern, die auch anders verlaufen könnte.

Fahrzeugdesign ist bereits ein konkreter Beitrag zur Zukunft der Gesellschaft und mit dem Design der SUVs wird eine zukünftige Gesellschaft zunehmender sozialer Kälte nicht nur vorweggenommen, sondern bereits ästhetisiert, es wird als schick dargestellt, sich nicht von der Zweidrittel-Gesellschaft tangieren zu lassen, selbst dann noch immer nicht, falls alsbald bürgerkriegsähnliche Verhältnisse aufkommen sollten.

Durch Aggro-Design wird ein Klima erzeugt, in dem nur noch martialisch auftrumpfende Automobile ein Gefühl der Geborgenheit versprechen. Es scheint, als würde seitens der Automobilindustrie auch noch begrüßt, was da aufkommt, als müsste, wo Licht ist auch Schatten sein. Im Hintergrund geht es um die Ästhetisierung bürgerkriegsähnlicher Szenerien als vorweggenommene Zukunft einer Gesellschaft, durch die nur noch ein Durchkommen sein wird für den, der sich einen paramilitärischen Panzerwagen zugelegt hat. dass aber alle jene, die dann in den Outbacks leben, vor denen man sich fürderhin in Acht zu nehmen gedenkt, potenzielle ehemalige

Käufer waren, dass Autos keine Autos kaufen, wurde zwischenzeitlich vergessen.

So offenbart die Designpolitik der Fahrzeugindustrie vor allem eines, ihre Unbeweglichkeit, den Herausforderungen einer überfälligen technisch-ökologischen Revolution im Individualverkehr endlich gerecht zu werden. Aber man will und kann von der herkömmlichen Technik gar nicht lassen, hält krampfhaft an der überkommenen Motoren- und Antriebstechnik fest und fühlt sich seit geraumer Zeit selbst wie einer der Insassen in den SUVs, mit denen sich die absteigende Industrie ihr höchst peinliches Denkmal gesetzt hat, ihr Anti-Memorial, ein letztes Mal noch durch Gesellschaften zu fahren, die von ihr selbst so zugerichtet worden sind. Durch Lobbyarbeit und mächtige Interessenvertretung wurde bislang sehr erfolgreich jegliche Alternative unterbunden, nichts konnte dieser Industrie etwas anhaben, nicht die Ökowelle, nicht der Klimadiskurs, nur unter dem Eindruck explodierender Energiepreise im Verbund mit einer weltweiten Rezession, zeig(t)en sich am Ende der Ölzeit die Früchte dieser Zukunftsgestaltung, viel Mühen in Techniken verwandt zu haben, die gar keine Zukunft haben können.

Interessant an dieser Debatte über das Unbehagen angesichts der SUVs in den Städten, ist auch die Hilflosigkeit, mit der stellvertretend nur der Kraftstoffverbrauch zum Stein des Anstoßes erklärt und Sondersteuern eingeführt wurden. Der wahre Beweggrund dürfte jedoch in dem Unbehagen liegen, dass diese Wagen mit ihrem Design auslösen. – Cardesigner, Techniker und Autoindustrielle brachten vor unser aller Augen schon einmal bürgerkriegstaugliche Automobile in den öffentlichen Straßenverkehr, versehen mit der Botschaft, man sei gut gerüstet, es dürfe sozial ruhig alles noch ein wenig rauer werden, solange Pkws noch solche Sicherheit bieten.

Auch in dieser Entwicklung dürfte es wieder keine Verantwortlichen geben, schon gar nicht unter Technikern, vielmehr wird immerzu nur beteuert, man müsse den Markt bedienen. Nun aber zeigt sich gerade anhand der aktuellen Absatzkrisen, wie wenig es tatsächlich gelingt, zu produzieren, was wirklich vom viel berufenen Markt angenommen werden kann. Offenbar wurde schon seit Jahren am Markt vorbei produziert, und einer jüngsten Meldung der New York Times zufolge, wird auch das Regierungshilfsprogramm die nun noch verbleibenden letzten drei Werke, in denen SUVs hergestellt werden, nicht mehr retten können.[1]

So hat sich mit den SUVs die untergehende Autoindustrie schlussendlich noch ihr Denkmal gesetzt hat, eine Selbstdarstellung, die davon zeugt, wie souverän man gesellschaftlichen Veränderungsprozessen seit Jahren einzig

---

1 Vgl.: Florian Rötzer: Das Ende der SUVs naht. In Telepolis, http://www.heise.de/-tp/blogs/2/120911 – 28.12.2008.

mit Ignoranz und Aufrüstung glaubte beikommen zu können. Eine untergehende Technik wurde standhaft vertreten, hoch gehalten und stark gemacht, obwohl sie schon seit geraumer Zeit gar nicht mehr aktuell sein kann, aber die industriellen Systeme selbst sind starr und selbstgenügsam, sie haben bislang jeden Systemwechsel mit Erfolg konterkariert, man ist weder willens noch in der Lage, neue Wege zu gehen, es gibt daher viele Gründe, am Althergebrachten festzuhalten. Diese Industrie wird daher wohl kaum die Autos der Zukunft bauen, das werden andere tun. Und so war der Coup, mit dem der SolarWorld-Chef Frank Asbeck im Winter 2008 mit einem ‚Übernahmeangebot für deutsche Opel-Standorte' zwei Wochen lang für Überraschung sorgte, gar nicht so abwegig, bietet sich damit doch ein gänzlich anderer Ausblick auf die weitere Entwicklung, wie sie auch verlaufen könnte.

Allerdings dürfte die Krise auch in den Konzernen einiges im Kräfteverhältnis interner Diskurse verändern, manche Innovation dürfte nunmehr alsbald ihre Chance erhalten. Dennoch ist es die Frage, ob die herkömmlichen Strukturen wirklich dazu angetan sind, guter Technik wirklich eine Chance zu geben. Techniker, die sich an diesen Diskursen nicht beteiligen, sondern so tun, als hätten sie damit rein gar nichts zu tun, sollten nicht länger ernst genommen werden auch nicht als Techniker.

Es ist eine Masche, stets arglos zu tun und den Eindruck zu erwecken, man sie als Techniker doch nur ein kleines Rädchen im Getriebe, denn was mit aggressivem Cardesign angerichtet wird, geht eben vor allem auf das Konto von Technikern. Ein solches Design ist bereits eine Äußerung auf der Beziehungsebene, eine öffentliche Demonstration, ein Bekenntnis, was man wirklich von dieser Gesellschaft hält, gar nichts. Aber selbst wenn Analysen bis zu diesem Punkt fortgeschritten sind, von Technikern würde noch immer vorschützend behauptet, daran habe nun wirklich im Traum niemand gedacht, man habe weder solches intendiert und schon gar nicht gewünscht. Und wieder ist es nur die altbewährte Masche, so zu tun, als hätte man, außer von Technik nun wirklich von nichts eine Ahnung, keine weiteren Kompetenzen und schon gar keine Verantwortung. Im Gegenzug wäre es dann aber angezeigt, der Gesellschaft nahe zu legen, solche Techniker selbst als Sicherheitsrisiko zu betrachten.

Kommunikation ist weit mehr als nur Übertragung von Information – das nachrichtentechnische Modell von Sender und Empfänger ist obsolet. Nichts wird da ‚übertragen', vielmehr konstruiert jeder in seinem Kopf die gesamte Wirklichkeit noch einmal neu, ein jeder für sich. Aber weil alles Verstehen auf Konstruktion beruht, wird man auf alle erdenklichen Hinweise zusätzlich noch achten, wird alles Mögliche mit ins Kalkül ziehen, wie etwa die Körpersprache, die Selbstdarstellung, das Verantwortungsbewusstsein. Man wird prüfen, ob jemand glaubwürdig erscheint, etwas von seiner Sache versteht, kritisch und auch selbstkritisch genug ist, ob man vertrauen kann, usw. usf.

Es sollte daher gar nicht verwundern, dass die mitunter demonstrativ in Szene gesetzte Passivität von Vertretern technischer Berufe als Botschaft verstanden wird, als solle immerzu gesagt und signalisiert werden: ‚Ich halte mich da mal heraus‘, oder ‚Damit habe ich nichts zu tun‘, denn ‚Ich bin nur für den C-Wert zuständig‘ – allesamt Botschaften, die sich zusammenfassen lassen in einer Aussage: ‚Macht ihr doch, was ihr wollt!‘ Wer sich so darstellt, kann nicht ernst genommen werden, außer im engsten Bereich zugesprochener Kompetenzen. Es spielt dann auch keine sonderlich entscheidende Rolle mehr, was gesagt wird und wie es gemeint sein könnte, denn eine solche Demonstration von Ignoranz ist bereits die Botschaft, und diese fällt dann auch aus, wie dieses Verhalten erscheint, unsicher, wortkarg, verschlossen, nichts sagend, unwesentlich. Aber es gibt sie gar nicht, die Möglichkeit, sich aus der Beziehungsebene herauszuhalten, denn man wird von anderen gerade auf dieser Ebene immer schon aufs Genaueste beobachtet.

Man kann sich nicht *nicht* verhalten. Jede Art des Verhaltens, auch das Nichtssagen ist bereits Kommunikation, ein Verhalten, das andere sehr wohl wahrnehmen und ausdeuten werden. Daher lauten die beiden wichtigsten Axiome über menschliche Kommunikation nach Paul Watzlawick folgendermaßen:

> Man kann nicht nichtkommunizieren.[2] – Jede Kommunikation hat einen Inhalts- und einen Beziehungsaspekt, derart, dass letzterer den ersteren bestimmt und daher eine Metakommunikation ist.[3]

Über die reine Sachinformation hinaus enthält eine jede Kommunikation noch zusätzliche Hinweise, die wir nolens volens mitzuverstehen geben, vor allen, in welcher Beziehung wir jeweils zum Anderen stehen. Botschaften über die emotionalen Aspekte einer Begegnung werden unwillkürlich abgesetzt und zumindest unterschwellig stets mit wahrgenommen. Was jeweils mit-zu-verstehen gegeben wird, lässt sich allerdings auch ganz bewusst ausdeuten, denn weil immer etwas Bestimmtes zum Ausdruck gebracht wird, lässt sich ein jedes Verhalten stets auch daraufhin sondieren, warum etwas nun so und nicht anders zum Ausdruck gebracht worden ist. Allein, dass wir uns auf eine bestimmte Art und Weise geben und nicht auf eine andere Art, gibt bereits viel zu verstehen, vor allem auch, wie es jeweils um uns und um die Beziehung zum Anderen steht.

---

2 Watzlawick, P. – Beavin, J.H. – Jackson, D.D.: Menschliche Kommunikation – Formen, Störungen, Paradoxien. Darin: 2. Kapitel: Pragmatische Axiome – ein Definitionsversuch. Bern – Stuttgart – Wien 1969, 53 (zuerst New York 1967).
3 Ebd. 56.

Bereits anhand von Gestik und Körperhaltung, wenn nur allererste Reaktionen vorliegen, die noch unwillkürlich sind und sich kaum wirklich steuern lassen, beginnt diese wechselseitige Wahrnehmung dessen, was der andere mir bedeutet, was ich ihm bedeute, was er mir und was ich ihm zu verstehen gebe. Das, was gesagt wird, macht dabei nur einen Teil dessen aus, was in solchen Interaktionen alles ansonsten noch mitschwingt. Noch bevor das erste Wort gefallen ist, lassen sich bereits alle erdenklichen Beobachtungen und Erfahrungen machen, die von sich aus zu denken geben.

Es herrscht mitunter ein seltsames Verständnis von Sachlichkeit und Rationalität vor, wenn ernsthaft geglaubt wird, man könne Beziehungsaspekte wirklich heraushalten aus einer kommunikativen Interaktion. Gleichwohl bleibt diese Ebene auch dann noch immer präsent, sie ist nur ausgeblendet, wird nur überspielt und obwohl sie es nicht soll, prägt und beeinflusst sie die gesamte Begegnung doch. Zudem ist der Anspruch auf eine entseelte, unpersönliche kommunikative Interaktion auch riskant, denn gerade hinter dem Mantel der Sachlichkeit kommen bei Gelegenheit urplötzlich nicht selten tatsächlich irrationale Züge zum Vorschein, es sind die ausgeschlossenen verdrängten, unterdrückten und instrumentalisierten Gefühle, die sich dann unkontrolliert die ihnen verwehrte Geltung verschaffen.

Wo es also auf Individualität per se nicht ankommen soll, dort wird sich diese nicht selten anderweitige Ausdrucksweisen verschaffen, um hinterrücks doch noch zum Zuge zu kommen. Der betont hoch gehaltene Anspruch auf Sachlichkeit dient daher in der Regel eher dem Versuch, verleugnen zu wollen, was sich nicht abspalten lässt, dass jeder kommunikative Akt nicht nur auf der Ebene der Information, sondern auch auf der Ebene der Beziehung von Bedeutung ist. Das geschieht, ob wir es wollen, ob wir dabei mitmachen oder nicht, das geschieht selbst dann, wenn wir uns verweigern. Es lässt sich weder verhindern noch wirklich kontrollieren, dass und wie wir anderen zu denken geben über uns, dass wir unwillkürlich Einblicke geben und Rückschlüsse erlauben, allein bereits durch die Art unseres Auftretens.

In einer jeden Begegnung werden alle Beziehungsaspekte vom ersten Augenblick an permanent registriert, dokumentiert und bewertet. Sie sind es auch, die nicht selten den Ausschlag geben, wie wir uns und wie andere sich fühlen, wie eine Situation insgesamt ausgedeutet wird. Nichts ist daher wichtiger als diese Ebene der Reflexion, die auf zusätzlichen Impressionen beruht. Auch trifft ein anderer sehr beliebter Einwand keineswegs zu: Gefühlseindrücke sind nichts Irrationales, wie immer wieder gern gemutmaßt wird, weil sie doch weder verstandes- noch vernunftgesteuert sind. Gefühle haben ihre eigene Schlüssigkeit gerade in der Wahrnehmung feinster Details, in der Bewertung ganzer Situationen, vor allem in der Anwendung und

Übertragung bereits gemachter Erfahrungen – und was zu guter Letzt die Urteilskraft damit anstellt, ist ihr Problem. Solche Wahrnehmungen zu übergehen, sie nicht ernst zu nehmen oder ernst nehmen zu können, nicht zu realisieren oder nicht realisieren zu können, was sie bedeuten, ist nicht minder irrational als jene Irrationalität, die ‚den‘ Gefühlen oftmals nachgesagt wird.

Wie wollte man denn andernfalls rein rational beurteilen wollen, ob man sich nun in einer vertrauenswürdigen Umgebung befindet und sich somit aufgehoben fühlen darf oder ob man nicht vielmehr in einer sehr problematischen Situation steht, einer solchen, in der der Schein trügt? Wie will man denn mit der eigenen Unsicherheit umgehen, die doch auch ein womöglich berechtigtes ungutes Gefühl ist? Durch Vermeidungsstrategien wird sich jedenfalls kaum verhindern lassen, ein Opfer der eigenen Arglosigkeit zu werden. Und gerade die Unbedarftheit im Ausdruck ist auch kein Mittel, sich und der Sache die nötige Geltung zu verschaffen. Gewiss: Was rein rational nicht ins Blickfeld gerät, ist zunächst einmal rein rational nicht relevant, wie sollte es auch. Es ist jedoch naiv, wenn immerzu unterstellt wird, es gäbe nichts Relevantes außerhalb der viel beschworenen Rationalität, denn es können noch ganz andere Momente zusätzlich in ein- und derselben Situation ausschlaggebend sein, solche, die alsbald auch rational von überaus großer Bedeutung sein könnten.

Die Mitarbeiter des Airbus-Werkes von Hamburg–Finkenwerder dürften längst gespürt haben, dass es nicht gut um sie bestellt sein mochte in den Augen eines der Vorstände von Toulouse, Noël Forgeard, zuvor Geschäftsführer von Airbus und seit 2005, zusammen mit Thomas Enders, in der Leitung von EADS. Der größte Teil der Verantwortung für das Airbus-Desaster von Hamburg-Finkenwerde dürfte dem Franzosen anzulasten sein, was uns hier nur peripher, nur insofern interessiert, weil dieser Fall wieder ein mustergültiges Beispiel dafür abgibt, zu studieren was passiert, wenn versucht wird, Probleme auf der Beziehungsebene durch Abtauchen zu bewältigen. In diesem Zusammenhang wird dann die Formel von den angeblich irrationalen Gefühlen stets vorgebracht, um sie als irrelevant zu klassifizieren, um nicht wahrhaben zu müssen, was sie bedeuten könnten, um sich nicht damit befassen zu müssen, was daraus folgen könnte.

Es ist allerdings auch aberwitzig, sich vorstellen zu müssen, wie ein ganzer Technologie-Konzern zum leichten Opfer narzisstischer und nationalistischer Geltungssucht wird, ohne dagegen wirklich etwas unternehmen zu können. Aber es entspricht nun einmal dem überkommenen Selbstverständnis von Technikern, solcherlei gar nicht erst in Erwägung zu ziehen, geschweige denn anzusprechen und so blieb unangesprochen, was längst hätte ausgesprochen worden sein müssen. Derweil ist es immer wieder erstaunlich, mit welcher Vehemenz standhaft der naive Glaube vertreten wird, darauf käme es nicht an, so etwas spiele keine Rolle, es sei hinzunehmen und nicht wirklich wichtig, Hauptsache man mache seine Arbeit. Aber auch und gerade unter professionellen Bedingungen gilt – Sachlichkeit hin oder her – die Beziehungsebene wird stets mitthematisiert, diese Botschaften werden auch dann abgesetzt, wenn sich alle Beteiligten ganz unscheinbar und nichtssagend oder wie gewohnt ganz betont objektiv und sachlich geben. Man kann nicht nicht kommunizieren.

Es ist kein Entkommen, das eigene Selbstverständnis ebenso wie das Verhältnis zu den anderen wird stets unwillkürlich mitthematisiert. In der alltäglichen ebenso wie in der professionellen Kommunikation sind diese Reflexionsebenen für das gegenseitige Verständnis und das Kooperationsverhalten von grundlegender Bedeutung. Andernfalls kommt es zu fatalen Verständigungsproblemen, vor allem dann, wenn die Botschaften inkompatibel sind: Während man selbst von sich glaubt, um Sachlichkeit bemüht zu sein, lässt sich gerade dieser Habitus auf der Beziehungsebene ganz anders deuten, als Eigenbrötelei, als Ausdruck der Ignoranz, als Beispiel für kommunikative und interaktive Inkompetenz, als Anzeichen der Kaltschnäuzigkeit.

Berühmtestes Beispiel für die Verwechslung beider Ebenen ist das so genannte ‚Restrisiko‘, denn dieser Terminus avancierte zum Fanal einer, wenngleich auch falsch verstandenen, dennoch aber nicht ganz unredlichen Reinterpretation. Nimmt man die Formel als Botschaft auf der Beziehungsebene, so folgt daraus ein blanker Zynismus: ‚Wo gehobelt wird, da fallen Späne‘. Gewiss, das hatte man mitnichten sagen wollen mit diesem Terminus, aber hat man es nicht doch mitzuverstehen gegeben? Ist es nicht sogar noch schlimmer, weil man nicht einmal bemerkt hat, mitunter bis auf den heutigen Tag nicht, dass man diese Botschaft auf der Beziehungsebene implizit mit zum Ausdruck gebracht hat? Und ist es dann nicht verständlich, wenn die Emotionen unter dem Eindruck solcher ‚Sachlichkeit‘ hochkochen?

Man stelle sich nur einmal vor, der Servicewagen, der Transrapid und die Leitstelle auf der Versuchsstrecke von Lathen seien nicht mit Technikern, sondern aus unerfindlichen Gründen mit Geisteswissenschaftlern besetzt gewesen, um zu sehen, dass diese ein ganz anderes Kommunikationsverhalten an den Tag legen würden. Während Techniker sich offenbar selbst als Teil des Systems betrachten, würden Geisteswissenschaftler die Tatsache, warten zu müssen, stets auch auf der Beziehungsebene ausdeuten. Warten müssen kann auch als ‚warten lassen‘ reinterpretiert und somit ‚persönlich‘ genommen werden, das umso eher, je besser man die Kollegen in der Leitstelle kennt, denn dann wird erwartet, dass sie wissen, dass man das Warten-Müssen auch auf der Beziehungsebene ausdeuten dürfte. Genau auf diese Weise kommen dann auch die gar nicht so redundanten ‚Redundanzen' in die Sprachspiele der Kommunikation, die durchaus einen veritablen Beitrag zur Sicherheitskultur leisten könnten. Wäre der Service–Wagen in Lathen mit Geisteswissenschaftlern besetzt gewesen, diese hätten spätestens nach zehn Minuten in der Leitstation angefragt, ob das Warten-Lassen persönlich gemeint sei.

Informationsebene und Beziehungsebene lassen sich gar nicht ‚sauber' voneinander trennen, wir sind immer schon eingebunden in Strukturen, die sich ganz und gar nicht ‚rein sachlich', ausschließlich auf der Ebene ‚harter Fakten' bewältigen lassen. Das Gerede davon ist nicht selten geprägt von Vermeidungsstrategien, um Verunsicherungen und Unwägbarkeiten systematisch aus dem Wege zu gehen, dann aber entspricht es selbst nicht einmal dem, worauf es angeblich aus ist – reine Sachlichkeit, denn dann ist dieser Habitus anders motiviert, als immerzu hervorgehoben wird, der Anspruch auf Sachlichkeit ist daher mitunter selbst nicht wirklich sachlich begründet. Es ist kein Entkommen, Gefühle wie Zutrauen und Misstrauen, Gunst oder Missgunst, Wohlwollen oder Konkurrenz lassen sich nicht heraushalten, nicht einmal aus den Diskursen, in denen es angeblich nur rein sachlich zugeht.

Darauf mit Zurückhaltung zu reagieren, sich nicht zu exponieren, kann nicht die Lösung sein, denn dann sollte es auch nicht verwundern, wenn darauf ganze Diskurse Schlagseite bekommen, wenn ganz Sektoren unausgeleuchtet sind, wenn die Wirklichkeit eben ganz und gar nicht umfassend repräsentiert und in den Blick genommen wird. Wenn in den Diskursen solche defizitären Auftritte absolviert werden, dann müssen sie auch in ihren Ergebnissen unausgewogen sein.

Diskurse können nicht luzider sein, als die, die sie führen, sie können nicht mehr wissen, als die, die ihr Wissen erst einbringen müssen, sie können nichts sehen, was nicht zuvor von anderen gesehen worden sein muss, sie können auch keine Einsichten nehmen, wenn ihnen diese nicht zuvor eröffnet worden sind. Diskurse sind abhängig von denen, die involviert sind, sie sind abhängig davon, dass sich deren Teilnehmer auch auf sie einlassen, nicht nur ‚rein sachlich', sondern ‚ganz', was mit Fanatismus nichts zu tun hat, es genügt, alle entscheidenden Hinsichten stark zu machen, so stark, wie es ihnen der Sache nach zukommt. Diskurse sind eben erst dann ideal, wenn sie alle Perspektiven, die in einer Angelegenheit nun einmal relevant sind, abbilden, beurteilen und bewerten können. Wo dagegen ganze Sektoren fehlen, ganze Motivklassen gar nicht eingebracht, sondern außer Acht gelassen werden, dort sind sie nur begrenzt oder gar nicht aussagefähig, mitunter so beliebig, so dass sie mit Fug und Recht selbst als irrational charakterisiert werden sollten.

Gerade in Kreisen derer, die zu entscheiden haben, fehlen offenbar genau jene Techniker, die sich auf mehr als nur auf ihre Sache verstehen, die darüber hinaus auch noch fähig sind, anderen verständlich zu machen, worauf es eigentlich ankommt, wenn Technik ‚gut' werden soll. Technologie, dem Wortsinne nach, ist eben auch eine Frage der Vermittlung, gelingende Kommunikation ist weitaus mehr als die Summe aller Informationen, entscheidend ist nicht nur dass, sondern auch ob und wie darüber gesprochen wird, und dabei ist die Beziehungsebene gewiss nicht weniger wichtig als die Ebene der angeblich immer nur harten Fakten.

Gefragt sind Experten mit den entscheidenden kommunikativen Kompetenzen, die mehr als nur die reinen Fakten zu bieten haben, die auch noch Ansätze liefern, was diese jeweils konkret bedeuten und was sie aus welchen Gründen nicht bedeuten, die sich nicht andauernd nur entziehen, vor allem dann nicht, wenn Emotionen aufkommen, sondern die gerade auch dann noch verdeutlichen können, worauf es ankommt, was ist und was nicht ist, wenn die Wogen höher gehen. Wünschenswert sind daher Techniker, Technik-Experten und Technologen, die ebenso engagiert sein können, wie andere Experten auch, vor allem aber eines wäre wünschenswert, mehr professionelles Selbstbewusstsein, ein neuer Typ von Technikern, die sich nicht mehr ganz so leicht einschüchtern lassen, die sich nicht verschließen müssen, sondern die in der Lage sind, auch auf der Beziehungsebene zu kommunizieren.

Aber wer entscheidet eigentlich auf welcher fachlichen Grundlage in großen Betrieben für das Gesamtunternehmen in solchen Fragen? Wer ist verantwortlich? Sind es Techniker, sind es Ökonomen? Wessen Stimme hat Gewicht und findet Gehör, wenn es darauf ankommt? – Wenn jedoch, wie zu erwarten sein wird, Ökonomen gerade auch in technischen Fragen entscheiden, wie will man dann eigentlich in der Kommunikation zwischen Technik und Wirtschaft sicher stellen, dass man sich in Fragen der Sicherheit auch nur notdürftig versteht? – Es ist eine unbehagliche Vorstellung, dass Ökonomen und Technikern einander womöglich gar nicht hinreichend verstehen und nicht wenige Entscheidungen daher suboptimal ausfallen müssen, was ganz gewiss mit der viel beschworenen ‚Sachlichkeit' rein gar nichts mehr zu tun.

Demnach ist zu befürchten, dass die Entscheidungsbefugnisse im Zweifelsfalle, wenn es darum geht, technische Belange sicherzustellen, in der Regel nicht denen zustehen, die von der Sache wirklich selbst etwas verstehen. Vielmehr wird von Fachfremden nicht selten auch über Zweckmäßigkeiten entschieden, und das vor dem Hintergrund von Kompetenzen, die nicht viel mehr als nur laienhaft sein dürften. Derweil ergänzen sich Ignoranz auf der einen und das mangelnde Überzeugungsvermögen auf der anderen Seite. Gewiss mögen die Gründe auch im mangelnden Überzeugungsvermögen einerseits und in Beratungsunfähigkeit andererseits liegen, nicht selten aber sind es gar keine Diskurse, denn diese würden ein Gleichgewicht der Kräfte voraussetzen. – Man muss miteinander reden müssen, nur dann sind Offenheit, Hilfsbereitschaft und Lernfähigkeit hoch genug, ansonsten herrscht eher die übliche Arroganz der Macht derer, die sich im Vollbesitz einer Autorität wähnen, wie sie nur die Quartalszahlen liefern. Diese aber sagen über Sicherheitsstandards nur dann etwas aus, wenn der Name des Unternehmens wieder einmal mit schlechten Nachrichten in Verbindung gebracht wurde. Gerade in Krisen, wenn es wirklich darauf ankommt, dürfte sich dieser Mangel an wirklicher Kommunikation und tatsächlicher Kooperation unvorteilhaft auswirken.

Der Unfall auf der Transrapid-Versuchsstrecke von Lathen war lange zuvor bereits absehbar, war sogar vorhergesagt worden. Ein Zusammenstoß beider Fahrzeuge stand allen Beteiligten als Möglichkeit vor Augen, in den Logbücher waren bereits frühere Vorkommnisse von tatsächlichen oder Beinahe-Unfällen verzeichnet. Aber der Servicewagen taucht im Sicherheitskonzept der Anlage gar nicht erst auf und daher ist er an diesem Tag nicht zum ersten Mal schlicht vergessen worden. Die einzige technische Unterstützung war das GPS-Signal, anhand dessen sich die Position des Service-Wagen im Leitstand hatte nachvollziehen lassen, der Fahrdienstleiter muss es vor Augen gehabt haben.

Es ist aber ein Prinzip der Sicherheitstechnik, Menschen nach Möglichkeit technisch zu entlasten von reiner Beobachtungstätigkeit. Warum war nicht wenigstens eine dieser in der Bahntechnik ansonsten auch üblichen, sehr effektiven und zugleich kostengünstigen Sicherungen eingebaut, bei der der Zündschlüssel für den Servicewagen zugleich auch den Strom für die Magnettrasse freigibt? Warum vor allem konnte die Besatzung im Servicewagen den Funkverkehr zwischen Leitstelle und Transrapid nicht mithören?

Aber die Betriebserlaubnis war gültig, die Vorschriften für die Sicherheit zwar veraltet und untertechnisiert, aber nicht unüblich. Handelte es sich doch, wie immer wieder betont wurde, um eine Versuchsstrecke und da mochte man sich womöglich ganz bewusst ein Mehr an Bewegungsfreiheit und Gestaltungsspielraum freihalten. Es konnte allerdings jederzeit zu dieser Kollision kommen, denn die Möglichkeit einer solchen Koinzidenz war niemals ausgeschlossen. Daraufhin drängen sich weitere Fragen auf, denn die Begründung anzuführen, es sei eben eine Teststrecke gewesen, wird, angesichts der Passagierzahlen mehr und mehr fadenscheinig.

Viel Fantasie ist nicht erforderlich, zu mutmaßen, dass erfolglose Forderungen von Mitarbeitern nach einem technisch besser ausgestatteten Sicherheitssystem, in dem auch die Werkstattwagen hätten zum integralen

Bestandteil werden sollen, einen durchaus konkreten Anlass hatten. Es hatte mehrfach bereits Unfälle gegeben, auch der GAU war vorhergesagt worden. Nur wenige Monate zuvor war auf einer Transrapid-Konferenz in Dresden noch einmal explizit die Möglichkeit einer solchen Kollision angesprochen worden. Die entscheidende Passage findet sich im 17. Vortrag der 5. Dresdner Fachtagung Transrapid vom 29. September 2005 an der TU-Dresden, in einem Vortrag von fünf Ingenieuren, drei davon vom Eisenbahnbundesamt in Hannover: Christian Rausch, Thorsten Janssen, Igor Zaiser, Felix Gmünder, Christian Hürzeler: Sicherheitskonzept für die Magnetschnellbahn Transrapid.[4] Auf Seite 218 findet sich dann unter der Rubrik *Systembedingte Gefährdungen* als zweite von vier Varianten: *Zusammenstoß eines technisch gesicherten MSB-Fahrzeuges mit einem fahrweggebundenem Instandhaltungsfahrzeug.*

Eben dieses Szenario muss durchaus konkret vor Augen gestanden haben, aus gegebenem Anlass, denn es wurde zwischenzeitlich auch von der Kollision zweier Werkstattwagen bei Tempo 60 km/h gegen Ende des Jahres 2004 berichtet.[5] Dieses Ereignis dürfte dann auch der Anlass gewesen sein für das Ansinnen, die Werkstattwagen als integralen und regulären Bestandteil in das Sicherheitssystem zu integrieren.

Man hatte es also bereits vor Augen, dieses Geisterfahren auf der Transrapidstrecke, und eine dementsprechende Sicherheitsdebatte dürfte spätestens aus diesem Anlass geführt worden sein, aber die Entscheidung in Frauen höherer Sicherheitstechnik fiel dagegen aus. Die sowohl vom Hersteller des Transrapids als auch von der Genehmigungsbehörde der Teststrecke vorgegebene Verpflichtung zum verbindlichen Setzen einer Fahrwegsperre war nicht in eine entsprechende Regelung umgesetzt worden, was dann auch zur Verurteilung zweier Betriebsleiter führte. Der eigentlich verantwortliche Fahrdienstleiter, der den Streckenabschnitt zuvor nicht gesperrt und der dann die Strecke freigegeben hatte, obwohl er doch zumindest das GPS-Signal vor Augen gehabt haben muss, ist seit dem Prozessanfang verhandlungsunfähig. Der Lokführer des Transrapid, der das scheunentorgroße Service-Fahrzeug hätte sehen müssen, als er darauf zuraste, muss nach hinten oder sonst wohin geschaut haben und ist bei dem Aufprall ums Leben gekommen.

Das Gericht stellte eine unheilvolle Verkettung von Fehlern fest und Ralf Wiegang kommentierte in der Süddeutschen Zeitung anlässlich der Urteile im Transrapid-Prozess:

---

4 Vgl. http://www.hochleistungsbahnen.tu-dresden.de/fachtagung_tr/trt5/17_trt5_-vortrag17.pdf

5 Siehe hierzu: Christian Deutschländer: Passagiere sahen die Katastrophe kommen. In Merkur vom 23.09.2006.

Es war wohl so: Seit Jahr und Tag testeten sie auf der hermetisch abgeriegelten Stelzenschleife im emsländischen Nirgendwo einen Zug, der kein Ziel hatte. Sie maßen alles, was man messen konnte, aber für die Gefahr von nachlässiger Routine, professioneller Selbstsicherheit, leichtfertiger Ablenkung gab es kein Messgerät. Der Angeklagte Günter S. hatte vor Gericht unter Tränen gesagt: ,Es ist unfassbar, was da passiert ist.' [6]

So erlaubt dieser Unfall auch Einblicke in die Realverhältnisse interner Kommunikationskulturen, nicht nur zwischen Leitstelle, Servicefahrzeug und Transrapid, sondern auch der auf höherer Ebene, dort, wo die Entscheidungen fallen, welche Technik ,gute' Technik ist. Und wieder regiert das Prinzip mangelnder kommunikativer Kompetenz, etwa wenn vor Gericht einer der Zeugen, der stellvertretende Betriebsleiter der Transrapid-Teststrecke die Aussage verweigert mit einer dieser typischen Ausflüchte,

er würde zwar „gerne" etwas sagen, betonte der 52-Jährige, der zum Zeitpunkt der Katastrophe vor knapp 20 Monaten diensthabender Betriebsleiter war. Weil jedoch „vieles falsch verstanden werden könnte", wolle er lieber schweigen. [7]

Die Frage wäre allerdings schon, ob solchen Ingenieuren die Gesamtverantwortung für einen solchen Testbetrieb mit Passagieren aus Fleisch und Blut überhaupt übertragen werden sollte, denn es muss befürchtet werden, dass sie nicht erst geschwiegen haben, nachdem etwas passierte, um sich nicht selbst zu belasten, es muss auch befürchtet werden, dass sie mit dem Schweigen auch vorher schon begonnen hatten, mehr noch, dass sie gar nicht in der Lage gewesen sein dürften, sich überhaupt adäquat zu äußern, dann aber sind solche Ingenieure selbst ein Sicherheitsrisiko.

Ging es in Lathen um die tödliche Routine im verlängerten Testbetrieb eines Zuges, der wieder und wieder das Ziel seiner Anwendung verlor, auch, weil das Konsortium fast schon notorisch mit falschen Zahlen und Erpressungsversuchen die Politik für sich einzuspannen versuchte, so ging es in Finkenwerder um das neue, äußerst vielverspechende Projekt des A380 und das in einer Zeit, in der eine Erfolgsmeldung die nächste ablöste. Aber offenbar gelingt es nicht einmal einem ausgewiesenen Technologie-Konzern im Aufwind, die Hegemonie von Ökonomie und Administration einzudämmen, so dass die hier vorgetragene Arbeitshypothese wieder neue Nahrung findet auch im Desaster um den Airbus A380 im Sommer 2006.

---

6 Ralf Wiegand: Glieder einer Fehlerkette. In Süddeutsche Zeitung vom 23.05.2008.
7 Wichtiger Zeuge verweigert die Aussage. In Frankfurter Allgemeine Zeitung vom 08.05.2008.

Einer internen Untersuchung des Mutterkonzerns EADS über die Verhältnisse bei Airbus zufolge, auf die sich der Focus vom 7. Oktober 2006 bezieht, wurden *grobe Managementfehler* verzeichnet; zitiert wird ein namentlich nicht genannter EADS-Manager mit den Worten: *Seit Jahren sei die Un-
ternehmenskultur von einem Klima der Angst und des Misstrauens geprägt.*
Insbesondere beim Bau des neuen Großraumflugzeugs A380 sei das Miss-
management offensichtlich geworden. *Nach unten erzeugten die Top-Ma-
nager einen ungeheuren Druck,* wird wieder wörtlich zitiert. Nur Erfolgsmeldungen habe man in den Chefetagen von Toulouse und Hamburg hören
wollen, von Problemen habe man dagegen nichts wissen wollen, so sei ein
Kartell des Totschweigens entstanden. Insbesondere die komplexen Verka-
belungsprobleme, welche die Produktion des A380 massiv ins Stocken geraten ließen, seien noch immer nicht behoben.[8]

Dem Hamburger Abendblatt ließ sich Näheres entnehmen, was es mit
den genannten Schwierigkeiten bei der Verkabelung des A380, der Ursache
für die zuletzt zunächst widerwillig eingeräumten Lieferverzögerungen auf
sich hatte. Demnach arbeitete die Sektion in Hamburg mit einem anderen,
nur zweidimensionalen Computerprogramm, um den Arbeitsaufwand, das
Vorgehen und wohl auch die optimale Länge beim Verlegen der Kabelstränge zu simulieren. Daraufhin wurde nicht nur der tatsächlich anfallende
Arbeitsaufwand unterschätzt, sondern es zeigten sich zusätzliche Probleme,
unter anderem waren ganze Kabelbäume zu kurz, was einen nicht unbe-
trächtlichen Mehraufwand durch ‚Handarbeit' nach sich gezogen haben
dürfte, womöglich hat man auch ganze Chargen von Kabelbäumen wieder
entsorgen müssen.

In diesem Zusammenhang zitiert die Hamburger Morgenpost vom 9. Oktober 2006 ein ebenfalls nicht namentlich genanntes Mitglied des Betriebsra-
tes von Airbus-Finkenwerder, der die Hintergründe so schildert, wie sie sich
vermutlich intern dargestellt haben dürften: Reine Machtdiskurse, wie sie typisch sind für derartige Konstellationen, da wird dann die bessere Software
zum Distinktionsmerkmal und das nicht eben kleine Werk in Finkenwerder
zum Aschenputtel.

In Toulouse und Hamburg setzte Airbus eine unterschiedliche Soft-
ware für die Entwicklung der 530 Kilometer langen Kabelstränge im
Inneren der Rumpfteile ein. „Nur in Toulouse gab's die echte Power-
Software in 3-D-Qualität", klagt ein Mitarbeiter. Hamburg musste da-
gegen mit einer älteren Version auskommen. Die Folge: Kabelsalat.
Die Kabelbäume mit Hunderten von Strängen für 550 Sitze (Video,

---

8 Grobe Managementfehler bei Airbus. In Focus vom 07.10.2006.

TV, Internet, Telefon) waren einige Zentimeter zu kurz und passten nicht. [9]

Allein anhand des Wortlautes lässt sich unschwer zwischen den Zeilen lesen, um zu erahnen, wie man in Hamburg über die von Toulouse gedacht haben muss, wenn diese sich die ‚echte Power-Software' sehr wohl geleistet haben. – Versuche, die unterschiedlichen Computersysteme kompatibel zu machen, erwiesen sich nicht nur als aussichtslos, sondern zeitigten zusätzliche Probleme. Erst im Juli 2006 sei entschieden worden, auch in Hamburg das bereits in Toulouse verwandte Programm einzusetzen, mit dem der Einbau der Kabel nunmehr dreidimensional simuliert werden konnte, so dass sich Schwierigkeiten bei der realen Montage vorhersehen und somit vermeiden ließen. Hierzu aber war eine Schulung der Beschäftigten, die damit arbeiten sollten, in Toulouse erforderlich, worin vermutlich einer der Kostengesichtspunkt liegen dürfte, warum man es so lange ohne diese Maßnahme versucht hat. [10]

Die Notwendigkeit zum Simulieren von Kabelschächten, Kabelbäumen und das Kalkulieren des damit einhergehenden Arbeitsaufwands beim Verlegen, ein 3-D-Programm einzusetzen, erschließt sich prima facie bereits ohne nähere Betrachtung. Kaum einleuchtend ist dagegen, dass man es überhaupt ohne diese Arbeitshilfe versucht hat. Ganz und gar nicht mehr nachvollziehbar ist allerdings, dass die Schwierigkeiten kaum hinreichend kommuniziert und noch weniger ernst genommen worden sein dürften, selbst dann noch immer nicht, als sich ernsthafte Probleme längst abzeichnen mussten.

Man soll dem Ochsen, der da drischt, nicht das Maul verbinden, heißt es im Orientalischen, man sollte ihm also keineswegs vorenthalten, was er braucht, um seine Arbeit zu verrichten, in diesem Falle also die Luft zum Atmen und das in einer doch auch staubigen Atmosphäre. – Derweil stellt gerade die Verweigerung mehr oder weniger notwendiger Arbeitsmittel auch ein nicht selten bewusst gesetzter Affront auf der Beziehungsebene dar.

Vor dem Hintergrund monatelanger Führungsstreitigkeiten im Vorstand der EADS machte diese Volte der Herabsetzung gegen die in Hamburg möglicherweise auch noch einen ganz anderen Sinn, denn wenn es ohnehin vor allem um eines ging, wer nun das Sagen haben soll, ‚die' Deutschen oder ‚die' Franzosen, dann dürften die Werke in Deutschland betriebsintern längst auf der Schattenseite, auf der Abschussliste gestanden haben. – So dürfte sich dann wieder einmal ein Motiv zum Abtauchen ergeben haben,

---

9 Dierk Rohwedder: Das Kartell des Totschweigens. In Hamburger Morgenpost vom 09.10.2006.
10 Vgl.: Volker Mester: Probleme mit den Kabeln und Computerpannen. In Hamburger Abendblatt vom 11.10.2006.

was wiederum als Erklärung dienen könnte, warum man intern erst etwas verlauten ließ, als es bereits zu spät war. Die Verantwortung für solche Störungen in der Kommunikation liegt jedoch zweifelsohne beim Vorstand, zumal dann, wenn dieser über Monate nur mit sich selbst beschäftigt ist.

Dieser Fall, dass mehr oder weniger notwendige Arbeitsmittel verweigert werden, lässt an die beiden Matrosen im Krähennest der Titanic denken, denen man die Herausgabe von Ferngläsern verweigert hatte. In dieser Nacht herrschten für die Eisbergwarte äußerst schwierige Sichtverhältnisse, weil der Mond ein Meer beschien, das wie Öl dalag. Falls sich der Eisberg kurz vor seiner Sichtung auch noch gewendet haben sollte, also gar nicht seine weiße Oberseite, sondern seine algengrüne Unterseite zeigte, so dürfte die Tarnung fast perfekt gewesen sein, wertvolle Zeit war dann längst verstrichen. Es wurde zwar bestritten, dass Ferngläser beim Observieren wirklich gute oder bessere Dienste geleistet hätten, das mag sein, gleichwohl wären beide Besatzungsmitglieder ganz gewiss höher motiviert gewesen, hätte man ihnen diese ‚Auszeichnung‘ zukommen lassen. Allerdings war erst das viel zu spät und vorschriftswidrig noch kurz vor der Kollision eingeleitete Ausweichmanöver der entscheidende Fehler, denn dadurch wurde die ganze Seite aufgerissen, erst daraufhin wurden mehr Kammern geflutet, als noch zu verkraften gewesen wären.

Einige der betriebsinternen Probleme im Fall von Finkenwerder dürften unmittelbar auf die schwierigen, politisch induzierten Führungsstrukturen gerade beim Firmen-Konsortium von EADS und Airbus zurückzuführen sein. Gleichwohl zeigt sich auch hier wieder, wie schwierig es ganz offenbar ist, nicht nur ‚gute‘ Technik, sondern Technik auch ‚gut‘ zu machen. Die überbewerteten Fachvertreter der Ökonomie werden in der Regel die Folgen und Nebenwirkungen des Einsatzes inkompatibler Software kaum beurteilen können, es wird sie vermutlich auch nicht wirklich interessieren. Dennoch hätten Technik-Experten nachdrücklich darauf hinweisen müssen, aber hätte man es denn auch hören wollen? In einem solchen Betriebs- und Unternehmensklima dürfte es generell schwer fallen, über Fachgrenzen hinweg überhaupt noch das Nötigste zu kommunizieren. Da bleibt man lieber gleich ganz unter sich, verlässt nur mit Unbehagen die schützende Fachterminologie und verliert das Ganze aus den Augen, zumal dann, wenn mangelnde Würdigung, Arroganz, administratives Gehabe und ein Klima der Angst vorherrschend sind, als seien das nun wirklich die besten Voraussetzungen, mehr Leistung, mehr Motivation, mehr Qualität zu erzeugen.

Allerdings geben die vermeintlichen Führungsqualitäten im Management ganz besonders zu denken, was ein Artikel in der Hamburger Morgenpost unverhohlen durchblicken lässt:

Aus Angst um Job und Karriere sei im mittleren Airbus-Management ein „Kartell des Totschweigens" entstanden. Die Kabel-Krise wurde vertuscht und verschwiegen. Kern des Problems war der frühere Chef Noël Forgeard, der in den Airbus-Werken den Ruf eines „gnadenlosen Machtmenschen" genoss („Wenn er den Raum betrat, herrschte eisige Stille").[11]

Forgeard, übrigens selbst Techniker, hatte 2005 zusammen mit dem deutschen Thomas Enders die Leitung der EADS übernommen. Hinter den Kulissen kriselte es von Anfang an beträchtlich, Forgeard versuchte offenbar, das Problem der deutsch-französischen Doppelspitze zu seinen Gunsten zu verändern. Da platzte dann auch schon einmal hochnotpeinlich eine Pressekonferenz auf der Pariser Luftfahrtmesse, weil man sich außerstande sah, überhaupt noch öffentlich aufzutreten. Einiges an Fantasie ist erforderlich, um nachzuempfinden, wie es bei diesem ‚Spitzenmanagement' hinter den Kulissen zugegangen sein muss.

Nach dem Bekanntwerden der Lieferverzögerungen beim Airbus A380 und dem darauf einsetzenden Absturz der EADS-Aktie am 13. Juni 2006 stand Forgeard sodann im Mittelpunkt der Kritik, zumal er noch Mitte März EADS-Aktienoptionen eingelöst und diese noch rechtzeitig wieder abgestoßen hatte, woraufhin ein Verfahren wegen Insiderhandel gegen ihn und andere Spitzenmanager von EADS angestrengt wurde. Sowohl von deutscher als auch von französischer Seite wurde Forgeard daraufhin zum Rücktritt gedrängt, nicht ohne zuvor eine Prämie in Höhe 8,5 Millionen Euro zu erhalten.

Hier zeigt sich auch, dass es womöglich persönlich auch sehr lukrativ erscheinen könnte, einen anstehenden Lieferengpass wie diesen oder auch ähnliche Ereignisse, die sich auf den Aktienkurs des eigenen Unternehmens auswirken können, nicht nur langfristig vorherzusehen, sondern womöglich auch zu forcieren, um sich derweil eher von persönlichen Motiven leiten zu lassen. Insofern könnten Aktienoptionen womöglich auch durchaus problematisch motivieren, im Sinne anderweitiger, ureigenster und einseitigster Interessen zu operieren. Was dementsprechend ‚gut' ist für einen optionsbewährten Spitzenmanager, muss daher noch lange nicht ebenso ‚gut' sein für das Unternehmen, dem dieser vorsteht, dessen Schicksal von ihm bestimmt wird.

Forgeard soll, letzten Ermittlungen zufolge, bereits fünf Monate im Voraus Kenntnis von den beträchtlichen Lieferproblemen für das Großraumflugzeug A380 erhalten haben, was ihm dann erlaubt habe, in drei Transaktionen seine Aktienoptionen einzulösen, um vor dem Absturz noch für sich und Fa-

---

11 Dierk Rohwedder: Das Kartell des Totschweigens. In Hamburger Morgenpost vom 09.10.2006.

milienangehörige mit Gewinn EADS-Aktien im Wert von 4,3 Mio. Euro zu verkaufen.[12] Hier zeigt sich, dass persönliche und betriebliche Interessen durchaus gegenläufig sein können, dass es unter Umständen lukrativ sein kann, einen Lieferengpass nicht nur vorherzusehen, sondern aus wohl verstandenem Eigeninteresse nicht wirklich etwas dagegen zu unternehmen – was zumindest eine Denkmöglichkeit darstellt.

Bemerkenswert ist nun, wie Forgeard seinerseits das Problem um die Kabelkrise von Finkenwerder darstellt, denn dieser macht seinerseits allein das Hamburger Airbus-Werk für die Lieferverzögerungen beim A380 verantwortlich und behauptet, die Schwierigkeiten seien ‚auf sehr lokaler Ebene' verschwiegen worden.[13]

> „Die Verantwortlichen im Hamburger Werk haben nichts gesagt, weil sie glaubten, sie könnten die Probleme alleine lösen." Es sei ein Fall von ‚unangemessenem Stolz' gewesen. [...] „Alle Werke außer einem" hätten den Zeitplan eingehalten, sagte Forgeard. Er habe nicht verstanden, wie es zu der Verzögerung mit Kosten in Höhe von fünf Milliarden Euro habe kommen können. „Ich kann mir nicht erklären, warum die Airbus-Führung und das Hamburger Werk es nicht früher mitgeteilt haben." Die Verzögerungen seien stückweise bekannt gegeben worden. Im März 2006 seien keine Mehrkosten angegeben worden. Im Juni seien es dann zwei Milliarden Euro gewesen und im September 2006 fünf Milliarden.[14]

Es ist allerdings verwunderlich, dass sich Forgeard nicht erklären kann, warum viele der Probleme nicht nur nicht mitgeteilt, sondern verschwiegen und verdeckt wurden. Selbst hat er doch durch sein Auftreten dieses Klima nachhaltig in Szene gesetzt, der Druck wurde sodann offenbar immer weiter gegeben und schlussendlich entstand dieses spezifische Betriebsklima von besonderer Eiseskälte, in dem nicht einmal mehr das Notwendigste mitgeteilt wurde. So muss dann dieser spezifische Korpsgeist für kollektives Abtauchen entstanden sein, denn im mittleren Management wurde der Hang zur Manie, nur noch Erfolgsmeldungen zu vernehmen, nichts weiter.

Wenn offene Kommunikation nicht nur erschwert, sondern schier unmöglich gemacht wird wie hier, dann sollte man sich am Ende nicht darüber beschweren, dass nichts entscheidend Problematisches offen und frühzeitig kommuniziert wurde. Es sollte dann auch nicht verwundern, dass die Lösungen technischer Probleme dementsprechend suboptimal ausfallen, wenn

---

12 Vgl.: Luftfahrt: Ex-EADS-Boss Noël Forgeard in Polizeigewahrsam. In Die Presse vom 29.05.2008.
13 Noël Forgeard: Ex-EADS-Chef wettert gegen das Airbus-Werk Hamburg. In Süddeutsche Zeitung vom 24.10.2007.
14 Ebd.

Abtauchen, Zurückhalten von Informationen, Ausweichen und Ausflüchte zum Standard wurden.

Wenn aber in einem Diskurs die unterschiedlichen Segmente einer Problematik nicht so abgebildet werden, wie es ihnen – der Sache und der Wirklichkeit nach – zukommt, so dass sie ein wirkliches Ganzes ergeben, sondern wenn einzelne Segmente aus ganz anderen Gründen, die mit der Sache selbst gar nichts zu tun haben, über- oder aber unterrepräsentiert werden, dann sollte man sich über spätere Probleme nicht wundern. Man hat es schließlich mit einem Abbild, mit einer Konstruktion von Wirklichkeit zu tun, die nicht ist, wie man sie sich vorstellt, sondern anders. Solange diese Differenzen noch in den Blick kommen und bewusst gemacht werden können, lassen sich Leerstellen auch in Diskursen noch als solche würdigen, wenn aber von falschen Vor-Stellungen ausgegangen wird, dann sind Ent-Täuschungen schlichtweg selbst verursacht und sofern sie sich im Vorfeld nicht bewusst machen lassen, sind sie nicht zu verhindern. Das auch ist das Problem bei Lügen, dass der, dem sie vorgetragen werden, auf eine Wirklichkeit reagiert, die gar nicht ist. Dann aber müssen Entscheidungen willkürlich ausfallen, weil die Entscheidungsgrundlagen nicht der Wirklichkeit entsprechen, mit der man es wirklich zu tun hat, und das Problem ist, es nicht einmal zu ahnen, dass man es mit falschen Vorstellungen zu tun hat. Wird aus diesen Gründen eher willkürlich entschieden, was wichtig sein soll und was nicht, dann hat man sich im Projekt nur eine noch unbekannte Vielzahl neuer zukünftiger Probleme, in der Organisation zusätzliche Reibungsverluste und im Betriebsklima weitere Kommunikationsstörungen eingehandelt. – Verwunderlich ist nur, dass nicht noch sehr viel mehr passiert, wenn man so miteinander umgeht, aber vieles davon, eine Vielzahl solcher Vorfälle dürfte gar nicht erst nach außen dringen, sondern schlicht zu den Betriebsgeheimnissen zählen.

Nicht nur die Diskursfähigkeit, nicht nur die kommunikativen Kompetenzen sind für Experten aller Fachgebiete unerlässlich, hinzu kommt auch noch das Problem zu entscheiden, welcher dieser unterschiedlichen Disziplinen denn die verantwortungsvolle und folgenträchtige Moderation solcher Diskurse überantwortet werden soll, das Beispiel von Airbus lässt eine eklatante Fehlbesetzung an der Spitze vermuten, und in diesem Fall handelte es sich um einen Techniker in der entscheidenden Spitzenposition, was bedeutet, dass er die Maximen der Kommunikation selbst hatte bestimmen können, dass er sie aber eben so lanciert hat, wie sie dann auch waren.

Aber in den Betrieben herrscht in der Regel ein hektisches Klima, das andauernde Köcheln der Gerüchteküche, Entscheidungen über Umstrukturierungen, die ganz andern Orts getroffen werden, alles das dürfte wenig hilfreich sein, wenn es darum geht, gute Technik zu machen. Hinzu kommen

Arbeitsbelastungen, die mit der Arbeit gar nichts zu tun haben, etwa wenn Umstrukturierungen selbst wiederum in Arbeit ausarten, bei der aber rein gar nichts erarbeitet wird, weil einfach keine Wertschöpfung stattfinden kann, wenn immer nur umorganisiert wird. Hinzu kommt der Eindruck, dass Betriebe inzwischen schon fast wie Sekten geführt werden. Als erstes aber verabschiedet sich unter derartigen Umständen genau das, worauf es ankommen würde, die Kreativität. Es fällt einem dann auch beim besten Willen einfach nichts wirklich Gutes mehr ein.

Gewiss ist es nicht die Aufgabe von Experten, sich anzubiedern. Gerade im Zweifelsfall ist die ungeschminkte Wahrheit, selbst wenn sie schmerzt, allemal hilfreicher als die geschönte, umfrisierte oder gar lügenhaft aufbereitete Sicht über den Stand der Dinge. Wer sich nichts vormachen lassen möchte, wird sich Schönredner, Geheimniskrämer oder Abwiegler kaum anhören wollen, wird sich starke Mitarbeiter, gefestigte Persönlichkeiten ins Team holen, wenn er kann. Erst die Unabhängigkeit im Urteil ist entscheidend, tatsächlich Experte zu sein, erst diese ‚Unabhängigkeit', begründet das Ethos des Experten.

Im Krisenfall aber wird zunächst einmal ‚dicht' gemacht. Damit wird zugleich das Heft aus der Hand gegeben und die Chance verspielt, in diesem Frühstadium, indem auch Journalisten noch kaum über Informationen verfügen können, die eigene Sicht der Dinge zu vermitteln. Aber man geht lieber auf Tauchstation und tut so, als wäre alles Privatsache, was da längst ruchbar geworden ist. Dann wird gemauert und gerade große Konzerne wirken dann urplötzlich kopflos, als wüssten sie nicht was und wie ihnen geschieht. Diese Art ‚Öffentlichkeitsarbeit' ist alles andere als vertrauenserweckend, im Gegenteil, sie lässt Schlimmeres befürchten.

In der Regel wird der Pressesprecher vorgeschoben oder ein Vorstandsmitglied versucht sich selbst darin, mit viel Worten möglichst wenig zu sagen. Zumeist aber bringt man nicht einmal dieses Kunststück zustande, gibt sich spröde, nach außen abweisend, nach innen hektisch.

Derweil werden die Experten aus dem eigenen Hauses explizit mit Redeverbot belegt, sie halten dann dicht und schüren auf diese Weise zusätzliches Misstrauen, weil mit Experten, die schweigen müssen, ganz gewiss etwas nicht stimmen kann. So vervollständigt sich das Bild einer Selbstdarstellung, wie sie schlimmer nicht ausfallen könnte, aber das negative Erscheinungsbild ist selbst zu verantworten, denn wer die Geheimnistuerei so maßlos übertreibt, wer ganz und gar nicht in der Lage ist, die eigene Sicht der Dinge glaubwürdig zu vermitteln, sollte sich dann auch nicht wundern, wenn Misstrauen, mehr noch, wenn Feindseligkeiten aufkommen.

Würde man Experten aus dem eigenen Hause zu Wort kommen lassen und würden sich diese auch verständlich machen können, es ließe sich ganz bewusst demonstrieren, welche Kompetenzen ohnehin zur Verfügung stehen, aber es werden ausgerechnet die zum Schweigen verdonnert, die für sehr viel mehr Sachverständnis in der umstrittenen Angelegenheit sorgen könnten. Aber die aktive und konstruktive Krisenkommunikation bringt auch selbst wieder große Risiken mit sich, nur eines wird bei dieser Strategie übersehen, dass auch die Verweigerung von Kommunikation wiederum Kommunikation darstellt.

Verantwortlich für das Entstehen einer eher missgünstigen Medien-Öffentlichkeit sind in erster Linie aber die Firmen-, Wirtschafts- und Interessenvertreter höchstselbst, vor allem auch, weil sie fast niemals selbst auftreten, sondern im Krisenfall, so scheint es, stets auf Tauchstation gehen. Offenbar traut man sich einen solchen Auftritt kaum zu und so wird dann gemauert, alles und jedes wird zum Betriebs- und Geschäftsgeheimnis hochstilisiert, man gibt sich geheimdienstlich, tut privatwirtschaftlich und glaubt niemandem Rechenschaft schuldig zu sein – eine fatale Missdeutung der Gesamtsituation, eine nicht selten als arrogant empfundene Missachtung der Medien-Öffentlichkeit, die sich rächt.

Es ist allerdings in der Tat kein leichtes Unterfangen, in einer kritischen Situation, wenn die Emotionen ohnehin bereits überschießen, einen ernsthaften Versuch zur Versachlichung der Debatten zu unternehmen, womöglich noch in einer Situation des Schocks, in der noch niemand sicher wissen kann, was genau, im Einzelnen und in der Abfolge eigentlich geschehen ist. Aber intern weiß man bereits, was konkret vorgefallen ist, es ist zumeist sehr wohl bereits bekannt:

> ‚Was ist passiert?' ‚Es ist vergessen worden, das Sonderfahrzeug
> von der Strecke wegzurangieren.' [15]

---

15 Zit. nach der Tonbandaufzeichnung aus der Leitstelle, unmittelbar nach dem Transrapid-Unglück. Zit. n. Süddeutsche Zeitung vom 04.10.2006.

Die Verschränkung von ethischen und ästhetischen Aspekten am technologischen Produkt des Ingenieurs: Design-techno-logik

Miriam Ommeln

Einleitung

Wa(h)re Technik – wa(h)re Schönheit – wa(h)re Ethik, das ist eine Triade, die etwas befremdlich anmuten mag, zumal wenn man annehmen kann, dass diese als gleichseitige und -wertige Triangulatur, d.h. als eine Maß- und Gliederungsgrundlage zur Konstruktion und Gestaltung von Produkten dienen könnte.

Dass die Ethik nur relativ sein kann, ist eine Binsenweisheit. Dass Kunst und Schönheit eine relative Geschmacksache sind, ist ebenfalls Gemeingut. *Aber was ist mit der Technik? Hat sie relativen Charakter?*

Relativität birgt den Vorzug der relativ leichten Kommerzialisierung. So lässt sich für Kunst ein Warenmarkt erschließen, der Gewinnspannen einfährt, die man selbst und gerade in Zeiten der Wirtschaftskrisen meistens nur florierend nennen kann. Die Moral, zumal opportunistisch verwendet, ist ein äußerst hilfreiches Mittel bei den Vermarktungsstrategien von Produkten aller Art. Das Geschäft mit der schönen neuen Waren- und Konsumwelt, also der Schönheit allgemein und der Affirmation von Meinungen und den Emotionen blüht seit alters her. „Auch die Kunst hat ihre Moral, und viele Gesetze dieser Moral sind dieselben wie die Gesetze gewöhnlicher Ethik oder ihnen zumindest analog. [...] Und darum ist diese *Schöne neue Welt* dieselbe wie die alte."[1]

Der Wa(h)renwert bestimmt sich bei der Ästhetik und der Ethik zum Hauptteil von ihrer *Abstraktheit und ihrem Entmaterialisierungsgrad* her. Nicht von ungefähr stammt der Begriff ‚Wert' ursprünglich aus der National-ökonomie, bevor er Mitte des 19. Jahrhunderts in die philosophische Begriffswelt hinüber diffundierte und sich mit Max Scheler als Gegenbegriff zu Kants Pflichtethik in der Wertphilosophie etablierte, in der eine Unterscheidung zwischen *Gebrauchs- und Tauschwert* der einzelnen Produkte eine wesentliche Annahme und Grundbedingung ihres eigenen Funktionierens ist. Im Schein liegt somit (oft) die Wahrheit. Das Wort ‚Schein' wird hier doppeldeutig gebraucht, zum einen als Geldschein, zum anderen als oberflächlicher, äußerer Schein der Dinge. So wird der Preis der Dinge kenntlich. –

---

1 Huxley 2007, 9.

Jedoch, erkennt man den Wert der Dinge? Die Vielfalt der Produktpaletten beinhaltet unabhängig von traditionellen Klassifizierungen wie Funktion, Material, Stil oder Designermarke, deren sachlichen und materiellen Wert man in der Regel rational nachvollziehen kann, einen gegenpoligen Aspekt der ‚Irrationalität' und Sinnlichkeit, der der Selbstinszenierung und dem bewussten oder unbewussten Wohlbefinden des Käufers und Benutzers dient. Das bedeutet, dass man den ‚schönen Schein' nicht unbedingt als verwerflich ein- und unterschätzen sollte, wie es seit Platon oftmals vordergründig gedacht wird, der eine Ausgrenzung der Künstler und Dichter aus seinem idealen Staat für erforderlich hielt, um der Willkür der Gestaltung und somit einer *doxal*-verblendeten Gefühlsduselei vorzubeugen.[2] Diese Spaltung treibt einen gefährlichen Keil zwischen Kunst und Technik, und behindert einen echten, konstruktiven *Design- und Engineering-Prozess*. Friedrich Schiller, als philosophierender Künstler erkennt hingegen, im Gegenzug zu dem theoretisierenden Philosophen Platon, dass „es keinen andern Weg gibt, den sinnlichen Menschen vernünftig zu machen, als daß man denselben zuvor ästhetisch macht"[3]. Die Kunst erfüllt eine staats- und kulturtragende Funktion: „Dieses menschliche Herrscherrecht übt er aus in der *Kunst des Scheins*"[4]. Imannuel Kant zieht eine Verbindung von Ethik und Ästhetik, derart, dass er in der Gestalt, die ein „interesseloses Wohlgefallen" auslöst, eine Brücke vom theoretischen Erkennen zum moralischem Handeln baut. Das kunsttheoretische Paradigma vom „interesselosen Wohlgefallen" oder vom „Interesse ohne Interesse", wie Friedrich Theodor Vischer es paradox formuliert, stützt somit gerade nicht den Autonomiegedanken der Kunst.[5] Der mit Kant verbundene ‚L'art pour l'art'-Gedanke – von Victor Cousin und Théophile Gauthier erstmals explizit vertreten, der in einem Kult von Künstlern und Stars bzw. Designern mündet, ähnlich der späteren Mythisierung des Künstlertums bei Karl J. Wolfskehl und Friedrich Gundolf –, wird heute oftmals in Marketingstrategien im Markenartikel-Segment versucht zu kultivieren.

Die Problematik und die gegensätzlichen Positionen, die beim Zusammendenken von Technik, Ästhetik und Ethik entstehen, werden in diesen populären Positionen bereits angeschnitten: Die *theoretische* Trennung von Kunst – Technik – Ethik in unterschiedlichen Gewichtungen und Überschneidungen, wobei die Technik eine privilegierte und weitgehend isolierte und souveräne Position beibehält, die nur wenig an Beimischungen aus den anderen beiden Bereichen erhält.

---

2 Vgl. Platon 1971, 605a–605e.
3. Schiller 1838, 95.
4 Ebd. 119.
5 Vgl. zu Kant: Schneider 1997, 53.

Und Friedrich Nietzsche gar, der nicht nur die aufkommende Industrialisierung und Konsumwelt erlebte, sondern sich gleichwertig mit Naturwissenschaften und Kunst philosophisch beschäftigte, setzt radikal den Schein als das wahre Sein an.[6] Was bedeutet diese ideengeschichtliche Entwicklungslinie, die in einer *Gleichsetzung von Sein und Schein* gipfelt, über die Massenkonsumwelt hinaus gehend, allgemein für das *technische Produktdesign?* Und was bedeutet diese Gleichsetzung *praktisch*, wenn damit die obige theoretische Trennung der Bereiche nivelliert wird?

Ein Frage der Material-Gerechtigkeit?

Die Technik und Ingenieurwissenschaften, die Industriedesigner mit eingeschlossen, kennen den Begriff der *Materialgerechtigkeit.* Das ist ein Jahrhunderte altes, traditionelles Leitbild, das schon bei Platon auftritt, sich in den Köpfen der heutigen Verbraucher festgesetzt hat, aber bereits von Künstlern, Designern sowie Ingenieuren, also von denen, die in den Materialwissenschaften und mit Werkstoffen arbeiten, teilweise weit hinter sich gelassen wird.

Exemplarisch, um in einer Linie zu bleiben, sei wiederum Platon betrachtet. Einer seiner früheren Dialoge *„Hippias Maior"* entspannt sich zwischen Sokrates und Hippias um die Frage, was das Wesen des Schönen ist. Dabei werden u.a. Fragen des Produktdesigns behandelt, wie die Herstellung eines passenden Rührlöffels für einen Topf, in dem Brei gekocht werden soll.[7]

Diese scheinbar überaus leichte Aufgabe – man kann schließlich beinahe alles verwenden, was sich irgendwie zum Umrühren eignet bzw. unzählige Materialien – gerät bei Platon zum Problem, wie auch heute noch im 21. Jahrhundert. So gibt es durchbrochene oder massive Quirler, elektrische oder Handschneebesen, eckige, runde oder gedrehte, bestehend aus Metall, Holz, Plastik oder Marmorstaub etc. Und dies alles für durchaus ein und dieselbe Topfform und den gleichen Brei. Warum ist das so? Rein technisch gesehen, wäre das mechanische Problem an dieser Stelle bereits gelöst, und der Brei fertig umgerührt worden. Sokrates verfolgt in dem Dialog mit Hippias zusätzliche Gedanken. Er zieht die *Kombination* der Materialeigenschaften von Topf, Rührlöffel und Brei *miteinander* in Betracht. Und weiter noch, wie sie mit ihrer Umgebung harmonieren. Er geht damit über die reine, naive Systembetrachtung ‚Topf, Rührer, Brei' hinaus, und erweitert den Systemgedanken. Er dehnt die rein materiellen Grenzen in eine eher imma-

---

6 Z.B. Nietzsche 1999, Bd. 13, 270f.

7 Platon 1960, 290 c–291 d. – In den Übersetzungen finden sich unterschiedliche Übersetzungen, wie Löffel, Kelle, Rührlöffel sowie Erbsenbrei, Hirsebrei, Bohnenbrei usw., was in dem obigen Zusammenhang einer Verallgemeinerung aber nicht weiter interessant ist.

terielle Situations-, Kontext- und Handlungsabhängigkeit aus, die die Folgen und Konsequenzen des materiellen Konzepts in der System*umgebung* mitreflektieren. Konkret reflektiert und vergleicht Sokrates den Gebrauch eines Rührlöffels, der einmal aus dem Material Gold und einmal aus Feigenholz besteht. Gold ist optisch schön und stabil, während Feigenholz gut duftend und weicher ist.

Es entwickelt sich folgende Fragekette: Unfallgefahr? Zerspringen des Topfes beim Rühren, eventuell zusätzliches Auslöschen der Feuerstelle durch Verschütten des Breis aufgrund falscher Material- und Formverwendung, gemeint ist in diesem Falle das harte Goldmaterial. Konsequenz? Hungrig vom Tisch aufstehen. Steigerung des Essvergnügens? Möglich durch die gute Duftentfaltung bei der Materialverwendung Feigenholz; ähnlich der heute praktizierten Annahme von Geschmack durch die unterschiedlichen Holzfässer bei der Whisky- oder Balsamico-Herstellung, plus Vermeidung von obigen Unannehmlichkeiten.

Die Gesamtdarstellung kommt zwar auf den ersten Blick grob einer modernen Ausgangs- und Produktanalyse vor der Entstehung einer neuen Produktlinie nahe, dennoch wird der jeweilige Part von Industriedesignern und Ingenieuren in dieser antiken Situation an dem ‚zeitlosen' Gebrauchsprodukt „Rührlöffel" nicht wirklich ersichtlich, da jeder von beiden, für sich alleine, imstande wäre, den ‚richtigen' Rührlöffel herzustellen.

Durch Sokrates wird dem Leser eine derart logische und eindeutige Entscheidungsfindung suggeriert, dass auch Hippias sich an dieser Stelle gedrängt fühlt ihm beizupflichten, dass der Rührlöffel aus Feigenholz tatsächlich die richtige Wahl sei: Das Material schreibt dem Hersteller und dem Verbraucher seine Verwendung und Funktionalität zu. Die Form des Produkts richtet sich nach seiner Funktion und dem Material. So einfach und eindeutig ist also der vom Material induzierte und bedingte Herstellungsprozess, inklusive des vom Werkstoff selbst abgeleiteten Verwendungszwecks. Form und Gestaltung haben sich damit der Funktion und dem Material *unterzuordnen.*

Diese Prozess-Reihenfolge, in Theorie und Praxis, wird von Sokrates im Ergebnis als „schicklich" bezeichnet. Seine Aussage entspricht somit einer Wertung; einer ethischen Forderung, in die man sich schicken müsse. Der Begriff Material*gerechtigkeit* spiegelt diese Implikationen ebenso wider. Interessanterweise folgt die Produktgestaltung keiner rein technisch-naturwissenschaftlichen Gesetzlichkeit, auch wenn Sokrates diesen Anschein vermittelt, sondern der „Schicklichkeit" und der moralisch moderner klingenden Funktions*gerechtigkeit*, und in einer weiteren, letzten Schlussfolgerung der Ästhetik, da Sokrates praktisch-nüchtern das Schickliche mit dem Schönen gleichsetzt. Sokrates möchte hier scheinbar vom Wohle des Verbrauchers und Benutzers ausgehen, indem er eine der ursprünglichsten und ureigensten menschlichen Eigenschaft, die der ästhetischen Wahrnehmungsempfindung ins Felde führt; er beschränkt diese dennoch zugleich wieder, indem er sie unter die Knute der Sachlichkeit bzw. der Sache, des Produkts zwingt. Eine Sache, ein Ding, ein Produkt versteht sich und ihren Sinn vom Materialcharakter her. Das bedeutet in letzter Konsequenz, dass der Charakter des Werkstoffes den Charakter des Ethischen und des Ästhetischen festlegt, also das gesamte Handlungs- und Relationsgeflecht der Menschen, kurzum, die Kultur des Menschen.

Auf eigentümliche Weise wird hier Sein gleich Schein gesetzt.[8] Das Produkt-Sein ist der Produkt-Schein. Er *verkörpert* das Sein – nicht das ‚Ding an sich' –, indem der Schein *funktionalisiert* wird. Doch Technik und Formgestaltung sind nicht dasselbe. Diese „zwei Seiten derselben Medaille"[9] lassen sich integral aufeinander beziehen, aber nicht aufeinander reduzieren.

So verwundert es auch nicht, das Hippias dem Produktdesign von Sokrates zwar (rational) zustimmend, sich dennoch unbehaglich fühlt, wie der weitere Dialog indirekt aufzeigt. Der allgemeine Gedanke der Unterordnung eines *Homo faber* unter irgendeine Naturgegebenheit ist gerade seit den Zeiten Sokrates und dem Aufkommen der Ratio im Abendland nicht mehr vorstellbar; dazu verstärkend wirkt in unserem Jahrhundert des *Homo consumens* die anthropologische Komponente der Bequemlichkeit und das Bedürfnis nach Luxus und Sicherheit, die jeglichen Gedanken der Unterordnung unterlaufen; vom globalisierten ökonomischen Druck ganz zu schweigen.

Inwiefern hat das ungute Gefühl von Hippias als allgemeinster Repräsentant des Konsumenten und Nutzers verstanden, etwas mit Produkt- und Industriedesign zu tun? Design hat, nebenbei gesagt, um Missverständnissen vorzubeugen, nichts mit ‚kosmetischem' Schmuck oder verschönerndem Firlefanz gemeinsam. Jede Gestaltung, jedes Design erfordert *in jeder Hinsicht* (Trendforschung, technisch, betriebswirtschaftlich, ästhetisch, fertigungstechnisch, usw.) ein elementares Verständnis von der Entfaltung und den Abläufen von Produkt*innovationen* mitsamt ihren Zyklen.

Jeder Nutzer von Produkten erwartet *selbstverständlich*, dass der Topf beim Umrühren nicht zerschlagen wird oder keine so genannte ‚singende' Teetasse ist – bekannter sind die ungefährlichen ‚singenden' Straßenbeläge –, die beim Einfüllen von heißem Wasser zerspringt, usw. Das Funktionieren

---

8 Dieser Satz wird an dieser Stelle nicht philosophisch ausdiskutiert. Nur so viel: Es wird bei ihm kaum auf den oben erwähnten Nietzsche und noch weniger auf die Ideelehre von Platon selbst hingedacht.

9 Vgl. Kohnhäuser 2005.

von *jeglichen* privaten und industriell genutzten Gebrauchs- und Tauschge-
genständen, inklusive von Scherzartikeln, die ihrem eigenen Mechanismus
folgen, sollte eine Selbstverständlichkeit sein und keiner extra Erwähnung
bedürfen. Diese *Erwartungshaltung* des Konsumenten und Nutzers schließt
ebenso die Einhaltung von Sicherheitsstandards, auch ohne offizielle Prüf-
siegel und ISO-Normen, wie selbstverständlich mit ein. Jede Geschäfts-
beziehung, wenn sie nachhaltig und damit durchaus egoistisch angelegt ist,
wird diesen Spielregeln der Fairness, der Kundenbindung und dem allgemeinen ökonomischen Selbstverständnis Rechnung tragen und nicht versuchen, dem Käufer ein X für ein U vorzumachen. Ungeachtete der Tatsache, dass der Mensch als Händler, damals wie heute, oftmals von Profitgier
angetrieben, illegal handelt und der Käufer im übertragenen Sinne wie Archi-
medes vor die Aufgabe gestellt wird, das Produkt auf seinen wa(h)ren Mate-
rialwert bzw. die Krone auf ihren Goldgehalt hin überprüfen können zu müssen, sei angenommen, dass Ökonomie und Produktherstellung idealistisch,
im obigen Sinne nach Sokrates, angesetzt werden kann. Die Produktherstellung und -verwendung verlaufe also technisch einwandfrei.

Und doch möchte Hippias wohl nicht in der Falle des *Vordergründigen*,
des *Selbstverständlichen* stecken bleiben: im Material selbst. Die Gewinnung und Verarbeitung von Materialien, Werkstoffen und Bodenschätzen
prägen die Menschheitsgeschichte so stark, dass selbst einzelne frühe Epo-
chen nach den Fähigkeiten des Menschen, mit diesen Materialien umzugehen, benannt wurden, wie z.B. Steinzeit, Bronzezeit, Eisenzeit. Auch die
darauf folgenden historischen Zeiten der Werkstoffe wie Gold, Silber, Erz,
Zinn, Blei, Kohle usw. drückten der Menschheit ihren je individuellen Stem-
pel auf, der nicht nur Wirtschaft, Politik und Industrie formte, sondern die
Kulturen, d.h. unter anderem Religion, Philosophie, Sprache, Literatur, Technik, Märchen- und Sagenwelt, Riten und Kunst, maßgeblich mit prägten.[10]
Die Entwicklung von Werkzeugen, Geräten, Instrumenten und *Kunstwerken*
ist hierin eingebettet und immer zugleich eine Historie des Werkstoffs. Am
Anfang war der Stein bzw. das Material und damit Form und Funktionalität
vorgezeichnet. Die Verantwortung des *Homo faber*, des „sinnvoll wirkenden
Schmieds und Handwerkers", wurde in dieser Hinsicht weitestgehend an
das Material übergeben und somit an die Natur delegiert. Trotz der enormen
Relevanz und des Bewusteins von den geschichtsbildenden Momenten der
Materialien für sich, bleibt und blieb das Gefühl einer (unbestimmten) Reduzierung bestehen, das durch den Glauben an das Material und die Fixierung
auf seine Eigenschaften ausgelöst, allzu schnell zum *Selbstzweck* deklariert
werden kann und wird. Diese Denkart kann man mitunter sowohl unter Ingenieuren als auch bei Bildhauern finden. Hingegen kann man mit dem Physi-

---

10 Vgl. Maser 1984.

ker und Universalgelehrten Georg C. Lichtenberg allgemein anmahnen, die Eigenbedeutung von Materialien nicht zu überschätzten: „wer nur etwas von Chemie versteht, versteht auch diese nicht recht."[11] Diese Aussage gilt interessanterweise ganz allgemein für jede Partialisierung und Vereinzelung von Dingen und Disziplinen, da die Natur der Dinge eine Totalisierung nicht zulässt. Pablo Picasso sinniert als Künstler in eine ähnliche Richtung, wenn er feststellt: „Es ist doch seltsam, daß man darauf verfallen ist, Statuen aus Marmor zu machen. [...]. Er ist nur in Blöcken vorhanden, er gibt keinerlei Anregung, er inspiriert nicht"[12]. Der Mensch, sowohl als Ingenieur als auch als Künstler, kurz der Designer, wendet sich von der Natur ab, sucht seine Inspirationen nicht nur in *vorgefundenen* Baumholzstücken, von Wind und Wasser gebildeten Steinformationen usw., sondern auch im Abstrakten – angefangen vom nichtssagenden Marmorblock bis hin zur abstrakten Wissenschaft – und nicht zuletzt in sich selbst. So will und kann Hippias nicht vom Golde lassen, vom goldenen, glänzenden Schein der Dinge, sei es, dass er lieber einen goldenen Rührer sähe, oder eine „glänzende" Wertigkeit auf Nichtkonkretes, wie Ruhm und Ansehen überträgt. Die technische und induziert menschliche Reduzierung eines naiv oder falsch verstandenen ‚form follows function'-Prinzips wird seit jeher relativiert, indem der Mensch seine eigenen Zeichen und Wertigkeiten entgegensetzt. Er wird zum Erfinder und Designer.

Zum Beispiel ist *Glas* der älteste und sehr lange Zeiten hindurch einzige Werkstoff, der von Menschen *erfunden* wurde.[13] Die Erfolgsgeschichte von Glas spiegelt sich sichtlich in der heutigen Architektur wider, und weniger sichtbar in Glasfasern und vielen anderen, heute unverzichtbaren Hightech-Produkten.[14] Die Geschichte der Alchemie, die bereits bei den Arabern und Griechen des klassischen Altertums, ebenso bei den Indern, Ägyptern und Juden, ihren Anfang nahm, bezeugt den menschlich-faustischen Drang zur Umwandlung von Materialien. Der Wunsch nach Goldgewinnung, der seinen vorläufigen Höhepunkt in der Erfindung von europäischem Porzellan durch Johann F. Böttger[15] fand, setzt sich heute in veränderter Form ungebremst in der anhaltenden Suche nach neuen Materialien fort, die in dem momentan allseits populären Zauberwort Nanotechnologie kulminiert.

„Der Wendepunkt von der ‚Eisenzeit' zur ‚Plastikzeit' war gegen Ende des letzten Jahrhunderts erreicht, als 1983 erstmals der Verbrauch von Kunststoff mit 125 Kubikmetern weltweit den von Eisen überstieg. Zum ersten Mal

---

11 Lichtenberg 2005, 710 [J 838].
12 Brassaï 1966, 58.
13 Vgl. Lerner 1981, 12.
14 Ommeln 1999a.
15 Vgl. Dominik 1948.

dominiert eine Werksstoffgattung, die in dieser Form *nicht* in der Natur vorkommt."[16] An dieser Stelle sollen zwei Bildhauer zu Worte kommen, bzw. ihre Befindlichkeiten bei ihrer Arbeit mit den Materialien. Pol Bury schreibt in ‚*Marmor und elastischer Kunststoff*': „Immer hat Marmor mir einen beunruhigenden Respekt eingeflößt, der Stein das Misstrauen eines Fußgängers, und Terrakotta hat mich eher in kulinarischer Hinsicht beschäftigt. Von diesen Empfindungen geleitet, glaube ich nicht, daß ich diese Materialien als mögliche oder verlockende Arbeitsbasis ansehen kann. [...]. Aber was ist zu tun, wenn der Verstand so wenig von all diesen Dingen angezogen wird, für die wir doch alles Werkzeug zur Hand haben? Seinen Verstand ändern? Oder ihn so weit vereinfachen, daß er alles neu mit Einfalt betrachten kann. [...], daß es unwesentlich ist den Adel eines Materials im Auge zu haben, um daraus dessen Notwendigkeit abzuleiten."[17]

Als wichtiger Werkstoff neben Kunststoff sei die *Keramik* bzw. der Ton herausgehoben, da Keramik heutzutage als ein nichtwegzudenkender Hightech-Bestandteil in der Technik Einzug gehalten hat. Die Bildhauerin Alicia Penalba beschreibt ihre Arbeitserfahrungen mit Ton wie folgt: „so gibt es nur einen einzigen Stoff, der meinen Wünschen entspricht: das ist der Ton. [...]. Durch die eigenartige Beschaffenheit des Steins, des Holzes, des Eisens und anderer Werkstoffe unterliegt der Künstler einer Mystifikation. Dem Ton eignet von vornherein keinerlei Schönheit oder Ausdruck. Er paßt sich voll und ganz meinen Versuchen an, er ist für mich der einzig wirklich plastische Stoff."[18]

Bury und Penalba gehen mit ihren Aussagen mit den Empfindungen Hippias konform: der Werkstoff bzw. das Produkt soll sich den eigenen Wünschen anpassen, und nicht sich der Verstand beugen. Die ästhetische Unterordnung unter eine Material-Hoheit ist schwer zu akzeptieren; denn *vor* jedem technischen und moralischem Empfinden, ist ein Geschmacksurteil vorgeschaltet – ein *ästhetisches* Gefühl. Die teilweise Abgabe von menschlicher Verantwortung an die Natur, wird sich erst in eine Bereitschaft von Übernahme der kompletten (ökologischen und humanen) Verantwortung verwandeln, wenn der Mensch die *ästhetische Dimension* seines autonomen Handelns vollständig erkennt.

Der antike Dialog von Sokrates und Hippias endet deswegen in einer nun für uns verständlichen Pattsituation, in der Sokrates quasi aufgibt und sich humorvoll aus der Affäre zieht, indem er meint, „dass er nun das griechische Sprichwort: *das Schöne ist schwer* zu verstehen glaube."[19] Diese antike

---

16 Vgl. Die Kunststoff-Macher 2004, 7.
17 Katalog Pol Bury 1972, 51.
18 Penalba 1965.
19 Vgl. Platon 1960, 304 c–e.

Pattsituation ist paradigmatisch für die Situation zwischen Designern und Ingenieuren unser Zeit – ungeachtet dessen, dass sich in der Wirtschaft diesbezüglich manches aus der Not heraus in den Produktentwicklungsabteilugen ein klein wenig geändert hat, die Veränderung in den ‚Köpfen' und Konzepten steht im Großen und Ganzen allemal noch aus.

Die Dinge sind schwierig, weil der schöne Schein so enorm wichtig ist, dass er die Technik zu relativieren vermag. Für den (aktiv) gestaltenden und den (passiv) genießenden Willen gilt: „Gib neues Material" bzw. das Motto: *„Für die Umsetzung neuer Ideen lassen sich stets die passenden Materialien (und Verarbeitungsprozesse) finden"*. Dies ist kein reines Wunschdenken, sondern wird von international arbeitenden Material-Vermittlungsfirmen wie zum Beispiel der ‚*Material ConneXion*'[20] zu ermöglichen versucht. Zu erwähnen bleibt, dass diese Gleichung selbstverständlich auch umgekehrt funktioniert: Neue Materialien geben ihrerseits Anstoß zu neuen Ideen und neuen Herstellungsverfahren. Dies entspricht der gewohnten, herkömmlichen Design- und Ingenieurkultur.

Trotz des berechtigten Rückverweisens auf ein Immer-Schon-Sein und Gewordensein, besteht ein Ungleichgewicht, eine Einbahnstraße der Produktionsabläufe, das nicht nur philosophisch längst vielfach erkannt, sondern auch zukünftig *design-techno-logisch* umgesetzt und aufgehoben werden kann. „In Bezugnahme des *homo artista* auf den *homo natura*, in V. a. riierung von Goethes Einsicht, dass die Kunst Auslegerin der Natur sein solle, macht sie den Artisten erst zu einem höheren Lebenslehrer – und nicht zu einem poietischen Ingenieur."[21] Profan, im Bilde des sokratischen Kochtopfes gesprochen, bedeutet das, dass das Auge mitisst. Nur irgendeinen Brei zu essen reicht nicht, die Sättigung will kreativ mit *irgendeiner* Wertigkeit (Rührer mit Feigenduft oder mit goldener Farbe ohne Duft, etc.) gewertet, überhöht oder zelebriert werden. Die Ästhetik lehrt die Wertigkeit und Kultur der (Natur-)Wissenschaften.

---

20 http://www.materialconnexion.com/de. – Für alle Branchen vom Automobilhersteller über die Pharmazie bis hin zur Bekleidungsindustrie entsteht so ein Pool für z.B. zeitgemäße Materialien, die sowohl hochfunktional und schick sind, als auch dem umweltfreundlichen „Cradle-to-Cradle" Design, bei dem der Werkstoff wieder als Ausgangsmaterial vorliegt, entsprechen.
21 Vgl. Seubert 2008, 71.

Skulptur-Plastik und Maschine = Design-logik der Produkte.

Da alle Dinge dreidimensional und räumlich sind, wie offensichtlich alle Produkte[22] des Handels, also ebenso wie alle ingenieurwissenschaftlichen Objekte, soll in diesem Kapitel kurz die Sicht der Künstler, genauer gesagt der *Bildhauer*, zur Sprache kommen, die sich eo ipso mit der gegenständlichen Dreidimensionalität und der (zu erschaffenden) Räumlichkeit auseinandersetzen – ähnlich den Ingenieuren.[23]

Der Bildhauer Nicolas Schoeffer zieht ganz direkt eine Verbindung zur Technik: „Das ist die Plastik, selbst, wenn sie sich Architektur oder Konstruktion nennt."[24]

Die Frage nach der Materialgerechtigkeit ist zudem seit jeher ein Gemeinplatz für Bildhauer und wurde nicht nur von Anhängern der surrealistischen Bewegung wie Alberto Giacometti in Frage gestellt, sondern ebenso von einem Bildhauer wie Karl Knappe: „Ich würde alle Kunststudierenden zuerst zwei Jahre lang ‚Segelfliegen' lernen lassen, damit diese nicht an ‚Form' glauben und sich von der Luft und in der Luft tragen lassen, ohne sie formen zu wollen. [...] Es ist der Formalist, der den Begriff ‚materialgerecht' braucht, damit keine freistehenden Arme oder Beine gleichsam wegbrechen! Dies ist alles noch äußerliches Handeln an der Materie und kommt im Urgrunde doch von einer Geste, einer ausgedachten Geste her".[25]

Auch Henry Moore relativiert den Gedanken der Materialgerechtigkeit und des Materialwertes für den allgemeinen Produktionsprozess: „Vor dreißig Jahren, als ich meine ersten Skulpturen schuf, war es notwendig, die Lehre von der Materialgerechtigkeit zu verfechten (d.h. die Notwendigkeit des direkten Arbeitens in Stein und die Berücksichtigung des jeweiligen Materialcharakters). Damals neigte mancher von uns dazu, daraus einen Fetisch zu machen. Ich glaube immer noch an die Wichtigkeit dieser Doktrin, doch sollte sie kein Kriterium für den Wert einer Arbeit bilden – sonst käme man dazu, den Schneemann eines Kindes auf Kosten Rodins oder Berninis zu loben. Das strenge Befolgen der Doktrin bringt den Bildhauer unter die Herrschaft des Materials. Der Bildhauer sollte der Meister das Materials sein, je-

---

22 Auf Software trifft dies nicht im konkreten Sinne zu, sie muss aber auch „verpackt" werden und transportiert mediale Bedeutung; zudem gibt es für sie einen juristischen Warenbegriff, wie auch für andere ‚immaterielle' Güter.

23 Die Begrifflichkeit Skulptur-Plastik vereint in sich sowohl die additiven (Plastik) als auch die subtraktiven Verfahren (Skulptur), entsprechend den modernen Herstellungsverfahren, die in der Industrie Anwendung bei den Produktentstehungsprozessen finden. Zusätzlich ist die Skulptur-Plastik ein interpretationsoffener Begriff für Räumlichkeit an sich.

24 Schoeffer 1956, 38.

25 Knappe 1950, 27, 36. Siehe auch Giacometti 1973.

doch kein harter Meister."[26] Tony Cragg meint zu den neuen Materialien: „Dabei ist grundsätzlich davon auszugehen, dass vom Menschen hergestelltes Material ebenso wie natürliche Werkstoffe geeignet ist, Bedeutung zu tragen."[27]

Diese Aufzählung der Zitate zeigt deutlich, dass diese Bildhauer den Werkzeugcharakter des Materials hinterfragen und ihre Einsichten in die Wirkung ihrer Objekte, d.h. sie stellen sich die Rezeptionsfrage, wechseln in die Perspektive des Konsumenten; wie Ingenieure nicht nur die Funktion ihrer Technik überprüfen müssen, sondern auch den Grad der Bedienbarkeit.

Die Künstler sind sich dabei in besonderem Maße der Ursache ihres Werkes bewusst, Auftragsarbeiten eingeschlossen, die etwa in der Geste, im Geiste, im Verstande, in der Emotion etc. bzw. allgemein formuliert, in einem *Geschmacksurteil* begründet ist. Dieses ist nicht, wie man es bei einer oberflächlichen Betrachtungsweise meinen könnte, subjektiv, sondern gründet durchaus in einem komplexen und subtilen Urteil. Von daher ist ein solcherart bezeichnetes ‚*Emotional Design*' kein Stil, und weniger an epochalen Aspekten und nur bedingt an einem Zeitgeist festmachbar.[28] Jedes Geschmacksurteil eines Objektes transportiert Zeichen und Bedeutungen. Immer. Dieses mitunter unbewusste Wissen schlägt sich nicht nur deutlich in den ‚ansprechenden, beredeten' Werken großer Architekten nieder, sondern bei allen als großartig empfundenen Leistungen der entsprechend sogenannten ‚Künstler-Ingenieure'. Man denke nur an die technischen und künstlerischen Leistungen eines Leonardo da Vinci, eines Albrecht Dürer oder eines Michelangelo. Beispiele der Gegenwart zeugen ebenfalls von der fortgesetzten Notwendigkeit und Bedingung eines *Zusammenspiels* und einer *Zusammenschau beider Fähigkeiten,* die erst ein sinnstiftendes und sinnvolles (technisches) Produkt entstehen lassen.

Diese Gabe besaßen und besitzen beispielsweise Konrad Zuse, u.a. der Erfinder der *Z1* und *Z3,* eine Entwicklung einer mechanisch sowie einer elektronisch funktionierenden Rechenmaschine, der hervorragende Bilder malte, ebenso wie Artur Fischer, der unzählige Patente, wie auf den bekannten Spreizdübel (S-Dübel) oder den *Fischertechnik*-Baustein, hält. „Innovationsstimulierung" nennt es der damalige Bundesminister Jürgen Rüttgers zu Recht im Vorwort dieses interessanten Kunstkataloges.[29]

Innovationskraft und Kreativitätsgabe entspringen weder *von allein* noch *allein* aus einem vorgegebenen, indifferenten Material, sondern aus der Hin-

---

26 Moore 1959, 53.
27 Katalog Tony Cragg 1986, 29-36.
28 Vgl. Design + Emotion 2008, 13.
29 Blauer Kreis 1996.

zunahme eines Gegensätzlichen und Inspirierenden, das grundsätzlich vom Menschen ausgeht, und so etwas wie eine Benjaminsche Aura entstehen lässt, die – auch im Banal-Design –, beispielsweise konkret in Wittgensteins Türgriff ebenso zu spüren ist wie in dem abstrakten Türgriff Friedrich Dessauers[30]. Dieser gesamte Entstehungsprozess bis hin zum fertigen Produkt kann man, auf einen Nenner gebracht, als *ornamentale Formenkette* bezeichnen.[31]

Die allgemeine Bedeutung von Künstlern bzw. speziell das Wissen von Bildhauern wurde bereits teilweise in der Produktentwicklung genutzt. Der Chefdesigner Herbert H. Schultes der Siemens AG (1985–2000) engagierte z.B. eine Bildhauerin. Die offizielle Designgeschichte begann für die Siemens AG bereits am 1. April 1929 mit der Einstellung des Kunstschmiedes und Architekten Wilhelm Pruss.[32]

Besonders im Automobilbau ist die Nähe zur Bildhauerei sichtlich gemacht worden, auch wenn sie allzu offensichtlich ist und dadurch die allgemeine Bedeutung der Künste und der Bildhauerei für die Gesamtpalette der Produktentwicklung aus den anderen Branchen allzu leicht verdeckt wird. Heutzutage verstehen Automobil-Designer ihre Arbeit wie folgt: „Autos sind Skulpturen unseres täglichen Lebens."[33]

Technik ist relativ: das Beispiel Automobil.

Das Automobil ist ein weiteres, aktuelles Beispiel der modernen Technikentwicklung, das zeigt, wie die Vernunft spielend unterlaufen wird oder warum das Gefühl von Hippias zeitlos aktuell ist.

Der moderne „Pott", das Automobil, ist metaphorisch und doppeldeutig gesprochen ebenso ‚vergoldet' wie zu den antiken Zeiten des Platon. Es ist mit allerlei Dingen ausgestattet, die mit dem streng interpretierten Prinzip ‚*form follows function*' nichts zu tun haben und nur dem emotionalen Wohlfühlbedürfnis des Nutzers sowie der Verkaufsförderung dienen. Ein triviales Beispiel von höchster Subtilität ist das Sounddesign. Ein Beispiel sei hiervon herausgegriffen: Elektronisch gesteuerte Blinker werden in technisch überflüssiger Weise mit einem mechanisch-klingenden, rhythmischen ‚Blink'-Geräusch gekoppelt. Betrachtet man im folgenden die Reaktion der Menschen auf ‚wirklich' technisch sinnvollere Entwicklungen, verhält es sich ähnlich:

Als der Ingenieur Edmund Rumpler 1921 auf der Deutschen Automobilausstellung in Berlin seinen *Tropfenwagen* präsentierte, war die Fachpresse

---

30 Dessauer 1959, 139 ff.
31 Näheres dazu: Ommeln 1999b.
32 Vgl. Reese 2004b, 42, 62.
33 Vgl. Reese 2004a, 195.

voll des Lobes. Die einem fallenden Wassertropfen abgeschaute Stromlinienform der neuen Karosserie ergab fantastische Luftwiderstandsbeiwerte von 0,28 cw. Als 1979 der Volkswagen (VW) Konzern im Windkanal versuchte ähnliche Werte für den *Golf* zu erreichen, gelang ihm die entsprechende Konstruktion erst beim dritten Versuch.

Abb. 1: Tropfenwagen[34]

Aufgrund der damals geringen Fahrtgeschwindigkeit trägt die Stromlinienform nicht viel zur Energiekostenersparnis bei, sie hatte aber den Nebeneffekt, dass auf den unasphaltierten Straßen sehr viel weniger Staub aufgewirbelt wurde, was in den Werbeprospekten eindrucksvoll demonstriert wurde. Neben vielen anderen interessanten technischen Neuerungen, war die erstmalige Verwendung von gebogenem Glas als Fronscheibe eine weitere sichtbare und komfortable Design-Änderung neben der Tropfen-Karosserie. Der fehlende Kofferraum wurde später (1924) hinzugefügt. Trotz der bemerkenswerten technischen Leistungen, des hervorragenden Designs und der PR, wurde der Tropfenwagen wider Erwarten *kein* Verkaufsschlager: Die Diskussionen zur Ursachenforschung verlaufen konträr; meistens werden (kleinere) technische Mängel bemüht, während neutrale Beobachter komplexer argumentieren: „Zu neu, zu ungewohnt waren die Optik und das Konzept." Vergleicht man die Autos der damaligen Zeit mit dem Tropfenwagen, erkennt man, dass diese den kastenförmigen, hochrädrigen Pferdekutschen nachgebaut wurden, die dem Käufer viel Prestige versprachen.[35]

---

34 Die Abbildung ist entnommen: http://www.deutsches-museum.de/sammlungen/-ausgewaehlte-objekte/meisterwerke-iii/tropfenwagen/.
35 Vgl. Heyl 2005. – Zur Kontroverse vgl. z.B. Moos 1992, 196, 302.

Diese Ergebnis zeigt, dass Geschmack nicht allein von der technikinspirier-
ten Formfunktionalität und Rationalität ausgeht, sondern nur vom menschlichen Wesen als Ganzheit her verstanden werden kann. Dass erst *jenseits*
von technischer Raffinesse die *Meisterschaft* anfängt, drückt Werner Degen
mit Blick auf die Umsatzzahlen so aus: „Design ist demokratischer Natur."[36]

Weit ab von der vernunftbestimmten, technischen Stromlinienform ist das
Modell *Pivo2*, das auf der *40. Tokyo Motor Show* präsentiert wurde. Es
scheint zudem dem Altmeister Luigi Colani Recht zu geben, der auf die ewige Frage nach dem Schönen meint: „Das Runde ist das immer neue Ergebnis unserer Evolution."[37]

Abb. 2: Pivo2

Die Fahrerkabine des zukunftsträchtigen *Pivo2* ist um 360 Grad drehbar, die
schildkrötenförmigen Räder um 90 Grad.[38] Die rundliche, kugelförmige Karosserie, generell das ‚*Soft-Box*' Design, soll die Insassen positiv beeinflussen. Ein ‚intelligenter' Sensor-‚Kopf' (*Robotic Interface*) auf dem Armaturen-
brett erfasst zusätzlich die Stimmungen des Fahrers und soll beruhigend
oder aufheiternd wirken. Entfernt erinnert der *Pivo2* an ‚*R12*", das bekannte
‚*Wohnei*' von Werner Sobek, die beide das so genannte ‚*Cocooning*'-Design
repräsentieren. Technisch im Zukunftstrend, wird dies durch so genannte
‚intelligente' Geräte bzw. einem *smart environment* be- und verstärkt.

Der Theoretiker Peter Sloterdijk beschreibt den Komfort der Wohlstands-
gesellschaft als einen „behüteten Urzustand, indem man überschüssige

---

36 Degen 1991, 264.
37 Ebd.
38 Die Abbildung ist entnommen: http://www. nissan-global.com/EN/PIVO2/.

‚Mutterenergien', ein Leben im ‚Komforttreibhaus' genießen dürfe."[39] Der Produktdesigner Volker Albus stellt in Bezug auf das „Kindchenschema" und die „Gute-Laune-Vermarktungsstrategien" fest: „Ja selbst Autohersteller wie ‚VW' oder ‚smart' scheuten sich nicht davor, ihre Modelle, wie etwa die Armaturen, ganz auf das Wahrnehmungsniveau von Kleinkindern abzustimmen. Dass diese allenfalls als Mitfahrer eine Mitsprache hatten, blieb dabei einerlei."[40]

Die Material- und Qualitätsstandards der Produkte innerhalb einer Warengruppe sind sich meistens so ähnlich, dass sie sich kaum in Technik und Funktionalität von einander unterscheiden, und der Nutzwert für den Käufer schwer zu unterscheiden ist. Der Kaufwert lässt sich über die Produktionskosten hinaus über ihre ethische und ästhetische Wertigkeit ermittelt. Hier wird *de facto* allgemein mit ‚*Emotional Design*' gearbeitet. Dieses funktioniert umfassend, weil: *Der Mensch macht sich die Technik untertan*, indem er *sie sich* – seit Jahrhunderten – *ähnlich macht*. Die bis in die Antike zurückreichende Technikentwicklung der *Robotik* ist am augenfälligsten. Der Mensch anthropomorphisiert generell Technik und Wissenschaft *an sich* – bis in die höchsten Abstraktionsgrade hinein.

Ein aus dem Fernsehen bekanntes Werbebeispiel aus der Automobilbranche ist der *Citroen Ice Skater*.[41] Er ist „*Alive with Technology*".

Abb. 3: Citroen Ice Skater

Der Mensch wird in der Ökonomie nicht als denkendes Wesen verstanden, sondern ganz pragmatisch, als handelndes und wertendes Wesen festge-

39 Sloterdijk 2004, 801f.
40 Albus 2008, 49.
41 Die Abbildung ist entnommen: http://theinspirationroom.com/daily/2006/citroen-ice-skater/.

stellt. In diesem Sinne bedeutet eine so verstandene *Personalisierung* des Kunden und Nutzers, keine Individualisierung des Menschen, etwa im Sinne einer sittlichen Vervollkommnung des Menschen gemäß Kant oder Fichte. Die Möglichkeiten einer gefühlsbetonten Produktsprache – die Daimler AG spricht gar von *Charaktertypen* (Mercedes-Benz GLK) – und des entsprechenden Designs werden vielfach industriell-wissenschaftlich zu erforschen versucht.

Abb. 4: CATER-Video

Der *Screenshot*[42] zeigt eine experimentelle Annäherung an ein ,*Emotional Design*': Die vom Benutzer selbst ausgesuchten Symbole repräsentieren Stimmungen und Gefühle, die der Designer entsprechend umsetzen kann.[43] Man erkennt, wie nahe man heute mit diesem Ansatz dem Hippias von damals kommt; und man versteht auf der anderen Seite aber auch Aussagen wie die, von Otl Aicher: „aber werden autos so bedacht, als objekte, die sich aus ihrem zweck ergeben? [zum teufel mit dem symbol. zurück zu den sachen."[44] Der Zwiespalt entscheidet sich am Trend, – an einem Trendgeschehen, das von Menschen gemacht und ausgelöst wird. Trotz alle dem, gibt es ,zeitlose' Produkte. Wieso? Weil sie sich im Gleichgewicht von Technik und Ästhetik befinden.

Für den Automobilbau gilt: „Das Auto als Skulptur vereint klassische und futuristische Elemente [...]. Die Skulptur steht im Mittelpunkt des Design-Prozesses und ist zugleich Bindeglied zwischen Kreation und Produktion. Sie ist auch Ausdruck des Individuellen, weshalb der Betrachter zu ihr eine Beziehung aufbauen, sich mit ihr identifizieren kann. Hier geht es nicht um eine

---

42 Abbildung entnommen: Sloterdijk 2004 und http//:www.cater-ist.org.
43 Khalid 2007.
44 Aicher 1991, 172.

zweckrationale Beziehung eines Fahr-Zeug-Nutzers, sondern um eine emotionale Beziehung" (Christopher Bangle, BMW).[45]

Und man wundere sich, was die Fachleute zu Recht konstatieren: „Nicht einmal die Mode hat so viel Einfluss auf unser Befinden" (Ulrich Raulff).[46] – Obwohl es sich doch eigentlich (nur) um sachliche, neutrale, objektive Technikprodukte und -daten (wie PS-Zahl, Zylinderzahl, Hubraum, ABS, LED oder Xenon-Lichter, etc.) handeln sollte, da die *Technik an sich,* also insgesamt, in unserer Kultur und Gesellschaft als *neutral* und ‚*reif*' naturgegeben gehandelt und deklariert wird. Ihre angeblich fest eingeschriebene Eigengesetzlichkeit lässt jedoch fast immer eine Handvoll *verschiedener Möglichkeiten der Konstruktion* zu. Kein *Gesetz* verhindert dies, sondern ihre *Eigengesetzlichkeit* macht sie relativ.

Zukunft der Technik.

In der Automobil-Branche ist heutzutage, durch den harten Weg der wirtschaftlichen Erfahrungen geprägt, der Mehrwert von Design nicht nur als ein wichtiger Wirtschaftsfaktor anerkannt, sondern darüber hinaus weiß man dort, das „Konstruktionsmethodik und Designmethodik mehr oder weniger identisch sind."[47] Das Hightech-Produkt Automobil ist zu einem der Designer-Vorzeigeobjekt überhaupt avanciert. Doch was ist mit den anderen technischen Branchen?

In der *Investitionsgüterindustrie,* besonders in den Teilen, in denen die Maschinen ein *Keller*dasein fristen oder in *Fabrikhallen* versteckt sind, wird dem Design und der Ästhetik kaum oder gar keine Funktion zugebilligt. Die ‚Gute Form' sei ausreichend und quasi Naturgegeben, wenn sie funktioniert. Design verteuere das Investitionsgut. So weit die Standardmeinung der Ingenieure. Viel Fragen werden kaum gestellt, da sie scheinbar philosophischen Charakter haben: Doch was ist eine *gute* Form, gibt es sie überhaupt – diese platonisch-sokratische Form? Was heißt *optimal* funktionieren, *für wen oder was,* d.h. welche Zielgruppe oder Kontext- und Handlungsbezogenheit ist vorausgesetzt? Im Angesicht der zentralen Bedeutung von *Material Design* im Entwicklungs- und Produktionsprozess zur zielorientierten technischen und ökonomischen Optimierung ist das Ignorieren von Design schlichtweg kontraproduktiv. Man beschränkt die Innovationskraft, wenn man missachtet, dass z.B. selbst die ‚Gute Form' *Emotionsräume* aufweist. Maschinentechnik und Produkte werden immer von Emotionen begleitet, mit Geschmack unterlegt, und von Ästhetik bestimmt. „Nur wird das in der Inves-

---

45 In Reese 2004a, 195.
46 Ebd. 193.
47 Degen 1991, 259.

titionsgüterbranche kein aufrechter Ingenieur oder Einkäufer zugeben."[48] Die *Produktästhetik* gehört schon immer *indirekt* zu den klassischen Marketing-faktoren, was sich darin äußert, das Design immer ‚*Chefsache*' ist. Vom In-vestitionsgüter-Design über das Produkt- und Konsumgüter-Design bis hin zum Corporate Design, wird die letzte Entscheidung von dem Geschäfts-führer oder den Vorständen der jeweiligen Unternehmen gefällt, – und nicht von den rein ‚rational-technischen' Vorgaben der Ingenieure bestimmt.

Ausgerechnet die Ingenieure kontern während der Produktentwicklung oftmals mit dem immer wiederkehrenden Satz: „Es geht nicht" und konter-karieren damit ihre Ingenieur*kunst* selbst – völlig grundlos wie z.B. Fried-helm Engler von Opel bestätigt: „Die Funktionalität leidet unter dem Design nicht."[49] Design ist nicht Beliebigkeit, auch nicht Kunstwissenschaft, sondern wie der Industrie- und Produktdesigner Wilhelm Wagenfeld festhält: „Ein De-sign- bzw. Konstruktionsprozeß ist für die Entstehung eines Kunstwerks schwer vorstellbar." Und weiter: „Dennoch sprechen wir hierbei von künstle-rischem Beitrag, um anderen nicht Erklärbares begrifflich zu umreißen."[50] Tatsächlich ist es weitgehend erklärbar, d.h. bis an die Grenze der Fach-sprache und dem jeweiligen individuellen Kenntnisstand – wie auch jede anderen (ältere) Disziplin nur ihren je eigenen populärwissenschaftlichen Verständnisrahmen vorzuweisen hat.

Das ist eine wichtige und richtige Aussage von Wagenfeld, da sie betont, dass der designerische Einsatz systematischen und methodischen Grund-sätzen folgt und damit weiter in die richtige theoretische und auch philoso-phische Richtung weist: *Die Ästhetik ist der Defizienzzustand der Technik.* Konkreter Formuliert: *Das Design ist der Defizienzzustand des technischen Produkts.* Der Verfall des technischen Produkts, bedingt durch Unausgewo-genheit und Partialität – es gibt keinen Totalzustand und -anspruch von Technik an sich –, beginnt mit der Nichtbeachtung von Kunst, Geschmack, Design, kurz gesagt, mit der Ästhetik. Der Ausdruck *Design-techno-logik* sei als zusammenfassendes Schlagwort für den anzustrebenden Gleichge-wichtszustand vorgeschlagen.

Der Mensch, im ursprünglichen Sinne der ‚Schmeckende', *wählt.* Er selek-tiert nach seinem Maß und seinem Geschmack, *seine* Werkzeuge, *seine* Produkte und *seine* Maschinentechnik. Dieser Geschmacks-Maßstab, von verflochtener Quantität und Qualität, ist in unterschiedlichster Art zur Anwen-dung gekommen, z.B., um in den Ingenieur-Künsten zu verbleiben, in der großartigen Architektur der Antike, die ganz direkt Maß auf die menschlichen Proportionen nahm; oder später in dem bekannten Satz des Architekten

---

48 Ott 2004, 134.
49 In Reese 2004a, 196.
50 In Degen 1991, 260.

Louis Henri Sullivan „form follows function", der in dieser verkürzten Form, so oft als eine Unterordnung der Form gegenüber der Funktion interpretiert wird. Ein doppeltes Missverständnis, das den Kontext des Satzes außer Acht lässt. Sullivans These entstand bei der Gestaltung einer Hochhausfassade. Er machte sich „die Mühe, seinen Funktionsbegriff zu definieren. Und neben dem technisch Notwendigen beschreibt er die Bedürfnisse des Menschen nach Schönheit, nach Individualität, nach Emotionen als technisch ebenbürtige Funktionen, denen es eine Form zu geben gilt." Andrej Kupetz fragt deshalb zu Recht „Warum also ist die Äußerung Sullivans in ihrer gesamten Dimension in den vergangenen Jahrzehnten nicht kommuniziert worden?"[51] Kupetz macht auf einen weiteren wichtigen Umstand aufmerksam: auf die Warenkennzeichnung ‚Made in Germany'. „Der Ursprung für den überaus bemerkenswerten und im generellen Verständnis der Konsumenten gänzlich unbekannten Imagewandel allerdings liegt nicht in erster Linie in der Ingenieursleistung, sondern in der Leistung der Gestaltgenerationen seit Peter Behrens und der Gründung des deutschen Werkbundes, industrielle Produkte so zu formen, dass sie die Lebensqualität ihrer Benutzers erhöhen. Dennoch kommuniziert der Begriff Made in Germany vor allem die Ingenieursleistung."[52] Das Gütesiegel ist demnach das Verdienst einer Designleistung.

Dennoch befinden sich wie selbstverständlich die vermeintlichen Produkte der Ingenieure an der Schnittstelle von Wirtschaft, Technik und der Modellierung von kulturellen Realitäten. Diese oberflächliche Betrachtungsweise und der Mythos vom reinen Funktionalismus des Technikgebrauchs werden durch die Empirie widerlegt: nicht jedes Objekt wird vom Benutzer akzeptiert, obwohl es technisch ausgereift zu sein scheint. Wolfgang Ulrich prophezeit in „Über die warenästhetische Erziehung des Menschen", dass „die Konsumkritik verschwindet, sobald das große Zeitalter des Produktdesigns erst einmal angefangen hat."[53] Ob der Mensch wirklich zu einem willigen oder oppositionellen ‚Homo accessorius' werden wird oder nicht, spielt keine Rolle, da der entscheidende Knackpunkt, in allen Szenarien, die gelungene *Synthese von Technologie und Ästhetik*, entscheidend für den langfristigen und nachhaltigen Verkaufserfolg und die humane, rationale *und* emotionale Akzeptanz sein wird. Hierin liegt die Verantwortung von Ökonomen und Technikern begründet, – sie fängt bereits beim Design- und Engineering-Prozess der *Produktentwicklung* an. Die dem griechischen Ideen- und Kulturkreis entspringenden Gedanken der *aisthesis* und des *logos*, die sich über Platons Gedankenwelt hinweg bis in unser Jahrhundert der Technolo-

---

51 Kupetz 2004.
52 Ebd.
53 Vgl. Ulrich 2008, 117.

gien hinein entwickelt haben, kulminieren in dem Bewusstsein eines so verstandenen Verantwortungsbegriffes in einer, dem heutigen Verständnis von Logik relativierenden Begrifflichkeit, dem Design-techno-*logos*.

Der Charme der Technik mag zwar diskret sein, aber dafür ist er um so subtiler und wirkungsmächtiger. Das zukünftige Verhältnis von Ingenieuren zu Designern, wird sich in einer neuen Konstruktions- oder Designkultur widerspiegeln, die das gesellschaftliche, starre Verständnis von Technikvermögen und Technologie relativieren wird: *Design ist die Kunst, mit dem Teufel zwischen der Technik zu tanzen.*

Literatur

Aicher, O. (1971): die welt als entwurf. Berlin 1991.

Albus, V. (2008): Touched by Design, Facetten emotionaler Berührung im zeitgenössischen Produktdesign. S. 44–54 in Design + Emotion. Produkte die Gefühle wecken. Ausstellungskatalog 2.8.–2.11.2008. Badisches Landesmuseum Karlsruhe 2008.

Blauer Kreis (1996): Künstlerische Werke von Erfinder-Unternehmern. Wanderausstellung. Hrsg. vom BMBF. GALERIE – artconsulting Karin Palme. Köln 08.05.1996.

Brassaï (1966): Gespräche mit Picasso. Reinbek 1966.

Degen, W. (1991): Gesicht oder Masse. S. 259–267 in 100 Jahre technischer Fortschritt. Sonderpublikation aus dem Vogel Verlag. Würzburg 1991.

Design + Emotion (2008): Produkte die Gefühle wecken. Ausstellungskatalog 2.8.– 2.11.2008. Badisches Landesmuseum Karlsruhe 2008.

Dessauer, F. (1959): Streit um die Technik. Freiburg 1959.

Die Kunststoff-Macher (2004): Wanderausstellung. Kunststoff-Museum-Verein. Düsseldorf 2004.

Dominik, H. (1948): Wunder des Schmelztiegels. Berlin 1948.

Giacometti, A. (1973): Was ich suche. Zürich 1973.

Heyl, J. von (2005): Der Tropfenwagen von Edmund Rumpler. 11.07.2005 (unter: http://www.echolog.de/automobil).

Huxley, A. (2007): Schöne neue Welt. Frankfurt a. M. 2007.

Katalog Pol Bury (1972): Kestner-Gesellschaft. Hannover 20.11.1971–20.2.1972.

Katalog Tony Cragg (1986): Skulpturen. Kestner-Gesellschaft. Hannover 20.12.1985–9.2.1986.

Khalid, H.M. (2007): Innovative ICT Tools & Methods for Mass Customization of Vehicles, Vortrag auf dem Vehicle Interaction Summit IV. Technologien und Trends in der HMI-Entwicklung. Fraunhofer-Gesellschaft, IAO. Stuttgart, 08.01.2007.

Knappe, K. (1950): Das Gesetz heißt Wand – der Ausweg: Plastik, Gedanken zur Kunst unserer Zeit. Nach Briefen zusammengestellt und hrsg. von H. Beck. Stuttgart 1950.

Kohnhäuser, E. (2005): Geleitwort des VDI. S. V–VI in Reese, J. (Hrsg.): Der Ingenieur und seine Designer. Entwurf technischer Produkte im Spannungsfeld von Konstruktion und Design. Berlin 2005.

Kupetz, A. (Rat für Formgebung) (2004): Geleitwort. S. VII–IX in Der Ingenieur und seine Designer. August 2004

Lerner, F. (1981): Geschichte des deutschen Glaserhandwerks. Schorndorf 1981.

Lichtenberg, G.C. (2005): Die Aphorismen-Bücher. Hrsg. von A. Leitzmann. Frankfurt a. M. 2005.

Maser, W. (1984): Am Anfang war der Stein. Die Geschichte des Abendlandes – ein Wettlauf um die Bodenschätze. München 1984.

Moore, H. (1959): Schriften und Skulpturen. Hrsg. von W. Hofmann. Frankfurt a. M. 1959.

Moos, S. von (1992): Industrieästhetik. Disentis 1992.

Nietzsche, F. (1999): Nietzsche. Kritische Studienausgabe. Hrsg. von G. Colli und M. Montinari. Berlin 1999.

Ommeln, M. (1999a): Die Technologie der Virtuellen Realität: technikphilosophisch nachgedacht. Frankfurt a. M. 1999.

Ommeln, M. (1999b): Die Verkörperung von Friedrich Nietzsches Ästhetik ist der Surrealismus. Frankfurt a. M. 1999.

Ott, G (2004): Design Management als strategisches Tool zur Unternehmensentwicklung. S. 129–143 in Der Ingenieur und seine Designer. Entwurf technischer Produkte im Spannungsfeld von Konstruktion und Design. Berlin 2005.

Penalba, A. (1965): Gedanken zur Arbeit. In: Katalog Alicia Penalba. Städtisches Museum Leverkusen, Schloß Morsbroich. 20.11.1964–17.1.1965.

Platon (1960): Der Größere Hippias. In Platon. Frühdialoge. Hrsg. von W. Rüegg und eingeleitet von O. Gigon. Zürich – Stuttgart 1960.

Platon (1971): Politeia. In: Werke Bd. IV. Hrsg. von E. Eigler. Darmstadt 1971.

Reese, J. (2004a): Car Design – ein Design aus dem goldenen Käfig heraus? S. 187–199 in Der Ingenieur und seine Designer. Entwurf technischer Produkte im Spannungsfeld von Konstruktion und Design. Berlin 2005.

Reese, J. (2004b): Von der Anstrengung, der Technik ein Gesicht zu geben. S. 5–111 in Der Ingenieur und seine Designer. Entwurf technischer Produkte im Spannungsfeld von Konstruktion und Design. Berlin 2005.

Schiller, F. (1838): Über die ästhetische Erziehung des Menschen. In einer Reihe von Briefen. In: Sämmtliche Werke in zwölf Bänden. Bd. 12. Stuttgart – Tübingen 1838.

Schneider, N. (1997): Geschichte der Ästhetik von der Aufklärung bis zur Moderne. Stuttgart 1997.

Schoeffer, N. (1956): Témoignages pour la sculpture abstraite. Hrsg. von D. René. Paris 1956.

Seubert, H. (2008): Homo natura und homo artista. Alteuropäische Reflexion zur ‚Bestimmung des Menschen' in nachhumanistischen Zeiten. S. 65–85 in Vogel, B. (Hrsg.): Der Mensch – sein eigenes Experiment. Bd. 4. München 2008.

Sloterdijk, P. (2004): Schäume. Frankfurt a. M. 2004.

Ulrich, W. (2008): Über die warenästhetische Erziehung des Menschen. S. 108–118 in Design + Emotion, Produkte die Gefühle wecken. Ausstellungskatalog 2.8.–2.11.2008. Badisches Landesmuseum Karlsruhe 2008.

Werte der Biodiversität?

Mathias Gutmann

1. Vorbemerkung

Die folgenden Überlegungen sind ausdrücklich propädeutisch gemeint; es wird also weder das Ziel einer allgemeinen Theorie des Wertes noch gar das einer wertethischen Grundlage der Beurteilung von Naturstücken verfolgt – solches ist schon oft unternommen worden und glückte selten. Doch ist mit einer solchen propädeutischen Ausrichtung ein Ziel verknüpft, das in der aktuellen Diskussion um Werte von Biodiversität (BD) regelmäßig ausgeblendet wird: Die Klärung der Frage nämlich, ob Naturwissenschaft – hier naturgemäß Lebenswissenschaft – überhaupt einen Beitrag für die Wertbestimmung von Biodiversität leisten *kann*.

Im Rahmen des philosophischen – und insbesondere ethischen – Diskurses über den Wert von Biodiversität scheint ungefragt die Zuständigkeit der Lebenswissenschaften festzustehen. Werte liegen danach als intrinsische Werte „in der Natur" vor; diese sind im Gegensatz zu extrinsischen oder instrumentellen Werten solche, die einem Gegenstand „an sich" zukommen und zwar ohne dass dies nur de- oder askriptive Geltung beanspruchen könnte. In Übereinstimmung mit Vertretern radikaler „deep ecology" trägt Sprigge diesen Gedanken wie folgt vor:

> „Ich selbst bin jedoch überzeugt, daß Wert und Nicht-Wert reale Eigenschaften bestimmter Dinge sind. Die offenkundigste Art intrinsischen Gutseins ist die Freude in ihren verschiedensten Ausprägungen. Der freudvolle Charakter einer Erfahrung ist eine reale Eigenschaft dieser Erfahrung, aber es ist eine Eigenschaft mit einer inhärenten magnetischen Kraft, so daß sie Handlungen motiviert, die ihr förderlich sind. Freude und Lust überbrücken die Lücke zwischen Tatsache und Werten, weil dieses, daß etwas freund- oder lustvoll ist, selber eine Tatsache ist, die mit Notwendigkeit Wirkungen auf unseren Willen hat" (Sprigge 1997, 68).

Lassen wir die Frage nach dem genaueren Begriff der Notwendigkeit außer Acht, mit welcher Freude und Lust eine Wirkung auf den Willen haben sollen[1]. Intrinsische Werte wären danach solche, die auch *unabhängig* von menschlicher Betrachtung – wiewohl nicht beschreibungsinvariant[2] – als vor-

---

1 Es darf diese jedenfalls nicht einfach definitorisch aus jenen folgen, wird also u.a. vom investierten Konzept der Wirkung abhängen.

2 Zu diesem Problem s. das Konzept der „natural kinds" bei Griffiths auf explizit phylogenetischer Grundlage und in Fortsetzung Quine (Griffiths 1997). Aus

handen angesprochen werden *können*[3]. Diese Überbrückung von Tatsachen und Werten wäre dann so zu denken, dass aus den intrinsisch werthaften Motivationen verstärkt solche Handlungen folgen, die zu einer Steigerung eben dieser Erfahrungen führen. Die Herkunft aber des Wissens um die Identifikation solcher Werte bleibt hier einigermaßen opak. Die Verbindung zwischen Werten und dem Wissen um dieselben sieht Sprigge, in einem „panpsychistischen" Verständnis des Menschen als Teil der Natur, wobei zwischen den Erfahrungsgegenständen und den Erfahrungen derselben ein – möglicherweise kausaler, nicht aber notwendig deterministischer – Zusammenhang bestünde (Sprigge 1997, 70). Die Vorstellung von dem Eingebundensein in ein Ganzes (die Natur) führe zu einer Art Sympathetik alles Lebendigen (in radikalisierter Form s. Naess 2001).

Als Gegenstück zu intrinsischen können instrumentelle Werte gelten. Etwas wäre danach überhaupt nur *als etwas* bestimmt, insofern es *zu etwas* bestimmt ist (hierzu mit den entsprechenden methodologischen Implikationen etwa Cassirer 1985 und Heidegger 2002). Werte wären hier zunächst und vor allem Gebrauchswerte, die Sache ginge in ihre und ihrer Verwendung auf[4]. Dass sich Werte als instrumentelle Werte verstehen lassen, ist auch auf Seiten der Kritiker dieses Denkens zugestanden. Jedoch gelte hier ein Caveat:

> „Denn während die anthropozentrisch am Eigeninteresse orientierte
> Handlung uns eine Perspektive bietet, mit der man gut arbeiten kann,
> ist sie doch nicht der Weisheit letzter Schluß. Die Sache geht tiefer.
> Der Schlüssel ist die Idee des Wertes. Wenn eine Art aus der Natur
> verschwindet, verringert sich hierdurch die Vielfalt der Welt. Arten ha-

---

konstruktivistischer Sicht spricht dies von vornherein gegen eine unmittelbare Referenz – es hängt hier alles vom Verständnis des Tatprädikates „beschreiben" ab (dazu Gutmann 1996).

3 Es lässt sich zudem noch von inhärenten Werten sprechen, die einem Gegenstand ebenfalls zukommen aber in der Form der Wertschätzung (dazu und zu weiteren Wertzuschreibungskonzepten s. Potthast 1999). Genau genommen sollte hier eher von Adhärenzen die Rede sein, von denen dann gilt, dass sie einem Gegenstand inhärieren (der Ausdruck „Inhärenz" bezeichnet also eine Relation; dazu Schnieder 2004). Da diese das Problem der Abhängigkeit vom Äußernden berührt, wollen wir auf eine Diskussion verzichten. Systematisch liegen hier aber die hermeneutisch-philosophisch eigentlich spannenden Zusammenhänge (dazu König 1969 & 1994).

4 Inwieweit überhaupt sinnvoll Gebrauchs- und Tauschwert voneinander abgetrennt werden können (in nicht nur analytischer Hinsicht) steht allerdings infrage. Letztlich wird dieser Gedanke nur dann triftig sein, wenn wir das Vorhandensein von Mitteln einfach schon je ansetzen. Andernfalls hätten wir Gebrauch und Tausch als Aspekte von Tätigkeiten zu begreifen, sodass Zirkulation der Ausgangspunkt der Analyse würde und eben nicht Produktion (dazu Weingarten 1998 und Marx 1983).

ben nicht bloß einen rein instrumentellen Wert für den Menschen; sie haben auch einen Wert für sich selbst – sie haben einen intrinsischen Wert" (Rescher 1997, 180).

Die Nicht-Reduzierbarkeit charakterisiert intrinsische Werte und führt Rescher unter Nutzung eines utilitaristischen Wertbegriffes zu der These von der Präferierbarkeit der Steigerung jener Werte, die mit den intrinsischen Werten des Lebendigen je gegeben wären. Dabei wird allerdings von vornherein konstatiert, dass es sich weder um (im Rescherschen Sinne) moralische noch um ethische, sondern um Werte sui generis handele (Rescher 1997, 183). Die eigentliche Problematik aber, die eine solche evaluative Metaphysik evoziert, dürfte in der Unbestimmtheit der Parameter sowie der Verfahren liegen, mittels deren wir die behaupteten Werte ermitteln. Dies ist eher ein methodologisches, weniger ein empirisches Problem, als das es in der Regel gehandhabt wird. Rescher schlägt hier eine Unterscheidung zwischen höherer und niedrigerer Lebensform vor:

„Der Wert des menschlichen Lebens kann zurückgeführt werden auf den Wert dessen, was dieses Leben in der Natur verwirklichen kann. Warum sollte es sich bei anderen Spezies anders verhalten?" (Rescher 1997, 184).

Wir lassen hier unberücksichtigt, ob es überhaupt ein von lebenswissenschaftlicher Forschung zu erwartendes Resultat sein kann, höhere von niedrigeren Lebensformen zu unterscheiden[5], so besteht doch der für unsere Rekonstruktion entscheidende Aspekt des Rescherschen Argumentes darin, dass es sich auf *explizit biologisches* Wissen für die Explikation seiner Wertskala (oder zumindest ihrer Möglichkeit) stützt. Die Schwierigkeiten zeigen sich sogleich, wenn gesagt werden soll, was denn genau der Träger der Werte und damit natürlich das Objekt auch moralischer oder ethischer Reflexion sein soll, wenn von Arten die Rede ist. Rescher tut sicher gut daran, Verpflichtungen gegenüber nicht-menschlichen Lebewesen (hier Arten) nicht ausschließlich an das Vorliegen intrinsischer Werte zu binden:

„Wir müssen dies aus drei Gründen tun: (1) aus Gründen der Klugheit, weil wir selbst ein Interesse an ihnen haben; (2) aus moralischen Gründen, um die legitimen Interessen anderer Menschen zu schützen; und (3) aus ethischen Gründen mit Blick auf die in ihnen verkörperten ethischen Werte" (Rescher 1997, 186).

---

5 Es gibt gute Gründe dafür, hinter dieser Rede eine reine Metaphorik zu sehen, die auf die geringer werdenden zeitlichen Abstände der „höheren" Formen zum Auftreten des Menschen zielt – auf die (allerdings in der Biologie gut eingeübte) Metapher des Stammbaumes bezogen auf die von den Wurzeln weiter entfernten Zweige. Außerhalb solcher Auflösung kommt dieser Rede einfach gar keine (wissenschaftliche) Bedeutung (mehr) zu.

Nichtsdestotrotz werden intrinsische Werten Gegenständen zugesprochen, die als Naturgegenstände existieren.

Ein wesentlich weitergehender Ansatz wird an dieser Stelle von Rolston vertreten. Unabhängig ob wir Wertzuschreibungen ausschließlich anthropozentrisch oder auch abgeschwächt zuließen (etwa anthroporelational oder gar biozentrisch), stehe danach gleichermaßen außer Frage, dass Wert – als Attribut verstanden – dem jeweiligen Träger objektiv zukomme. Doch erweitert Rolston diese These insofern, als eben nicht nur – wie dies die Reschersche Variante immerhin noch zuließ – Menschen als Wertende auftreten, sondern eben auch andere Lebensformen:

> „Schätzen Tiere etwas um seiner selbst willen? Wir denken vielleicht nicht, dass Tiere die Fähigkeit besitzen, intrinsischen Wert zu verleihen, die wir vorher nur Menschen zugeschrieben haben. Meistens kümmern sie sich um ihre eigenen Grundbedürfnisse, Nahrung und Schutz, sowie ihre Jungen. Aber warum sollen wir dann nicht sagen, ein Tier schätzt sein eigenes Leben um seiner selbst willen, intrinsisch, ohne Bezug auf etwas anderes? Sonst haben wir eine Tierwelt voll instrumenteller Werte, aber bar intrinsischer Werte, wo alles die Ressourcen schätzt, die es braucht, aber nichts an sich selbst. Das ist unplausibel. Tiere bewahren und schützen ihre Identität, wenn sie sich durch die Welt schlagen. Werten ist dem Tierleben intrinsisch" (Rolston 1997, 251).

Durch das grundsätzlich wertende Verhalten aller Lebewesen, entfällt die Schwierigkeit, die Zugehörigkeit zu einer Art (H. sapiens) zum Kriterium der Werthaftigkeit bzw. der Bewertungsautorenschaft nehmen zu müssen. Im Rahmen einer allgemeinen Ontologie des Lebendigen kann dann sogar der Aufstieg zu allen Formen der Organisation desselben genommen werden, wobei sich die Werthaftigkeit gleichsam von unten mitteilt; Organismen, Spezies, Ökosysteme und schließlich auch die diese tragende Erde und die Natur als Ganze werden zu Wertträgern:

> „Tiere, Organismen, Spezies, Ökosysteme und die Erde können uns nicht lehren, wie wir das Werten anzustellen haben. Aber sie können das, was wertgeschätzt werden soll, ‚ausstellen'. Die axiologischen Maßstäbe, die wir konstruieren, konstituieren nicht Wert. Wie auch die naturwissenschaftlichen Maßstäbe, die wir entwerfen, das mit ihnen Gemessene nicht erzeugen" (Rolston 1997, 269f.).

Dieses, zum Zwecke des Argumentierens, einmal zugestanden[6], bleibt aber ein Unbehagen, welches sich nicht wie bei Frankena aus ethik-theoreti-

---

6 Wir werden unten sehen, dass in der Tat wissenschaftliche Praxis ihre Gegenstände konstituiert. Es ist dann aber ein starker Begriff von Wissenschaft zu konstatieren, deren Aufgabe nicht in der Abbildung der Welt besteht, sondern in weißem Sinne in deren Erschaffung (dazu Janich 1997).

schen, sondern aus methodologischen Gründen speist. Betrachten wir nämlich die von Rolston herangezogenen Gegenstände, dann fällt zunächst der
seltsam zufällige Charakter der Zusammenstellung ins Auge. Zur Illustration
verweise ich auf eine Organisationshierarchie, die von Eldredge – einem
Vertreter der 2. Generation der *New Synthesis* – stammt (Eldredge 1985,
188):

Ecological Hierarchy	Genealogical Hierarchy
regional biotas	monophyletic taxa
Communities	Species
Populations	Demes
Organisms	Organisms
Cells	Chromosomes
Molecules	Genes

Die Schwierigkeit besteht nun einfach darin, dass die hier vorgelegte Reihe
sich (wenn auch nicht beliebig) variieren ließe (zu mehren Varianten solcher
Naturskalen und den damit verknüpften methodologischen Problemen s.
Gutmann/Neumann-Held 2000). Die hier ausgewählte weist die zusätzliche
Schwierigkeit auf, dass Eldredge mit ihrer Hilfe ein methodisches Problem
aufnehmen wollte, welches das Vertrauen in die bei Rolston genutzte Liste
noch weiter schrumpfen lässt, den umstrittenen Zusammenhang nämlich
zwischen ökologischer und phylogenetischer Hierarchie (dazu im Einzelnen
Gutmann/Neumann-Held 2000). Mag dies noch als eher empirisches Problem gelten (was es vermutlich nicht ist, s.o.), so wird es doch sogleich zum
grundsätzlichen, wenn wir nach dem Grund für die Uneinigkeit über die
„richtige" Ausstattung der Natur fragen. Dieser liegt u.a. darin, dass For-
schungsgegenstände als „vorhanden" gedacht, die Frage nach ihrer Herkunft also wiederum unter Hinweis auf Natur Beantwortung erfährt. Wenn
nun aber die Identifikation – und im weiteren auch die Evaluation – von intrinsischen Naturgegenständen konstitutiv von dem investierten biologischen
Wissen abhängt, dann ist die These vom intrinsischen Charakter der zuge-
sprochenen Werte epistemisch vom Status dieses investierten Wissens abhängig. Wir wollen uns daher im Folgenden mit dem methodologischen Status eben solchen Wissens am Beispiel von Biodiversität beschäftigen.

2. Was ist Biodiversität?

Biodiversität scheint der Naturgegenstand schlechthin zu sein, zumindest im
Reiche des Belebten; er zählt jedenfalls zu den umfangreichsten:

> „Biological diversity' means the variability among living organisms
> from all sources including, inter alia, terrestrial, marine and other
> aquatic systems and the ecological complexes of which they are part;

this includes diversity within species, between species and of eco-system" (Harper/Hawksworth 1995, 6).

Die Bestimmung der Diversität beträfe damit letztlich die gesamte Lebewelt und hätte zum Gegenstand die Unterschiede innerhalb derselben nach rele-vanten Kriterien (an dieser Stelle sei auf die Definition von α-, β- und γ-Diver-sität verwiesen; zu den methodologischen Problemen s. Gutmann/Janich 2002 a, b). Konzentrieren wir die Darstellung ganz auf den Schlüsselbegriff, nämlich die Art, so ergeben sich drei Problemkreise, die wir kurz als definito-rische, methodische und pragmatische bezeichnen wollen[7].

2.1 Definitorische Aspekte

Die Debatte um die „richtige" Definition der Art ist so alt wie das Konzept. Einen möglicherweise ernüchternden Vorschlag verdanken wir Darwin sel-ber, der den eigentlichen Gegenstand evolutionärer Forschung in reprodukti-ven Einheiten sieht (die wir heute als Populationen ansprechen):

> „In short: we shall have to treat species in the same manner, as those naturalists treat genera, who admit that genera are merely artificial combinations made for convenience. This may not be a cheering prospect, but we shall at least be freed from the vain search for the undiscovered and undiscoverable essence of the term spe-cies" (Darwin 1897, II, 301).

Sind aber Arten nur der Bequemlichkeit halber als Klassenkonstrukte ein-geführt[8], so stellt sich sogleich die Frage nach den Zwecken, die die Aus-wahl der klassenbildenden Prädikatoren rechtfertigt. Es läge hier nahe, die Zwecke den jeweiligen Disziplinen mit Bezug auf die forschungsleitenden Interessen zu entnehmen. Es ließe sich dann recht einfach zwischen etwa genetischen, ökologischen oder phylogenetischen Artbegriffen unterschei-den. Dies scheitert aber vermutlich an der schlichten Tatsache, dass wir ein und dieselbe Definition von „Art" in unterschiedlichen Theoriekontexten wie-derfinden; das prominenteste Beispiel – das *biological species concept* (BSC) – zeigt dies paradigmatisch, wird es doch in evolutionären ebenso wie in ökologischen oder ethologischen Ansätzen verwendet. Neben den Unter-schieden, die sich aus der Zwecksetzung ergeben, sind vor allem die Differenzen der Mittel relevant, mit welchen diese Definitionen forschungs-

---

7 Die Darstellung folgt im wesentlichen Gutmann/Weingarten (2004).

8 Eine interessante Alternative bietet sich in der Form der Phasensortale an; ob es allerdings – mit Blick auf biologische Forschungspraxis – sinnvoll möglich ist, Arten als Quasi-Ganzheiten einzuführen, bleibe dahingestellt. Es wäre denn hier – unter dem Gesichtspunkt der Kohärenz derselben – ein Gemeinschaftskonzept zu er-örtern, das allerdings seinen begrifflichen Anfang eher in sozialphilosophischen, denn biologischen Konstruktionen nähme.

praktisch eingelöst werden – bei diesen zeigen sich z.T. erhebliche Mängel, wie das Problem der fehlenden Transitivität der Kreuzbarkeit beim BSC, der artbildenden Kriterien etc. (dazu Gutmann 1996 und Gutmann/Janich 1998).

2.2 Methodische Aspekte

Ganz ähnlich gelagerte Schwierigkeiten haben wir bei der Wahl der Methode zu gewärtigen, die für die *Messung* der relevanten Einheiten in Anschlag gebracht wird. Erscheint die Nutzung genetischen Materials auf den ersten Blick vielversprechend, stellt sich doch hier die Frage nach Kontextabhängigkeit der „biologischen Bedeutung" der sequenzanalytischen Resultate (zu einigen damit verbundenen Schwierigkeiten s. Moss 2003 und auch Gutmann/Janich 2002b).

Um die Zugehörigkeit zu Arten zu bestimmen, werden grundsätzlich zwei Methoden, direkte und indirekte verwendet. Während im Falle der direkten neben der Operationalisierung vor allem die „projectability" (Griffiths 1997) der Resultate kaum sichergestellt werden kann, wird für indirekte Methoden insbesondere die Wahl der Bezugsgröße zum Problem, die für die Schätzung herangezogen werden soll.

a) Schon die Probenerhebung ist daher schwierig, was hier exemplarisch nur an der Probenerhebung im Kronbereich tropischer Bäume (Luehea seemanii) angedeutet sei: „It should be noted that there are an estimated 50.000 species of tropical trees [...]. I suggested elsewhere (Erwin and Adis 1981) that tropical forest insect species, for the most part, are not highly vagile and have small distributions. If this is so, and using the same formula as above, starting with 162 host-specific beetles/tree species then there are perhaps as many as 30.000.000 species of tropical arthropods, not 1.5 million" (nach Stork 1997, 51). Unabhängig von der Verlässlichkeit der Schätzung stellt diese jedoch noch keinesfalls das mögliche Maximum dar (dazu Stork 1997 und May 1995).

b) Eine alternative Methode besteht darin, die Verhältnisbildung auf der Grundlage taxonomischer Einheiten zu vollziehen. Allerdings sind einige Gruppen (übrigens z.T. aus kontingenten Gründen) besser als andere dokumentiert. Legt man etwa „gut-dokumentierte" Formen wie Mammalia und Ages zugrunde, so ergibt dies auf andere taxonomische Gruppen übertragen nach Braven eine Gesamtanzahl von ca. 3 Mio. Arten (Stork 1997, 47). Wird hingegen die Zahl von Lepidopteren im Verhältnis zu den anderen Hexapoden innerhalb der gut untersuchten britischen Fauna zugrunde gelegt, so ergibt sich allein für Hexapoden 4,9–6,6 Mio. Arten (Stork 1997, 48). Folgt man schließlich dem Vorschlag May's und nimmt den Körpergrößen-Index als Bezug, demzufolge die Artenzahl um den Faktor 100 bei Senkung der Körperlänge um den Faktor 10 steigt, so ergibt sich eine Zahl von 10–20 Mio. Arten (Stork 1997, 57f.). Wie relevant auch immer die Resultate solcher Erhebungen sind, sie erweisen sich jedenfalls selbst innerhalb eines nur taxonomischen Ansatzes als sehr anfällig für weitere Verzerrungen, die etwa auf die Eigenheiten von und die Differenzen zwischen den Untersuchungsdichten terrestrischer und mariner Formen zurückzuführen sind (Ray 1988, 38). Wir haben es also insgesamt mit einer Dynamik zu tun, die eben nicht nur taxonomische Hierarchieebenen, deren Relationen und Mächtigkeit betrifft, sondern auch die Umgebungsbedingungen, die sowohl von Ersteren abhängen, wie auch auf diese zurückwirken.

c) Bei Bezug auf paläontologische Daten kann schließlich eine Zahl von 5 bis 30 Mio. erreicht werden (Wilson 1988, 5). Unabhängig von der Untersuchungsdichte wirken sich bei den paläontologischen Bezugsdaten grundsätzliche Einschränkungen aus, die sich gut anhand des „Lazarus-Effektes" erläutern lassen (Raup 1988, 54f.). (Zu weiteren Schwierigkeiten, die sich aus der Verwendung paläontologischer Daten ergeben s. Gudo/Steininger 2002.)

2.3 Pragmatische Aspekte

Die aufgezeigten definitorischen wie methodischen Probleme verweisen auf einen Grundmangel, der den – innerwissenschaftlichen wie öffentlichen – Diskurs über Biodiversität nach wie vor charakterisiert, die regelmäßig unbeantwortet bleibende, methodologisch jedoch vorrangig zu beantwortende Frage danach nämlich, *warum* eigentlich überhaupt gemessen werden soll. Dieser methodologische Mangel stellt nicht in Abrede, dass eine immer weitergehende Sichtung des vorhandenen biotischen Materials eine biowissenschaftlich sinnvolle und relevante Tätigkeit wäre – dies sei einfach zugestanden. Vielmehr müssten, um die geforderte Parametrisierung von BD überhaupt vornehmen zu können – also noch bevor etwas über die eigentlich in Rede stehenden Werte von BD gesagt werden kann –, zunächst jene Zwecke ausgezeichnet werden, die es dann in einem zweiten Schritt gestatteten, die adäquaten Definitionen und die relevanten Messverfahren auszuwählen.

Grundsätzlich sind dabei zwei Zwecktypen zu unterscheiden, die den Gegenstand der weiteren Klärung bilden:

a) Erkenntniszwecke. Im Rahmen von Forschungsprogrammen werden diese nach Maßgabe der Erkenntnis leitenden Interessen, des gewählten Theorierahmens etc. gesetzt und bestimmen mithin auch die Erfolgskriterien, nach denen die Messungen beurteilt werden.

b) Nutzungszwecke. Diese bilden die noch weiter zu spezifizierende Komplementklasse der „wissenschaftlichen" Zwecke; es wird hier also nicht um im engeren Sinne wissenschaftliche Beschreibungen, Erklärungen oder Prognosen zu tun sein, sondern um „nicht-wissenschaftliche" Verwendungen von Naturstücken.[9]

Unter „Messen" verstehen wir zunächst ein Handeln, bei welchem wir auf die Angabe von Parametern angewiesen sind. Parameter aber sind präskriptive Konstrukte, die sich nicht aus Beschreibungen alleine gewinnen lassen, sie liegen vielmehr methodisch möglichen Beschreibungen schon je zugrunde. Mithin ist – im Gegensatz zu dem deskriptivistischen Verständnis, mit dem wir unsere Darstellung begonnen haben – *nicht* mit den definitorischen oder den methodischen, sondern den – hier so benannten – *pragmatischen* Aspekten zu beginnen. Allerdings hat ein solches Verständnis Folgen für die Bestimmung des methodologischen Status jener Gegenstände, die wir als konstitutiv für BD identifiziert hatten, hier also der Arten.

3. Zweckbestimmung von Arten

Liegt der Rede von Arten eine jeweils explizierbare Zweckbestimmung zugrunde, so ist diese für die wissenschaftliche Praxis relativ leicht anzugeben: Die Erzeugung taxonomischer Ordnung ist ein Instrument für die Erreichung weiterführender biologischer Erkenntnisinteressen[10], wobei Arten vermutlich in der Position des Explanandums, nicht aber des Explanans fungieren. So wird die Frage, warum eine Gruppe von Individuen bestimmter Charakteristik als Art auszuzeichnen ist, regelmäßig durch Bezug auf die Angabe von Mechanismen z.B. genetischer, ökologischer oder physiologischer Provenienz zu beantworten sein (hierzu weiterführend Gutmann/Weingarten 2004).

In dieser Funktion, d.h. als lebenswissenschaftliches Mittel, kann über Arten als Wertträger jederzeit – in einem ganz vulgären Sinn – gesprochen wer-

---

9 Exemplarisch lässt sich diese Differenz an den Geltungskriterien festmachen: während wir bei (zumindest natur- und a fortiori lebens-)wissenschaftlichen Aussagen auf Bedingungen von deren transsubjektiver Geltung bestehen würden (dazu Janich 1992), ist dies für vor- und nicht-wissenschaftliche sicher nicht der Fall. Bei der Behandlung von inhärenten Werten dürfte diese Differenz eine zentrale Rolle spielen (dazu unten mehr).

10 *Historisch* gesehen war auch Taxonomie als ein solches Interesse ausgezeichnet – seit Aristoteles war eine wesentliche Aufgabe naturhistorischer Betrachtung gerade in dem Auffinden der „natürlichen Ordnung" zu sehen. Mit dem neuzeitlichen Funktionalismus transformiert sich dieses Ansinnen in die Frage nach dem Auffinden der rechten Mittel, um natürliche von künstlichen Ordnungen unterscheiden zu können (Linnés Systematik bedeutet hier noch nicht unbedingt eine vollständige Umorientierung, sehr wohl aber eine entscheidende Wende der Fragestellung). Mit der auf die französische Morphologie und die Darwinsche (sowie daran anschließende Darwinistische) Transformation von Naturgeschichte in Evolutionstheorie tritt die Frage danach, was eine Art sei, fast vollständig hinter der Mittelfrage zurück (übrigens keinesfalls notwendig in der Sicht der jeweiligen Akteure). Vgl. hierzu im Zusammenhang Gutmann (2007a).

den: Es lassen sich – nach Maßgabe von präskriptiv gerechtfertigten Kriterien – zusammengestellten Gruppen von Individuen Werte zuweisen, die
durch deren Relevanz für die jeweiligen Theoriekontexte beurteilt werden.
Arten „kommen" also in diesem Sinne z.B. ökologische, physiologische,
pharmakologische etc. Werte zu. Unter einem Wert wird dann aber lediglich
zu verstehen sein, dass Arten im Rahmen des für die jeweilige Praxis einschlägigen Handelns berücksichtigt werden, also einen Wert für gelungene
und gegebenenfalls erfolgreiche Vollzüge innerhalb dieser Praxis „haben".

Die Kriterien der Einteilungen sind den Zwecken gemäß zu formulieren –
hier folgen wir im weiteren Gutmann (1996). Ist nämlich ein Prädikator ver-
einbart, demgemäß die Einteilung vorgenommen werden soll, lässt sich
dieser als *Kriterium* für den Vergleich von Lebewesen verwenden. Als Beispiel sei an die Bestimmung des Gehaltes einer Pflanze an einem bestimmten Stoff, z.B. einem Alkaloid, erinnert, dessen Einnahme den Blut-
druck oder die Herzfrequenz verändert. Um nun Pflanzen, evtl. geordnet
nach der relativen Menge des Stoffes, zu erfassen, wird als Kriterium eben
der Besitz dieses Stoffes formuliert; dieses lässt sich als Merkmal ansprechen[11]. Die Gewinnung dieser Merkmale kann auf unterschiedliche Wie-
se stattfinden – auch bei invariantem Zweck. Wird etwa ein bestimmter Stoff
quantitativ erfasst, so können die Reinheitskriterien der Methode als
Merkmale für die Gruppenbildung verwendet werden. Am Beispiel biochemischer Merkmale sind eine ganze Reihe von Verfahren denkbar. Es kann sich
gerade in Bezug auf solche Anwendungen als wichtig erweisen, *Korrela-
tionen* von Merkmalen, etwa morphologischer und biochemischer Art zu nutzen, wenn – in bestimmten Grenzen – Zuverlässigkeit dieser Korrelation besteht. Der Aufbau weiterer Hierarchieebenen gelingt durch die Formulierung
der entsprechenden Prädikatorenregeln (dazu weiterführend Gutmann
1996).

Für unsere Fragestellung ist nun entscheidend, dass der Aufbau taxonomischer Systeme auch in Mehrzahl der Konstruktion eines „natürlichen"
Systems nicht nur nicht widerspricht, sondern dieses als Fall umschließt:
Verstehen wir unter einem natürlichen System ein genealogisches (also ein
solches über definierte Verwandtschaftsgrade), dann sind solche Merkmale
aufzusuchen, die als verlässliche Indikatoren dienen. Weiterführend können
schließlich evolutive Systeme konstruiert werden (diese wären dann Gegenstand der Systematik im engeren Sinne), die zusätzliche Annahmen, bis hin
zur theoretischen Stützung machen. Jede Systematik wäre danach eine Taxonomie, nicht aber umgekehrt.

---

11 Die Frage nach der Auswahl der „richtigen" Merkmale kann daher in die nach
den angemessenen (bezüglich der Zwecke nämlich) transformiert werden.

Diese Differenzierung (die letztlich auf den Unterschied von Ana- und Cladogenese hinausläuft; dazu Gutmann et al. 2007), hat allerdings Folgen für das Verständnis des methodologischen Status (hier lebens-)wissenschaftlicher Gegenstände. Ein und dasselbe Lebewesen (etwa ein Flusskrebs (z.B. A. astacus)) kann daher methodischer Anfang unterschiedlicher Gegenstandskonstitutionen sein. Es hängt dann vom Theoriekontext ab, um welchen Gegenstand – mit der Bezeichnung A. astacus – es sich jeweils handelt (hierzu im Zusammenhang Gutmann et al. 2007).

4. Biodiversität als Metapher

Unterstellt man die hier angezeigte Rede über BD als explizit oder explizierbar wissenschaftlichen Zwecken folgend, dann wären jene als nicht-wissenschaftlich angesprochenen Zwecksetzungen insofern metaphorisch, als sie zwar dieselben Sprachstücke nutzten, nicht jedoch dieselben Bedeutungen hätten. Zusammenfassend können wir solche Zwecke wie folgt angeben:

> „Economic considerations. In contrast, biological resources represent a significant contribution to economic activity and – provided they are managed prudently – therefore to sustainable development. Prescott-Allen & Prescott-Allen (1986) produced the first analysis of the importance of wild species to the United States economy. [...]

> Agriculture and pest management. Among the use of biodiversity for economic activity which ordinarily escape mainstream economic calculus, is the use of genetic traits from wild relatives of domestic crop species. The international centres for various crops such as rice or wheat are continually turning to wild relatives for disease and pest resistance. [...]

> Pharmaceuticals. [...] Very often production of a pharmaceutical product initially requires a lot of material harvested in nature to extract the active ingredient but this is often superseded by the ability to synthesize. Although this means in one sense the biological source is no longer necessary, it is important to recognize that it derives from the original inspiration, that is, the template provided by a wild species. [...]

> Environmental applications. The values of biodiversity to waste management and environmental clean-up problems, through a technique known as bioremediation, is increasing rapidly. The discovery of microorganisms with odd metabolisms and appetites can greatly facilitate solving such problems. One of the more intriguing is the bacterium found in the sediments of the Potomac river which has the ability to break down the ozone destroying chemicals known as chlorofluorocarbons [...].

Molecular-level benefits. [...] Genetic engineering now makes it possible to introduce desirable genetic traits from one species into another which is not closely related. Pest resistant genes from Bacillus thuringiensis have been transferred to a variety of crop species [...]. A freeze resistant strain of tobacco has been produced by inclusion of a gene from winter flounder [...]. The development of the ‚Flavr Savr' tomato about which there has been so much controversy in the United States actually involves only the manipulation of tomato genes to delay softening which normally comes with ripening so that ripe tomatoes can be shipped long distances without rapid spoiling" (Lovejoy 1997, 82ff.).

Gemäß unseren Überlegungen, sind solche Zuschreibungen von Werten zu Naturstücken, die ihrerseits Gegenstand wissenschaftlicher Beschreibungen sind oder sein können, insofern metaphorisch, als diese außerhalb des jeweiligen Theorierahmens fungieren. Die wissenschaftlich normierten Sprachstücke (hier etwa Solanum lycopersicum oder B. thuringiensis) zusammen mit den jeweiligen Methodensätzen, bezüglich deren sie eingeführt wurden, fungieren allerdings in *Mittelstellung*, sind also Mittel zu anderen (hier als nicht-wissenschaftlich titulierten) Zwecken. Mit Spangenberg ließe sich dann vermuten, dass es sich bei der Frage nach der Mächtigkeit von Biodiversität lediglich um eine „Themenstellung" handele, sodass die Frage nach den zur Messung genutzten Indikatoren gar nicht mit Blick auf Biodiversität als *biologischem* Forschungsgegenstand behandelt werden *könne* (Spangenberg 1999, 216f.). Die handlungsleitenden Zwecke wären dann vielmehr anderer Natur, etwa politischer, und beträfen nicht die wissenschaftlich möglicherweise adäquate Beschreibung der Veränderung jener Naturstücke, die als Konstituenten von BD lebenswissenschaftlich zurecht im Zentrum der Betrachtung stehen. Geht es aber gar nicht um solche wissenschaftlichen Zwecke, sondern z.B. um Entnahmen von Naturstücken aus (sei es gemanagten oder nicht gemanagten) „Ökosystemen"[12], so geschähe die für unsere Fragestellung relevante Auszeichnung von Indikatoren, also jenen Merkmalen an Organismen oder an Umweltbestandteilen, die die Veränderung der Naturstücke anzeigen, relativ zu den jeweiligen Nutzungen und Praxen.

Setzen wir ferner als selbstverständlich an, dass Naturstücke im Rahmen solcher Nutzungen (etwa Horti- und Agrikultur, Sicherstellung gewisser Umwelteigenschaften, durch Sauerstoffproduktion oder Filterung etc.) Vernutzung und Verschleiß erfahren, so wären jene Zwecke, nach denen wissenschaftlich bestimmte Indikatoren der Veränderung von Bestandteilen

---

12 Die Anführung rechtfertigt sich durch den hier eben „nur" metaphorischen Charakter (relativ zum normierten wissenschaftlichen Sprachspiel) der Nutzung des Sprachstückes.

der BD oder der Umwelt ausgewählt werden; mit Gutmann/Weingarten (2004) sind dies etwa die folgenden:

1. Die Nutzung von Naturstücken sollte immer so organisiert werden, dass die Bedingungen der jeweiligen produktiven oder reproduktiven Nutzung erhalten bleiben.

2. Die Nutzung sollte zudem so organisiert werden, dass *weitere* Nutzungen, d.h. weitere aber bisher nicht aktualisierte Zweck-Mittel-Umdeutungen, möglich *bleiben* oder *werden* .

Dies sind Zwecke, die sich möglicherweise, sicher aber nicht *biologisch* rechtfertigen lassen. Wissenschaftliche Sprachstücke, Theoriestücke oder ganze Praxen treten relativ zu diesen in Mittelposition auf – es lassen sich sogar solche überhaupt erst zu den genannten Zwecken entwickeln. Es wären nur eben keine *naturwissenschaftlichen* Zwecke.

5. Zum Wert

Nach der grundsätzlichen Verständigung über die normativen Investitionen, die schon die Einführung des Begriffes BD ermöglichten, müssen wir uns nun noch dem Ausdruck „Wert" zuwenden, um die Frage klären zu können, wie diese zu ihren Werten komme. Es lassen sich zunächst regelmäßig einstellige Verwendungen ausmachen wie etwa „diese Art hat großen Wert", „die Temperatur hat den Wert 2 Grad", oder „Gold ist wertvoll".

Dies ließe sich formal als „Wert von x" notieren; allerdings zeigt schon die dritte Formulierung, dass wir zu Recht auch notieren könnten „Wert für A" um anzudeuten, dass die Wertstellung einen Adressandenbezug aufweist. Damit ergäbe sich im Ganzen:

„der Wert von x für A".

Doch ersichtlich ist diese Rede in zumindest einer Hinsicht immer noch defizitär, denn der Ausdruck „Wert" muss nun noch ersetzt werden durch eine explizite Angabe der Zuordnung von x zum Standard S bezüglich dessen der Wert ermittelt wird. Wir würden also unsere obigen Formulierungen etwa erweitern und konstatieren, dass diese oder jene Art ökologischen oder ökonomischen Wert besitze, das Gold immerhin einen Handelswert habe, und im Falle der Temperatur werden wir etwa ergänzen, dass es sich um einen Wert in Fahrenheit handele. Doch selbst diese Erweiterung ist noch nicht hinreichend, denn es wird sich regelmäßig eine Adressaten-Adressanden-Bindung ergeben[13]. So mag dem einen der „Fliegende Holländer" als genia-

---

13 Dies widerspricht nicht der grundsätzlichen Möglichkeit des faktischen Zusammenfallens beider Positionen; es handelt sich dann allerdings um einen Grenzfall, dessen Relevanz u.a. von der Aushandlungsform von Bewertungsurteilen abhängen wird. Vermutet man hier das Prävalieren diskursiver Rede, so wird auch die

ler Wurf erscheinen, dem anderen als Ausdruck schematischer Kreation. Desgleichen sind beide Urteile – zunächst noch unabhängig von ihrer Begründung – konstitutiv auf den Äußernden bezogen, denn wir werden – aus wiederum anzugebenden Gründen – eine von Adorno abgegebene Einschätzung möglicherweise höher bewerten als die eines Kulturberichterstatters einer Provinzpostille. Aller sinnfälligen Differenzen zum Trotz besteht aber eine grundlegende Gemeinsamkeit der Beispiele darin, dass die Rede von Werten auf die Tätigkeit des Wertens oder Bewertens verweist. Als „handlungstheoretische Standardform" ließe sich daher in etwa wie folgt angeben:

„A bewertet y in Hinsicht auf Kriterium k, nach Maßgabe des Standards S".

Der Standard wäre hier als Satz von Vorschriften zu verstehen, die die Tätigkeit des Bewertens selber regeln. Das Tatprädikat „bewerten" ließe sich dann als eine Tätigkeit auffassen, die nicht rein eigentlich von einem Einzelnen vollzogen werden kann[14]; es handelte sich vielmehr um eine Identifikation von etwas (über das also schon bezüglich einer Beschreibung o.Ä. gesprochen werden kann) mit etwas in Hinsicht auf Kriterien. Ein Standard kann die letztgenannten Aspekte umgreifen[15]. Soll etwa ein Gegenstand hinsichtlich seiner Länge bewertet werden, so ist zunächst der notwendige Regelsatz für die Konstruktion einer Ordnung bereitzustellen (dieser umfasst die Äquivalenzrelation „gleichlang" sowie die asymmetrische Relation „kürzer als" sowie die ebenfalls asymmetrische Relation „länger als"; hierzu Carnap 1986), für die Festlegung von Einheiten sowie für den Bau der benötigten Messinstrumente (was in unserem Beispiel vor allem auf die Sicherstellung gewisser Materialeigenschaften wie etwa hinreichender Biegesteifigkeit) hinausliefe. Doch haben wir unser Beispiel insofern mit Bedacht gewählt, als bei der Bewertung der Länge eines Gegenstandes ein Unterschied zu anderen Bewertungsformen festzustellen ist: Während etwa die Aussage „das Gewölbe des Pantheon wirkt vollständig ebenmäßig" einen unaufhebbaren

---

Anmutung wesentlich ein sprachliches Geschehen sein (hierzu etwa König 1969 und Weingarten 1999).

14 Selbstverständlich kann ein Einzelner etwas als etwas bewerten – den „Holländer" als geniales Musikstück oder die Temperatur als zu hoch. Doch dann ist das Verfügen über das Maß immer schon vorausgesetzt.

15 Dabei ist zu beachten, dass Werten (als Tatprädikat) sowohl auf Vollzüge wie auf deren Reflexion sich beziehen kann. Im ersteren Fall kann Werten empraktisch, innerhalb der Vollzüge stattfinden, wäre also nicht notwendig eine eigenständige Handlung: Indem auf eine bestimmte Art gehandelt wird, wird etwas bezüglich des Tuns als zu etwas Genutztem „bewertet". Dies ist insbesondere für die Gewinnung methodischer Anfänge der Gegenstandskonstitution wichtig (s.u.). In der Reflexion von Vollzügen, lässt sich aber „Werten" als eigenständiges Prädikat gewinnen. Dieses Letztere spielt innerhalb wissenschaftlicher Praxen die entscheidende Rolle. Den Übergang versucht unsere Rekonstruktion anzuzeigen.

Selbstbezug impliziert (das gilt selbst unter der Annahme, dass ein Verfahren angebbar ist, nach welchem sich die Bewertung reproduzieren ließe; denn es ist hier gerade das „So-Wirken" auf A, welches die Bewertung ausdrücken soll), gilt dies nicht für die Feststellung, „das Gewölbe des Pantheon ist vollständig ebenmäßig". Während im ersten Fall selbst eine Abweichung von Maßverhältnissen die Bewertung der Wirkung nicht in Frage stellen muss, erwiese sich die zweite Aussage als falsch. Der Verzicht auf den Selbstbezug im angeführten Sinne erlaubt damit zugleich die Vermutung universeller Geltung des in Rede Stehenden: Die Personeninvarianz[16] wäre hier ebenso wie die Situationeninvarianz eine schlicht prozedural sicherzustellende Anforderung. Im ersten Falle hingegen wäre weder das eine noch das andere notwendig angestrebt.

Die handlungstheoretische Standardform erlaubt uns aber auch eine weitere Schwierigkeit aufzulösen, die immer dann entsteht, wenn zum einen die Werthaftigkeit von etwas behauptet wird, dies aber zugleich nicht das Resultat einer Zuschreibung sein soll. Gemeint ist die Frage nach der Möglichkeit widersprechender Werte eines und desselben Gegenstandes. Unseren Überlegungen zufolge wäre die Polyvalenz von Werten bei einem Gegenstand lediglich innerhalb einer Bewertungskategorie ausgeschlossen[17]; ohne Frage aber ist es widerspruchsfrei möglich, von etwas zu behaupten, es sei zugleich gut und schlecht (wobei dann die Hinsichten entsprechend anzuzeigen sind).

In der nun entwickelten Form stellt sich uns das Bewerten als askriptives Tun vor, dessen Resultat Bewertungen sind. Diese gelten allerdings nur insofern, als die Askription selber gelungen ist.

Wenden wir diese Bestimmung des Ausdruckes „Wert" auf unsere obige Rekonstruktion von BD an, dann zeigt sich, dass Biodiversitätsbestandteile, die innerhalb des wissenschaftlichen Diskurses explizierbare Werte „haben", bezüglich Zwecksetzungen, die *anderen* Sprachspielen entstammen wertmäßig *unbestimmt* sind. Eine lebenswissenschaftliche Fundierung der Rede von – nichtwissenschaftlichen – Werten ist daher nicht zu erwarten. Eine solche Erwartung liefe vielmehr auf eine systematische Überforderung der Lebenswissenschaften hinaus.

---

16 D.h. nicht, dass die Adressaten-Adressanden-Bindung im theoretischen Modus entfiele; sie wird nur transformiert, insofern gemäß der Forderung nach Transsubjektivität Personeninvarianz – hinsichtlich der Rolle als Wissenschaftler – gelten soll!

17 Dies ergibt sich aus der wenig aufregenden Vermutung, dass einem Gegenstand nicht zugleich ein Prädikator ab- und zugesprochen werden kann (und zwar einfach deshalb, weil dann eben nichts mehr über denselben gesagt würde).

6. Schluss: Werte sind praxisrelativ

In einem letzten Schritt können wir nun die Frage aufnehmen, inwiefern die Rede von intrinsischen Werten einer askriptivistischen Position zuwiderläuft. Dies schien ja zunächst durchaus einer gewissen Intuition zu entsprechen, denn „intrinsisch" wurde so definiert, dass es des Betrachters letztlich nur kontingenterweise bedurfte.

Trifft nun unsere Rekonstruktion zu, dass unser lebenswissenschaftliches Wissen selber schon konstitutiv von menschlichem Handeln abhängt, dass also Arten nicht zunächst einfach vorliegen und dann in einem weiteren Schritt durch Deskription noch zu identifizieren wären, so ist das Verhältnis von „instrumentell" und „intrinsisch" nicht notwendig als kontradiktorischer Gegensatz zu verstehen. Vielmehr ist *methodologisch* über intrinsische Werte nur bezüglich eines umgängliches Wissens über bestimmte Gegenstände (etwa Lebewesen) sinnvoll zu reden. Genauer müssen „intrinsische" Werte als Anzeige eines Wissens über einen Gegenstand aufgefasst werden, der praktisch zu etwas Verwendung fand und finden kann, also auf „instrumentelle" Werte (mithin explizierbare Zwecke) zurückbezogen werden. In concreto heißt dies, dass Lebewesen nicht lediglich durch Naturbeschreibung als Angehörige einer Art zu bestimmen sind, indem deren „an sich" vorhandene Werte aufgeführt und als Kriterien der Artzugehörigkeit Verwendung fänden.

Ein analoges Argument lässt sich mit Gutmann (2007b) für ein Verständnis der Rede von „Pflanzen" oder „Tieren" vorführen. Auch hier wäre es so, dass nicht zunächst etwas als Pflanze bestimmt wird, da ihm gewisse Eigenschaften zukommen, und dann noch eine Beschreibung dieser Pflanzendinge stattfände. Vielmehr wäre das Etwas, zu dem der Mensch sich verhält in seiner besonderen Widerständigkeit, d.h. der Art und Weise zu sehen, wie es bezüglich menschlicher Handlungen reagiert (und *sich* bestimmt, indem es bestimmt *wird*), erst durch das Handeln als ein sich so Bestimmendes „hervorgebracht". D.h. wohl er*zeugt* der Mensch keine Pflanzen; das aber, was eine Pflanze *ist*, kann nur bezüglich eines Sich-zu-etwas-als-eine-Pflanze-Verhaltens gesagt werden. Die Einsicht in das, was eine Pflanze ist, ergibt sich aus der Art des Pflanzen-Hervorbringens (im Sinne der Kultivierung, des Anbaus und des Konsums).

Der methodologisch interessante Punkt an dieser Beschreibung besteht nun darin, dass Gegenstände, wissenschaftliche sowie nicht-wissenschaftliche nur insofern „an sich" bestimmt sind, als sie dies zugleich auch „für uns an sich" sind. Ist damit einem allzu hemmungslosen Konstruktivismus gewehrt (denn in der Tat ist ohne Verfügung über Pflanzenvarietäten, kreuzbare Nutztiere oder biegesteife Materialien auch keine Kultivierung, Züchtung oder Längenmessung möglich), sosehr verhielten wir uns doch gegenüber den pragmatistischen Investitionen naiv, berücksichtigten wir nicht das „Wissen um", welches *bestimmte* Widerständigkeit erst ermöglicht. Widerständigkeit, als *bestimmt-zu sich*-bestimmend, ist immer auf ein Tun zu beziehen, hinsichtlich dessen sich etwas *als* widerständig erweist[18].

7. Literatur

Carnap, R. (1986): Einführung in die Philosophie der Naturwissenschaft. Frankfurt a. M. 1986.

Cassirer, E. (1985): Form und Technik. S. 39–90 in Cassirer, E.: Symbol, Technik, Sprache. Hamburg 1985.

Darwin, C. (1897): Origin Of Species. Vol. I, II. New York 1897.

Dewey, J. (1925): Experience And Nature. New York 1925.

Eldredge, N. (1985) Unfinished Synthesis. New York – Oxford 1985.

Griffiths, P.E. (1997): What Emotions Really Are. Chicago – London 1997.

Gudo, M. – Steininger, F. (2002): Der Beitrag der Paläontologie zur Biodiversitätsdebatte. S. 31–114 in Janich, P. – Gutmann, M. – Prieß, K. (Hrsg.): Biodiversität. Wissenschaftliche Grundlagen und gesellschaftliche Relevanz. Berlin – Heidelberg – New York 2002.

Gutmann, M. (1996): Die Evolutionstheorie und ihr Gegenstand – Beitrag der Methodischen Philosophie zu einer konstruktiven Theorie der Evolution. Berlin 1996.

Gutmann, M. (2007a): Zum Verhältnis von Evolution und Naturgeschichtsschreibung. S. 209–228 in Heilinger, J. (Hrsg.): Naturgeschichte der Freiheit. Berlin 2007.

Gutmann, M. (2007b): Mensch und Pflanze – Normative Aspekte im Umgang mit Pflanzen. S. 45–62 in Gethmann, C.F. – Hiekel, S. (Hrsg.), Materialien der Interdisziplinären Arbeitsgruppe. Ethische Aspekte des züchterischen Umgangs mit Pflanzen. Materialien N. 16. Berlin-Brandenburgische Akademie der Wissenschaften. Berlin 2007.

Gutmann, M. – Gudo, M. – Syed, T. (2007): Ana- und Kladogenese, Mikro- und Makroevolution – Einige Ausführungen zum Problem der Benennung. S. 23–36 in Denisia 20 (2007).

Gutmann, M. – Janich, P. (1998): Species as Cultural Kinds. Towards a Culturalist Theory of Rational Taxonomy. S. 237–288 in Theory in Biosciences 117 (1998).

Gutmann, M. – Janich, P. (2002a): Überblick zu den methodischen Grundproblemen der Biodiversität. S. 3–27 in Janich, P. – Gutmann, M. – Prieß, K. (Hrsg.): Biodiversität. Wissenschaftliche Grundlagen und gesellschaftliche Relevanz. Berlin – Heidelberg – New York 2002.

---

18 Dazu etwa Dewey (1925) und aus methodischer Sicht Janich (1992 & 1997).

Gutmann, M. – Janich, P. (2002b): Methodologische Grundlagen der Biodiversität. S. 281–353 in Janich, P. – Gutmann, M. – Prieß, K. (Hrsg.): Bodiversität. Wissenschaftliche Grundlagen und gesellschaftliche Relevanz. Berlin – Heidelberg – New York 2002.

Gutmann, M. – Neumann-Held, E. (2000): The Theory of Organism and the Culturalist Foundation of Biology. S. 276–317 in Theory in Biosciences 119 (2000).

Gutmann, M. – Weingarten, M. (2004): Preludes to a Reconstructive „Environmental Science". S. 37–61 in Poiesis & Praxis 3 (2004).

Heidgegger, M. (2002): Die Technik und die Kehre (1959). Stuttgart 2002.

Harper, J.L. – Hawksworth, D.L. (1995): Preface. S. 5–12 in Hawksworth, D.L. (Hrsg.): Biodiversity. Measurement And Estimation. London – Glasgow – Weinheim 1995.

Janich, P. (1992): Grenzen der Naturwissenschaften. München 1992.

Janich, P. (1997): Kleine Philosophie der Naturwissenschaften. München 1997.

König, J. (1969): Sein und Denken. Tübingen 1969.

König, J. (1994): Bemerkungen zur Metapher. S. 156–176 in Dahms, G. (Hrsg.): Josef König. Kleine Schriften. München 1994.

Lovejoy, T.E. (1997): Biodiversity: What is it? S. 7–14 in Reaka-Kudla, M.L. – Wilson, D.E. – Wilson, E.O. (Hrsg.): Biodiversity II. Understanding and Protecting our Biological Resources. Washington 1997.

Marx, K. (1983): Das Kapital. Bd. I. Frankfurt a.M. 1983.

May, R.M. (1995): Conceptual Aspects Of The Quantification Of The Extent Of Biological Diversity. S. 13–20 in Hawksworth D.L. (Hrsg.): Biodiversity. Measurement And Estimation. London – Glasgow – Weinheim 1995.

Moss, L. (2003): What Genes Can't do. Cambridge 2003.

Naess, A. (2001): Ecology, Community and Lifestyle. Cambridge 2001.

Potthast T (1999): Die Evolution und der Naturschutz. Frankfurt a.M. 1999.

Raup, D.M. (1988): Diversity Crises In The Geological Past. S. 51–57 in Wilson, E.O. – Peter, F.M. (Hrsg.): Biodiversity. Washington 1988.

Ray, G.C. (1988): Ecological Diversity In Costal Zones And Oceans. S. 36–50 in Wilson, E.O. – Peter, F.M. (Hrsg.): Biodiversity. Washington 1988.

Rescher, N. (1997): Wozu gefährdete Arten retten? S. 178–201 in Birnbacher, D. (Hrsg.): Ökophilosophie. Stuttgart 1997.

Rolston, H. (1997): Werte in der Natur und die Natur der Werte. S. 247–270 in Krebs, A. (Hrsg.): Naturethik. Frankfurt a.M. 1997.

Schnieder, B. (2004): Substanzen und ihre Eigenschaften. Berlin 2004.

Spangenberg, J. (1999): Indikatoren für biologische Vielfalt. S. 215–236 in Görg, C. – Hertler, C. – Schramm, E. – Weingarten, M. (Hrsg.): Zugänge zur Biodiversität. Marburg 1999.

Sprigge, T.L.S. (1997): Gibt es in der Natur intrinsische Werte. S. 60–75 in Birnbacher, D. (Hrsg.): Ökophilosophie. Stuttgart 1997.

Stork, N.E. (1997): Measuring Global Biodiversity And Its Decline. S. 41–68 in Reaka-Kudla, M.L. – Wilson, D.E. – Wilson, E.O. (Hrsg.): Biodiversity II. Understanding And Protecting Our Biological Resources. Washington 1997.

Weingarten, M. (1999): Wahrnehmen. Bielefeld 1999.

Weingarten M. (1998): Wissenschaftstheorie als Wissenschaftskritik. Bonn 1998.

Wilson, E.O. (1988): The Current State Of Biological Diversity. S. 3–18 in Wilson, E.O. – Peter, F.M. (Hrsg.): Biodiversity. Washington 1988.

Ethische Herausforderungen für Umweltökonomen

Rainer Walz

„A thing is right when it tends to preserve the integrity, stability and beauty of the biotic community. It is wrong when it tends otherwise"
(Aldo Leopold, „A Sand County Almanac", 1949).

1. Einleitung

Unter Ethik wird weithin eine Hilfestellung verstanden, wie sich Menschen unter Bezügen auf Normen und Werte in bestimmten Situationen verhalten sollen. Ethische Herausforderungen sind damit durch ein Spannungsfeld gekennzeichnet, bei der keine einfache Beantwortung dieser Fragestellung möglich ist.

Der vorliegende Beitrag spürt den Spannungsfeldern nach, die sich speziell für Umweltökonomen ergeben. Sie sind Ökonomen und unterliegen insofern den Prinzipien, die die Ökonomik als Paradigma im Sinne einer „guten fachlichen Praxis" für ihre Disziplin postuliert. Inwiefern die umweltökonomischen Prinzipien mit anderen kollidieren, soll in diesem Beitrag ausgelotet werden. Zu berücksichtigen ist, dass die Umweltökonomie kein „monolithischer Block" ist, sondern unterschiedlichen Zwecken dient und verschiedene Schwerpunkte aufweist (vgl. z.B. Endres/Staiger 1994, Cansier 1996):

- Anwendung der volkswirtschaftlichen Theorie auf Umweltproblem,
- Bewertung von Umweltschäden mit ökonomischen Methoden sowie
- Anwendung von ökonomischer Instrumenten auf die Umweltproblematik und damit unmittelbarer Ansprechpartner für Politik bei Umweltproblemen.

Im Folgenden werden für jeden dieser drei Bereiche die ethischen Herausforderungen ausgelotet. Notwendigerweise werden dabei völlig unterschiedliche Ebenen angesprochen. Zunächst wird dem Spannungsfeld nachgegangen, das zwischen der Anwendung der volkswirtschaftlichen Theorie auf die Umweltproblematik und der Umweltethik als spezifischer Bereichsethik innerhalb der Philosophie besteht. In einem weiteren Abschnitt wird die Frage untersucht, welche Herausforderungen innerhalb der ökonomischen Bewertung von Umweltschäden auftreten. Hier stehen die Diskontierung des Werts von zukünftigen Umweltproblemen und die Bewertung von Menschenleben, aber auch der Umgang mit unsicheren und daher "spekulativen" Datengrundlagen im Vordergrund. Die dritte Fragestellung richtet sich auf das

Spannungsfeld der Umweltökonomen in ihrer Funktion als Politikberater. Diese Frage ist untrennbar damit verbunden, welches Selbstverständnis die Wissenschaftler einnehmen und wieweit die Verantwortung der Ökonomen über ihre Ergebnisse in einer medialisierten Welt reicht.

2. Spannungsfeld Umweltökonomik und Umweltethik

2.1 Neoklassische Umweltökonomie

Zentral für die Ausrichtung der Ökonomik ist das so genannte neoklassische Paradigma. Danach versteht sich die Ökonomik als Lehre des Wirtschaftens unter relativen Knappheiten. Als ökonomisches Prinzip gilt die Erreichung vorgegebener Ziele mit einem Minimum an Aufwand bzw. die Maximierung des Nutzens bei gegebenen Ressourcen. Hierbei wollen alle Akteure ihr Nutzenmaximum erreichen. Entsprechend dem methodologischen Individualismus weiß jeder Akteur, was am besten für sie/ihn ist. Aus diesen Grundkonzeptionen folgen eine hohe Wertschätzung von – das Ergebnis individueller Entscheidungen darstellenden – Marktergebnissen und eine Skepsis gegenüber Staatseingriffen und „Top down"-Bewertungen. Ebenfalls zentral wird der Opportunitätscharakter von wirtschaftlichen Entscheidungen: Bei jedem Ressourceneinsatz ist zu bedenken, dass die Ressourcen auch für andere Zwecke eingesetzt hätten werden können. Umgekehrt bedeutet dies, dass auch der Verzicht auf einen Ressourceneinsatz Kosten verursacht, nämlich die dadurch entgangenen Erträge.

Die Anwendung dieser grundlegenden Ausgangspunkte auf die Umweltproblematik formuliert die (neoklassische) Umweltökonomik. Danach handelt es sich bei der Umwelt um ein knappes Gut, das für das menschliche Wirtschaften von Bedeutung ist. Es unterscheidet sich von anderen „normalen" Gütern jedoch dadurch, dass weder Eigentumsrechte definiert sind, die Dritte vom Gebrauch ausschließen, noch ein Marktpreis für die Nutzung zu entrichten ist. Folglich kommt es zu einer Übernutzung der Umwelt.

Allerdings hätte auch der Verzicht auf jede Umweltverschmutzung Opportunitätskosten zur Folge, nämlich den unterlassenen Nutzen, der aus einem „Verbrauch der Umwelt" resultieren würde. Umweltökonomen sind damit keine Umweltschützer, sondern „optimale Umweltbewirtschafter". Zentral für die neoklassische Umweltökonomik sind Abwägungen von Kosten und Nutzen des Umweltschutzes. Grundlage dieser Entscheidung sollten – möglichst in Analogie zu Marktprozessen – die Präferenzen der Individuen sein, die über die Wertschätzung der Umwelt entscheiden. Eine optimale Umweltverschmutzung erfordert den Abgleich der Kosten für Umweltschutz (der so genannten Vermeidungskosten) mit dem Nutzen einer vermiedenen Umweltbelastung. Letzterer wird definiert als die Schadenskosten einer Umweltbelastung, die sich nach den durch Individuen bewerteten Nutzenentgängen bemessen. Als optimale Umweltbelastung ergibt sich dann der Schnittpunkt der Vermeidungskostenkurve mit der Schadenskostenkurve.

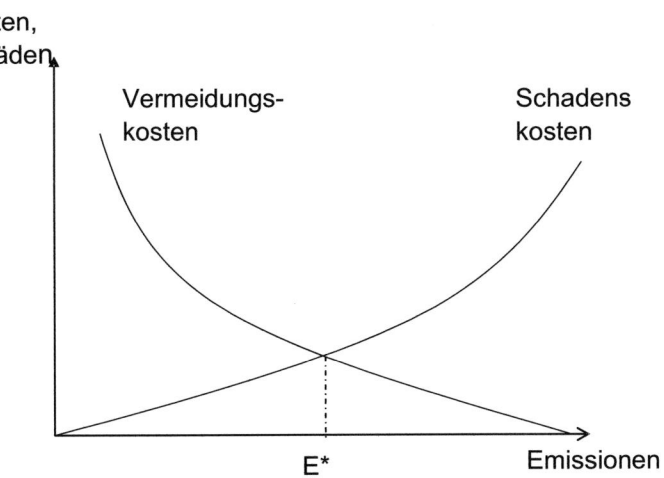

Abb.1: Optimale Umweltbelastung im Schema der neoklassischen Umweltökonomik

2.2 Von der Umwelt- zur Nachhaltigkeitsökonomik

Die umweltökonomische Forschung widmet sich zunehmend der Frage einer nachhaltigen Entwicklung (vgl. hierzu Walz 2001). Diese Entwicklung hat sich vor dem Hintergrund einer veränderten Betrachtung der *Interaktionen* des Ökosystems mit dem sozio-ökonomischen System vollzogen. Letztere betont die Funktionen, die die Ökosphäre für das sozio-ökonomische System übernimmt. Hierbei lassen sich erstens die unmittelbar auf Ressourceninput zur Produktion gerichteten Funktionen unterscheiden, zweitens die Aufnahmefunktion für unerwünschten oder nicht mehr gebrauchten Output des sozio-ökonomischen Systems, drittens die Funktion der Umwelt als direktes Konsumgut („schöne Natur"), und viertens die so genannten lebenserhaltenden Funktionen („life-support functions"), die erst in den letzten Jahren verstärkt in den Vordergrund der Aufmerksamkeit gerückt sind und die auf die Übernahme von Stabilisierungs- und Reinigungsfunktionen abzielen (vgl. Abbildung 2).

Diese unterschiedlichen Funktionen können nicht unabhängig voneinander in Anspruch genommen werden. So unterliegen die einzelnen Inputgüter insofern der Knappheit, als ihre Nutzung für Produktionszwecke alternative Verwendungen als direktes Konsumgut oder die Aufrechterhaltung der lebensunterstützenden Funktionen u.U. ausschließen kann. Offensichtlich ist dies z.B. bei der Nutzung von Fläche als Produktionsinput, z.B. für Industrieansiedlungen. Die derart genutzten – und versiegelten – Flächen stehen einer alternativen Nutzung als Naturschutzpark (direktes Konsumgut „schöne Natur") ebenso wenig zur Verfügung wie zur Aufrechterhaltung der lebensunterstützenden Funktion Wasserspeicherung. Entsprechende Rückkopplungen können auch von der Beanspruchung der Senkenkapazität der Ökosphäre ausgehen, z.B. in Form von Auswirkungen eines erhöhten Schadstoffeintrags, der sowohl wichtige direkte Konsumgüter wie saubere Luft oder Wasser als auch die Selbstreinigungskapazität des Ökosystems beeinträchtigen kann.

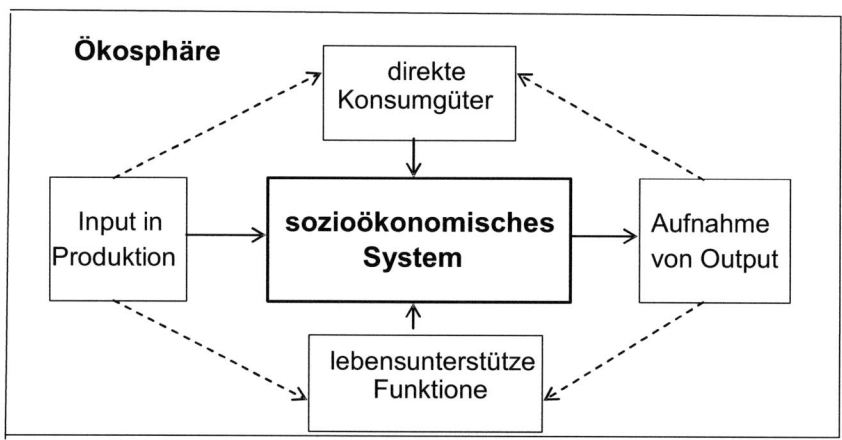

Quelle: Walz 2001

Abb. 2: Funktionen der Ökosphäre für das sozio-ökonomische System

Seit einigen Jahren spielen die globalen und irreversiblen – gleichzeitig mit größeren Unsicherheiten verbundenen – Umweltprobleme eine zunehmend wichtigere Rolle. Diese *Verlagerungen des Problemdrucks* bewirken gleichzeitig, dass zunehmend andere Funktionen der Umwelt als bedroht angesehen werden: In den siebziger Jahren spielte die Funktion der Natur als direktes Input- und Konsumgut eine dominante Rolle, außerdem wurde vor allem eine Gefährdung der Ressourcenverfügbarkeit befürchtet. In den neunziger Jahren werden zunehmend die *lebenserhaltenden Funktionen* des Ökosystems angesehen, und Stichworte wie die „Zerstörung der stratosphärischen Ozonschicht" oder der „Klimawandel" nehmen breiten Raum in der Umweltpolitik ein. Gleichzeitig dringt mehr und mehr ins Bewusstsein, dass die Reinigungskapazität der Umwelt beschränkt ist. So gibt es für einige Substanzen überhaupt keine Reinigungskapazität (z.B. Schwermetalle, nicht abbaubare synthetische Chemikalien). Ihr Eintrag in die Ökosysteme ist unweigerlich irreversibel. Damit können selbst kleine Stoffeinträge, die von den Ökosystemen als solche toleriert werden könnten, im Zeitablauf akkumulieren und eine ganz erhebliche Wirkung entfalten.

Als Antwort auf diese langfristigen Herausforderungen konzipierte die neo-klassische Theoriebildung – in Anknüpfung an Rawlsche Gerechtigkeitskri-terien – eine langfristig nachhaltige Entwicklung als eine Forderung nach einem im Zeitablauf (mindestens) konstanten Pro-Kopf-Konsum (vgl. Toman et al. 1995, 140–145). Zentrale Aussage ist, dass – im Sinne eines übertra-genen Hicksschen Einkommensbegriffs – Konsum als eine Verzinsung des Kapitalstocks interpretiert werden kann (Solow 1986). Daraus ergibt sich als Regel für eine nachhaltige Entwicklung die vielfach zitierte Konstanz des Kapitalstocks (constant capital rule). Nachhaltige Entwicklung wird damit als *„non-declining per capita welfare"* interpretiert und mit der Bedingung ver-bunden, den Kapitalstock auch für zukünftige Generationen intakt zu halten. Zusätzlich zum künstlichen (reproduzierbaren) Kapitalstock wird hierbei die gesamte natürliche Ressourcenausstattung der Umwelt als natürliches Kapi-tal betrachtet. Er beinhaltet nicht nur die notwendigen – erneuerbaren oder erschöpfbaren – Inputs in den Produktionsprozess (Ressourcenproblema-tik), sondern wird deutlich weiter gefasst und umfasst auch den direkten Konsumcharakter der Natur, die Bereitstellung von Senkenkapazität zur Auf-nahme der Emissionen aus dem Produktionsprozess sowie die vielfältigen lebensunterstützenden Funktionen.

Lässt sich insoweit noch ein gemeinsamer Nenner in der ökonomischen Nachhaltigkeitsdiskussion auffinden, treten ganz erhebliche Differenzen be-züglich den Bedingungen auf, die für eine Konstanz des Kapitalstocks zu er-füllen sind. Diese Unterschiede werden vor allem durch unterschiedliche Einschätzungen bezüglich der Substituierbarkeit der einzelnen Bestandteile des Kapitalstocks untereinander hervorgerufen, beziehen sich aber auch auf die zur Operationalisierung der jeweiligen Konzeption notwendigen Bedin-gungen und den implizit betrachteten Zeithorizont.

Das Konzept der schwachen Nachhaltigkeit schreibt das Paradigma der neoklassischen Umweltökonomik fort. Die Nachhaltigkeitsbedingung besteht in der Forderung nach einer Konstanz der – aus künstlichem, natürlichem und Humankapital bestehenden – Summe des Kapitalstocks. Dies erfordert die Aufrechterhaltung des gesellschaftlichen Produktivvermögens insge-samt, nicht aber einzelner Bestandteile hiervon. Der natürliche Kapitalstock stellt also nur einen Produktionsfaktor dar, der durch andere Faktoren sub-stituiert werden kann. Damit die Degradierung des natürlichen Kapitals nicht zu Nutzenentgängen für zukünftige Generationen führt, muss sie durch wert-mäßig entsprechende Investitionen in andere Kapitalformen ausgeglichen werden. Hier ist der Ansatz der schwachen Nachhaltigkeit durch einen ho-hen *Substitutionsoptimismus* zwischen künstlichem und natürlichem Kapital geprägt. In diesem Zusammenhang oft zitiert werden Solows Worte „The world can, in effect, get along without natural resources, so exhaustion is just an event, not a catastrophe [...] at some finite cost, production can be freed of dependence on exhaustible resources altogether" (Solow 1974). Die Vertreter des schwachen Nachhaltigkeitsbegriffes sehen trotz Ressourcenverbrauch und Umweltverschmutzung die Lebensgrundlagen der künftigen Generationen nicht gefährdet, da diese durch produziertes Sachkapital und akkumuliertes technisches Wissen für den Verlust von natürlichem Kapital entschädigt werden.

Bereits innerhalb der ökonomischen Diskussion sind das neoklassische Paradigma und seine Interpretation im Rahmen der Nachhaltigkeitsdiskussion nicht unwidersprochen geblieben. Den *gravierendste Einwand* gegen das schwache Nachhaltigkeitsprinzip stellt die Gefährdung der lebenserhaltenden Funktionen der Umwelt dar, die in Zusammenhang mit der Diskussion über Wirtschaftswachstum und Umwelt von Ayres (1993) und Ekins (1993) thematisiert wurde. Entsprechend argumentiert Pearce (1998, 82f.): „the issue is not metals or even energy. It is the receiving capacity of natural environments – absorptive capacities for carbon and trace chemicals – and the supply of biological diversity, that gives the greatest cause for concern. Ecologists tend to see these as primary characteristics of the natural world, for which there are no real substitutes."

Als Alternative bringen die Vertreter einer so genannten ökologischen Ökonomik einen starken Nachhaltigkeitsbegriff (strong sustainability) in die Diskussion. Dieser ist hauptsächlich als *heterodoxe Gegenthese* zum schwachen Nachhaltigkeitsbegriff entwickelt worden. Er zeichnet sich vor allem durch einen Substitutionspessimismus zwischen den unterschiedlichen Formen des gesamten Kapitalstocks aus. Aus diesen Gründen wird nicht eine Konstanz des gesamten Kapitalstocks gefordert, sondern des natürlichen Bestandteils hiervon. Diese Bedingung muss unabhängig von damit eventuell verbundenen sozialen oder ökonomischen Auswirkungen erfüllt werden. Insofern lässt sich dieser Ansatz durchaus auch als *strikte ökologische Nachhaltigkeit* übersetzen. Allerdings gibt es nur erste, z.T. widersprüchliche Ansätze, was unter einer *Konstanz des natürlichen Kapitalstocks* zu verstehen ist. Insbesondere ist unklar, ob sich die Forderung nach einer Konstanz des Kapitalstocks auf die Menge an verfügbaren natürlichen Ressourcen (den Ressourcenbestand), den Wert dieser Ressourcen oder auf die Aufrechterhaltung der durch die natürlichen Ressourcen erbrachten Funktionen bezieht. Gleichzeitig ist unklar, ob sich diese Bedingungen auf jeden Teil des heterogenen natürlichen Kapitalstocks beziehen oder auf einen aggregierten natürlichen Kapitalstock. In seiner Extremform würde unter einer Konstanz des natürlichen Kapitalstocks die strikte ökologische Bewahrung aller natürlichen Ressourcenbestände verstanden werden. Da jede Form wirtschaftlicher Aktivität unweigerlich mit Veränderungen von Ressourcenbeständen verbunden ist, wird der starke Nachhaltigkeitsbegriff überhaupt erst dann sinnvoll interpretierbar, wenn man Substitutionsmöglichkeiten zwischen den einzelnen Formen des natürlichen Kapitals zulässt. Zum Teil wird hier an den unterschiedlichen Funktionen des Ökosystems angeknüpft und eine Konstanz des natürlichen Kapitalstocks als die Fähigkeiten des Ökosystems interpretiert, diese Funktionen im Zeitablauf aufrechterhalten zu können (Common/Perrings 1992, Berkes/Folke 1992, Hueting/Reijnders 1998). Damit wird im Prinzip die Inanspruchnahme natürlicher Ressourcen so lange möglich, wie dadurch die Funktionen des Ökosystems nicht behindert werden – eine deutlich moderatere Interpretation als eine strikte Auslegung der starken Nachhaltigkeit.

Die bisherige Analyse hat aufgezeigt, dass sowohl der schwache als auch der starke Nachhaltigkeitsbegriff hinsichtlich der Annahme der Substitutionsmöglichkeiten Extrempositionen darstellen. Als Ausweg aus diesem Dilemma wird der Ansatz einer kritischen Nachhaltigkeit herangezogen, bei dem eine Substitution des natürlichen durch reproduzierbares Kapital zwar in Grenzen zulässig ist, allerdings ein *Minimalbestand* an überlebenswichtigen natürlichen Ressourcen nicht unterschritten werden darf. Das kritische Kapital besteht also aus den essenziellen Ressourcen, die im Sinne von ökologischen Leitplanken und im Hinblick auf die Wohlfahrt zukünftiger Generationen unbedingt bewahrt werden müssen. Die nicht-essenziellen Ressourcen können entsprechend den für den schwachen Nachhaltigkeitsbegriff typischen Kosten-Nutzen-Kalkülen aufgebraucht werden. Innerhalb des Konzepts des kritischen Kapitals wird der Existenz von *Unwissenheit und Irreversibilitäten* hinsichtlich der Beurteilung der natürlichen Ressourcen ein vielfach größerer Raum eingeräumt, da die Festlegung der zum kritischen Kapital gehörenden Bestandteile samt ihrer Nutzungsobergrenzen jeweils empirisch festgelegt werden muss. Die Anerkennung der Grenzen sowohl hinsichtlich der naturwissenschaftlichen Aussagekraft als auch der Monetarisierung des Naturkapitals (vgl. hierzu Kapitel 3) führt dazu, dass über die anzustrebenden Obergrenzen in einem politisch-gesellschaftlichen Prozess entschieden werden muss. Die Entscheidung, ob ein Bestandteil des natürlichen Kapitals essenziell ist, erfolgt damit letztendlich vor dem Hintergrund kollektiv vermittelter Präferenzen. Es sind also nicht mehr – wie beim schwachen Nachhaltigkeitsansatz – die Präferenzen der einzelnen Individuen oder – wie bei der starken Nachhaltigkeit – die Erkenntnisse über die Funktionsfähigkeit von Ökosystemen allein, die bei der Etablierung der Nachhaltigkeitsmaßstäbe die entscheidende Rolle spielen.

Die Trennung in kritisches und unkritisches Kapital verbleibt notwendigerweise in einem Unschärfebereich. Entsprechend wird es schwierig, mit einer Entscheidungsregel zu operieren, die natürliche Kapitalbestandteile eindeutig als kritisch (und damit auf keinen Fall nutzbar) oder unkritisch (und damit entsprechend den üblichen Kosten-Nutzen-Kalkülen nutzbar) deklariert. Notwendig ist vielmehr eine Regel, die diesem Unschärfebereich Rechnung trägt. Als Ausweg aus diesem Dilemma wird in diesem Zusammenhang daher immer wieder auf den *Safe Minimum Standard* verwiesen, wie er von Ciriacy-Wantrup (1952) postuliert und durch Bishop (1978 und 1993) in die Nachhaltigkeitsdiskussion eingebracht wurde. Danach ist beim Vorliegen von Irreversibilitäten und Unsicherheiten nach der Regel „conserve, unless the social costs are unacceptably large" zu verfahren. Aus der Anwendung des Safe Minimum Standard ergibt sich als wesentlicher Unterschied zur starken Nachhaltigkeit, dass die formulierten Obergrenzen nicht unabhängig von den damit verbundenen Opportunitätskosten gesehen werden. Allerdings führt im Unterschied zum schwachen Nachhaltigkeitsbegriff eine negativ ausfallende Kosten-Nutzen-Analyse nicht automatisch dazu, dass die Ressource aufgebraucht bzw. die Umweltverschmutzung hingenommen werden kann.

2.3 Umweltethik

Ähnlich wie bei der Umweltökonomik handelt es sich bei der Umweltethik um die Übertragung eines allgemeinen Prinzips (der allgemeinen Ethik) auf die Frage der Umweltnutzung. Entsprechend finden sich deontologische, teleologische oder konsensuale Ansätze auch in der Umweltethik. Allerdings stellt sich ein bereichsspezifisches Übertragungsproblem: Soll das Grundpostulat des Lebenserhalts nur für Menschen gelten oder auch für alle anderen Lebewesen oder für die Natur an und für sich? Hinsichtlich dieser Frage, für wen Verantwortung zu übernehmen ist, gibt es keinen Konsens (vgl. z.B. Birnbacher/Schicha 1996, WBGU 1999, Mittelstraß 1995, Meyer-Abich 1997):

- Anthropozentrische Konzeptionen postulieren eine Zukunftsverantwortung lediglich für die Gattung Mensch. Der Schutz der Umwelt wird damit mit ihrem Nutzen für künftige Menschen gerechtfertigt. Er kann allerdings auf unterschiedlichen Funktionen der Umwelt beruhen.

- Pathozentrische Konzeptionen dehnen den Kreis der Nutznießer auf empfindungsfähige Tiere aus, vor allem hinsichtlich der Forderung, Vorsorge gegen ihr Leiden zu treffen.

- Biozentrische Konzeptionen betonen die Schutzwürdigkeit individueller Pflanzen und Tiere, und leiten eine Verpflichtung zur langfristigen Erhaltung der Integrität der natürlichen Systeme und Arten unabhängig von ihrer Funktion für den Menschen ab.

- Holistische Konzeptionen schließlich postulieren auch einen Schutz der unbelebten Natur um ihrer selbst willen.

Allerdings sind diese Grundpositionen hinsichtlich der resultierenden Handlungsanweisungen weit weniger streng unterscheidbar als die klar unterscheidbaren schützenswerten Objekte erscheinen lassen. So zielt der anthropozentrisch begründete Anspruch des Ethischen zwar wesenhaft auf den Menschen als Adressaten. Dies zieht aber nicht notwendigerweise eine Desensibilisierung der Natur als reines Material für die Menschen nach sich. Vielmehr darf der Mensch als Adressat nicht gleichzeitig zum alleinigen Inhalt des ethischen Anspruchs gemacht werden (Korff 1995). Einer gemäßigten Form des Anthropozentrismus entspricht es durchaus, wenn der Mensch die Vormundschaft für den Erhalt der Umwelt übernimmt (stewardship). Bei einer strengen Auslegung des Biozentrismus müssten die Menschen aber auf Umwandlung von Natur- in Nutzfläche und damit auf den Ackerbau verzichten, was für jeden einsichtig zu Zielkonflikten mit dem menschlichen Überleben führen würde. Daher konzedieren auch Biozentriker, dass Abwägungen zu Gunsten des Menschen möglich sind, z.B. wenn andernfalls prohibitive Kosten für den Menschen fällig würden (Birnbacher/Schicha 1996).

Festzuhalten bleibt damit, dass aus umweltethischer Sicht ein Kontinuum von Verhaltensweisen begründbar ist. Sieht man von den extrem strengen Auslegungen des Anthropozentrismus und Biozentrismus ab, nähern sich die Positionen in ihren moderaten Interpretationen hinsichtlich der Handlungsfolgen an: „Ein protektionistisch geprägter Anthropozentrismus etwa, der Natur als Schutzobjekt vor menschlichen Eingriffen sieht und über den Erhalt der Ressourcenbasis hinaus einen von Menschen erwünschten Existenzwert der Natur zugrunde legt, wird in den abgeleiteten Handlungsempfehlungen nur wenig von der biozentrischen Sichtweise entfernt sein, auch wenn der innere Antriebsgrund menschlichen Handelns in beiden Fällen unterschiedlich sein mag" (WBGU 1999, 31). Bisweilen nähern sich beide Positionen sogar schon so nahe aneinander an, dass es schwierig wird, die Position einzelner Wissenschaftler eindeutig zuzuordnen. Bekanntestes Beispiel hierfür ist der – als Begründer der „Land Ethic" bekannt gewordene – amerikanische Ökologe Aldo Leopold (vgl. Meine 1988, Potthast 1998, WBGU 1999, Ott/Döring 2008).

2.4 Spannungsfeld zwischen ökonomischen und ethischen Positionen

Die zentrale Fragestellung dieses Kapitels lautet, ob die umweltökonomischen Prinzipien notwendigerweise zu einem Zielkonflikt mit den umweltethischen führen. Diese Frage ist zu verneinen. Hintergrund hierfür ist die hohe Heterogenität innerhalb beider Disziplinen, die dazu führt, dass jede Position ein Pendant in der jeweils anderen Disziplin vorfinden kann:

- Eine strikt neoklassische umweltökonomische, in eine schwache Nachhaltigkeitskonzeption mündende ökonomische Position ist kongruent mit einer relativ strikten anthropozentrischen ethischen Position.
- Befürworter einer starken Nachhaltigkeit, wie sie auch von ökologischen Ökonomen postuliert wird, weisen hohe Kompatibilität mit einer strikten

biozentrischen Position auf – inklusive aller Probleme, wie mit Zielkonflikten hinsichtlich der Bedingungen für das menschliche Leben umzugehen
ist.

- Sowohl in der Nachhaltigkeitsökonomik als auch der Umweltethik werden
  beide Extrempositionen durch ein breites Ineinanderübergehen abge-
  mildert. Eine moderat ausgelegte anthropozentrische oder biozentrische
  Position entspricht der ökonomischen Interpretation einer kritischen
  Nachhaltigkeit. Sie setzen ökologische Leitplanken – insbesondere hinsichtlich der lebensunterstützenden Funktionen von Ökosystemen –, die
  unter keinen Umständen überschritten werden dürfen. Sie stellen in der
  Sprache der Ethik ein kategorisches Prinzip dar, dem in der Sprache der
  Ökonomik ein nicht substituierbares Gut entspricht.

Allerdings folgen aus dieser Konstellation einige Konsequenzen. Erstens
sollten sich Umweltökonomen im Sinne einer Widerspruchsfreiheit ihrer Argumentationen bewusst machen, welche umweltethische Position mit ihrer
umweltökonomischen übereinstimmt. Zweitens stellen die unterschiedlichen
Positionen neoklassischer Umweltökonomen und ökologischer Ökonomen
nicht nur fachlich bedingte, innerhalb einer Disziplin stattfindende Kontroversen dar, sondern reflektieren unterschiedliche ethische Grundhaltungen.
Pluralität innerhalb der ökonomischen Lehrmeinungen ist damit auch ein
Ausdruck von Pluralität der Lebensoptionen und Subjektivierung vom Sinn
des Daseins, wie sie sich im Zuge der Modernisierung ergeben. Umso wichtiger, und dies ist die dritte Schlussfolgerung, wird es, dass sich Ökonomen
der ethischen Grundlage ihrer ökonomischen Prinzipien auch bewusst werden. Nicht nur wünschenswert, sondern unabdingbar wird damit ein Abbau
der Scheu von Wirtschaftswissenschaftlern, die damit verbundenen Positionen auch zu vertreten. Denn ansonsten geben „in den anstehenden und für
die Gesellschaft überlebenswichtigen Fragen […] Sozialwissenschaftler in
Anbetracht der Kurzatmigkeit der politisch Handelnden in unverantwortlicher
Weise Teile ihrer Verantwortung ab, wenn sie sich vor Stellungnahmen auf
ethischer Grundlage scheuen" (Blümle 2008, 314).

3. Herausforderungen bei der ökonomischen Bewertung von Umweltschäden

Eine zentrale Fragestellung der neoklassischen Umweltökonomie liegt in der
ökonomischen Bewertung der Umweltschäden (vgl. Abschnitt 2.1). Im neoklassischen Paradigma ist sie für die Festlegung von umweltpolitischen Zielen unabdingbar. Entsprechend dieser Vorstellung ist z.B. Klimaschutz nur in
dem Ausmaß gerechtfertigt, in dem der Nutzen der Klimapolitik ihre Kosten
übersteigt. Hierbei wird eine Gegenüberstellung von Nutzen und Kosten in
monetarisierter Form angestrebt. Die Kosten des Klimaschutzes ergeben
sich entsprechend den volkswirtschaftlichen Auswirkungen im Vergleich zu

einem Referenzszenario ohne Klimaschutz. Die Nutzen des Klimaschutzes bestehen in den vermiedenen (externen) Kosten der Klimaänderung. An dieser Stelle soll nicht auf die Problematik der Berechnung der makroökonomischen Folgewirkungen des Klimaschutzes eingegangen werden (vgl. hierzu Walz/Schleich 2008). Vielmehr wird der Frage nachgegangen, welche ethischen Herausforderungen bei der Berechnung des Nutzens des Klimaschutzes auftreten können. Bevor eine Abschätzung des monetären Werts der Wirkung einer Umweltbelastung oder -entlastung erfolgen kann, müssen zunächst die Schadenskategorien identifiziert und die Schäden in physischen Einheiten quantifiziert werden. Daraus ergeben sich hohe Informationsanforderungen und Datenprobleme (vgl. Tabelle 1):

Neue Umweltprobleme	Schwellenwerte der Wirkung
Wirkung abhängig vom zeitlichen und räumlichen Profil	Regenrationsfähigkeit der Umwelt
Expositionspfade	Entwicklung von Ökosystem ohne Umweltbelastung
Synergetische Effekte Schwer nachweisbare Langzeiteffekte	Eintrittswahrscheinlichkeiten bei unsicheren Risiken
Dosis-Wirkungsfunktion	Chancen der Heilung von Krankheiten

Tab. 1: Probleme bei der Identifikation und Quantifizierung von Umweltproblemen

Oft aber bestehen naturwissenschaftliche Wissensgrenzen bei den Dosis-Wirkungs-Beziehungen, gerade bei experimentell schwer nachweisbaren Langzeiteffekten, bezüglich der Regenerationsfähigkeit der Umwelt oder bezüglich den Eintrittswahrscheinlichkeiten von Ereignissen. Weitere Probleme ergeben sich aus der mangelnden Datenverfügbarkeit oder aus Zurechnungsproblemen. Aus diesen Gründen wird auch die These von einer monetären Unterschätzung der Umweltschäden aufgestellt (Eisbergtheorem; vgl. Jochem 1990). Neben direkten Wirkungen wie Ernteausfällen oder Landverlusten sind auch indirekte Folgewirkungen wie krankheitsbedingte Todesfälle oder Zunahme der Migration zu beachten. Da sich die Datenprobleme bei der Quantifizierung der indirekten Folgewirkungen akkumulieren, besteht hierbei jeweils eine Herausforderung zu entscheiden, welche der Folgewirkungen noch empirisch belastbar genug ist, um mit in die Analyse aufgenommen zu werden (vgl. hierzu IPCC 2007).

Zur Monetarisierung der Umweltverschmutzung bzw. des Nutzens von Umweltschutzmaßnahmen stehen grundsätzlich zwei methodische Ansätze zur Verfügung, die beide an den Präferenzen heutiger Individuen ansetzen. Die *indirekten Verfahren* basieren auf der Analyse des beobachtbaren Marktgeschehens und umfassen Gewinnänderungen bei den Unternehmen sowie finanzielle Aufwendungen bei den Konsumenten. Beispiele hierfür sind eine Analyse von *Daten aus der* Unternehmensrechnung (z.B. Fischfangkosten als Funktion von Gewässerqualität), die Analyse von individuellen Vermeidungsaufwendungen (z.B. Maßnahmen zur Vermeidung von Bodenerosion), die Ermittlung der Reisekosten von Touristen (z.B. zur Ermittlung des Freizeit- und Erholungswertes eines Naturschutzgebiets) oder die Analyse von Marktpreisdifferenzen (z.B. Ermittlung der Grundstückspreise als Funktion der Umweltqualität). Probleme der indirekten Verfahren liegen vor allem darin, dass sie tendenziell zur Unterschätzung des Nutzens führen. So können z.B. Wertgrößen, die sich nicht im Marktgeschehen widerspiegeln, auch nicht erfasst werden. Dies trifft insbesondere für psychosoziale Kosten zu. Außerdem können zukünftige Schäden nur dann adäquat abgeschätzt werden, wenn ein solcher Schadensfall historisch bereits eingetreten ist.

Bei den *direkten Verfahren* wird versucht, die Präferenzen der Betroffenen durch Befragungen, Referenda oder Marktsimulationen zu ermitteln. Ziel ist es entweder zu berechnen, wie viel jemand zu zahlen bereit wäre, um eine Verschlechterung der Umweltqualität zu vermeiden (willingness to pay – WTP). Oder man berechnet, wie viel Geld jemand mindestens erhalten müsste, um eine Verschlechterung der Umweltqualität zu akzeptieren (willingness to accept – WTA). Methodische Probleme dieses Ansatzes ergeben sich vor allem aus dem rein hypothetischen Charakter der Befragung. Außerdem besteht die Gefahr, dass die Ergebnisse durch strategisches Verhalten der Befragten, durch unterschiedliche Zahlungsmodalitäten, durch eine nicht zufallsbedingte Auswahl der Befragten oder durch die Interviewer selbst verzerrt werden (vgl. Blamey et al. 1999).

Speziell für die Monetarisierung der Folgen einer Klimaänderung sind neben den damit verbundenen Unsicherheiten auch noch folgende Aspekte von besonderer Bedeutung:

- Klimafolgen treten erst mit erheblicher Zeitverzögerung auf; damit kommt der Berücksichtigung des Zeitpunktes des Schadensanfalls in der Monetarisierung enorme Bedeutung zu.
- Eine zentrale Folge des Klimawandels werden vermehrte Todesfälle sein. Damit kommt der monetären Bewertung einer erhöhten Wahrscheinlichkeit von Todesfällen erhöhte Bedeutung zu.
- Die Hauptverursacher des Klimawandels sind (noch) die Industrieländern, die Hauptfolgen werden aber in den Entwicklungsländern auftreten. Damit kommt es zu einem Auseinanderfallen von Ort der Schadensverursachung und Ort des Schadensanfalls.

Üblicherweise werden in der Ökonomik in der Zukunft liegende Werte durch eine Abdiskontierung auf den heutigen Wert transformiert bzw. heutige Werte durch Verzinsung in künftige überführt. Hierfür gibt es drei sich gegenseitig bedingende zentrale Begründungen (Pearce/Turner 1990, Hampicke 1991, UBA 2007):

- die reine Zeitpräferenz der Menschen, die heutigen Nutzen höher bewerten als künftigen,

- die soziale Zeitpräferenz, die zusätzlich berücksichtigt, dass bei steigendem Konsumniveau der Nutzen zusätzlichen Konsums abnimmt (und die daher i.d.R. unter der reinen Zeitpräferenz liegt), und

- die Funktion von Zins als Lohn für die Bereitstellung von Kapital zur Vornahme von produktiven Investitionen, die eine ständige Steigerung der Konsummöglichkeiten überhaupt erst ermöglichen.

Mit diesen Argumenten wird begründet, dass eine Abdiskontierung künftige Generationen nicht schlechter stellt. Kontrovers wird beurteilt, ob diese Argumente auf die Umweltproblematik übertragen werden können. Insbesondere an der reinen Zeitpräferenz wird kritisiert, dass sie einem sehr strikten, auf die heutige Generation beschränkten Anthropozentrismus gleichkommt. Gleichzeitig impliziert ein hoher Abdiskontierungsfaktor entsprechend dem dritten Argument auch eine hohe Substitutionsmöglichkeit von natürlichem durch künstliches Kapital. Hier wird bezweifelt, dass künftige Generationen eine Verschlechterung der Umweltsituation durch ein Mehr an materiellen Gütern substituieren können. Im Sinne eines Versuchs der Konsensbildung schlägt daher das Umweltbundesamt (2007) vor, dass in empirischen Untersuchungen jeweils mit einem Diskontierungsfaktor nahe Null und einem von 3 % gerechnet werden soll.

Auch die monetäre *Bewertung von Menschenleben* bereitet erhebliche ethische Probleme. Üblicherweise setzen die Bewertungsmethoden hier an indirekten Verfahren an, z.B. an der Bereitschaft, ein höheres Risiko eines Todesfalls zu akzeptieren, wie es sich z.B. in Lohnzuschlägen für gefährliche Arbeit manifestiert. Da nach diesen Methoden die Bewertung von Menschenleben eine Funktion des erzielbaren Einkommens ist, liegt der monetarisierte Wert eines Todesfalls in den Industrieländern in etwa um den Faktor 100 über dem in den Entwicklungsländern. Damit gewinnt aber das Auseinanderfallen von Verursachern und Hauptbetroffenen besondere Dimension, da die hauptsächlich in den armen Ländern vermiedenen Todesfolgen einen zentralen Nutzen des Klimaschutzes darstellen.

Werte in Euro	Ernteverlust 200 kg Getreide	Todesfall durch Verhungern Tod in Mali/Tod in Westeuropa	
Schadens-Barwert in 50 Jahren bei Abdiskontierung mit:			
0 % real	80,0	33.000	3.300.000
3 % real	18,0	7.528	752.753
10 % real	0,7	281	28.111

Tab. 2: Ergebnis unterschiedlich ethisch-normativer Wertsetzungen bei der Monetarisierung der Folgen des Klimawandels

Die sich bei der Bewertung des Klimawandels stellenden ethischen Herausforderungen lassen sich an Hand der numerischen Beispiele von Tabelle 2 verdeutlichen:

- Sollen die mit größeren Datenunsicherheiten bei der Quantifizierung verbundenen Abschätzungen künftiger Todesfälle überhaupt in die Analyse einbezogen werden, zumal wenn sie mit methodischen Problemen der Monetarisierung verbunden sind? Das Ergebnis wird allerdings zentral nach unten verzerrt, wenn nur die direkte Folgewirkung des Ernteverlusts im Sinne des Marktpreises für Getreide bewertet wird (Spalte 1 der Ergebnisse), nicht aber der dadurch ausgelöste Todesfall durch Verhungern (Spalte 2 und 3 der Ergebnisse).

- Soll entsprechend dem üblichen ökonomischen Vorgehen eine Diskontierung vorgenommen werden, und wenn ja mit welchem Zinssatz? Die Unterschiede zwischen den Ergebniszeilen 1 bis 3 verdeutlicht die Bedeutung dieser Festlegung.

- Soll eine sich mit den ökonomischen Methoden ergebende Differenzierung der für ein Menschenleben angesetzten Werte um den Faktor 100 akzeptiert werden? Wie verträgt sich dies mit dem Gleichheitsgrundsatz? Führt eine derartige Vorgehensweise nicht zu zentralen Verzerrungen in einer Kosten-Nutzen-Analyse des Klimaschutzes, da einer Perspektive der Kosten aus Sicht der Industrieländer eine solche der Nutzen aus Sicht der Entwicklungsländer entgegengesetzt wird. Wäre daher nicht eine Berechnung der Nutzen auch aus Sicht der Wertansätze der Industrieländer erforderlich (Unterschied von Ergebnisspalte 2 und 3).

Die erste Problematik liegt einerseits sicherlich innerhalb des Beurteilungsspielraums des Analytikers, z.B. hinsichtlich der Belastbarkeit der Datenabschätzungen. Dabei ist zu berücksichtigen, dass diese Entscheidungen auch jeweils eine in der Person des Analytikers liegende Dimension aufweisen, da gerade unsichere Tatbestände und kontroverse Einschätzungen von konfliktscheuen, sich eher an konsensfähiges, zitiertes Material haltenden Wissenschaftlern tendenziell eher ausgeblendet werden (vgl. Jochem 1990).

Prinzipiell ist bei der Problematik des Einbezugs vernachlässigter Schadens-dimensionen die innerdisziplinäre wissenschaftliche Kritik ein wichtiges In-strument der wissenschaftlichen Qualitätssicherung. Andererseits muss aber auch das Erkenntnisinteresse der Analyse berücksichtigt werden. Wenn die-ses in einer Entscheidungshilfe für die Setzung von Klimaschutzzielen im Sinne einer optimalen Umweltqualität liegt, ist es erforderlich, auch weniger belastbare Effekte miteinzubeziehen, da ansonsten eine systematische Ver-zerrung des Ergebnisses erfolgt.

Die zweite Problematik der Diskontierung rekurriert letztendlich auf die Spannungsfelder zwischen umweltökonomischen und umweltethischen Kategorien. Insofern liegt auch hier kein unüberbrückbarer Widerspruch vor, wohl aber die Notwendigkeit, sich der jeweiligen ethischen Fundierung be-wusst zu werden. Für die dritte Problematik schließlich ist der Zweck der Analyse von entscheidender Bedeutung. Soll abgeleitet werden, wie der Nutzen des Klimaschutzes aus Sicht der jeweiligen Gesellschaften gegen-wärtig eingeschätzt wird, ist sicherlich die ökonomische Vorgehensweise dif-ferenzierter Wertansätze angebracht. Schwieriger wird es, wenn die erziel-ten Ergebnisse unreflektiert in eine Kosten-Nutzen-Analyse einfließen, mit der über die Vorteilhaftigkeit einer Klimapolitik entschieden werden soll. Letztendlich besteht dann hier die Problematik, dass aus beobachteten faktischen Bewertungen (den sich in unterschiedlichen Ländern ergebenden Wertansätzen) auf eine gewünschte Situation geschlossen wird. Insofern ist dieses Vorgehen auch hinsichtlich der Problematik eines naturalistischen Fehlschlusses zu hinterfragen.

4. Verantwortung und Selbstverständnis der Umweltökonomen in einer medialisierten Welt

Die letzten Ausführungen weisen bereits auf die Bedeutung der Verwendung von ökonomischen Analysen hin. Dies führt zur Frage, ob Umweltökonomen auch eine Mitverantwortung für die sachgerechte Interpretation ihrer Ergeb-nisse tragen. Ein weiteres Beispiel für diese Problematik bietet der Zu-sammenhang zwischen Umweltbelastung und Wirtschaftswachstum, wie er in empirischen Analysen unter dem Schlagwort „Environmental Kuznets Curve" beschrieben wird. Danach nimmt im Zug des wirtschaftlichen Ent-wicklungsprozesses die Umweltbelastung erst zu, ab einem bestimmten Ein-kommensniveau aber wieder ab. Zwar zeigen sorgfältige Analysen auf, dass diese Zusammenhänge nicht für alle Umweltprobleme gelten, durch viel-fältige komplexe Kausalketten – nicht zuletzt das Ausmaß einer forcierten Umweltpolitik – hervorgerufen und nicht einfach in die Zukunft extrapoliert werden können. Dennoch haben derartige Analysen außerhalb der Wissen-schaft auch einer Interpretation Vorschub geleistet, nach der sich die Umweltproblematik im Wachstumsprozess „von alleine" löst, so dass sie nicht mehr als ein transitorisches Problem darstellt und keiner besonderen Anstrengungen bedarf. Für die Wissenschaft stellt sich die Frage, ob sie eine Mitverantwortung für die sachgerechte Interpretation ihrer Ergebnisse in der Politik trägt und einer fälschlichen Interpretation aktiv entgegentreten muss.

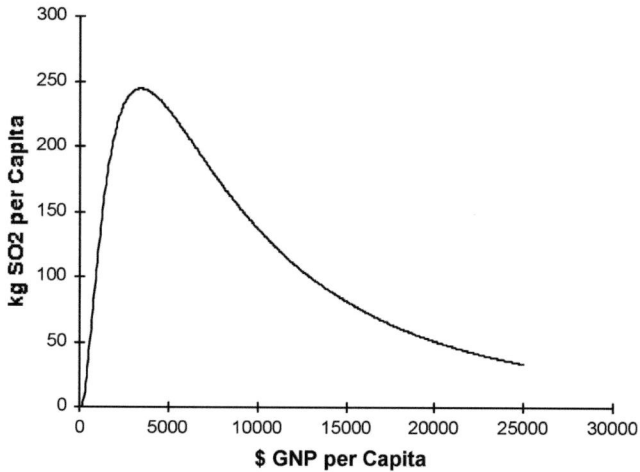

Quelle: Stern et al. 1996

Abb. 3: Environmental Kuznets Curve am Beispiel für SO_2

Eine verwandte Problematik betrifft die Instrumentenvorschläge der Umweltökonomen. Zentrales Ergebnis umweltökonomischer Analysen ist die Aussage, dass marktwirtschaftliche Instrumente des Umweltschutzes wie Umweltsteuern oder handelbare Verschmutzungsrechte deutliche Effizienzvorteile aufweisen. Zum Teil werden diese Vorschläge als ein „Ausverkauf der Umwelt" als unmoralisch zurück gewiesen. Hier treffen sicherlich unterschiedlich begründete Ethiken aufeinander: deontologische, auf ein Verbot der Ökonomisierung des Umweltschutzes gerichtete, und teleologisch begründete, die die geringsten Zielkonflikte zwischen Wirtschaft und Umweltschutz in möglichst effizienten (d.h. marktwirtschaftlichen) Instrumenten sehen. Zentraler trifft aber die Ökonomik die Frage, ob denn von diesen Effizienzvorteilen in der Realität der politischen Umsetzung überhaupt noch viel übrig bleibt. Denn politische Entscheidungen folgen nicht der Erklärungskraft der Umweltökonomik, sondern – dies ist gerade eine zentrale Botschaft der politischen Ökonomik – berücksichtigen Interessenkonflikte. Die politische Organisierbarkeit betroffener Kreise und ihr Drohpotenzial werden damit zu zentralen Designvariablen umweltpolitischer Maßnahmen. Sieht zum Beispiel die Theorie der Ökosteuer einen einheitlichen Steuersatz vor, kommt es in der Realität zu vielfältigen Anpassungen an politische „Sachzwänge". Das Beispiel der in Deutschland eingeführten Ökosteuer liefert hier viele Beispiele: ungerechtfertigte Differenzierung in der Belastung der Energieträger, geringerer Steuersatz für die Industrie allgemein und spezielle Vergünstigungen für einzelne Branchen, sowie einem Ausschluss von besonders schlecht organisierbaren Bevölkerungsgruppen vom Kreis der durch die Verwendung des Steueraufkommens Begünstigten.

Für die Umweltökonomen als Politikberater stellt sich hier die Herausforderung, in welchem Ausmaß sie zur Anpassung theoretisch abgeleiteter Vorschläge bereit sind. Einerseits verhallen ihre Vorstellungen ungehört, wenn sie nicht auf die politischen Gegebenheiten einer Umsetzung eingehen, andererseits setzen sie sich durch zu viel Nähe zum Politikprozess der Gefahr aus, zum reinen Erfüllungsgehilfen machtpolitischer Kalküle zu werden, und nicht nur ihre Unabhängigkeit und Glaubwürdigkeit zu verlieren, sondern zudem auch ineffizienten Ergebnissen Vorschub zu leisten.

Letztendlich liegt hier ein unauflösbares Spannungsfeld vor. Die einzelnen Wissenschaftler müssen jeweils für sich entscheiden, welches Ausmaß an „politischer Realität" sie für wissenschaftlich vertretbar halten. Allerdings spielen hier auch die Funktionsbedingungen für wissenschaftlichen Erfolg innerhalb der Ökonomik eine wichtige Rolle. Umweltökonomen fühlen sich an die wissenschaftlichen Kriterien ihrer Disziplin gebunden. Wertfreiheit in der wissenschaftlichen Begründung sowie die Trennung von wissenschaftlichen Sachaussagen und Wertungen sind seit dem Werturteilsstreit in der deutschen Ökonomik hoch gehaltene Prinzipien. Beklagt wird, dass dies im Sinne einer überschießenden Reaktion zu einer zu großen Betonung theoretisch abstrakter und zu wenig auf fachübergreifende, historische Dimensionen berücksichtigende Forschung geführt hat (Blümle 2008). Wenn Beschäftigung mit den Bedingungen einer praktischen Anwendung der Umweltökonomik mit geringem wissenschaftlichem Renommee verbunden ist, kann nicht ausbleiben, dass auch Umweltökonomen sich eher zögerlich in diese „Niederungen" begeben.

Gleichzeitig ist die Beteiligung der Wissenschaft im politischen Diskurs dringender denn je. Denn einerseits macht die zunehmende Medialisierung auch vor der Umweltpolitik nicht halt, andererseits ist eine zunehmende Ausdifferenzierung und Zunahme der Komplexität der Probleme zu verzeichnen. Globalisierung und zunehmende Vernetztheit führen dazu, dass alles von allem abhängt. Das Durchdringen des Wechselspiels von Technik, Wirtschaft, Politik und Umwelt bedarf des verstärkten wissenschaftlichen Inputs in gesellschaftliche Diskussionen. Vielfältige Begründungszusammenhänge spielen eine Rolle, die von einer einzigen Disziplin nicht mehr eingebracht werden können.

Die Diskussion um die Kernenergie liefert ein anschauliches Bild für die unterschiedlichen Ebenen, auf denen Befürworter und Kritiker dieser Technologie ihre Argumente vorbringen. Technik, Risiko technischen Versagens, offensichtliche und verdeckte Kosten, Wirkungen im Innovationssystem auf die Entwicklung anderer Technologien, aber auch außen- und sicherheitspolitische Aspekte werden miteinander verwoben.

Argumente der Befürworter	Argumente der Kritiker
Kostengünstige Stromversorgung.	Verdeckte Subventionierung, z.B. bei Haftpflicht. Nur bei Marktabschottung lohnt sich Kernenergie für EVU.
CO_2-freie Energiequelle.	Blockade der Entwicklung anderer CO_2-freier Alternativen; Potenzial Kernenergie begrenzt.
Neue Reaktortechnologien sind sicherer.	Hohes Restrisiko bleibt; Auswirkungen auch kleiner zusätzlicher Strahlenbelastung unklar; keine Lösung für radioaktive Abfälle in Sicht.
Besser Kernenergieeinsatz in Deutschland als mit unsicherer Technologie in anderen Ländern; Technologietransfer sicherer Anlagen.	Einsatz in Deutschland keine Substitution für Kernenergie in anderen Ländern; Länder wollen eigene Kerntechnologie auch aus politischen und militärischen Gründen.
Uranvorräte durch Wiederaufarbeitung streckbar.	Uranvorräte sind begrenzt; Wiederaufarbeitung erhöht Proliferationsgefahr.
	Kernenergieanlagen vorrangiges Terrorziel.

Tab. 3: Argumente von Befürwortern und Kritikern der Kernenergie

Zunehmend erscheint es schwieriger, einzelne Bewertungen und Sachaussagen überhaupt auseinander halten zu können. Vor dem Hintergrund der Systemlogik des disziplinären Erkenntnisinteresses und der ständigen Ausdifferenzierung der Wissenschaftsbereiche trifft ein ausgeweiteter Bedarf an wissenschaftlich begründetem (Orientierungs-)Wissen auf immer mehr fragmentiertes Einzelwissen. „Wir wissen immer weniger – von immer mehr", so kann diese Situation charakterisiert werden. Zur Abhilfe dringend erforderlich ist ein Aufweichen disziplinärer Grenzen. Für Umweltökonomen stellt sich damit die Herausforderung, sich fachfremdes, evtl. auch vorläufiges Wissen zu eigen zu machen und in die gesellschaftliche Diskussion einbringen.

5. Zusammenfassung

Umweltökonomen stehen in der Tradition ihrer Disziplin, und sind als solche keine Umweltschützer, sondern streben eine „optimale Umweltbewirtschaftung" an. Ethische Herausforderungen können hierbei vor allem in Bereichen entstehen, in denen die dadurch implizierten Herangehensweisen mit anderen ethisch begründeten Prinzipien kollidieren.

Auf der theoretischen Ebene zeigt sich, dass die umweltökonomischen Prinzipien nicht notwendigerweise zu einem Zielkonflikt mit den umweltethischen führen. Hintergrund hierfür ist die hohe Heterogenität innerhalb beider Disziplinen, die dazu führt, dass jede Position ein Pendant in der jeweils anderen Disziplin vorfinden kann. Während die traditionellen neoklassischen Positionen, die in das Paradigma einer schwachen Nachhaltigkeit münden, eher mit eng definierten anthropozentrischen Umweltethiken korrespondieren, bedingen sich eine starke Nachhaltigkeit und biozentrische Positionen. Das Prinzip der kritischen Nachhaltigkeit ist schließlich anschlussfähig an moderat anthropozentrische bzw. biozentrische Ansätze. Allerdings sollten sich Umweltökonomen im Sinne einer Widerspruchsfreiheit ihrer Argumentationen bewusst machen, welche umweltethische Position mit ihrer umweltökonomischen übereinstimmt.

Ein Hauptanwendungsgebiet der Umweltökonomik stellt die Monetarisierung der externen Umweltkosten dar. Kontrovers wird hier die Diskontierung künftigen Nutzens der Umwelt beurteilt. Ähnlich wie bei den unterschiedlichen Positionen der Nachhaltigkeitsökonomik korrespondieren auch hier die unterschiedlichen Positionen letztendlich mit unterschiedlichen umweltethischen Ansätzen. Allerdings wird deutlich, dass spezifische Herausforderungen auch durch die Art der Verwendung der Ergebnisse der Analysen entstehen. Wenn z. B. die Analyse als Entscheidungshilfe für die Setzung von Umweltschutzzielen dienen soll, ist es erforderlich, auch wissenschaftlich weniger belastbare Effekte miteinzubeziehen, da ansonsten eine systematische Verzerrung des Ergebnisses hin zu schwächer ausgeprägten Zielen erfolgt. Ähnliches gilt für die Verwendung von unterschiedlichen Wertansätzen für Todesfälle in reichen und armen Ländern, wie sie sich aus dem umweltökonomischen State-of-the-art der Bewertung von Klimafolgen ergeben. Gehen diese in die Zielableitung ein, wird aus empirischen Beschreibungen ungleicher Wertansätze plötzlich eine Soll-Aussage über anzustrebende Zustände extrahiert.

Schließlich besteht eine zentrale Herausforderung für Umweltökonomen darin, wie sie sich zwischen eng gefassten disziplinären Prinzipien der Wissenschaft einerseits und der Verwendung und Anwendungsnähe ihrer Forschungsergebnisse andererseits positionieren. Dieses Spannungsfeld zeigt sich besonders ausgeprägt bei der Funktion der Umweltökonomen als Politikberater in der Umweltpolitik. Die angeführten Beispiele über das apologetische Potenzial der „Environmental Kuznets Curve", die realen Anwendungsbedingungen marktwirtschaftlicher Politikinstrumente oder der notwendige Einbezug multidisziplinärer Begründungszusammenhänge verdeutlichen die Vielfalt dieses Spannungsfelds. Ziehen sich Umweltökonomen in den „Elfenbeinturm" ihrer Disziplin zurück, verlieren sie entweder jedes Gehör oder laufen Gefahr, unwidersprochen als Apologeten ungerechtfertigter Schlussfolgerungen benutzt zu werden. Gehen sie zu sehr auf die realen politischen Gegebenheiten ein, drohen ihnen der Verlust wissenschaftlichen Renommees und die Instrumentalisierung für machtpolitische Kalküle. Schließlich trägt auch die für sachgerechte Politikberatung erforderliche interdisziplinäre Herangehensweise, die Notwendigkeit, auch vorläufiges Wissen heranzuziehen und auf Grundlage ethischer Wertsetzungen Positionen zu vertreten, eher zu einem Abbau an wissenschaftlichen Renommee innerhalb der Ökonomik bei.

Diese Herausforderungen sind nicht nur ein individuelles Abwägungsproblem der jeweiligen Umweltökonomen, sondern werden auch durch ein enges Fachverständnis der (neoklassischen) Ökonomik und ihre Scheu vor ethisch motivierten Aussagen über anzustrebende Verhältnisse bedingt (vgl. Blümle 2008). Die individuelle Bewältigung der ethischen Herausforderungen ist damit nicht unabhängig von der disziplinären Weiterentwicklung. Gerade im Bereich der Anwendung der Ökonomik auf die Umweltproblematik erscheint es erforderlich, dass neben die formal analytische Theoriebildung auch das „appreciative theorizing" (vgl. hierzu z.B. Nelson 1995 und 1998) höheren wissenschaftlichen Stellenwert erhält, das wirtschaftliche Prozesse mit konkreten historischen Vorgängen in Verbindung setzt. Dass in diesem Zusammenhang auch interdisziplinäre Kompetenzen eine erhöhte Wertschätzung erhalten sollten, dürfte im Lichte des bekannten Zitats von John Stuart Mill (1967, 331) – „der Nationalökonom, der nur Nationalökonomie studiert hat, wird beim Versuch der Anwendung seiner Ergebnisse in der Praxis scheitern" – eher einer Rückbesinnung als einer Weiterentwicklung der Ökonomik gleichkommen.

Literaturverzeichnis

Ayres, R.U. (1993): Cowboys, cornucopians and long-run sustainability. S. 189–207 in Ecological Economics 8 (1993).

Berkes, F. – Folke, C. (1992): A systems perspective on the interrelations between natural, human-made and cultural capital. S. 1–8 in Ecological Economics 5 (1992).

Birnbacher, D. – Schicha, C. (1996): Vorsorge statt Nachhaltigkeit – ethische Grundlagen der Zukunftsverantwortung. S. 141–156 in Kastenholz, H.G. et al. (Hrsg.): Nachhaltige Entwicklung. Heidelberg 1996.

Bishop, R. (1978): Endangered Species and Uncertainty: The Economics of a Safe Minimum Standard. S. 10–18 in American Journal of Agricultural Economics 60 (1978).

Bishop, R. (1993): Economic Efficiency, Sustainability, and Biodiversity. S. 69–73 in Ambio 22 (1993).

Blamey, R.K. – Bennett, J.W. – Morrison, M.D. (1999): Yea-Saying in Contingent Valuation Surveys. S. 126–141 in Land Economics 75 (1999).

Blümle, G. (2008): Wissenschaft im Stile Schmollers – Zur Dialektik der Methoden in der Ökonomik. S. 65–80 in Blümle, G. et al. (Hrsg.): Perspektiven einer kulturellen Ökonomik. Marburg 2004. Zitiert nach dem Wiederabdruck: S. 307–326 in Blümle, G.: Wirtschaftsgeschichte und ökonomisches Denken. Ausgewählte Aufsätze. 2. Auflage. Marburg 2008.

Cansier, D (1996): Umweltökonomie. 2. Auflage. Stuttgart 1996.

Ciriacy-Wantrup, S.V. (1952): Resource Conservation: Economics and Politics. Berkeley, CA 1952.

Common, M – Perrings, C. (1992): Towards an ecological economics of sustainability. S. 7–34 in Ecological Economics 6 (1992).

Ekins, P. (1993): Limits to growth and sustainable development: grappling with ecological realities. S. 269–288 in Ecological Economics 8 (1993).

Endres, A.; Staiger, E. (1994): Umweltökonomie. S. 218–223 in WiSt 1994.

Hampicke, U. (1991): Neoklassik und Zeitpräferenz – der Diskontierungsnebel, S. 127–149 in Beckenbach, F. (Hrsg.): Die ökologische Herausforderung für die ökonomische Theorie. Marburg 1991.

Hueting, R. – Reijnders, L. (1998): Sustainability is an objective concept. S. 139–147 in Ecological Economics 27 (1998).

IPCC (2007): Summary For Policymakers of Working Group II IPCC Fourth Assessment Report. Genf 2007.

Jochem, E. (1990): Hilfen und Irrtümer beim Rückgriff des Prognostikers auf die Vergangenheit. S. 63–77 in Ropohl, G. et al. (Hrsg.): Schlüsseltexte zur Technikbewertung. Dortmund 1990.

Jochem, E. et al. (1990): Wirkungsanalysen energiepolitischer Instrumente und Maßnahmenbündel zur Vermeidung und Verminderung des Energieverbrauchs und der Emission energiebedingter klimarelevanter Spurengase. Bonn 1990.

Korff, W. (1995): Umweltethik. S. 278–284 in Junkernheinrich, M. et al. (Hrsg.): Handbuch zur Umweltökonomie. Berlin 1995.

Leopold, A. (1949): A Sand County Almanac. Oxford 1949.

Meine, C. (1988): Aldo Leopold – his life and work. Madison 1988.

Meyer-Abich, K.M. (1997): Praktische Naturphilosophie. München 1997.

Mill, J.S. (1967): Essays on Economics and Society. Volume IV of Collected Works. Toronto 1967.

Mittelstraß, J. (1995): Umwelt – Bemerkungen eines Philosophen zum umweltverträglichen Wirtschaften. S. 13–21 in Levi, H.W. – Danzer, B. (Hrsg.): Umweltverträgliches Wirtschaften. Stuttgart 1995.

Nelson, R. (1995): Recent Evolutionary Theorizing About Economic Change. S. 48–90 in Journal of Economic Literature 33 (1995).

Nelson, R. (1998): The Agenda for Growth Theory: a Different Point of View. S. 497–520 in Cambridge Journal of Economics 22 (1998).

Ott, K. – Döring, R. (2008): Theorie und Praxis starker Nachhaltigkeit. 2. Auflage. Marburg 2008.

Pearce, D.W. et al. (1994): The Economics of Sustainable Development. S. 457–474 in Annual Review of Energy and Environment 19 (1994).

Pearce, D. W. – Turner, K.R. (1990): Economics of natural resources and the environment. New York 1990.

Potthast, T. (1998): Die Evolution und der Naturschutz. Frankfurt a. M. 1998.

Solow, R.M. (1974): The Economics of Resources or the Resources of Economics. S. 1–14 in: American Economic Review 64 (1974).

Solow, R.M. (1986): On the Intergenerational Allocation of Natural Resources. S. 141–149 in Scandinavian Journal of Economics 88 (1986).

Stern, D.I. – Common, M.S. – Barbier, E.B. (1996): Economic growth and environmental degradation: the environmental Kuznets curve and sustainable development. S. 1151–1160 in World Development 24 (1996).

Toman, M.A. et al. (1995): Neoclassical economic growth theory and „sustainability". S. 139–165 in Bromley, D.W. (Hrsg.): The handbook of environmental economics. Cambridge, MA 1995.

Umweltbundesamt (2007): Ökonomische Bewertung von Umweltschäden – Methodenkonvention zur Schätzung externer Umweltkosten. Dessau 2007.

Walz, R. (2001): Operationalisierung einer Nachhaltigen Entwicklung. Habilitationsschrift an der Wirtschaftswissenschaftlichen Fakultät der Universität Freiburg. Freiburg 2001.

Walz, R. – Schleich, J. (2008): The Economics of Climate Change Policies. Heidelberg 2008.

WBGU (Wissenschaftlicher Beirat für Globale Umweltfragen) (1999): Welt im Wandel – Umwelt und Ethik. Marburg 1999.

WBGU (Wissenschaftlicher Beirat für Globale Umweltfragen) (2007): Sicherheitsrisiko Klimawandel. Heidelberg 2007.

Der integrative Ansatz der Unternehmensethik – eine knappe Darstellung durch Abgrenzung vom ökonomistischen und vom separativen Konzept

Ulrich Thielemann

Je nach Grundverständnis und Hintergrundannahme wird unter „Unternehmensethik" ganz Unterschiedliches und häufig geradezu Konträres verstanden. Unternehmensethik bzw. allgemeiner Wirtschaftsethik ist das methodische Bemühen, normative *Konzepte*, die bestimmten Handlungsweisen, Rechtfertigungsmustern oder Initiativen guter Unternehmensführung zu Grunde liegen, herauszuarbeiten und kritisch zu beleuchten. Diese Konzepte repräsentieren Muster des Umgangs mit den Anspruchsgruppen einer Unternehmung (Stakeholdern), die als vorbildlich, verantwortbar und legitim angesehen werden; sie definieren, zumeist implizit, die Rechte bzw. die legitimen Ansprüche der Stakeholder und die korrespondierenden Pflichten der Unternehmensführung; und sie bilden die Maßgabe für die konkrete Ausgestaltung von Normen, Regeln und Empfehlungen. Überdies lässt sich ihnen eine Vision „guter", d.h. legitimer und verantwortbarer Unternehmensführung entnehmen. Das zu Grunde liegende unternehmensethische Konzept ist also von buchstäblich entscheidender Bedeutung für die ethische Qualität der Unternehmensführung. Es bildet die kritisch zu beleuchtende Maßgabe eines Ansatzes guter, d.h. dem eigenen Anspruch nach guter Unternehmensführung.

Die Frage ist dabei, welches dieser Konzepte ethisch zu überzeugen vermag. Um dieser Frage nachzugehen, greifen wir auf die systematische Unterscheidung dreier Grundkonzepte von Wirtschafts- bzw. Unternehmensethik zurück, wie sie der St. Galler Ansatz Integrativer Wirtschaftsethik entwickelt hat (Ulrich 2008, 101–140, Thielemann/Ulrich 2003, 17–40). Neben dem selbst vertretenen Ansatz einer integrativen Unternehmensethik finden sich in den Diskussionen um die richtige und gute Art der Unternehmensführung typischerweise auch Argumente aus dem Fundus des ökonomistischen sowie des separativen Verständnisses. Diese beiden Ansätze, die im Folgenden zusammen mit dem integrativen Ansatz und aus diesem heraus idealtypisch dargestellt und kritisch beleuchtet werden, weisen erhebliche Mängel auf.[1]

---

1 Die idealtypische Methode, die auf Max Weber (1982, 190ff., 607f.) zurückgeht, hat den Sinn, typische Sets von Argumenten, die eine vertretene Position bzw. ein Gedankengebäude ausmachen, konsequent zu Ende zu denken, um die Argumente besser verstehen und beurteilen zu können. In diesem reinen Sinne werden

1. Das ökonomistische Konzept

Ökonomistische Konzepte gehen davon aus, dass der faire Umgang mit Stakeholdern, überhaupt eine verantwortungsvolle und legitime Unternehmensführung, ohnehin bereits eine *Funktion* erfolgreichen Wirtschaftens bildet. Folglich kann auf die *Integrität*[2] des Managements eigentlich verzichtet werden. Jedenfalls ist sie systematisch nicht erforderlich. Diesem Verständnis entspricht eine *Ethik ohne Moral*.[3] Es wird also eine ethische Behauptung aufgestellt (nämlich die obige), dabei aber gerade behauptet oder zumindest impliziert, dass die Praxis der Unternehmensführung ohne Moral bzw. Integrität auskommen kann.

Funktionalismus

Dieses Denken findet sich in zwei Varianten. Die ältere Variante lässt sich in dem Postulat zusammenfassen, das Milton Friedman (1970) ausgeben hat: „The social responsibility of business is to increase its profits." Die „soziale" oder allgemein: die ethische Verantwortung der Unternehmen besteht also darin, „to make as much money as possible"[4]. In jüngere Zeit hat Horst Albach (2005) in gleichem Sinne argumentiert und behauptet, die „Beschäftigung mit Unternehmensethik" sei „überflüssig", nämlich ethisch überflüssig. Denn „die Betriebswirtschaftslehre", die im Verständnis Albachs allein die Aufgabe hat aufzuzeigen, wie „der Kapitalwert des Unternehmens zu maximieren" sei, „ist [bereits] Unternehmensethik"[5].

Wie sollte es möglich sein, dass das ethisch Richtige geschehen sollte, obwohl dies – dieser Theorie zu folge – niemand beabsichtigt? Nun, die hier vertretene Position vertraut, statt auf die Integrität verantwortungsvoll han-

---

die im Folgenden vorgestellten und diskutierten Konzepte bzw. Positionen allerdings selten konsequent vertreten.

2 Synonyme Begriffe sind: der guten Wille (Immanuel Kant), Verantwortungsbewusstsein, Verantwortungsbereitschaft, Selbstverpflichtung, Moral bzw. Moralität.

3 Das Verhältnis zwischen Ethik und Moral lässt sich als Verhältnis zwischen normativer Theorie und der von dieser geleiteten Praxis fassen.

4 Friedman fügt an: „[...] while conforming to the basic rules of the society, both those embodied in law and those embodied in ethical custom". Allerdings führt Friedman hierfür keine Begründung an. Und der Zusatz spielt für die Position, die Friedman repräsentiert (und hierauf kommt es hier an), auch keine weitere Bedeutung. Streng genommen widerspricht Friedman mit diesem Zusatz seiner eigenen Botschaft, dass die Orientierung am Gewinn letztlich maßgeblich sein soll, selbst wenn er lediglich und in ethisch defizitärer Weise auf das Legalrecht und auf vorherrschende Konventionen abzielt, die ja um ihrer selbst willen und nicht um der Rentabilität willen einzuhalten wären.

5 Vgl. kritisch Thielemann/Weibler 2007.

delnder Individuen, auf die „unsichtbare Hand" des Marktes (Adam Smith), die letztlich die Hand eines weisen Schöpfergottes ist, dessen höherer Vernunft wir uns demütig zu fügen haben, indem wir seiner Weisung folgen.[6] Und diese lautet: Maximiere deinen Nutzen bzw. deinen Gewinn. Denn nur dann kommt die der Marktlogik inhärente ethische Vernunft zur vollen Entfaltung.

Hier erkennt man, dass die Position einer Ethik ohne Moral auf metaphysischen, also vormodernen Wurzeln ruht. Doch nicht nur darum ist dieser Ansatz zu verwerfen, sondern auch darum, weil der Ansatz die Unterscheidung zwischen Gewinn*erzielung* bzw. Gewinn*streben* und Gewinn*maximierung* verwischt und letztere pauschal rechtfertigen möchte. Allerdings ist Gewinnmaximierung keine rechtfertigungsfähige Handlungsorientierung. Dies hat weniger mit dem Gewinn als vielmehr mit der Maximierung zu tun. Gewinnmaximierung heißt, *alles* daran zu setzen, dass die Gewinne *so hoch wie möglich* sind, natürlich langfristig. Denn eine *bloß* kurzfristige Gewinnsteigerung kann dazu führen, und führt in der Regel dazu, dass die Gewinne insgesamt tiefer ausfallen, als sie hätten ausfallen können. Gewinnmaximierung ist in sich bereits langfristig ausgerichtet. Und „kurzfristige Gewinnmaximierung" ist ein Widerspruch in sich. Auch gilt es sich klarzumachen, dass die Langfristorientierung einer Gewinnmaximierungsstrategie nicht unbedingt etwas mit dem dauerhaft Bestand eines Unternehmens zu tun haben muss. Vielmehr geht es dem Sinn nach um den insgesamt größtmöglichen Gewinn für den Investor. Dies kann, je nach Situation, die Veräußerung oder gar die Zerschlagung („Filetierung") eines Unternehmens bedeuten.

Gewinnmaximierung (ebenso wie Nutzenmaximierung im Allgemeinen) ist keine rechtfertigungsfähige Handlungsorientierung, wie kluge Unternehmensleiter zunehmend erkennen.[7] Denn so würde eine bestimmte, partikuläre Interessenorientierung an die Stelle des Moralprinzips treten. Die involvierten Ansprüche und Interessen, einschließlich übrigens der eigenen, würden, so sie nicht einfach ignoriert werden, so nicht nach Maßgabe ihrer Legitimität (Berechtigung), sondern nach Maßgabe ihrer Profitabilität berücksichtigt.

---

6 So fordert Friedrich August von Hayek (1996, 15), der ebenfalls dieser Denkschule zuzurechnen ist, tatsächlich „Demut" vor dem Markt.

7 So stellte Wendelin Wiedeking (2006), Vorsitzender des Vorstandes der Porsche AG, kürzlich fest: „Ohne Gewinn geht es natürlich nicht, wer weiß das besser als ich. Aber ein möglichst hoher Gewinn kann doch nicht das einzige Ziel eines Unternehmens sein."

Instrumentalismus

Dies lässt sich insbesondere an Hand der zweiten Variante des ökonomistischen Verständnisses demonstrieren.[8] Stellungnahmen wie die von Friedman oder Albach würden heute, in Zeiten einer zunehmend wacheren und kritischeren Öffentlichkeit, sollten sie dem Sinn nach von Repräsentanten eines Unternehmens abgegeben werden, eher Kopfschütteln und Ablehnung hervorrufen. Sie wären geradezu geschäftsschädigend. Manager und Unternehmer verkünden heute kaum mehr, dass „Ethik" (was immer sie darunter genau verstehen) „überflüssig" (Albach) sei, sondern im Gegenteil notwendig. So bekunden heute alle DAX-Unternehmen unter Begriffen wie „Gesellschaftliche Verantwortung", „Corporate Responsibility" oder „Corporate Citizenship" ihren Anspruch, die Geschäfte ethisch verantwortungsvoll zu führen.

Doch wofür genau sollte „Ethik" notwendig sein? Die derzeit noch am weitesten verbreitete Antwort lautet: notwendig für den langfristigen Unternehmenserfolg. „Ethik zahlt sich langfristig aus", so lautet die Devise. Nach wie vor handelt es sich um eine Ethik ohne Moral. Der Unterschied zur Friedman'schen Variante besteht lediglich in der Rezeptur, wie Gewinne zu steigern bzw. zu maximieren sind. Nun ist es notwendig, „Ethik" als Instrument der Gewinnmaximierung einzusetzen. Warum? Weil die Stakeholder, genauer: weil erfolgsrelevante Stakeholder heute mehr denn je erwarten, dass die Geschäfte verantwortungsvoll geführt werden.

Allerdings entspricht die Anpassung an die mehr oder minder zufälligen und angesichts der komplexen Unternehmensvorgänge selten informierten gesellschaftlichen Erwartungen nicht einer verantwortungsvollen Geschäftspolitik. Die Anpassung an den Zeitgeist ist nicht Ausdruck von Integrität, sondern im Gegenteil von *Opportunismus*. Die instrumentalistische Konzeption konfundiert Akzeptanz (faktische Zustimmung) mit Legitimität (Berechtigung bzw. ethischer Richtigkeit). Was als legitim angesehen und folglich akzeptiert wird, muss nicht legitim sein. Eine nicht-opportunistische Geschäftsethik weiß um diese Differenz und hält darum kritische Distanz sowohl zu den vorherrschenden Erwartungen als auch zu den eigenen Interessen.

---

8 Ein Hinweis zur begrifflichen Etikettierung der hier vorgestellten unternehmensethischen bzw. im weiteren Sinne wirtschaftsethischen Denkkonzepte: Ökonomismus ist der Oberbegriff. Synonym lässt sich von „Funktionalismus" sprechen. Im unternehmensethischen Zusammenhang wird „Funktionalismus", der bislang vor allem für größere und allgemeinere wirtschaftsethische Zusammenhänge gebraucht wurde (vgl. Ulrich 2008, 135), hier für die paradigmatisch durch Friedman markierte unternehmensethische Position verwendet. Instrumentalismus ist hingegen ein ausschließlich für unternehmensethische Zusammenhänge reservierter Begriff innerhalb des Ökonomismus. Vgl. zur Kritik des Instrumentalismus ausführlich Ulrich 2008, 453ff; Thielemann 2008.

Im Übrigen würde es ein Unternehmen vollständig überfordern, allen möglichen gesellschaftlichen Erwartungen, die an es gerichtet werden, zu entsprechen.[9] Doch wird in der instrumentalistischen Konzeption genau genommen auch nicht auf alle denkbaren Erwartungen abgestellt, sondern nur auf diejenigen der „relevanten" Stakeholder – „relevant" für den Unternehmenserfolg. Im Ergebnis bedeutet dies, dass lediglich die Ansprüche derjenigen Stakeholder berücksichtigt werden, die die Macht haben, die Gewinnerzielung zu beeinflussen, wie direkt oder indirekt auch immer. Alles andere würde sich auch nicht auszahlen. Konsequent zu Ende gedacht läuft die instrumentalistische Konzeption daher auf eine *„Ethik" des Rechts des Stärkeren* hinaus, welche mehr oder minder subtilen Formen der „Stärke" bzw. der Macht dabei auch immer im Spiel sind.[10] „Ethik zahlt sich langfristig aus", muss übersetzt werden in: „Wir betreiben diejenige ‚Ethik', die sich langfristig auszahlt."[11] Damit darf die instrumentalistische These in ihrer Pauschalität und Grundsätzlichkeit als widerlegt gelten.

2. Das separative Konzept

Ein ebenfalls verbreitetes Verständnis von Unternehmensethik besteht in der Annahme, dass ethische Fragen mit dem eigentlichen Kerngeschäft der Gewinnerzielung selbst im Grunde nichts zu tun haben, womit dieses implizit als ethisch neutral eingestuft wird.[12] Auch hier finden sich zwei Manifestationen.

Spendenethik

„Nur wer Überschüsse erzielt hat, kann sie guten Zwecken zuführen." (Schneider 1990, 870) Diesem Motto, das den Kerngedanken der Unternehmensethik zusammenfassen soll, folgen tendenziell solche Unternehmen, die ihren Anspruch auf Legitimität unter dem Stichwort „Engagement" fas-

---

9 Der Fachbegriff hierfür ist die *Unzumutbarkeit*. Im Unternehmenszusammenhang ist damit die Legitimität der Erzielung von Gewinnen (aber nicht der Gewinnmaximierung) angesprochen.

10 Bedeutsam ist hier vor allem die Macht der Bürger als Konsumenten, die ihre Kaufkraft entziehen könnten, sowie der Motivationsentzug der Mitarbeiter, die in die innere (oder äußere) Kündigung emigrieren könnten, wenn sie das Gefühl beschleicht, in einem Unternehmen zu arbeiten, in dem unlautere Machenschaften und verantwortungsloses Geschäftsgebaren um sich greifen.

11 Der tiefere Grund dafür, dass sich „Ethik" langfristig und nicht bereits kurzfristig auszahlen soll, besteht übrigens darin, dass die Reaktionen der Stakeholder auf Geschäftspraktiken, die sie für illegitim oder unverantwortlich halten, in der Regel nicht sofort, sondern mit zeitlicher Verzögerung erfolgen.

12 „CR is often an add-on, leaving core business models and operations largely untouched" (Beloe et al. 2004).

sen; gelegentlich wird hierfür auch der Begriff „Corporate Citizenship" verwendet.[13] Dieses Verständnis manifestiert sich etwa in Berichten zur „Gesellschaftlichen Verantwortung", in denen die Unternehmen im Wesentlichen ihre Spendenaktivitäten festhalten und glauben, so die Geschäftstätigkeit insgesamt legitimieren zu können. Allerdings sind solche Berichte seltener geworden. Dennoch ist dieses Denken nach wie vor verbreitet, etwa in der Stellungnahme von ThyssenKrupp, dessen stellvertretender Vorstandsvorsitzender auf der Website des Unternehmens zum Thema Unternehmensverantwortung, die unter dem Begriff „Engagement" figuriert, festhält: „Der ökonomische Erfolg eines Unternehmens ist Voraussetzung für ein ökologisch und sozial kompetentes Handeln."[14]

Ausgeblendet und der ethischen Reflexion entzogen wird so allerdings das Streben nach ökonomischem Erfolg selbst. Dies gilt zum einen für die Frage, mit welchen Mitteln und Strategien die Gewinne erzielt werden. Schließlich lassen sich, jenseits ökonomistischen Harmonieglaubens, Gewinne auch mit unlauteren Mitteln oder in unfairer Weise erzielen. Und dies gilt zum anderen auch für das Maß der Gewinnerzielung. Gewinnmaximierung als unternehmerische Handlungsmaxime ist in einem rein spendenethischen Konzept zumindest nicht ausgeschlossen, wenn nicht gar impliziert. Je höher die Gewinn, desto größer ist ja der „Kuchen", der dann für Engagements außerhalb der Geschäftstätigkeit verwendet werden kann. Zugespitzt: „Wir haben die Hälfte unserer Stellen outgesourct, wodurch wir den Gewinn verdoppeln konnten, was uns erlaubt, uns noch stärker beim Sponsoring von Sport und Kultur engagieren." Die Quintessenz hieraus lässt sich, um im Bild zu bleiben, so zusammenfassen: Es kommt in erster Linie nicht auf die Größe des Kuchens an, sondern vor allem auf die Rezeptur, mit der er gebacken wird, d.h. auf die ethische Qualitäten der Geschäftspolitik und -strategie selbst.

Unmöglichkeitstheorem

Einem Reflexionsstopp gegenüber dem Wirtschaften (einschließlich des übergreifenden Wirtschaftsprozesses) unterliegt auch die Auffassung, dass die Einhaltung bestimmter Normen zwar an sich wünschbar sei, angesichts des zunehmend schärferen globalen Wettbewerbs es aber bedauerlicherweise *nicht möglich* sei, die fragliche Norm zu erfüllen. So begründete Rolf Breuer, damaliger Vorsitzender des Aufsichtsrates der Deutschen Bank, den Abbau von 6.400 Stellen bei einer zeitgleich verkündeten Verdoppelung des

---

13 Damit wird das im Kern republikanische Verständnis der Stellung der Unternehmung in der Gesellschaft, die mit dem Begriff des „guten Unternehmensbürgers" markiert ist, allerdings verkürzt.

14 www.thyssenkrupp.de/de/engagement/nachhaltigkeit.html, gefunden am 11. Februar 2008.

Gewinns mit den Worten: „Es fällt uns nicht leicht, uns von Mitarbeitern trennen zu müssen, die in der Vergangenheit zum Erfolg der Bank beigetragen haben. Doch wir sind aufgrund der gegenwärtigen, großen Herausforderungen im Bankenwesen gezwungen, uns im internationalen Wettbewerb nicht nur zu behaupten, sondern unsere Stellung als globaler Anbieter zu festigen." Andernfalls bestehe die Gefahr, „in den heutigen, globalen Märkten schnell zur Aufgabe der Selbstständigkeit gezwungen zu werden." Die Anpassung sei daher nötig, um „auf Dauer die Arbeitsplätze unserer Mitarbeiter" zu sichern.[15]

Damit ist ein überaus gravierendes und selbstverständlich ernst zu nehmendes unternehmensethisches Problem angesprochen. Zwischen einer verantwortungsvollen Geschäftspolitik und dem sachzwanghaft und anonym ablaufenden, zunehmend globaleren Wettbewerb bestehen nämlich durchaus Spannungen. Die Frage ist allerdings, ob das Problem in dieser Weise richtig konzeptualisiert ist und angegangen wird. Denn streng genommen ist es niemals „unmöglich", das ethisch Richtige zu tun bzw. legitimen Ansprüchen (die natürlich stets klärungsbedürftig sind) zu genügen. Was nicht „möglich" ist, kann möglich *gemacht* werden. Darin lässt sich eine wichtige Dimension verantwortungsvollen *Unternehmertums* erblicken. Aber genau dies kann *unzumutbar* sein. Was folgt daraus?

Zunächst die Erkenntnis, dass die Zumutbarkeitsfrage, mit der in der Unternehmensethik die Legitimität der Gewinnerzielung markiert ist, redlich anzugehen ist. Dies bedeutet, dass die Unterscheidung zwischen integrem Gewinnstreben und maßloser Gewinnmaximierung zu beachten ist. Ansonsten ließe sich jede erdenkliche Handlungsweise rechtfertigen, solange sie nur die Gewinnaussichten steigert, auch wenn damit legitime Ansprüche anderer verletzt oder übergangen würden. Mit exemplarischem Blick auf die Mitarbeiter als Anspruchsgruppe macht es eben einen Unterschied, ob etwaige Entlassungen *aus Not* erfolgen (etwa weil angesichts des Wettbewerbsdrucks ansonsten die Existenz des Unternehmens gefährdet ist) oder *aus Maßlosigkeit* (um die Rentabilität in vorher nie gekannte Höhe zu schrauben). Selbstverständlich ist es möglich, sich im Wettbewerb erfolgreich zu behaupten, ohne buchstäblich *alles* daran zu setzen, dies so erfolgreich *wie möglich* zu tun.

Auch folgt aus der Erkenntnis in die Zumutbarkeitsproblematik die Erweiterung des Blicks auf den Ordnungsrahmen. Unternehmensethik ist nicht nur *Geschäftsethik*, sondern besteht im Grundsatz auch in der *Mitverantwortung für eine Rahmenordnung* des Wettbewerbs, die es dem einzelnen Unternehmen erlaubt, berechtigten Ansprüchen zu genügen, ohne ge-

---

15 Breuer verteidigte erneut den Stellenabbau bei der Deutschen Bank, Associated Press, 18. Mai 2005.

genüber weniger verantwortungsvoll agierenden Unternehmen „der Dumme"
zu sein. Ordnungspolitische Mitverantwortung (die nicht mit Lobbying zu ver-
wechseln ist) liegt darum im *ethisch* wohlverstandenen Eigeninteresse von
Unternehmen, die erfolgreich *und* verantwortungsvoll wirtschaften möchten.

3. Das integrative Konzept

Integrative Unternehmensethik vermeidet die Fehler und Verkürzungen der
beiden soeben dargestellten Konzepte. Gegenüber dem funktionalistischen
Ansatz hält sie grundlegend fest, dass verantwortungsvolle Unternehmensführung den Willen voraussetzt, die Geschäfte tatsächlich verantwortungsvoll zu führen und die Geschäftsziele in legitimer Weise zu verfolgen. Sie
vertritt also – selbstredend – eine Ethik mit Moral bzw. eine Geschäftsethik
aus Integrität. Ohne diese Grundvoraussetzung, die sich als *Primat der Ethik*
fassen lässt,[16] ist eine im Ergebnis als verantwortungsvoll und legitim zu be-
zeichnende Geschäftsführung nicht möglich. Dies setzt eine kritische Distanz zu den eigenen Geschäftsinteressen voraus bzw. den Verzicht auf ihre
unbedingte Verfolgung („Gewinnmaximierung").

Gegenüber dem separativen Ansatz hält die integrative Unternehmensethik fest, dass sich die Legitimität und Verantwortbarkeit der Geschäftstätigkeit nicht durch außerhalb ihrer liegende Aktivitäten erreichen lässt, sondern
sich auf die Geschäftsführung in all ihren Dimensionen selbst erstrecken
muss. Ein implizites Deklarieren der Geschäftstätigkeit oder einer ihrer Dimension als ethisch neutral ist unzulässig.[17] Denn die Geschäftstätigkeit, die
sich nicht im sozialen Vakuum vollzieht, berührt faktisch die Interessen und
Ansprüche anderer. Darum stellt sich die Frage, wie mit diesen Ansprüchen
so umzugehen ist, dass der Umgang als fair und verantwortungsvoll bezeichnet werden kann.

Die Rolle des Stakeholder-Dialogs

Diese Frage wird aus integrativ-ethischer Sicht grundsätzlich in *Stakeholder-
Dialogen* geklärt. Die Alternative wäre eine monologische oder pater-
nalistische Bestimmung der Legitimität der Ansprüche über die Köpfe der
Stakeholder hinweg. Überdies ist die Legitimität von Ansprüchen (eigener

---

16 Das Primat der Ethik ist eine logische Notwendigkeit, da Ethik nach dem *letztlich
maßgeblichen* Prinzip richtigen Handelns fragt. Damit ist noch nicht zwingend eine
inhaltliche Bestimmung des vertretbaren Moral Point of View (des Moralprinzips)
verbunden.

17 Es gibt keine ethische Neutralität. Jeder Versuch, eine Handlungsweise als
„neutral" zu charakterisieren, läuft darauf hinaus, diese Handlungsweise diskus-
sionslos und pauschal als legitim zu erklären.

wie fremder) von vornherein keine absolute, sondern eine relationale Angelegenheit, die folglich zwischen Unternehmung und Stakeholdern als mün-
digen Bürgern zu klären ist. Allerdings ist vor konkretistischen Fehlschlüssen
zu warnen. Faktisch ablaufende „Dialoge" können sich als strategische Ver-
handlungen herausstellen, in denen beide Seiten lediglich ihre Macht und
Gegenmacht in die Waagschale werfen. Entscheidender als die äußerliche
Durchführung ist der Geist der argumentativen Integrität und Redlichkeit, der
das Handeln bestimmt, und zwar auf Seiten der Unternehmen ebenso wie
auf Seiten der Stakeholder.

Code of Conduct und Mission Statement

Verantwortliche Unternehmensführung erstreckt sich aus integrativer Sicht
nicht nur auf die Art und Weise, *wie* die Geschäfte geführt bzw. *wie* Gewinne
erzielt werden. Diese Seite der Geschäftsethik wird systematisch im *Code of
Conduct* bzw. den Geschäftsprinzipien festgehalten, die ethisch begründete
Leitplanken benennen, die bei der Geschäftstätigkeit einzuhalten sind, auch
wenn ihre Verletzung möglicherweise höhere Gewinne versprechen könnte.
Die zentralen Gesichtspunkte sind hier Fairness und Legitimität. Darüber
hinaus manifestiert sich verantwortungsvolle Unternehmensführung auch
darin, *worin* die Geschäftstätigkeit besteht bzw. *womit* man Gewinne erzielen möchte. Hierbei geht es um die kluge Wahl von Produkten und Leistungen, die gesellschaftlich sinnvoll sind und einen wirkungsvollen Beitrag
zur Lösung gesellschaftlicher Probleme leisten. In dieser Wahl drückt sich
zugleich das Verständnis darüber aus, was als Unternehmenserfolg definiert
werden soll. Dies findet seinen Niederschlag im *Mission Statement*. Die
zentralen Gesichtspunkte sind hier die Verantwortbarkeit und die Gesell-
schaftsdienlichkeit der Unternehmenspolitik im Ganzen. Die moralische Ver-
bindlichkeit der Geschäftsethik im engeren Sinne („Wie") ist höher als die der
unternehmenspolitischen Verantwortungsethik („Was"). In Anlehnung an die
Unterscheidung Immanuel Kants (1785, 55) handelt es sich im ersten Fall
um „unnachlassliche Pflichten" des fairen Umgangs mit am unternehmerischen Geschehen Beteiligten und der legitimen Handhabung der Auswirkungen der Geschäftstätigkeit auf Unbeteiligte bzw. bloß Betroffene; im zweiten
Fall handelt es sich hingegen im Wesentlichen um die „verdienstliche
Pflicht", verantwortungsvolle Beiträge zu gesellschaftlichen Problemlagen zu
leisten.

Die Idee verdienter Reputation

Integrative Unternehmensethik bedeutet Gewinnverzicht lediglich in Relation
zum hypothetischen Grenzwert einer radikalen Gewinnmaximierungsstrategie. Abgesehen von diesem Grenzfall betont die integrative Unternehmense-

thik die systematische Möglichkeit, auf der Basis einer wahrhaftig integren Unternehmenspolitik geschäftsstrategisch erfolgreich zu sein. Der Unterschied zum Instrumentalismus besteht hier darin, dass nicht etwa die Berücksichtigung legitimer Ansprüche von deren Rentabilität abhängig gemacht wird, sondern das Unternehmen gerade darum erfolgreich ist, weil es integer wirtschaftet. Dies kann darum möglich sein, weil die Anspruchsgruppen, insoweit sie funktionale Beiträge zum Unternehmenserfolg leisten (wie insbesondere Kunden und Mitarbeiter), das Unternehmen gegenüber weniger verantwortungsvoll agierenden Wettbewerbern bevorzugen und unterstützen (mit Zahlungen und Motivationen), weil sie zu Recht davon überzeugt sind, dass das Unternehmen integer und verantwortungsvoll agiert. Ein solches positives Verhältnis zwischen „Ethik" und „Erfolg" lässt sich, in Abgrenzung zum (bestenfalls) opportunistischen Charakter einer instrumentalistischen Praxis, mit dem Begriff *verdienter Reputation* fassen. Insofern mehrere, miteinander im Wettbewerb stehende Unternehmen die Chancen verdienter Reputation aufgreifen, lässt sich von einem *Ethikwettbewerb* sprechen.

Geschäftsethik und Ordnungsethik

Den Grenzen der Geschäftsethik, die sich aus der oben angesprochenen Zumutbarkeitsproblematik ergeben, nimmt der integrative Ansatz dadurch auf, dass die Unternehmensethik intern zweistufig konzipiert ist: Die geschäftsethische Unternehmensverantwortung (Individualethik) wird ergänzt durch die ordnungspolitische Mitverantwortung (Ordnungs- oder Institutionenethik). Diese Ergänzung ist notwendig, um Fällen vorzubeugen, in denen Unternehmen, die eine verantwortungsvolle Geschäftspolitik betreiben, übergebührliche Nachteile zu gewärtigen hätten und die Chancen verdienter Reputation ausgereizt sind. Die Ordnungsethik zielt dabei auf die rechtsverbindliche (und damit sanktionsbewehrte) Etablierung von ethischen Standards und Eckwerten, die für alle miteinander im Wettbewerb stehende Unternehmen Gültigkeit haben. Diese Funktion können grundsätzlich auch Branchenvereinbarungen erfüllen, etwa auch solche, die auf Initiativen guter Unternehmensführung aufbauen.

Literatur

Albach, H. (2005). Betriebswirtschaftslehre ohne Unternehmensethik. S. 809–831 in Zeitschrift für Betriebswirtschaft 75 (2005).

Beloe, S. – Elkington, J. – Prakash-Mani, K. – Thorpe, J. – Zollinger, P. (2004): Gearing Up. From corporate responsibility to good governance and scalable solutions. www.sustainability.com/downloads_public/insight_reports/gearing_-up.pdf. 2004.

Friedman, M. (1970): The social responsibility of business is to increase its profits. S. 32–33, 122, 124 und 126 in The New York Times Magazine, 13. September 1970.

Hayek, F.A. von (1996): Die Anmaßung von Wissen. Tübingen 1996.

Kant, I. (1785): Grundlegung zur Metaphysik der Sitten. Werkausgabe Bd. VII. Frankfurt a.M. 1974 (1785).

Schneider, D. (1990): Unternehmensethik und Gewinnprinzip in der Betriebswirtschaftslehre. S. 869–891 in Schmalenbachs Zeitschrift für betriebswirtschaftliche Forschung 1990.

Ulrich, P. (2008): Integrative Wirtschaftsethik. Grundlagen einer lebensdienlichen Ökonomie. 4. Aufl. Bern – Stuttgart – Wien 2008.

Thielemann, U. (2008). Ethik als Erfolgsfaktor? The Case against the business case und die Idee verdienter Reputation. S. 231–255 in Scherer, A.G. – Patzer, M. (Hrsg.): Betriebswirtschaftslehre und Unternehmensethik Wiesbaden 2008.

Thielemann, U. – Ulrich, P. (2003): Brennpunkt Bankenethik. Der Finanzplatz Schweiz in wirtschaftsethischer Perspektive. Bd. 33 der St. Galler Beiträge zur Wirtschaftsethik. Bern – Stuttgart – Wien 2003.

Thielemann, U. – Weibler, J. (2007): Betriebswirtschaftslehre ohne Unternehmensethik? Vom Scheitern einer Ethik ohne Moral. S. 179–194 in Zeitschrift für Betriebswirtschaft 77 (2007).

Weber, M. (1982): Gesammelte Aufsätze zur Wissenschaftslehre. 5. Aufl., Tübingen 1982.

Wiedeking, W. (2006): „Auf welchem Stern leben wir?" – Interview. S. 96 in Der Spiegel, 25. September 2006.

Institutionalisierung von Ethik – Ethik als Schlüsselqualifikation

Matthias Maring

1. Ethikbedarf und Ethikangebot

„Absolventen [von Hochschulen und Universitäten] sind sich in ihrem Handeln der gesellschaftlichen und ethischen Verantwortung bewusst und kennen die berufsethischen Grundsätze und Normen ihrer Disziplin" schreibt die Akkreditierungsagentur für Studiengänge der Ingenieurwissenschaften, der Informatik, der Naturwissenschaften und der Mathematik (ASIIN 2008, 13) und unterscheidet fachliche und soziale Kompetenzen.

Über die Gründe, die die Akkreditierungsagentur dazu geführt hat, „gesellschaftliche und ethische Verantwortung" und „berufsethische Grundsätze und Normen" als relevant für das Studium anzusehen, ließe sich trefflich spekulieren. Das soll hier unterbleiben, zeigt aber die gewachsene Bedeutung von praktischer Philosophie und Ethik. Weitere Gründe sind u. a.: Die Folgen von Wissenschaft und Technik, der wissenschaftlich-technischen Zivilisation, des Siegeszugs der neoliberalen Marktökonomie mit Deregulierung, Liberalisierung und Privatisierung für Menschen, Natur und Gesellschaft sind mit – ungleichen – Chancen und Risiken verbunden. Diese sind abzuwägen und immer auch zu bewerten. Die Herausforderungen der sog. Globalisierung sind kritisch zu hinterfragen; bedürfen sie doch einer Regulierung, die nachhaltige Menschen-, Natur- und Sachverträglichkeit beachtet. Auch die Folgen für zukünftige Generationen sind in die Beurteilungen und Bewertungen einzubeziehen. Nicht zuletzt die aktuelle Finanzkrise hat gezeigt, dass Märkte (besser) reguliert werden müssen, Anreize für Manager nachhaltiger sein müssen usw.

In den letzten gut 20 Jahren haben sich in Folge solcher Entwicklungen und Änderungen in den Wissenschaften selbst zahlreiche sog. Bereichsethiken etabliert. Hierzu gehören die Wissenschaftsethik, die Wirtschaftsethik, die Technikethik, die Bioethik, die Genethik, die Umweltethik, die Medizinethik, die Feministische Ethik, die Sportethik usw. Auch einige einschlägige Lehrstühle und Zentren wurden bereits eingerichtet.

Das in Gründung befindliche *Zentrum für Technik- und Wirtschaftsethik* (ZTWE) am Institut für Philosophie der Universität Karlsruhe (TH) soll diesen Veränderungen – Bedarf bzw. Nachfrage und Angebot – Rechnung tragen. Und gerade an Technischen Universitäten können Ethik und praktische Philosophie Schlüsselqualifikationen in Form von grundlegenden ethisch-philosophischen Kenntnissen und entsprechenden Kompetenzen vermitteln. Und dies trotz aller Vorbehalte der Fachwissenschaftler[1] gegen Ethik im Allgemeinen und Wirtschaftsethik, Technikethik usw. im Speziellen.

Einige Gründe für die Nachfrage bzw. das Angebot von praktischen Philosophie und Ethik sollen nun skizziert werden:

1. Philosophie und Ethik haben auf Bedürfnisse nach *Orientierung* einzugehen – insbesondere auch bei Studierenden.

2. Philosophische Probleme können *nicht unabhängig von wissenschaftlichen Erkenntnissen* und auch nicht prinzipiell losgelöst von der Lebenspraxis behandelt werden. Umgekehrt hängen fachliche Problemstellungen auch von methodologischen und wissenschaftstheoretischen, also philosophischen Perspektiven ab. Es gibt keine strikt nach Disziplinen durchzuhaltende Einteilung aller Erkenntnisse, insbesondere nicht in wissenschaftlichen Grenzgebieten und vielen Bereichen der Grundlagenforschung, der System- und Sozialwissenschaften, der Technik- und Wirtschaftswissenschaften sowie der technologischen Großforschung. Die *überfachliche Zusammenarbeit* mit den Erfahrungswissenschaften setzt ein fachwissenschaftliches Mitverständnis seitens der Philosophierenden voraus.

Ein Philosoph kann heute nicht mehr über die aktuelle und künftige Weltsituation reflektieren, ohne etwa die Ergebnisse der Klima- und Umweltwissenschaften zu beachten. So hat er den durch Menschen verursachten „Klimawandel" hin zur „globalen Erwärmung" und die Zunahme „extreme[r] Wetterereignisse" wie längere „Trockenperioden" und häufigere „Starkniederschläge" – so der Kieler Klimaforscher Mojib Latif (Frankfurter Rundschau 21.07.2003) – zur Kenntnis zu nehmen und z. B. bei seinen Vorschlägen zur Gestaltung von Umwelt- und Gesellschaftspolitik einzubeziehen.

3. Die Formulierung und Analyse der Verbindung von *theoretischen Erkenntnissen* einerseits und *Bewertungen* sowie *normativen Handlungsregeln* andererseits ist nach wie vor eine dringliche Aufgabe für Ethik und Philosophie: Es gilt methodische „Brückenprinzipien" (Hans Albert) zur Überwindung der Kluft zwischen wertenden Aussagen der Ethik und beschreibenden Aussagen der empirischen Wissenschaften zu entwickeln. Auch bei der Untersuchung von Wertsystemen und der Entwicklung einer Minimalethik – mit der Maxime: bestmögliches Überleben möglichst aller – sollten Philosophen kritisch mitsprechen. Grundwerte wie Achtung, möglichst weitgehende Sicherung und der Schutz menschlichen, aber auch kreatürlichen Lebens oder Verhinderung bzw. Minimierung unnötigen Leidens spielen dabei eine grundlegende Rolle. Sie sind im Übrigen in (fast) allen Kulturen institutionell verankert.

---

1 Die männliche Form wird nicht exklusiv verwendet.

Die Diskussionen um das Grundrecht jedes einzelnen auf Leben und körperliche Unversehrtheit und um das Recht auf einen menschenwürdigen Lebensstandard für alle sind wichtige Themen von heute. Dies zeigt sich insbesondere angesichts der weltweiten Armut. In einer Zeit der Bevölkerungsexplosion sind diese Debatten weitgehend unabhängig von einer „professionellen" ethisch-philosophischen Stellungnahme geführt worden. Dies gilt auch für solche Fragen, wie jene über Menschenwürde, Freiheit und Marktfreiheit, individuelle und gesellschaftliche Werte, Individualisierung und soziale Werte, Chancen und Risiken moderner Technik, Probleme der vermeintlichen oder tatsächlichen Globalisierung. Alles das sind Probleme, die normative Gesichtspunkte enthalten. Philosophierende sind hier herausgefordert, und sie könnten und sollten hier auch *öffentlich Stellung beziehen*.

Ein Beispiel hierzu: Die Einführung von Infomations- und Kommunikations-Technologien wird langfristig massiv die Arbeitswelt verändern. Sie geht v.a. nicht isoliert vonstatten. Im Verbund mit dem Neoliberalismus – Orientierung an rein eigennützigen (betrieblichen) Zielen und an Märkten als ‚optimalen Problemlösern' – führt sie zu einer weiteren Verschärfung des Drucks auf die Beschäftigten und zu einer höheren Belastung im Berufsleben allgemein und insgesamt – so ist zu befürchten – zu einem negativen Beschäftigungssaldo. Die Situation vieler Beschäftigter und Selbstständiger wird überdies durch Unsicherheit geprägt sein. Auch werden Risiken auf einzelne Beschäftigte abgewälzt – u.a. durch Outsourcing und den Wegfall von kollektiven Sicherungssystemen.

Insbesondere wichtig ist es denn auch hier zu betonen: Der ‚Bereich' Electronic Business und Electronic Commerce ist wie die Wirtschaft generell kein *moralfreier* Raum, im dem Human- und Sozialverträglichkeit keine Rolle spielen *dürfen*. Es gibt allerdings ein nicht zu unterschätzendes Problem, das als *moral lag* gekennzeichnet werden kann, d.h. als Hinterherhinken der moralischen Reflexion hinter der technisch-wirtschaftlichen Entwicklung. Und so sollten denn auch bereits *vor* der Einführung von Electronic Business in Betrieben und begleitend zu dieser institutionelle, rechtliche und tarifrechtliche, Rahmenbedingungen geschaffen und individuelle Maßnahmen, d.h. der Aus- und Weiterbildung, ergriffen werden, damit Human- und Sozialverträglichkeit nicht auf der Strecke bleiben. Insbesondere sollte beachtet werden, dass zum einen die Einführung der Informationstechnologien kein bloßes technisches Problem ist (Peter Fischer), wie es offenbar von den meisten der sog. Experten gesehen wird, und dass zum anderen die Wirtschaft für die Menschen da ist und keinen Selbstzweckcharakter hat (vgl. Maring 2003).

4. Zusätzlich spielen *Fragen normativer Bewertungen* und die Erstellung und Rechtfertigung von *Beurteilungskriterien* für Diskussionen über gesellschaft-

liche Prozesse und Entwicklungen eine wichtige Rolle. Wertdiskussionen müssen unter Einbezug von Grundwerten geführt werden. Lässt sich beispielsweise die Feststellung des Todeszeitpunkts – Hirntod – rein naturwissenschaftlich bestimmen? Oder fließen hier notwendigerweise auch moralische Aspekte und Kriterien ein?

5. Ethik und Philosophie sollten des Weiteren *ideologiekritisch* und *aufklärend* wirken – z.B. im Hinblick auf das Allgemeinwohl und persönliche Interessen: So sollten Aussagen, die angeblich dem allgemeinen Interesse dienen (z.B. Standort Deutschland), auf ihr evtl. einseitiges Interesse (der Wirtschaft) hin überprüft werden. Auch um diese Aussagen dann als das zu bezeichnen, was sie tatsächlich sind: Teil einer Strategie interessierter Kreise, die ihre einseitigen Interessen verschleiern und dies als dem Allgemeininteresse dienlich ausgeben wollen – also (oft verdeckte) Ideologie sind.

Auch sollten Ethik und Philosophie *Steuerungsvorschläge* und *Lösungsmöglichkeiten* in Zusammenarbeit mit Fachwissenschaftlern aufzeigen und vorgeschlagen. Ethische Diskurse bleiben nämlich blauäugig und naiv, solange das *Durchsetzungsproblem* völlig vernachlässigt wird (vgl. Maring 2001, 372ff.). Und Normen und Regeln werden um so eher eingehalten, je wirksamer die dafür vorgesehenen Anreize oder Sanktionen sind. Eine wietere Aufgabe der Ethik ist es also, soziale Mechanismen zu entwerfen und vorzuschlagen, welche die Befolgung der Regeln gewährleisten (helfen).

6. Philosophen müssen sich vermehrt den aktuellen Themen der Gegenwart zuwenden und sich den *Problemen von öffentlicher Bedeutsamkeit* stellen – z.B. den heute und langfristig besonders dringlichen Fragen der Ökologie und der Nachhaltigkeit (vgl. Grunwald/Kopfmüller 2006), denen der sozialen und intergenerationellen Gerechtigkeit und denen der Menschenrechte. Ein neues soziales und öffentliches Engagement der Philosophie ist nötig, eine neue pragmatische Philosophie, eine praxisnahe Philosophie der lebenspraktischen Fragen (vgl. z.B. Lenk 1999). Zu Letzteren gehören auch die durch die Wissenschaften und Technik entstandenen Probleme.

2. Ethik – Bewusstmachungsfach

Angesichts der Entwicklungsdynamik, der Orientierungs- und Bewertungsschwierigkeiten in den Wissenschaften ist es wichtig, die moralische und gesellschaftliche Bewusstheit in wissenschaftsethischen Fragen zu fördern und dies vorwiegend in konkreten, auf einzelne Fälle und Probleme bezogenen Zusammenhängen (vgl. oben die Forderung von ASIIN). Die Entwicklung einer Sensitivität für ethische Probleme und moralische Konflikte in der Wissenschaft ist vordringlich und ebenso die entsprechende Ausbildung: Ethik sollte daher schon als Schulfach gefordert und gefördert werden, wobei besonders die ethischen und gesellschaftlichen Aspekte und Dimensionen im jeweiligen Fachunterricht berücksichtigt werden müssten. Ein Anfang ist hier bereits mit dem Ethisch-Philosophischem Grundlagenstudium (EPG) in den Lehramtsstudiengängen und im Referendariat in Baden-Württemberg gemacht (vgl. Maring 2005); der flächendeckenden Verbreitung im Schulunterricht steht somit nichts mehr im Wege.

Und Ethik könnte und müsste auch als wissenschaftsethisches *Bewusstmachungsfach* im Studium und im Bereich der Forschung gelten. Die Wissenschaftler sollen ja auch nicht der Moralzensur von Experten unterworfen werden. Insbesondere in der Lehre an den Universitäten, in den verschiedenen Fakultäten, auch auf den entsprechenden Fachveranstaltungen und besonders in Vorlesungen und praxisnahen projektbezogenen Seminaren wäre es nötig, immer wieder die differenzierte Behandlung von Verantwortungsproblemen einzuplanen.

Die Sensibilisierung für solche Fragen und die Aufklärung über diese Problematik sollte aber bereits in den Schulen beginnen. Es wäre für Hochschulen und Schulen am besten, wenn man eine relativ nah an Projekten orientierte ethische Begleitanalyse in die Lehr- und Stoffpläne aufnehmen würde. Die entsprechenden Lehrpläne sollten von Ethikern oder Philosophen gemeinsam mit den Fachleuten der verschiedenen Einzelwissenschaften entworfen werden. Fallbeispiele, ethische Problemanalysen und Beurteilungen oder gar Lösungen könnten so aufbereitet und ausgearbeitet werden (vgl. 5.).

3. Ethik als Schlüsselqualifikation (ESQ)[2]: Kenntnisse und Kompetenzen

Ethik als Schlüsselqualifikation bedeutet, dass grundlegende Kenntnisse und bestimmte Kompetenzen bzw. Fähigkeiten vermittelt werden sollen. Mit Ethik ist in diesem Zusammenhang nicht ausschließlich Theorie der Moral gemeint ist. Sieht man sich die Beschreibung der Schlüsselqualifikationen durch das Zentrum für Angewandte Kulturwissenschaft der Universität Karlsruhe (ZAK u. a. 2006) an, so könnte ESQ einen Beitrag wie folgt leisten[3]:

---

2 Das Projekt „Verantwortung wahrnehmen" an den Universitäten in Freiburg und Tübingen verfolgt im Übrigen ähnliche Ziele wie das ESQ – nämlich: „Das Lehrangebot soll das moralische Urteilsvermögen und das Verantwortungsbewusstsein der Studierenden im Hinblick auf die jeweiligen Berufs- und Tätigkeitsfelder fördern". Im Rahmen der „Berufsfeldorientierten Kompetenzen (BOK)" sollen BA-Studierende damit „überfachliche Schlüsselkompetenzen" erwerben. Das Projekt selbst soll – „nach erfolgreichem Abschluss" – landesweit etabliert werden (vgl. z. B. Berendes u. a. 2007).

3 Vgl. zur Didaktik des Ethikunterrichts Pfeiffer (2008) und Steenblock (2002).

- „Zu den Basiskompetenzen [...] Sozialkompetenzen, Methodenkompe-
tenzen und Selbstkompetenzen" durch (gemeinsame) Referate, Diskussionen, Erarbeitung von Fallstudien, Gruppenarbeit und durch Themen wie „das wissenschaftstheoretische Selbstverständnis der jeweiligen Fächer", „Grundlagen des Argumentierens" und „Ethisches
Argumentieren".

- Zum *„Orientierungswissen"* z. B. durch interdisziplinäre Veranstaltun-
gen zu ethischen Dimensionen und Problemen von Wissenschaft und
Forschung und zu bedeutenden Theorien und Grundrichtungen der
Ethik.

- Zum *„Praxisbezug"* insbesondere durch die Behandlung berufsethischer Fragen und von Fallbeispielen bzw. Fallstudien mit Bezug auf
Wissenschaft, Technik, Ökonomie und Alltag.

Neben grundlegenden *Kenntnissen* sollen in den ESQ-Veranstaltungen
Kompetenzen vermittelt werden und v.a. auch Anregungen zum Selbst- und
Weiterdenken; fertige Lösungen können nicht das Ziel sein. Wobei mit Julia
Dietrich (2005, 16f., 22) unter Kompetenzen folgendes zu verstehen ist[4]:

„Den Begriff der *Kompetenz* schließlich gebrauche ich im Sinne einer ha-
bitualisierten Fähigkeit – wer eine Kompetenz in etwas erworben hat, weiß
nicht nur, was zu tun ist und wie es zu tun ist, sondern kann es auch tun –
und zwar nicht zufällig, sondern verlässlich. Fähigkeiten setzen immer auch
Kenntnisse und Erfahrungen voraus, so dass zwischen entsprechenden
Lehr- und Lernzielen nicht zu entscheiden, sondern lediglich zu gewichten
ist". Und wer „also Ethisch-Philosophische Grundlagenkompetenzen erworben hat, sollte in der Lage sein, Werte und Normen einer argumentativen
und handlungsorientierenden Reflexion und Prüfung zu unterziehen, dabei
Selbstverständlichkeiten immer wieder als solche aufzuheben, ethische
Kenntnisse fallbezogen einzusetzen und sich mit Hilfe dieses Grundgerüsts
auch an fachspezifische ethische Fragen heran zu arbeiten. [...] Zusammenfassend bedeutet dies, dass ein ethisches Urteilsbildungsmodell wie der
Praktische Syllogismus im Grunde genommen ebenfalls nur drei Kernele-
mente hat, mit denen zugleich drei Ethisch-Philosophische Grundlagenkompetenzen benannt sind:

1. die Fähigkeit zur Wahrnehmung einer Situation als ethisch relevanter mit
der dazu gehörigen empirischen und hermeneutischen Prüfung der Situa-
tionsbeschreibung (*wahrnehmen*),

2. die Fähigkeit zur Generierung von einschlägigen Werten und Normen zusammen mit deren hermeneutischen Prüfung und deren Abwägung und Begründung (*beurteilen*) sowie

---

4 Vgl. Rohbeck (2004) zu „Ethisch-philosophischen Basiskompetenzen".

3. die Fähigkeit zur logischen Schlussfolgerung (*schlussfolgern*)".

4. ESQ – Studieninhalte und Kompetenzprofile[5]

Ein zweistufiges Studienmodell[6] könnte geeignet sein, die erforderlichen Kenntnisse und Kompetenzen zu vermitteln: Die zwei aufeinander bezogenen Veranstaltungen ESQ 1 und ESQ 2 könnten für Bausteine bzw. Module für Schlüsselqualifikationen stehen. Die interdisziplinär ausgerichteten ESQ 1-Veranstaltung zu grundlegenden ethischen Fragen sollte möglichst im BA-Studium absolviert werden; auf jeden Fall aber vor der ESQ 2-Veranstaltung zu fach- bzw. berufsethischen Fragen, die für das MA-Studium vorgesehen ist.

Für sinnvoll halte ich, dass ESQ 1 als Vorlesung mit Übung bzw. mit Tutorien und ESQ 2 als – fächerübergreifendes – Seminar mit Studierendenreferaten und Diskussion sowie möglichst überschaubarer Teilnehmendenzahl stattfinden sollten. Der Vorteil fächerübergreifender Seminare liegt insbesondere im Kennenlernen anderer (Fächer-)Kulturen. Die verschiedenen Wissenschaftsarten und Wissenschaftstypen – v.a. „science" und „humanities" – sollten sich hierbei gegenseitig ergänzen und befruchten. Im Folgenden werden beispielhaft Studieninhalte und Kompetenzprofile für ESQ 1- und ESQ 2-Veranstaltungen vorgeschlagen:

Studieninhalte der *ESQ 1*-Veranstaltungen:

- das wissenschaftstheoretische Selbstverständnis der jeweiligen Fächer,
- die ethische Dimensionen und Probleme von Wissenschaft und Forschung,
- grundlegende begriffliche Unterscheidungen in der Ethik und
- bedeutende – zeitgenössische – Theorien und Grundrichtungen der Ethik.

Ziele bzw. *Kompetenzprofil der ESQ 1*-Veranstaltungen:

- der Erwerb von Kenntnissen ethischer Grundfragen,

---

5 Angelehnt an die Kompetenzprofile und Studieninhalte des Ethisch-Philosophischen Grundlagenstudiums. Allen meinen EPG-KollegInnen in Baden-Württemberg danke ich herzlich für die Arbeiten an diesen und glaube, dass auch andere Studiengängen davon profitieren können. – Vgl. zu Beispielen Ammicht Quinn u.a. 2007 und unten 5.

6 Eine Abstimmung mit den Prüfungsordnungen der verschiedenen Fakultäten usw. müsste selbstverständlich noch erfolgen. Dies gilt auch die Anforderungen an die Studierenden, die ETCS-Punkte und vieles mehr. – Diese technischen Details lasse ich hier bewusst aus.

- die Fähigkeit zur exemplarischen Bearbeitung ethischer und interdisziplinärer Fragestellungen und

- das Verständnis der angewandten Ethik bzw. der Bereichsethiken.

Studieninhalte der *ESQ 2*-Veranstaltungen:

- die ethische Dimensionen und Fragen des jeweiligen Fachs im Kontext der Bereichsethiken,

- grundlegende Ansätze und Methoden einer interdisziplinären angewandten Ethik,

- berufsethische Fragen und

- die gesellschaftliche Bedeutung des jeweiligen Fachs.

Ziel bzw. *Kompetenzprofil* der *ESQ 2*-Veranstaltungen:

- Argumentations- und Urteilsfähigkeit in Bezug auf exemplarische ethische Aspekte in den Fächern und

- Kompetenz zur Bearbeitung berufsethischer Fragestellungen.

Im ESQ 2 bildet die interdisziplinäre angewandte bzw. anwendungsorientierte Ethik den Schwerpunkt. In Anbindung an die jeweiligen Fächer bzw. Berufsfelder ließen sich Detailprobleme der modernen Welt, u.a. der Wissenschafts-, Technik- und Wirtschaftsethik behandeln. Dies kann anhand von Fallbeispielen und Fallstudien mit Bezug auf Wissenschaft, Technik, Ökonomie und Alltag geschehen. Die Anbindung an die Handlungspraxis und der Gegenwartsbezug der Ethik stehen hier also im Vordergrund. Insbesondere für das ESQ 2 soll versucht werden, in gemeinsamen interfakultären – fachübergreifenden – Veranstaltungen Fallbeispiele u.Ä. zu behandeln. Ziel ist es hierbei, eine gewisse Verzahnung der Studieninhalte zu erreichen – v.a. auch durch die Orientierung an den behandelnden Problemen statt an den einzelnen Fächern und insbesondere durch die Betonung des Aspektcharakters von Ethik (und Philosophie).

Beispielhafte Themen für ESQ 2-Veranstaltungen sind im Folgenden aufgeführt. Die Beispiele sind allesamt aus EPG 2-Veranstaltungen, und die aufgeführten Fächer sind ja nicht nur Lehramtsfächer, wie ich generell den wesentlichen Unterschied zwischen EPG und ESQ in den Berufsfeldern sehe. Die Unterschiede in den sog. Bereichsethiken ergeben sich im Wesentlichen aus den spezifischen Bereichen, Berufen und inhaltlichen Schwerpunkten; sie führen keineswegs zu einer Relativierung oder beschränkten Gültigkeit allgemeiner moralischer Prinzipien, Werte und Regeln. Strukturelle Ähnlichkeiten und Überschneidungen zeigen sich insbesondere in der Technikethik und Wirtschaftsethik (vgl. Lenk/Maring 1998).

Die Zuordnung der Beispiele zu bestimmten Fächern in der nachfolgenden Tabelle ist nicht eindeutig, Mehrfachzuordnung sind möglich und offenkundig. Auch lassen sich bestimmte Themen aus Sicht der verschiedenen

Fächer behandeln; gute Erfahrungen habe ich hierbei mit den Themen „Armut", „Globalisierung" und „Die Bedeutung des Faches für die Zukunft (der Gesellschaft)" gemacht. (Vgl. zu ausführlicheren Beispielen zur Wirtschaftsethik und Technikethik unten 5., vgl. auch Aßländer (2006) zur Wirtschaftsethik: „Von der isolierten zur integrierten Ausbildung" und Ropohl (2004) zur „technologischen Bildung".)

Fach	Anknüpfungspunkte – Bezüge – Fallbeispiele
Biologie	Patente auf Leben (EU-Richtlinie), Biopiraterie, PID, Tierversuche, Grüne Gentechnik, Gentechnik-Gesetz, Genomanalyse, Abtreibung, Klonen, Stammzellenforschung, Embryonenschutz, Sterbehilfe, „intelligent design" vs. Evolutionstheorie
Chemie	Nanotechnologie: Chancen und Risiken, EU-Richtlinie zu Chemikalien, Wechselwirkung von Chemikalien, Feinstaub, Ozonloch, Bhopal, Seveso, Sandoz, Contergan, Toxizität und Grenzwerte
Geografie	Humangeografie, (Human-)Ökologie, Klima, Treibhauseffekt, Emissionshandel, Armut, Wasserknappheit und Privatisierung, Globalisierung, Agenda 21, Stadtplanung, Sahelzone, Niger, Hurrikans
Mathematik	„Jenseits von Gut und Böse"; Grenzen der Mathematisierbarkeit; Aussagekraft, Kryptologie, Statistik, Berufsfelder, Mathematik als neutrales „Mittel" für beliebige Zwecke; Rente: Kapitaldeckung vs. Umlageverfahren (Methode, Bewertung)
Physik	Klimaänderungen, Nanotechnologie, (alternative) Energiegewinnung, Energieerzeugung, Erneuerbare Energien (Gesetz), Mobiltelefone, Antennensysteme, Elektrosmog, Strahlungen und Grenzwerte, (alternative) Antriebe für Autos – Ökobilanz
Querschnittsthemen für alle (?) Fächer	Umwelt, Nachhaltigkeit (Indizes, Firmenindikatoren), Frauen-, Männer-, Menschenbilder, Weltbilder, Weltdeutungen, Formen der Institutionalisierung von Ethik bzw. Ethos (allgemein und fachspezifisch): Ethikkodizes, Eide, Ethikkommissionen, Ethikbeauftragte

5. Lehr- und Übungsmaterialien – Beispiele für ESQ-Module[7] – Vorschläge zur praktischen Gestaltung von ESQ im Studium

Die Literatur zur Wissenschafts-, Technik-, Wirtschaftsethik usw. füllt mittlerweile ganze Bücherregale. Um den Besonderheiten der Ethik als Schlüsselqualifikation an Technischen Universitäten gerecht zu werden, sind beim

---

7 Die Zuordnung zu bestimmten Studiengängen ist nicht exklusiv.

Zentrum für Technik- und Wirtschaftsethik Lehr- und Übungsbücher in der Planung. Fallstudien sollen zusammen mit Experten und Studierenden entwickelt werden. Eine Schriftenreihe des ZTWE wird das Angebot spezifisch erweitern. (Der vorliegende Band ist der erste in der Reihe.)

Ausgangspunkt der Veranstaltungen könnte das wissenschaftstheoretische Selbstverständnis der jeweiligen Fächer sein. Hier ließen sich u.a. untersuchen: die Besonderheiten der Natur-, Formal-, Geistes-, Sprach-, Kultur-, Sozialwissenschaften, die Methoden und der Realitätsbezug der jeweiligen Wissenschaften, die Art der Erkenntnisgewinnung, Fragen des Erkenntnisinteresses und des Erkenntnisziels (u.a. Beschreibung, Erklärung, Prognose, Beratung, Entscheidungsfindung).

Auch allgemeine Fragen der Wissenschaftsethik sollten am Anfang der jeweiligen Veranstaltung behandelt werden. So z.B.: Ethik bzw. Universalmoral vs. Ethos des Wissenschaftlers, interne vs. externe Verantwortung, das Postulat der Werturteilsfreiheit, wissenschaftsexterne Faktoren, die Objektivität in den einzelnen Wissenschaften bzw. Wissenschaftsarten, die Wissenschaftsfreiheit (Art. 5 Grundgesetz), Formen der Institutionalisierung von Ethik bzw. Ethos: Ethikkodizes, Eide, Ethikkommissionen, Ethikbeauftragte usw. Spezifische Fragen, die nur einzelne Wissenschaften betreffen, könnten sich daran anschließen.

Im Folgenden werden beispielhaft Themen vorgestellt, die sich für ESQ-Module anbieten. Zunächst zur Globalisierung – ein Beispiel, das sich nur fächerübergreifend angemessen behandeln lässt.

5.1 Fallbeispiel Globalisierung

Die wesentlichen Dimensionen der Globalisierung werden hier zusammengefasst. Es werden auch jeweils Beispiele der Globalisierung und die wichtigsten internationalen Organisation genannt:

- *humane bzw. ethische*: Menschenrechte, Gerechtigkeit, Verteilung von Armut und Reichtum, Gesundheitsversorgung, Versorgung mit Nahrung und Energie, Ausbeutung des ‚Südens', fairer Handel;
- *internationale (‚offizielle')*: Weltbank, IMF, UN mit Unterorganisationen, Milleniumsziele, ILO, Kernarbeitsnormen, WHO, WTO-Regelsysteme: GATT, GATS, TRIPS[8], OECD, Europäische Union;

---

8 IMF: International Monetary Fund, ILO: International Labor Organization, WHO: World Health Organization, WTO: World Trade Organization, GATT: General Agreement on Tariffs and Trade, GATS: General Agreement on Trade in Services, TRIPS: Trade Related Aspects on Intellectual Property – Regelsystem für geistiges Eigentum.

- *IuK-Technologien*: Internet, „digital divide", globale Wissensgesellschaft, Informationsverbreitung und Wissensaustausch, Patentierung bzw. Privatisierung öffentlicher Güter;

- *kulturelle*: Möglichkeiten des Austauschs, Vielfalt, McDonaldisierung, Kulturimperialismus, MTV, CNN, Kommerz und Nivellierung:

- *lebensweltliche*: Urlaub überall, „frische Erdbeeren das ganze Jahr", kulturelle Vielfalt, Vereinheitlichung;

- *ökologische*: Klimawandel, globale Umweltverschmutzung, Treibhauseffekt, Ozonloch, Nachhaltigkeit, globale öffentliche Güter: Luft, Artenvielfalt, Internet, sauberes Wasser, Mülltourismus: Industrieabfälle und Entsorgung, Industrieverlagerung;

- *ökonomische*: Freihandel, regionale bzw. globale Märkte, Wettbewerb, billige Produkte, Wohlstand für alle bzw. möglichst viele, Finanz-, Kapitalmärkte, Fusionen, Übernahmen, „Heuschrecken", Liberalisierung, Deregulierung, Arbeitsbedingungen, Tobin-Steuer[9], Global Players, Steuerunterbietungswettbewerb, Neokolonialismus, Waffenhandel, Fonds;

- *nicht-offizielle*: Attac[10], Weltsozialforum, Greenpeace, amnesty international, Ärzte ohne Grenzen

- *politische*: Bedeutung der Nationalstaaten, Global Governance als System staatlicher und nicht-staatlicher Welt-Ordnungspolitik, Kriege, Korruption;

- *rechtliche*: internationale Kriminalität, Terrorismus, Steueroasen/Geldwäscheländer, Menschenhandel;

- *soziale*: Arbeitsbedingungen, Arbeitnehmerrechte, Mobilität und der „flexible Mensch" (R. Sennett), Sozial-, Umweltdumping, Ver- und Überschuldung, Agrarsubventionen, Schutzzölle;

- *technologisch-wissenschaftliche*: Technowissenschaften (Verzahnung von Technik und Wissenschaft) und beschleunigter technischer Fortschritt;

- *unternehmensbezogene*: Verhaltenskodizes: OECD[11], ILO, UN-Global Compact, Grünbuch der Europäische Union, internationale und nationale Branchen- und Firmenkodizes.

---

9 Tobin-Steuer: Vom amerikanischen Wirtschaftswissenschaftler James Tobin 1972 vorgeschlagene Steuer auf weltweite spekulativer Devisentransfers mit dem Ziel diese durch Verteuerung einzudämmen. Die Einnahmen sollten z.B. dem Umweltschutz und den Entwicklungsländer zugutekommen.

10 Attac ist die „Association pour la taxation de transaction financières à l'aide aux citoyens", eine 1998 in Frankreich gegründete Organisation, die ‚globalisierungskritisch' eingestellt ist.

Wichtig ist bei der Übersicht folgendes: Die einzelnen Dimensionen betonen jeweils ganz bestimmte Aspekte und Arten der multidimensionalen Globalisierungsprozesse und -phänomene. Die angegebenen Beispiele erfassen die Dimension nicht vollständig und sind nicht in jedem Fall eindeutig zuordenbar. Die Dimensionen sind überlappend, also eher analytisch-modellhaft zu verwenden. So kann man etwa den Menschenhandel der rechtlichen, politischen und humanen Dimension zuordnen. Und insbesondere gilt: Die ökonomische Globalisierung ist nur ein, wenn auch besonders wichtiger Sonderfall (vgl. zu neuerer Literatur Schumann/Grefe 2008 und Solte 2007).

5.2 Materialübersicht Wirtschaftsethik

Für die wirtschaftswissenschaftlichen Studiengänge zeigt die folgende Materialübersicht (vgl. Maring 2006) den möglichen Ablauf einer ESQ-Veranstaltung (bei den Studienangeboten u. a. für die Wirtschaftswissenschaft ist eine enge Zusammenarbeit mit dem Interfakultativen Institut für Entrepreneurship – IEP – geplant):

- *Stunde 1/2*: Einführung: Grundlage der Arbeitsteilung, Eigeninteresse, Wohlstand, Verantwortung
- Arbeitsteilung, Eigeninteresse, Wohlstand von Adam Smith
- Die „soziale Verantwortung der Arbeitgeber und Gewerkschaften" (Milton Friedman)
- Der „Fall" Ackermann und Co. – Heuschrecken in der Wirtschaft
- *Stunde 3/4*: Ethik und Ökonomik – verschiedene Positionen
- Ziele des Wirtschaftens und Ethik von Oswald von Nell-Breuning
- Ethische Ökonomik von Peter Koslowski
- Ökonomische Ethik von Karl Homann
- *Stunde 5/6*: Ethik und Ökonomik – weitere Positionen – Themenfelder – Fallbeispiel
- Integrative Wirtschaftsethik von Peter Ulrich
- Themenfelder und Ebenen der Wirtschaftsethik
- Der Untergang der Estonia – ein Fallbeispiel von Matthias Maring
- *Stunde 7/8*: Ebenen der Analyse und Verantwortung – Subsidiaritätsprinzip – soziale Fallen
- Estonia – Ebenen der Analyse und Verantwortung – Subsidiaritätsprinzip von Matthias Maring

---

11 OECD-Leitsätze: nicht-verbindliche Leitsätze der Organisation für wirtschaftliche Zusammenarbeit und Entwicklung für multinationale Unternehmen (zu Informationen vgl. http://www.oecd.org).

- Soziale Fallen – Umwelt-Firmen-Prisoners'+ Dilemma – Ökosteuer
- Soziale Fallen – Prisoners' Dilemma-Spiel
- *Stunde 9/10*: Arbeitsbedingungen – Menschenbilder – „Sozial ist ...“
- Arbeitsbedingungen und Menschenwürde von Matthias Maring
- Das Menschenbild der Agenda 2010 von Friedhelm Hengsbach
- Eigenverantwortung und „Sozial ist ...“ von Albrecht Müller
- *Stunde 11/12*: Klausurvorschlag
- . Matthias Maring: Das Flugzeugunglück am Bodensee (s.u.)

Ganz allgemein zeigt das folgende Schaubild Beziehungen von Ethik und Ökonomie bzw. Ökonomik (vgl. zur Erläuterung Lenk/Maring 2008):

Ethik als Ökonomie als	Deskriptive Ethik, z. B. Moralsoziologie, Moralpsychologie	Normative Individual-, Sozial-, Institutionen-, Korporationenethik
Objektbereich, Phänomenbereich („Realität“)	Beschreibung von Moral(en)	Kritik herrschender Moral(en), ökonomischer Ziele und Kriterien usw.
empirisch-theoretische Realwissenschaft, Ökonomik	Beschreibung von Moral(en), Fragestellungen für die Ökonomie	Ökonomie als „Hilfs-wissenschaft“ – z.B. bedingte, techno-logische Prognosen
Modelltheorie, neoklassische Gleichgewichtstheorie	keine „Beziehung“ bzw. Berührungspunkte, Be-schreibung des Modells	keine „Beziehung“ bzw. Berührungspunkte
präskriptive Wissenschaft (normatives ökonomi-sches Rationalitäts-, Zweck-Mittel-Prinzip)	Beschreibung der Moral des Modells	Konflikt, Überein-stimmung mit moralischen Prinzipien und Regeln usw.
Grundlegung, Begrün-dung der normativen Ethik	keine „Beziehung“ bzw. Berührungspunkte	Konflikt, Überein-stimmung mit moralischen Prinzipien und Regeln usw.

Ein besonders aktuelles Beispiel, dem wir uns nun zuwenden, stellt die Krise der Finanzmärkte und deren Folgen für die Realwirtschaft, Staaten und Ge-sellschaften dar.

5.3 Fallbeispiel Finanzmärkte

Ausgangspunkt dieses Fallbeispiels könnte das folgende Zitat sein, das zu erläutern und hinsichtlich der aktuellen Finanzmarktkrise kritisch zu diskutieren wäre: „Die moderne bürgerliche Gesellschaft, die so gewaltige Produktions- und Verkehrsmittel hervorgezaubert hat, gleicht dem Hexenmeister, der die unterirdischen Gewalten nicht mehr zu beherrschen vermag, die er heraufbeschwor" (Karl Marx und Friedrich Engels im Manifest der Kommunistischen Partei, 1848, 9).

Dann sollten u. a. folgenden Fragen nachgegangen werden: Was waren die Ursachen der Finanzkrise? Gibt es verantwortliche Personen oder ist das ‚Ganze' Folge eines „anonymen Systemfehlers" (Hans-Werner Sinn), für den niemand Verantwortung trägt? Wer sind die potenziell Verantwortlichen? Handelt es sich um Marktversagen bzw. Politikversagen? Welche Rolle spielt die Politik, die ja die Regeln für Märkte zu gestalten hat, und welche die Banker, die 25 Prozent als Rendite-Ziel vorgeben? Was sind Testate von Wirtschaftsprüfern wert, die vom Auftraggeber bezahlt werden? Was haben Ratingagenturen und die sog. Analysten mit der Finanzkrise zu tun? Sind wir gar alle verantwortlich auf unserer ‚Jagd' nach einer Rendite von ebenfalls 25 Prozent? Wer hat die Folgen zu tragen und warum? Ist es gerecht Banken zu helfen und Firmen und Privatpersonen Bankrott gehen zu lassen? Ist gerecht Geld für Banken auszugeben und nicht für Hartz-IV-Empfänger trotz angeblicher fiskalischer Geldnot? Neben diesen Fragen sollte auch erörtert werden, wie solche Krisen, wenn überhaupt, vermieden werden können. Und: Brauchen wir eine andere Wirtschaftsordnung und Wirtschaftspolitik?

5.4 Nicht nur wirtschaftsethische Themen

Nicht nur für die wirtschaftswissenschaftlichen Studiengänge werden im Folgenden ausgewählte – ethisch und fachwissenschaftlich relevante – Themen auf drei eng verzahnten gesellschaftlichen Ebenen aufgeführt: 1. auf der Makroebene der (Welt-)Gesellschaft und des (Wettbewerbs-)Systems, 2. auf der Mesoebene der Korporationen – Unternehmen, Verbände usw. – und 3. auf der Mikroebene der Individuen.

Makroebene

Ethik der Wirtschaftsordnung und Rahmenordnung, Allgemeinwohl, ökosoziale Marktwirtschaft, Ziele der Wirtschaftspolitik, Vielecke (Ziele) der Wirtschafts- politik, Institutionen, Wettbewerb, Gesetze vs. Selbstregulierung, Recht bzw. Gesetze vs. Deregulierung, Privatisierung, Autonomie der Wirtschaft, Gerechtig- keit, Zuteilungsprinzipien, Eigentum, Armut, Arbeitslosigkeit, Steuern, inter- nationale Verschuldung, Dritte-Welt-Problematik, Importzölle, Demokratie und Handel, Umwelt, künftige Generationen, kollektives Handeln, kollektive bzw. meritorische Güter, soziale Fallen, Branchenkodizes, Fairness, Gleichberechti- gung, Solidarität, Subsidiarität; spezieller: Grundgesetz Art. 14 – Eigentum ver- pflichtet, Art. 20 – Sozialstaatsprinzip

Mesoebene

Märkte, Unternehmen, Arten korporativer Verantwortung, Status von Korporatio- nen, Führungsstile, Struktur der Unternehmung, Mitbestimmung, Unter- nehmenskodizes, Ethikbeauftragte, Ethikkommission, Arbeitsschutz, Rechte, Pflichten der Arbeitnehmer, Selbstverpflichtungen, Sozial-, Ökobilanzen, Wer- bung, Rüstungsproduktion, Ziele bzw. Kriterien für korporatives und kollektives Handeln, soziale Fallen

Mikroebene

Individuelles Handeln, Ziele und Kriterien für individuelles Handeln, Menschen- bild, Menschenrechte, Verbraucherverhalten, Insiderhandel, Konflikte, soziale Fallen, Whistle-blowing, Fallanalysen, Prioritätsregeln, Nutzen – Wert – Preis, Rationalität

5.5 Fallbeispiel Flugzeugunglück am Bodensee

Am 01.07.2002 stießen zwei Flugzeuge bei Überlingen am Bodensee zu- sammen. Was war geschehen? Der Unfallhergang lässt sich minutiös rekon- struieren. Beteiligte Akteure waren: eine Tupolev der Bashkirian Airlines von Moskau nach Barcelona im Instrumentenflug mit Passagieren, eine Boeing der DHL Frachtgesellschaft von Bergamo nach Brüssel ebenfalls im Instru- mentenflug und die Flugkontrolle Skyguide in Zürich – allesamt soziotech- nische Systeme (vgl. zur Darstellung Reineke 2004).

Um 23:34:42 Uhr warnte das „bordseitige Zusammenstoßwarngerät TCAS" (Traffic Alert and Collision Avoidance System) der Tupolev „vor mög- lichem Konfliktverkehr" (ebd. 39). 7 Sekunden später, um 23:34:49 Uhr, warnte auch Skyguide vor Konfliktverkehr und ordnete Sinkflug an, dieser wurde eingeleitet. Zur gleichen Zeit warnte das Zusammenstoßwarngerät vor Konfliktverkehr und ‚gab' die Anweisung Steigflug. Weitere 7 Sekunden später, um 23:34:56 Uhr, wiederholte Skyguide Sinkflug. Der Pilot der Tupolev bestätigte Sinkflug[12]. Die Regeln für Tupolevs bezüglich der Zusammenstoßwarngeräte waren: Diese seien lediglich „zusätzliches Mittel" für die „visuelle Kontrolle" und den Anweisungen der Flugverkehrskontrolle sei zu folgen (ebd. 47). Ebenfalls um 23:34:42 Uhr ‚warnte' das „bordseitige Zusammenstoßwarngerät TCAS" der Boeing „vor möglichem Konfliktverkehr". Um 23:34:56 Uhr ‚gab' das Zusammenstoßwarngerät die Anweisung ‚Sinkflug'. Die Crew folgte dem ‚Kommando'. Die Regeln für Boeings bezüglich der Zusammenstoßwarngeräte besagten, dass die Anweisungen strikt zu befolgen und weitere Maßnahmen nur in dieselbe Richtung zu unternehmen seien. Um 23:35:32 Uhr, d.h. 50 Sekunden nach der ersten Warnung, kam es zur Kollision. 71 Menschen starben.

Die Situation bei der Flugkontrolle Skyguide in Zürich stellt sich wie folgt dar: Zwei Lotsen taten Dienst, einer macht gerade Pause. Auf einem 2. Bildschirm sollte der allein anwesende Lotse einen weiteren Flug nach Friedrichshafen leiten. Der Lotse versuchte diesen Flug zum Tower nach Friedrichshafen abzugeben – was nicht gelang. Sein Telefon funktionierte wegen Wartungsarbeiten nicht. Die Ersatzleitung war gestört. Und der Versuch der Flugkontrolle Rheinradar in Karlsruhe zwei Minuten vor der Kollision Skyguide zu erreichen, schlug ebenfalls fehl. (Heute gibt es bei Skyguide nachts drei Lotsen und Notfall-Handys.)

Anschaulich zeigt nachfolgende Grafik den Ablauf des Unglücks (vgl. Weyer 2004, 25 nach Frankfurter Allgemeine Zeitung 20.07.2002):

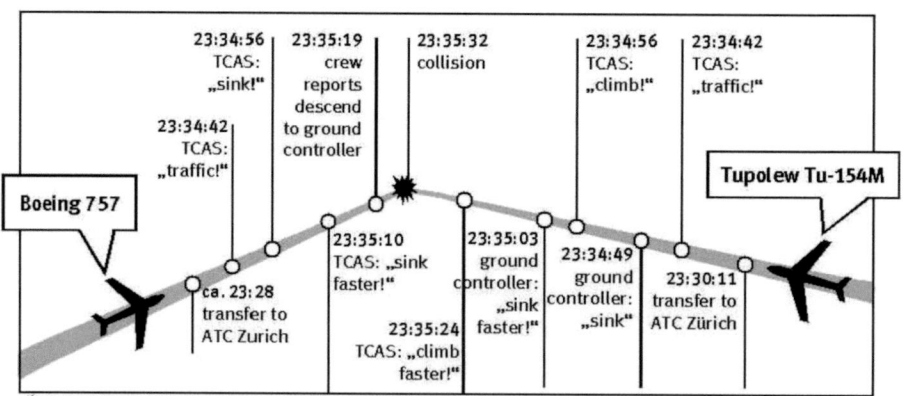

Reineke (2004, 42) unterscheidet unmittelbare und systemische Ursachen. Unmittelbare Ursache war, dass die Sinkfluganweisung von Skyguide „zu spät erfolgt" war – der horizontale Abstand im Flugkorridor war zu gering – und die Tupolev-Crew dem Lotsen folgte und nicht dem TCAS-System.

---

12 Das Nicht-Befolgen der TCAS-‚Anweisung' war für Reineke (2004, 40) ein schwerer Pilotenfehler.

Systemische Ursachen waren, die unzureichende „Integration" der Zusammenstoßwarngeräte „in das System Luftfahrt", die nationalen Regelungen, die „widersprüchlich" waren, und die Regeln der Geräte-Hersteller und der jeweiligen Fluggesellschaften, die „nicht einheitlich und lückenhaft" waren. Hinzu kamen organisatorische Faktoren bei Skyguide. Die Zusammenstoßwarngeräte TCAS, die koordinierte gegensätzliche Anweisungen generieren, waren im Übrigen technisch gesehen in Ordnung. – Es gab ‚nur' keine einheitlichen Regeln für die Besatzungen.

Folgende Fragen zum Unglück drängen sich unmittelbar auf: Was war ursächlich und wer war verantwortlich für den Zusammenprall der beiden Flugzeuge? Wer hat zu haften? Gibt es Ähnlichkeiten zu anderen Unglücken beispielsweise in der Luftfahrt?

5.6 Verantwortung und Technik – Können und Sollen[13]

Anhand des Beispiels Skyguide können Fragen der Verantwortlichkeit von Individuen oder von Unternehmen (Korporationen) sowie die Bedeutung von Großprojekten erörtert werden. Nach einer adäquaten Sachanalyse, die Voraussetzung einer ethischen Beurteilung ist, können folgende Aspekte erörtert werden: Was ist passiert, wer oder was ist verantwortlich? Individuen, Gruppen von Menschen (Kollektive) oder Korporationen? Hatte Sicherheit oder Wirtschaftlichkeit Vorrang?

Ausgewählte strukturell ähnliche Fälle könnten zum Vergleich herangezogen werden – wie z. B.: Challenger 1986, Columbia 2003, Estonia 1994, Zeebrügge 1987, Bhopal 1984, Seveso 1976, Manville (Asbest) 1930ff. Gemeinsamkeiten und Unterschiede sollten herausgearbeitet werden: Wer war beteiligt? Welche gesellschaftliche Ebenen waren involviert? Gab es Alleinverantwortliche oder waren viele Akteure mitverantwortlich?

Auf die Dimensionen der Technik (Ropohl) könnte eingegangen werden: Technik ist nicht nur Realtechnik, sondern der Entstehungs- und Verwendungszusammenhang inklusive der Entsorgung ist einzubeziehen. Hersteller- und Nutzerverantwortung sind zu analysieren. Ebenso auf die zentrale Fragestellung der Ethik, Technikethik, Wirtschaftsethik nach der begründeten Auswahl der Handlungen, die man ausführen soll, unter der Menge der technisch möglichen Handlungen. Moralische Kriterien für diese Auswahl wie Menschenwürde, Fairness, Gerechtigkeit, Gleichberechtigung, soziale

---

13 Für diese Studiengänge bieten sich insbesondere auch Beispiele aus dem Bereich Technikfolgenabschätzung und Technikbewertung des ITAS an. – Zu einer „Theorie der Technikwissenschaften" s. Banse u. a. (2006) und zum immer wichtiger werdenden Thema „Technik und Interkulturalität" vgl. Hubig/Poser (2007).

Partnerschaft, Solidarität, Leistungsangemessenheit, Gemeinwohlorientierung, usw. ließen sich behandeln.

Das Challenger-Unglück wäre ein Beispiel anhand dessen die Frage nach den Möglichkeiten, wie einzelne Ingenieure, Manager usw. ihrer Verantwortung nachkommen (können), erörtert werden könnte. Hat der einzelne Beschäftigte, ein Ingenieur z. B., eine Chance, seine individuelle Verantwortung wahrzunehmen? Wer oder was könnte ihn hierbei unterstützen? Wäre es sinnvoll, beispielsweise Ethikkodizes und Ethikkommissionen einzuführen? Hierzu könnten die „Ethischen Grundsätzen des Ingenieurberufs" des VDI (2002) herangezogen werden oder die Kodizes der Deutsche Physikalische sowie der Gesellschaft deutscher Chemiker. Auf Werte im technischen Handeln könnten mittels VDI 3780 „Technikbewertung, Begriffe und Grundlagen" (VDI 1991) eingegangen werden.

Schließlich könnten zahlreichen Konzepte der – beschreibenden – Technikfolgenabschätzung und der – normativen – Technikbewertung vorgestellt werden. Als Schlussdiskussion würden sich Fragen der nachhaltige Technikgestaltung, der Life-Cycle-Konzepte und der Nachhaltigkeit ganz allgemein und der Beziehung von Ethik, Recht und Politik anbieten.

5.7 Ethische Aspekte im Beruf

Auch ethische Aspekte im Beruf können in ESQ-Veranstaltungen Gegenstand der Analyse sein: Kennzeichnend für die Arbeit von Ingenieuren, Technikern, Managern usw. ist nun auch, dass an diese eine ganze Palette unterschiedliche Erwartungen, Ansprüche usw. gerichtet sind, wovon in den Ethikkodizes nur ein Teil angesprochen wird: Entsprechend den verschiedenen Interessen und Nutzenvorstellungen der je auch unterschiedlich Betroffenen ist beispielsweise ein Ingenieurteam beim Entwerfen und Bauen einer Industrieanlage unterschiedlichen Erwartungen und Anforderungen ausgesetzt, unabhängig davon, ob sie vom Ingenieurteam tatsächlich wahrgenommen werden, so etwa den folgenden in einem fiktiven Beispiel (Bunge 1977, 98f.):

- „M: Das Management erwartet eine effiziente und profitable Anlage".
- „W: Die Arbeiter erwarten befriedigende Arbeitsbedingungen".
- „N: Die Nachbarn erwarten" eine umweltverträgliche Durchführung des Projektes und einen ebensolchen Betrieb der Anlage.
- „T: Die Berufskollegen erwarten einen techn(olog)isch fortschrittlichen Entwurf" und eine berufsständischen Anforderungen genügende „Durchführung [...] des Projektes".
- „C: Die Konsumenten erwarten nützliche Produkte zu vernünftigen Preisen".

- Weitere Erwartungen und Ansprüche können durch den Einbezug anderer Personen(gruppen), Instanzen und Standards, zu denen Ethikkodizes gehören, angegeben werden.

Bunge (ebd. 99) meint nun, dass ein Ingenieur, der Entscheidungen zwischen diesen konfligierenden Interessen treffe, „moralische Probleme" löse. Der Ingenieur wende „moralische Kodizes", die Wertpräferenzen ausdrücken, an (ebd.). Je nach Kodex ergebe sich dann eine unterschiedliche Reihenfolge: M dominiere W, N, T und C bei der „privaten Nutzen-Moralität", T herrsche bei der „beruflichen Nutzen-Moralität" vor, und bei der „öffentlichen Nutzen-Moralität" sei die Rangfolge „C > N > W > M > T" (ebd.).

Die Erwartungen, Ansprüche und Nutzenvorstellungen formulieren je unterschiedliche, sich teilweise überschneidende bzw. miteinander konfligierende Verantwortlichkeiten, denen ein Ingenieurteam möglichst gerecht werden soll. Ingenieure haben auf diese Fragen zu antworten, sie müssen sich bzw. etwas verantworten. (Verantwortungs-)Konflikte resultieren aus den verschiedenen Erwartungen der jeweiligen Betroffenen und aus den Standards und Normen, die als Bewertungs- und Prioritätskriterien gelten. Der entscheidende Konflikt besteht meist im Spannungsverhältnis von Sicherheit und wirtschaftlicher Effizienz (vgl. zu diesem auch Ropohl u.a. 1988).

Bezieht man die Erwartung M auf ein allgemeines Verantwortungsschema (vgl. z.B. Lenk 1996, 261ff.), so erhalten wir etwa die folgende Aussage: „Das Ingenieurteam bzw. die Teammitglieder sind für den Entwurf und das Bauen einer Industrieanlage vor dem Auftraggeber bzw. Arbeitgeber in erster Linie in Bezug auf das Kriterium Wirtschaftlichkeit im Rahmen dieses Auftrags bzw. dieser Rolle sowohl von vornherein (für den Entwurf) als auch im nachhinein (mangelfreie Sache, Haftung usw.) verantwortlich; sie sind aus Werk- bzw. Arbeitsvertrag formell sanktionsbedroht (rechtlich) auch entsprechend den einzelnen weiteren Bestimmungen verantwortlich." M ist ein typisches Beispiel für eine auf bestimmte Aufgaben eingeschränkte Handlungs(ergebnis)verantwortung, die sowohl aufgaben- bzw. rollenspezifisch als auch rechtlich konkretisiert ist. Konflikte für das Ingenieurteam können sich hinsichtlich unterschiedlicher Kriterien zwischen M (Effizienz), W (u.a. Sicherheit), N (Sozial-, Umweltverträglichkeit), T (Berufsstandards) und C (Nützlichkeit) ergeben. An diesem kleinen Beispiel sieht man schon sehr deutlich, wie wenig sinnvoll es ist, bloß von *der* Verantwortung zu reden und wie verschieden, komplex und unterschiedlich *die* Ansprüche an verantwortliches Handeln sein können – von realen Interessen, Machtverhältnissen usw. einmal abgesehen.

Ingenieure – und auch andere Berufsgruppen in einer Gesellschaft, z.B. Manager – befinden sich also in Betätigungsfeldern, die sich durch unterschiedliche Arten der Verantwortung, verschiedene Rollen und damit einhergehende Erwartungen und Ansprüche, divergierende Interessen und daraus resultierenden intrarollen- und interrollen- und personenbezogenen Konflikten kennzeichnen lassen. Schematisch und beispielhaft wird dies in der folgenden Abbildung wiedergegeben (vgl. Martin/Schinzinger 1989, 8):

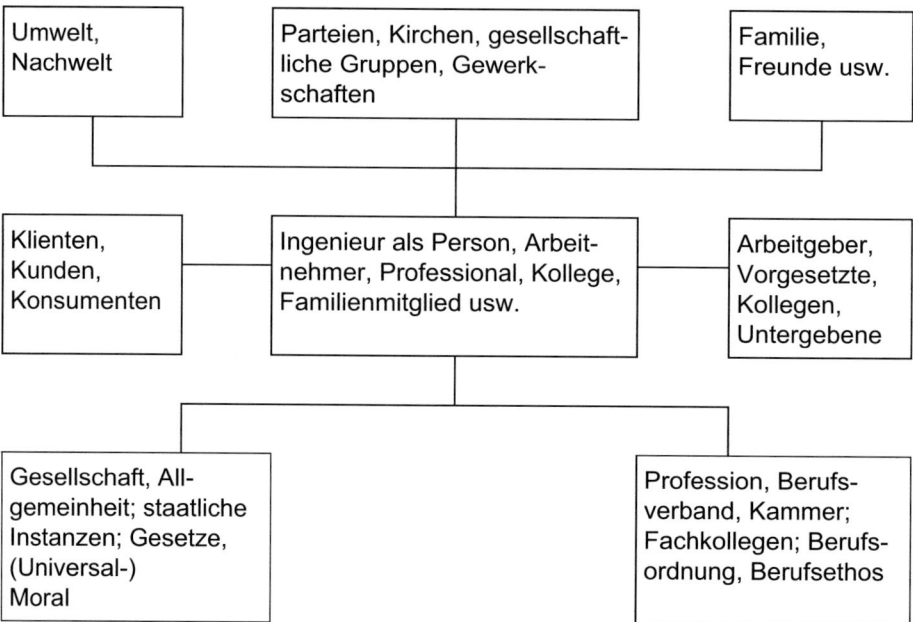

6. Schlussüberlegung

Neben ethisch-philophischem Grundlagenwissen sind die folgenden Kompetenzen Gegenstand und Inhalt von ESQ-Veranstaltungen: verantwortliche Entscheidungen in Teams zu treffen, über Orientierungswissen zu verfügen, in Diskussionen sachlich argumentieren zu können, Selbstverständlichkeiten zu hinterfragen, die eindimensionale Fachorientierung zu erweitern. Diese Fähigkeiten und die Grundlagenkenntnisse ergänzen Fertig- und Fähigkeiten, die im Fachstudium erworben werden. Von einem interdisziplinären Dialog können aber nicht nur die Fachwissenschaft profitieren, sondern ebenfalls Ethik und Philosophie. Denn auch für die Philosophie gilt: Wer nur Philosophie versteht, versteht auch die nicht recht. ESQ kann insgesamt als ein Baustein und als Chance verstanden werden, Bildung und Ausbildung an Technischen Universitäten zu kombinieren. Für unseren Zusammenhang lässt sich denn auch plakativ formulieren: Fachwissen ohne ethische Orientierung ist blind – Ethik ohne fachwissenschaftliche Orientierung ist leer.

7. Literatur

Ammicht Quinn, R. – Badura-Lotter, G. – Knödler-Pasch, M. – Mildenberger, G. – Rampp, B. (Hrsg.) (2007): Wertloses Wissen? – Fachunterricht als Ort ethischer Reflexion. Bad Heilbrunn 2007.

ASIIN e.V. – Akkreditierungsagentur für Studiengänge der Ingenieurwissenschaften, der Informatik, der Naturwissenschaften und der Mathematik (2008): Information für Hochschulen. Düsseldorf 2008 (URL: http://www.asiin.de).

Aßländer, M. (2006): Studienkonzept Wirtschaftsethik – Von der isolierten zur integrierten Ausbildung. S. 163–180 in Nutzinger, H.G. (Hrsg.): Wissenschaftsethik – Ethik in den Wissenschaften. Marburg 2006.

Banse, G. – Grunwald, A. – König, W. – Ropohl, G. (2006): Erkennen und Gestalten. Eine Theorie der Technikwissenschaften. Berlin 2006.

Berendes, J. – Mildenberger, G. – Steiner, M. – Trübswetter, M. (2007): Ethik als Schlüsselqualifikation. Das Projekt „Verantwortung wahrnehmen" an den Universitäten Tübingen und Freiburg. S. 137–163 in Rohbeck, J. (Hrsg.): Hochschuldidaktik Philosophie. Dresden 2007.

Bunge, M. (1977): Towards a Technoethics. S. 96–107 in The Monist 60 (1977).

Dietrich, J. (2005): Ethisch-Philosophische Grundlagenkompetenzen: ein Modell für Studierende und Lehrende. S. 15–32 in Maring, M. (Hrsg.): Ethisch-Philosophisches Grundlagenstudium. Ein Studienbuch. Münster [2]2005.

Führ, M. – Maring, M. (2000): Ethikkodizes und rechtliche Regelungen. S. 43–60 in Hubig, C. (Hrsg.): Ethische Ingenieurverantwortung. (VDI-Report 31) Düsseldorf 2000.

Grunwald, A. – Kopfmüller, J. (2006): Nachhaltigkeit. Frankfurt a. M. – New York 2006.

Hubig, C. – Poser, H. (Hrsg.) (2007): Technik und Interkulturalität. Düsseldorf 2007.

Lenk, H. (1996): Konkrete Humanität. Frankfurt a.M. 1996.

Lenk, H. (1999): Praxisnahes Philosophieren. Eine Einführung. Stuttgart 1999.

Lenk, H. – Maring, M. (Hrsg.) (1998): Technikethik und Wirtschaftsethik. Opladen 1998.

Lenk, H. – Maring, M. (Hrsg.) (1998): Technikethik und Wirtschaftsethik. Fragen der praktischen Philosophie. Opladen 1998.

Lenk, H. – Maring, M. (Hrsg.) (2002): Wirtschaft und Ethik. Stuttgart 2002.

Lenk, H. – Maring, M. (2008): Wirtschaftsethik. S. 1485–1489 in Handbuch der Politischen Philosophie und Sozialphilosophie. Berlin 2008.

Lenk, H. – Ropohl, G. (Hrsg.) (1993): Technik und Ethik. Stuttgart 1993.

Maring, M. (2001): Kollektive und korporative Verantwortung. Münster 2001.

Maring, M. (2003): Electronic Business – Folgen für die Beschäftigten. S. 239–255 in Fischer, P. – Hubig, C. – Koslowski, P. (Hrsg.): Wirtschaftsethische Fragen der E-Economy. Heidelberg 2003.

Maring, M. (Hrsg.) (2005): Ethisch-Philosophisches Grundlagenstudium. Ein Studienbuch. Münster [2]2005.

Maring, M. (Hrsg.) (2005): Ethisch-Philosophisches Grundlagenstudium 2. Ein Projektbuch. Münster 2005.

Maring, M. (2006): Wirtschaftsethik – Können wir uns Moral überhaupt noch leisten? Beitrag 7 der Problemfelder der Moral. RAAbits Ethik/Philosophie. Stuttgart 2006.

Maring, M. (2007): Wer zahlt den Preis für unseren Wohlstand – die Globalisierung verändert unser Leben. Beitrag 11 der Problemfelder der Moral. RAAbits Ethik/-Philosophie Stuttgart 2007.

Martin, M.W. – Schinzinger, R. (1989): Ethics in Engineering. New York 1989.

Marx, K. – Engels, F. (1848): Manifest der Kommunistischen Partei (1848). Berlin 1945.

Pfeiffer, V. (2008): Didaktik des Ethikunterrichts. Stuttgart 2008.

Reineke, S. (2004): Fallstudie Flugzeugunglück Überlingen 1. Juli 2002. S. 39–49 in Arbeitspapier Nr. 7. Wirtschafts- und Sozialwissenschaftliche Fakultät. Universität Dortmund. Oktober 2004.

Rohbeck, J. (Hrsg.) (2004): Ethisch-philosophische Basiskompetenzen. Dresden 2004.

Ropohl, G. – Aktürk, R. – Dörr, R. – Huisinga, R. (1998): Fallanalysen zur Berufsethik technischen Handelns. Forschungsbericht. Universität Frankfurt a. M., 1988.

Ropohl, G. (2004): Arbeits- und Techniklehre. Philosophische Beiträge zur technologischen Bildung. Berlin 2004.

Schumann, H. – Grefe, C. (2008): Der globale Countdown. Köln 2008.

Solte, D. (2007): Weltfinanzsystem am Limit. Berlin 2007.

Steenblock. V. (2002): Philosophische Bildung. Münster 2002.

VDI (1991): VDI-Richtlinie 3780: Technikbewertung, Begriffe und Grundlagen. Berlin 1991.

VDI (2002): Ethische Grundsätze des Ingenieurberufs. Düsseldorf 2002.

Weyer, J. (2004): Creating Order in Hybrid Systems. Arbeitspapier Nr. 7. Wirtschafts- und Sozialwissenschaftliche Fakultät. Universität Dortmund. Oktober 2004.

ZAK | Zentrum für Angewandte Kulturwissenschaft und Studium Generale der Universität Karlsruhe (TH) u. a. (2006): Position zur Förderung von Schlüsselqualifikationen an Technischen Universitäten entwickelt. Universität Karlsruhe. 28. November 2006.

Erwartungen und Wünsche von Studierenden an das Zentrum für Technik- und Wirtschaftsethik

sneep Karlsruhe – Peter Michl und Jonathan Denner[1]

Bewusstseinswandel, Probleme und steigende Anforderungen

Die zunehmende praktische Relevanz und der Bedarf an spezifischen Kenntnissen von Grundlagen, Instrumenten und Methoden im Bereich Wirtschafts-, Unternehmens- und Technikethik für Fachkräfte aus den unterschiedlichsten Bereichen ist deutlich erkennbar. Trotz unumstrittener wirtschaftlicher Errungenschaften der sozialen Marktwirtschaft treten vielfältige, negative Begleiterscheinungen in Form sozialer, ökologischer und ökonomischer Probleme[2] auf, die nur interdisziplinär behandelt werden können. Die Folgen menschlichen Handelns in verschiedenen Bereichen sind mit Chancen und Risiken verbunden, die es abzuwägen und zu bewerten gilt und deren Regulierung die beteiligten Akteure vor ethische Herausforderungen stellt. Dabei kann es nicht das Ziel sein auf technischen, ökonomischen und gesellschaftlichen Fortschritt zu verzichten. Vielmehr muss eine ausgewogene, angemessene Einbeziehung aller relevanten ökonomischen, sozialen und ökologischen Gesichtspunkte in die Entscheidungsfindung, auf allen Ebenen menschlichen Handelns[3] stattfinden.

Dies alles erfordert die Entwicklung von Methoden und Kriterien, ihre stetige Weiterentwicklung, Anpassung und vor allem Anwendung in der Praxis sowie die Vermittlung entsprechender Schlüsselkompetenzen in der Lehre. Unter verschiedensten Schlagwörtern entwickeln zunehmend die unterschiedlichsten Akteure Konzepte[4], Produkte[5] und Instrumente[6] als Beiträge zu ethischen Herausforderungen. Die Wahrnehmung ethischer Problemstellungen in der Gesellschaft beispielsweise in Bezug auf „nachhaltige Entwick-

---

1 sneep: student network for ethics in economic education and practice.
2 Marktversagen und externe Effekte, Wirtschaftskorruption, wettbewerbswidriges Verhalten, Versorgungs- und Verteilungsengpässe, die Finanz-, Hypotheken- und Nahrungsmittelkrise, Umweltzerstörung, zunehmende soziale Ungleichheiten, die Problematik der relativen Armut in den Industriestaaten sowie die Verschuldung, Unterentwicklung und Armutsproblematik in den Entwicklungsländern.
3 Von der Mikro- über die Meso- bis hin zur Makroebene.
4 Corporate Social Responsibility (CSR), Corporate Citizenship, Corporate Sustainability Management, Business Ethics, Nachhaltigkeitsmanagement, Reputationsmanagement, Umweltmanagement etc.
5 Nachhaltige Investments, Ethikfonds, nachhaltige Immobilien etc.
6 Nachhaltigkeitszertifikate, Produktdeklarationen, Nachaltigkeitsberichte etc.

lung" hat sich verändert und steigert die Anforderungen an Unternehmen und andere Akteure zur Entwicklung eines strategischen Nachhaltigkeitsmanagements. Dabei kann sich Nachhaltigkeit zu einem wesentlichen Faktor für *langfristigen* Unternehmenserfolg entwickeln. Voraussetzung hierfür ist, dass Nachhaltigkeit nachvollziehbar, messbar und von Stakeholdern *bewertbar* ist. Notwendig sind die Entwicklung von Kodizes, Management-, Berichts- und Prüfsystemen sowie Ansätze zu deren Integration in Unternehmen. Herausforderungen in diesem Bereich sind:

- die systematische Erfassung, Pflege und Bewertung von Informationen in geeigneten Datenbanksystemen,
- die Entwicklung von Zielsystemen auf der Basis dieser Informationsgrundlage unter Berücksichtigung der Unternehmenswerte und
- die Ableitung von Strategien zur Erreichung des Zielsystems inklusive Priorisierung und Definition von Maßnahmen, deren Umsetzung verpflichtend und messbar sein muss.[7]

Als Reaktion auf ein verändertes öffentliches Bewusstsein und Konsumverhalten spielt Ethik folglich *bereits aus* rein ökonomischen Gründen eine zunehmend wichtigere Rolle.

Motive und Vorteile aus Studierendenperspektive

Die Motive und Vorteile für Studierende sich mit Ethik im Allgemeinen und Technik- und Wirtschaftsethik im Speziellen zu beschäftigen sind sehr vielfältig. Exemplarisch seien hier angeführt:

- Vorbereitung auf die angestrebte Berufstätigkeit nach dem Studium durch primär und sekundär vermittelte Schlüsselqualifikationen,
- Erhöhung der Reflexions-, Analyse- und Argumentationsfähigkeit sowie Förderung selbstständigen, problemorientierten und verantwortungsbewussten Denkens und Handelns,
- Steigerung wissenschaftlicher und praktischer Kompetenzen im Verständnis und im Umgang mit wissenschaftlichen Methoden und
- Wahrnehmung der Herausforderungen angesichts zunehmender Probleme und Konflikte sowie der damit einhergehenden steigender Anforderungen an Ausbildungsprofile unterschiedlichster Fachbereiche.

Lehrangebote allgemein und die Situation
an der Universität Karlsruhe

Knapp 50% der Fachhochschulen und mehr als 60% der Universitäten mit wirtschaftswissenschaftlichen Fachbereichen oder Studiengängen bieten

---

7 Vgl. PE-International 2007.

Lehrveranstaltungen zum Thema CSR an, wobei Wirtschafts- bzw. Unternehmensethik und Umweltmanagement den thematischen Schwerpunkt des Lehrangebots bilden.[8] In Ermangelung eines solchen aus unserer Sicht notwendigen Angebots an der Universität Karlsruhe, das die Studierenden im Hinblick auf diese zukünftigen Herausforderungen in Form von Problemen und Konflikten hinreichend ausbildet und vorbereitet, gilt es, solche Studieninhalte zu integrieren. Die Ludwig-Maximilians-Universität München scheint der unseren bezüglich Wahrnehmung der Notwendigkeit, Erkenntnis des Mangels und entsprechender Reaktion durch Schaffung eines Lehrstuhls weit voraus, denn dort widmet sich schon seit längerer Zeit ein kompletter Lehrstuhl dieser Thematik.[9]

sneep und die bisherigen Entwicklungen an der Universität Karlsruhe

Das studentische Netzwerk für Wirtschafts- und Unternehmensethik – sneep – hat das Ziel darauf hinzuwirken, dass Ethik in die Lehre integriert wird; sneep ist flächendeckend an Universitäten im ganzen Bundesgebiet und darüber hinaus aktiv. Um ein Lehrangebot im Bereich „Technik- und Wirtschaftsethik" an der Universität Karlsruhe zu schaffen hat sich im Sommersemester 2007 die Hochschulgruppe „sneep Karlsruhe" als Lokalgruppe dieses Netzwerkes formiert und konnte in den letzten zwei Semestern erste Erfolge erzielen. Im Wintersemester 2007–2008 und im Sommersemester 2008 nahmen insgesamt etwa 20 Teilnehmerinnen und Teilnehmer an den beiden selbst initiierten Seminaren[10] am Institut für Philosophie teil, in welchen die Teilnehmer verschiedenste Themenfelder in Referaten bzw. Hausarbeiten erörterten.[11] Nach Gesprächen mit mehreren Professoren gelang es uns eine erste gemeinsame Veranstaltung mit Referenten aus unterschiedlichen Fachbereichen im Rahmen der Ringvorlesung „Verantwortung für die Zukunft" im Sommersemester 2008 zu organisieren. In dieser wurden folgende Themen behandelt: „Soziale Gerechtigkeit", „Verantwortung des Inge-

---

8 Vgl. Schwerk 2008, 4. Untersucht wurden Hochschulen in Deutschland und 45 ausgewählte ausländische (best practice).

9 Lehrstuhl für Philosophie und Ökonomik der LMU München unter Leitung von Karl Homann, siehe auch: www.philosophie.uni-münchen.de/fakultaet/lehreinheiten/wirtschaftsethik/index.html.

10 Diese Seminare konnten nicht in das reguläre Studium der Studierenden, sondern allenfalls in das Studium Generale eingebracht werden. – Geleitet hat die Seminare Matthias Maring.

11 ausgewählte Themen: „Klimawandel und Ethik", „Global Common Goods", „Institutionen und Gefühle", „Integrative Unternehmensethik", „Ingenieure als Kamele der Kaufleute". Die „Hypothekenkrise", die „Nahrungsmittelkrise", die Frage nach „gerechte[r] Entlohnung", „Konzepte der Nachhaltigkeit".

nieurs", „Technik und die Zukunft der Natur des Menschen", „Ethische Herausforderungen für Umweltökonomen", „Verantwortung des Unternehmers"
und „Verantwortung in der Ingenieurarbeit". Jeweils 50 bis 120 Studierende
besuchten in den Abendstunden die Ringvorlesung. Diese wurde durch ein
Seminar begleitet, das von Matthias Maring geleitet wurde, und die spezifischen Themen der Vorlesung vertiefte. Für die gemeinsame Organisation
der Ringvorlesung und für die Vorlesungen selbst möchten wir uns hier
nochmals bei allen Beteiligten bedanken. Der vorliegende Band enthält u. a.
die im Rahmen dieser Ringvorlesung gehaltenen Vorträge.

Zentrum für Technik- und Wirtschaftsethik

Wir begrüßen ausdrücklich, die Initiative von Matthias Maring zur Gründung
eines „Zentrums für Technik- und Wirtschaftsethik" (ZTWE) am Institut für
Philosophie der Universität Karlsruhe. Auftaktveranstaltung war – wie erwähnt – die im Sommersemester 2008 veranstaltete Ringvorlesung. Aus unserer Sicht bietet dieses Zentrum die Möglichkeit das bestehende Lehrangebot in diesem Bereich übersichtlich zu bündeln, neue Angebote zu schaffen
und die interdisziplinäre Zusammenarbeit zwischen Technik, Philosophie
und Ökonomie zu fördern. Es stellt eine erste Informations- und Anlaufstelle
für interessierte Studierende dar, darf aber nicht darauf beschränkt bleiben,
sondern sollte sich zu einem Lehrstuhl oder einer Institution für Technik- und
Wirtschaftsethik entwickeln. Die Erwartungen der Hochschulgruppe an ein
solches Zentrum für Technik- und Wirtschaftsethik sollen im Folgenden dargestellt werden.

Die Erwartungen an ein institutionell verankertes ZTWE lassen sich in zwei
Bereiche gliedern:

(1) Fundierte und intensive Auseinandersetzung mit ethischen Fragen des
jeweiligen Fachgebietes und mit dem jeweiligen Fachgebiet selbst. Dabei
kann es nicht das Ziel sein, ein Grundstudium der Philosophie in das jeweilige Fachstudium zu integrieren – aber zumindest eine grundsätzliche Betrachtung der ‚Gesamtaufgabe', als einen Blick über den Tellerrand des
eigenen Fachbereichs zu vermitteln. Zwei kurze Beispiele:

- Informationswirtschaft: Es werden technische, juristische usw. Möglichkeiten zur Nutzung von personenbezogenen Daten angeboten. Deren
  Auswirkungen beispielsweise auf die Gesellschaft werden aber kaum
  thematisiert.

- Wirtschaften im Zeitalter der Globalisierung: Nicht bzw. kaum behandelt
  wird, dass Akteure heute anderen Chancen und Risiken ausgesetzt sind
  – Kinderarbeit, zu geringe Löhne, rechtsfreier Raum, keine global funk-
  tionierende Arbeitnehmervertretung etc.

(2) Unabhängig vom Kontext des eigenen Fachgebiets scheinen uns besonders die explizite Auseinandersetzung mit Themen und die Vermittlung von
Kompetenzen von Bedeutung – wie beispielsweise:[12]

- Wissenschaftsverständnis: Methoden der empirischen Sozialforschung
  und Grundlagen der Wissenschaftstheorie vermitteln, um Kompetenzen
  im Sinne eines kritischen, analytischen Bewusstseins im angemessenen
  Umgang und der Anwendung mit diesen zu erlangen.
- Geschichtsbewusstsein: Die Entstehungsgeschichte gegenwärtiger Probleme darstellen und analysieren.
- Gesellschaftskenntnis: Kenntnisse über Grundstrukturen der modernen
  Gesellschaft und Funktionsweisen der berufsrelevanten sozialen Systeme ins jeweilige Studium integrieren.
- Interdisziplinarität: Kompetenzen erlangen, um mit angrenzenden wissenschaftlichen Disziplinen kommunizieren und kooperieren zu können.
- Nachhaltigkeit: Grundgedanken nachhaltiger Entwicklung und Nachhal-
  tigkeitspotenziale der spezifischen Fachausbildungen und Berufsfelder
  vermittelt bekommen.

Diese Themen und Kompetenzen und sicherlich auch noch andere sollten in
einem unseres Erachtens notwendigerweise interdisziplinär ausgerichteten
wirtschafts- oder ingenieurwissenschaftlichen Studium mindestens wahlweise belegbar sein und vermittelt werden – im besten Fall sollten sie verpflichtend sein.

Fazit

Eine arbeitsteilige Gesellschaft braucht hoch spezialisierte Experten, die
Probleme formulieren können und sich gleichzeitig ein Reflexionswissen an-
geeignet haben, um diese Probleme tatsächlich umfassend analysieren,
verstehen und deren Lösung gestalten zu können. Einer unserer ersten Un-
terstützer formulierte treffend: „Ethik [ist] Beitrag zu einer nachhaltigen Entwicklung der Gesellschaft und Ethik [ist] Beitrag zur umfassenden Bildung
der Persönlichkeit der Studierenden."[13]

Dass diese unsere Erwartungen und Forderungen nicht aus der Luft ge-
griffen sind zeigt die Tatsache, dass der erste Lehrstuhl für Wirtschaftsethik
im deutschsprachigen Raum an der Wirtschaftsuniversität St. Gallen gegrün-
det wurde.

---

11 Vgl. http://rtwe.de/lehre/stud.html.
13 Wörz 1999, 14f.

Literatur

PE-International (2007): Corporate Sustainability Management – PR-Instrument oder strategisches Werkzeug? In Ernst & Young (Hrsg.): CSR-Newsletter. 3. Ausgabe. August 2007.

Referat für Technik- und Wissenschaftsethik an den Fachhochschulen des Landes Baden-Württemberg (2008): Studieninhalte. Verfügbar unter http://rtwe.de/lehre/stud.html. Karlsruhe 2008.

Schwerk, A. (2008): Corporate Responsibility – ein Business Case für die akademische Ausbildung von Managern? S. 6–15 in Forum Wirtschaftsethik 16 (2008).

Wörz, M. (1999): Das Ethikprogramm – Konzeption, Ergebnisse und Perspektiven. S. 14–19 in EthikMagazin. Karlsruhe 1999.

Institutionalisierung von Ethik – das Zentrum für Technik- und Wirtschaftsethik an der Universität Karlsruhe (TH)

Matthias Maring

1. Organisation

Das Zentrum für Technik- und Wirtschaftsethik am Institut für Philosophie an der Universität Karlsruhe (TH) – ZTWE – versteht sich als Forum und Plattform für die Verbindung und Vermittlung von Fachwissenschaften und Ethik sowie als Anbieter von interdisziplinär ausgerichteten Veranstaltungen zur Ethik bzw. praktischen Philosophie und spezifischer zur Ethik als Schlüsselqualifikation (ESQ)[1]. Inhaltlich sollte das Zentrum für diese Veranstaltungen zuständig sein. Kenntnisse in den entsprechenden Bereichsethiken – Technikethik, Wirtschaftsethik, Bioethik usw. – sind vorhanden und werden gegebenenfalls durch externe Fachleute ergänzt. Idealerweise sollte ein fachwissenschaftliches Mitverständnis, eine Zweitkompetenz für die jeweilige Fachwissenschaft seitens der Zentrums gegeben sein. Die Gründung des Zentrums ist auch Ausdruck der jahrzehntelangen interdisziplinären wissenschaftsethischen Tradition und der überfachlichen Lehre des Instituts für Philosophie an der Universität Karlsruhe.

Gleichzeitig mit der Idee der Gründung des Zentrums erfuhren wir auch von dem großen Interesse von Studierenden an einen solchem. Die Studierenden selbst gründeten „sneep", das „student network for ethics in economic education and practice", und werden am Zentrum mitarbeiten. Über ein Zertifikat „Ethikum" und dessen inhaltliche Ausrichtung sowie die praktischen Anforderungen, um dieses zu erwerben, beraten wir zurzeit. Eine Zusammenarbeit findet bereits mit dem Interfakultativen Institut für Entrepreneurship (IEP) statt.

---

1 Der Begriff „Zentrum", wie er hier verwendet wird, darf nicht mit dem Begriff „KIT-Zentrum" der Universität Karlsruhe verwechselt werden. Vielleicht sollte man statt „Zentrum für Technik- und Wirtschaftsethik" auch besser von „KIT-School für Technik- und Wirtschaftsethik" sprechen (Vorschlag von Ludwig Paul Häußner vom Interfakultativen Institut für Entrepreneurship). Das Konzept „Ethik als Schlüsselqualifikation" könnte dem KIT-Kompetenzfeld „Impact on Society" bzw. dem KIT-Schwerpunkt "Mensch und Technik" zugeordnet werden. Die Veranstaltungen zu ESQ könnten gegebenenfalls auch bzw. zusätzlich über das House of Competence angeboten werden. – Vgl. zu ESQ in diesem Band den Beitrag von Maring: Institutionalisierung von Ethik – Ethik als Schlüsselqualifikation.

Eine enge Kooperation ist mit dem Institut für Technikfolgenabschätzung und Systemanalyse (ITAS) des Forschungszentrum Karlsruhe (FZK) geplant. Eine Mitarbeit des ZTWE am geplanten KIT-Schwerpunkt „Mensch und Technik" ist vorgesehen. Für die Fakultät für Chemieingenieurwesen und Verfahrenstechnik ist eine Vorlesung „Technikethik" in Planung. Philosophie ist überdies Ergänzungsfach für Informatik und Mathematik. Scheine – Schlüsselqualifikation – könnten entsprechend den Anforderungsprofilen für die neuen BA- und MA-Studiengängen erworben werden. Kontakte und Mitgliedschaften sind zum „Forum für Wirtschaftsethik und Wirtschaftskultur der Deutschen Gesellschaft für Philosophie" und zu den Mitgliedern des ehemaligen VDI-Ausschusses „Ethische Ingenieurverantwortung" gegeben. Ein Austausch bzw. eine Vernetzung mit anderen einschlägigen Zentrum ist geplant.

2. Ziele

Ziele des Zentrums für Technik- und Wirtschaftsethik, die noch detaillierter ausgearbeitet werden, sind u. a.:

- Forschung zu ESQ,
- Entwicklung von Curricula und Modulen zum ESQ,
- Lehre und Weiterbildung im Bereich ESQ,
- Auswahl und Bündelung von Studienangeboten,
- Austausch innerhalb der Universität Karlsruhe und mit anderen Universitäten,
- Beratung in ESQ-relevanten Fragen,
- Betreuung von BA- und MA-Abschlussarbeiten,
- Organisation eines interdisziplinären Dialogs,
- Etablierung und Verankerung ethischer Überlegungen *in* den Wissenschaften,
- Information der Öffentlichkeit über ESQ und Ethik in den Wissenschaften und
- Erstellen und Bereitstellen von Lehr- und Übungsmaterialien, Fallstudien usw. (u. a. in der Schriftenreihe des ZTWE).

3. Institutionalisierung von Ethik und Ethik als Schlüsselqualifikation

Institutionalisierung bedeutet ganz allgemein die sozial normierte und gegebenenfalls kontrollierte Umsetzung in eine Handlungspraxis. Maßnahmen und Formen der Institutionalisierung der Ethik und der Berufsethik sind u.a. die Einrichtung und Etablierung formaler Organisationen bzw. organisatorischer Einheiten einerseits und andererseits Verhaltens-, Berufs-, Ethikkodizes – mit dem Vorbild hippokratischer Eid –, Unternehmens- und Branchenkodizes, Ethikleitbilder, Ethikaudits, Umwelt-, Sozialbilanzen und Fallstudien[2]. Ethikbeauftragte, Ethikkommissionen, Ethiknetzwerke, Ethikkurse und Ethikzentren als weitere Formen sind Ersteren zuzuordnen. Dies bedeutet dann konkret in unserem Zusammenhang:

1. Die Einrichtungen einer formaler Organisation – das ZTWE,

2. die Forschung auf dem Gebiet der Ethik in den Wissenschaften und zu Ethik als Schlüsselqualifikation, die Veröffentlichung und Verbreitung der entsprechenden Erkenntnisse, die Entwicklung von Studien- und Kursmaterialien, die Implementierung der Inhalte von ESQ in Curricula und der versuch der Integration – sofern und soweit möglich – in wissenschaftliche und gesellschaftliche Normen- und Regelungssystemen (Verhaltenserwartungen, Anreizsysteme) und

3. das Anbieten von ESQ-Modulen mit Ethikkursen und Fallstudien.

In diesem Sinne soll das Zentrum für Technik- und Wirtschaftsethik helfen, Ethik in den Wissenschaften und Ethik als Schlüsselqualifikation zu etablieren, um

- v.a. Studierenden die Möglichkeit zu bieten, über den ‚Tellerrand' des eigenen Faches zu schauen,
- der allgemeinen Fachblindheit entgegenzuwirken und
- interdisziplinäre Zusammenhänge deutlich zu machen.

Und in diesem Sinne eine genuine Aufgabe von Ethik und Philosophie zu erfüllen, Aufklärung und Orientierung zu bieten. Denn:

„Wer nichts als Chemie versteht, versteht auch die nicht recht" – Georg Friedrich Lichtenberg (Physiker und Schriftsteller, 1742–1799, „Sudelbücher" Heft J, 860).

---

2 Vgl. Maring (2001, 353ff.) zu Formen der Institutionalisierung und die VDI-Richtlinie 3780, Nr. 5 (VDI 1991) zu Institutionen der Technikbewertung.

4. Literatur

Maring, M. (2001): Kollektive und korporative Verantwortung. Begriffs- und Fallstudien aus Wirtschaft, Technik und Alltag. Münster 2001.

VDI (1991): VDI-Richtlinie 3780: Technikbewertung, Begriffe und Grundlagen. Berlin 1991.

Verzeichnis der Autorinnen und Autoren

MICHAEL DECKER

PD Dr., Institut für Technikfolgenabschätzung und Systemanalyse, Forschungszentrum Karlsruhe, und Institut für Philosophie, Universität Karlsruhe (TH)

JONATHAN DENNER

Student des Wirtschaftsingenieurwesens, Mitbegründer von sneep Karlsruhe

ARMIN GRUNWALD

Professor Dr., Institut für Technikfolgenabschätzung und Systemanalyse, Forschungszentrum Karlsruhe, und Institut für Philosophie, Universität Karlsruhe (TH)

MATHIAS GUTMANN

Professor Dr., Institut für Philosophie, Universität Karlsruhe (TH)

HANS LENK

Professor em. Dr. Dr. h.c.mult., Institut für Philosophie, Universität Karlsruhe (TH)

MATTHIAS MARING

Professor Dr., Zentrum für Technik- und Wirtschaftsethik, Institut für Philosophie, Universität Karlsruhe (TH)

PETER MICHL

Student des Wirtschaftsingenieurwesen, Mitbegründer von sneep Karlsruhe

MICHAEL NAGENBORG

Dr., Interfakultäres Zentrum für Ethik in den Wissenschaften (IZEW), Universität Tübingen

HEINZ-ULRICH NENNEN

PD Dr., Institut für Philosophie, Universität Karlsruhe (TH)

MIRIAM OMMELN

PD Dr., Institut für Philosophie, Universität Karlsruhe (TH)

GÜNTER ROPOHL

Professor i.R. Dr.-Ing., bis 2004 Universität Frankfurt a. M., Durlach in Baden

RAINER WALZ

PD Dr., Fraunhofer Institut für System- und Innovationsforschung (ISI), Karlsruhe

ULRICH THIELEMANN

Dr., Institut für Wirtschaftsethik, Universität St. Gallen